U0139363

國立中央大學共同學科主編

第二屆明清之際中國文化的轉變與延續學術研討會論文集

文史哲出版社印行

第二屆明清之際中國文化的轉變與延續學術研討會論文集

主 編 者：國立中央大學共同學科編
出 版 者：文 史 哲 出 版 社
登記證字號：行政院新聞局局版臺業字五三三七號
發 行 人：彭 正 雄
發 行 所：文 史 哲 出 版 社
台北市羅斯福路一段七十二巷四號
郵撥〇五一二八八一二彭正雄帳戶
電話：三 五 一 一 〇 二 八
印 刷 者：文 史 哲 出 版 社

實價新台幣六〇〇元

中華民國八十二年六月初版

ISBN 957-547-789-8

第二屆明清之際中國文化的轉變與延續學術研討會論文集

第二屆明清之際中國文化的轉變與延續學術研討會論文集

目　次

史學組

第二屆明清之際中國文化的轉變與延續研討會

開幕典禮

國立中央大學校長劉兆漢博士致開幕詞

各位貴賓、蔡院長、陳主任：

今天非常高興代表中央大學歡迎各位來到中大參加第二屆「明清之際中國文化的轉變與延續」研討會。本校共同學科在民國七十九年創辦這個研討會，當時曾就明清之際「學術思想」、「社會經濟」、「宗教」、「藝術」等進行研討，成果豐碩。這次第二屆研討會，除上述的各項主題外，又增加了「西方文化衝擊」的題目，使國內外專家學者有機會就這些範疇繼續探討有關明清之際時代轉變之因素、以及相關的因應之道。

這次研討會日程爲一天。與會的學者們將參與論文宣讀、講評、研討等活動。總共將有十九篇論文在會中發表，其中文學組十一篇，史學組八篇，大會也安排了充分的時間，讓學者們有交換意見及心得的機會。對大會的主題「明清之際中國文化的轉變與延續」，分別從中國文化的內、外不同角度加以分析與探討，以期獲得更深入的瞭解，從而對一些文化轉型期間發生的現象研討合理的解釋，更進一步提供因應辦法作爲今日國內轉型期間的借鑑。

今天有這麼多位有名的學者來到中央大學，眞是我們的榮幸，我在此特別謝謝大家，並預祝大會順利成功，各位身體健康，事事如意。謝謝！

王思任的「諧謔」文學探析

陳飛龍

我在民國七十九年撰寫〈王思任文論〉時（註一），曾經以為王思任自少至老，所作百餘篇文章中，幾乎罕見諧謔狂浪的字句或主張；又根據他中年所寫的〈悔謔〉四十餘則，談到他因自己詼諧謔浪而傷人害己的事，認為他自稱「謔菴」，其實是想藉此自我警惕，勿再重蹈覆轍。所以認為他其實並無眞正的「諧謔」文學存在。

最近再一次的仔細閱讀他的多種著作，如：《王季重雜著》、《游喚》、《歷游記》、《清暉閣讀書佳山水樓集》、《奕律》、《律陶》、《避園擬存》、《文飯小品》……等，並且深入品味他的〈悔謔〉四十四則後，終於確認了他在正統文學理論之外，還是有著許多詼諧有趣，以及苛謔諷刺的不同文風，這也就是別人將他的作品歸之於「諧謔」文學的緣故。現在利用這次研討會的良機，試著以思任文集中的資料，將他的「諧謔」文學具體的呈現出來。

由於「諧謔」一詞在中國的文學理論上並非重點，歷代有關的討論也較少見，所以本文的論述必有許多不夠週全的地方，尚祈先進賢達能不吝賜正。

一、歷代對其諧謔的評論

思任個性曠達爽儁，不羈小節，言行也常有出人意表的諧趣謔浪之處，他的朋友、晚輩以及後世學者談論這些話題的也不在少數，以下姑取八家所言，以為代表，以見時賢與後人對他「諧謔」的評價。

㈠陳繼儒〈王季重擬存敘〉：

季重經術吏治業已有聞於時，而數起數躓，乍沈乍浮，凡平生怪怪奇奇、磊磊落落之精魄神，審百未得一舒，而幷其所謂天民秀傑者，強半出於詩矣。凡舞劍、擊筑、扛鼎，其筆力耶？堅白同異、炙輠譚天，其嘲謔耶？五百義士、六千君子，其驅策使令耶？去陳言如仇，故郤嗑邪解，如反惡聲，滿腦肥腸，穴胸洞腹，海內二三同志外，誰敢與之耦敵衡眎者？彼捆束聲調如墻上趨，轉側姿媚如盤中舞，季重直醜而唾之，斯亦可謂藝林之雄已。（註二）

陳繼儒認為思任雖然早年即得科舉，但是「數起數躓，乍沈乍浮，凡平生怪怪奇奇、磊磊落落之精魄神，審百未得一舒」，所以轉而發揮「堅白、譚天」的嘲謔工夫，以「去陳言」、「反惡聲」，對於那些「捆束聲調如墻上趨，轉側姿媚如盤中舞」的人，他是「直醜而唾之」於不顧的。他也由此而建立了自己的特殊的嘲謔風格。

㈡倪元璐〈王謔菴悔謔鈔序〉：

謔菴之謔，似俳似史，其中於人，忽醴忽酖，醉其諧而飲其毒，嶽嶽者折角氣墮，期期者彎弓計窮，於是笑撤為嗔，嗔積為釁，此謔菴所謂禍之胎而悔爾。雖然，謔菴既悔謔禍，將定須藉語乞福。……而其中於人，不變其顏則透其汗，……亦謔菴之禍機矣。謔菴不悔莊而悔謔，則何也？且夫致有詼而非謾也，不可以刃殺士，而詭之桃以殺之，不可以經斷獄，而引非經之經以斷之。……史遷序贊〈滑稽〉，稽其發言乃曰：『《易》以神化，《春秋》道義。』是其意欲使滑稽諸人宗祀孔子耳。滑稽之道，無端似神化，有激似義，神化與義，惟謔菴之謔皆有之。謔菴史才，其心豈不曰：『世多錯事，《春秋》亡而《史記》作，吾謔也乎哉？』如此即宜公稱竊取，正告吾徒，而書既國門，逢人道悔，是則謔菴謔矣。（註三）

倪元璐認爲思任的「謔」，「似俳似史」，而「中於人忽醴忽酖」，正與陳繼儒說的同樣意思。至於謔語傷人之餘，使受者「笑撤爲嗔，嗔積爲釁」，則是思任自己也深深體會到的惡果，所以倪氏認爲這是「所謂禍之胎而悔爾」。倪氏又稱思任「滑稽之道，無端似神化，有激似義，神化與義，惟謔菴之謔皆有之」，可說是相知之言。因爲思任常將正義凜然的氣魄，發爲諧謔的態度以處理公事，這也正是他獨特的一種風格。

㈢張岱〈王謔菴先生傳〉：

先生聰明絕世，出言靈巧，與人諧謔，矢口放言，略無忌憚。川黔總督蔡公敬夫，先生同年友也，以先生閒住在家，思以帷幄屈先生。檄先生至。至之日，讌先生於滕王閣。時日落霞生，先生謂公曰：『王勃〈滕王閣序〉，不意今日乃復應之。』公問故，先生笑曰：『落霞與孤鶩齊飛，今日正當落霞，而年兄眇一目，孤鶩齊飛，殆爲年兄道也。』

公面頳及頸。先生知其意，襆被即行。人有咎先生謔者，其客陸德先嘆曰：『公毋咎先生謔。先生之涖官行政，摘伏發奸，以及論文賦詩，無不以謔用事。昔在當塗，以一言而解兩郡之厄者，不可謂不得謔之力也。……先生於癸丑、己未，兩計兩黜，一受創於李三才，再受創於彭瑞吾，人方眈眈虎視，將下石先生，而先生對之調笑狎侮，謔浪如常，不肯少自貶損也。晚乃改號「謔菴」，刻〈悔謔〉以誌己過，而逢人仍肆口詼諧，虐毒益甚。……』論曰：謔菴先生既貴，其弟兄子姪、宗族姻婭，待以舉火者數十餘家，取給宦囊，大費供億，人目以貪所由來也。故外方人言：王先生賺錢用似不好，而其所用錢極好。故世之月旦先生者，無不稱以孝友文章。(註四)

思任於三十八歲去官，閒居故里十餘載，飲食日黜，至五十而不得已受人之聘為幕僚，卻不知自制，而於宴中眾賓客之面，以「孤鶩落霞」謔其貴人之目眇，雖則情境可謂巧奪天工，惟當事人實無法受其侮謔也。此與杜甫受世姪晚輩嚴武的資助，卻以長者自居每每侮易嚴武一事，近似又不盡同，當然無法得到對方的諒解，無怪思任須撰〈悔謔〉以自惕也。

張岱又說思任「涖官行政，摘伏發奸……，無不以謔用事」，而當宦途屢躓，「人方眈眈虎視將下石」之際，他還是對那些欲加害他的人「調笑狎侮，謔浪如常，不肯少自貶損」。可見他諧謔調笑的本性是難以改變的。也因這樣，即連他在四十五歲時，「改號『謔菴』，刻〈悔謔〉以誌己過」，可是仍然不變本性的「逢人肆口詼諧，虐毒益甚」。所以張岱在編明代《越人三不朽圖贊》時，對於思任就有「謔不避虐」的贊詞，周作人也認為張岱「特別提出謔來，與

（王思任）傳中多叙謔事，都有獨到之見」（註五），可見張岱的說法是中肯且實在的。

㈣徐沁〈贊採薇子像〉：

> 公以詼諧放達，而自稱爲謔，又慮憤世嫉邪，而尋悔其虐。孰知嬉笑怒罵，聊寄託于文章；慷慨從容，終根柢于正學。（註六）

所言與陳繼儒說法相似，認爲思任的「憤世嫉邪」，是由「正學」發出，而賦以「慷慨從容」的氣魄，由此說來，思任的「詼諧放達」、「嬉笑怒罵」，並非無端而生也。

㈤錢謙益〈王僉事思任〉：

> 季重有儁才，居官通脫自放，不事名檢。性好謔浪，居恆與狎客縱酒，談笑大噱。遇達官大吏，踈放絕倒，不能自禁。好以詼諧爲文，做《大明律》製〈奕律〉，吾以爲必傳。枚臯、郭舍人之流也。……季重爲詩，才情爛熳，無復持擇，入鬼入魔，惡道岔出，如……『大姨誇十錦，小妹賽三鮮』，……此皆胡鉸釘、張打油之所不爲也。（註七）

錢氏認爲思任「好以詼諧爲文」，而他的詩句，如「大姨誇十錦，小妹賽三鮮」之類，則是「入鬼入魔，惡道岔出」，而他「性好謔浪」，「遇達官大吏，踈放絕倒，不能自禁」，則無可否認的，正是他宦途不順的主因。

㈥周作人〈關於謔菴悔謔〉：

> (1)謔菴的作風，其好處在於表現之鮮新，與設想之奇闢，但有時亦有古怪難解之弊。
>
> ……他所獨有的特點大約可以說是謔罷。以詼諧手法寫文章，到謔菴的境界，的確是

大成就。(註八)

(2)這裏開玩笑在我的趣味上說來是不贊成的，因爲我有『兩個鬼』，在撒野時我猶未免有紳士氣也，雖然在講道學時就很有些流氓氣出來。但是謔菴的謔總夠得上算是徹底了，在這一點上是值得佩服的。他生在明季，那麼胡鬧，卻沒給奄黨所打死，也未被東林所罵死，眞是徼天之倖。他的一生好像是以謔爲業。

(3)所以有些他的戲謔乃是怒罵的變相，即所謂我欲怒之而笑啞兮也。但有時候也不能再笑啞了，乃轉爲齒齰，而謔也簡直是罵了。……至此謔雖虐亦已無用，只能破口大罵，惟此輩即力批其頰亦不覺痛，則罵又豈有用哉？由此觀之，大家可以戲謔時還是天下太平，很值得慶賀也。……此時雖謔菴亦不謔矣，……此時已是明朝的末日，也即是謔菴的末日近來了。(註九)

周作人是近代學者中，最欣賞思任諧謔的第一人，對思任此類文風的評價，也可用「知音」來稱。一方面是周氏文筆本身即是潑辣中充溢著諧謔的味道，與思任極爲相似；一方面則是思任的諧謔，並非小丑作態，而是有所謂而爲的，如處理公事時正義凜然卻不失幽默的方法，深得周氏戚戚之心。所以周氏說：思任「所獨有的特點大約可以說是謔罷」，而其「表現之鮮新與設想之奇闢」可說是思任的獨有風格，並且稱讚道：「以詼諧手法寫文章，到謔菴的境界，的確是大成就。」又說思任的「一生好像是以謔爲業」，並且替他慶幸：「生在明季，那麼胡鬧，卻沒給奄黨所打死，也未被東林所罵死，眞是徼天之倖。」

至於周氏分析思任之謔，也是極為深入的，以為思任是由「笑啞」而「齒齰」而「大罵」，並且認為能罵的時候，還算是「天下太平」，如果真到了不能罵時，「已是明朝的末日，也即是謔菴的末日近來了」。能有這樣符合思任行事的評論，真可說是思任的知音呀！

(七)任遠《王季重十種·前言》：

他的詩文，湔滌塵秕，務臻險秀，嬉笑怒罵，略無顧忌。薄之者或斥其『詭變』、『入鬼入魔』，『滑稽太甚有傷大雅』，其實這是他的境遇造成的。作者正是通過這種手法來發洩他對現實的憤懣不平。他在〈李賀詩解序〉中說：『故以其哀激之思，必作澀晦之調，喜用鬼字、泣字、死字、血字。』又在〈太虛大椿集序〉中說：『偶一解頤語，雖謔而莊，雖迂而急。』這些話雖是對他人詩文的評論，卻也是對自己風格的注腳。『詭變』、『滑稽』只是他詩文風格特點的一個方面。(註一〇)

(八)蔣金德《文飯小品·前言》：

諧謔縱恣是季重為人為詩文的一大特色。『舌如風，笑一肚』，是他的自畫像。他錦心繡口，妙語連珠，與人諧謔，毫無顧忌，雖遇達官貴人，亦不能禁。陳繼儒說他：『璃晶四照，鋒鍔萬旋，口則滑稽，膽如瓠斗，吾驟交之，即甘北面。』使我們可以想見他當年的風采。他無論處官為政、摘伏發奸、論文賦詩，皆以諧謔為之，這在《文飯小品》中是時有所見的。這使他的詩文出現一種詼諧、幽默、風趣、活潑的風格。(註一一)

任序作於一九八五年，蔣序作於一九八九年，都是離周作人半世紀以後的事了，但是他們對思任有關諧謔的看法，其實不比周作人具體明確。不過再推究上去，即使連張岱所寫的傳記，也未引用思任自己的文字，讀來未免有隔靴搔癢的缺點，這也使得今日有必要在思任的文集中，蒐檢相關的資料，作一個具體的分析才是。下一節即依據思任文集，探討他「諧謔」文風的問題。

二、王思任諧謔文學的產生背景

說完歷來學者對思任「諧謔」的看法後，我們再依據思任自己的文章和言行，來呈顯他對「諧謔」所下的定義以及他的諧謔心路，就能更清楚的了解他的「諧謔」的眞正意義。

㈠自幼已頗獷黠

思任可以說是從小就懂得「幽默」的，在他「兩髻覆額」的童年時，他就已經非常「獷黠」了，他自述道：

> 予與履素同函席，兩髻覆額也。予獷黠，履素雅弱。……是時履素喜讀《史》《漢》，方駕手右丞、工部詩，唔唔囈囈，予笑之曰：『家雞不養打野鴨。』履素還酬之曰：『鐵牛背上著蚊蟲。』言無庸爾著喙也。（註一一二）

弱冠舉進士後，爲槐里縣令，即展現了他諧謔放浪的個性，甚至讓受者怫然無法忍受，所以稱之爲「謔」，他說：

> 謔庵弱冠筮令得槐里，同年郭象蒙以治民相戲，曰：『關中借重，不勝光寵。第政成之

曰，百姓何以爲情？他人留靴，老父母必留褌也。』謔庵曰：『多感推情，父老脫靴，行時或不敢望，一入貴鄉，部民子女必先脫褌矣。』象蒙趣馬馳去。（註一三）

到了二十四歲，任太平州當塗縣令時，又有詼諧的對話，足以顯現他的反應機敏：

錢仲美每與謔庵戲敵。仲美謁補時，倭警正急，仲美曰：『太平守不得口命，而亂將至，奈何？』謔庵曰：『寧爲太平犬，莫作亂離人也。』仲美拍掌。既而改補池陽，謔庵補令得太平當塗，例當持手板仰謁，一見即云：『誰作太平之犬？吾今池中之物也。』謔庵曰：『無可奈何，遇諸塗矣。』（註一四）

「太平守」、「太平犬」、「遇諸塗」，巧對「太平當塗」，改令池陽，巧對「池中物」，地名拈對之巧，益見二人詼諧之性也。如果他的詼諧，用在接受長官的責難上時，倒也是一樣的以笑處之，當人問道他是否被愛罵人的長官教訓過時，他欣然地說「蒙怪訖」，好像視爲必須做的日常行事，並不以爲意：

安慶司理於葵作威福，怒人取賄。謔庵令姑孰，徐玄仗向謔庵曰：『曾被於四尊怪否？』謔庵曰：『蒙怪訖。』（註一五）

也是在當塗任內，思任由於言詞的諧謔，傷及同僚的自尊心，因而結下了終生不解之仇。事情是這樣的：

一小人同官姑孰，初至，三易其裳，慘態錯出。一應隨役俱於衣背置一白圈，書『正身』也。謔庵不能忍之，酒間取筆戲題曰：『選鋒膏藥』。小人不解，謔庵曰：『可使有勇且知方也。』次日盡斥去，竟以此懷慚構隙。小人有父至官舍，五日哄去。謔庵曰：『此眞勞於王事而不得養矣！』或又聞之，遂爲終身不解之恨。（註一六）

思任的那位同僚，是一個既不明瞭官服禮數，又不奉事父親的小人，穿官服一定要事先做好標記，否則「慘態錯出」，而其父至官舍依靠他，又僅留待五日，即藉故哄去，思任以經籍成語化爲謔言譏刺他，眞是一針見血。但是孔子已說過：「小人難事而易說（悅）也。」（《論語·子路》）犯及小人心病，無怪終生爲讎也。

㈡記遊文筆的諧趣

至於他在遊記中的詼諧趣味，更是處處可見，令人莞爾且不傷大雅。如他三十五歲遊五臺山，對天氣嚴寒之極的描述，用「寒甚，指泣欲墮」（註一七）短短六個字，即已很鮮活的凸顯出文字的有機生命。而對於山水景色的欣賞，也有別出心裁的妙喻，如遊天臺山在吊橋上見溪底黑石甚夥，就別出新裁的形容道：「忽有黑豬數萬，埋頭浴背，負涂涉波而來。」（註一八）短短三句話，立刻讓讀者的視界明亮起來。又如〈徐伯鷹天目遊詩記序〉以大眼爲喻，說道：

『吾第欲還我雙眼。所願一眼如天，一眼如海。』問曰：『何須恁底睜大？』曰：『不但看山水，亦看伊也。』（註一九）

爲了想看山水與天目山的美景，而希望能有大如天、大如海之雙眼，可說是像兒童一般的純眞想法，而且全不做作，眞可說是「大人者不失其赤子之心」也。

另外，在他撰於三十五歲、頗富盛名的〈游喚〉一系列遊記中，更是妙語如珠，對於景物的神喻，可以說眞是到了「心凝神釋，與萬化冥合」的境地。例如他在遊仙巖時，設想山與水之間的對談，以及人與瀑布的對話，都是甚具慧心的：

泉石之奇，皆泉石之聰明強有力所自致者。泉不安於泉，躍而爲瀑布。石梁曰：『吾以之爲驚河，吾以之爲狎雷，而我其雄哉！』大龍湫曰：『夫匡氏之子，九華之生，將起而角之，焉用此壁立爲？夫不空行，而天吊者耶？』仙巖曰：『是誣其祖矣。戴鼎盛以席垂成，胡不起家自奮發也？』於是乎有仙巖之瀑。瀑不他藉，賴從己腹中出，如千本火樹，逆吐銀花，突如其來，煙呼雪喊，鼓鐵亂鍧。……對瀑爲澤潤亭，予友王季中輒浮大白，叫何如捉予臂轟飲人相對，止見口張口翕，……而瀑以爲侮予，遂盛氣相加，腥風惡雨，撲人旋舞，且呼且逼，似不欲寓以敵之，人一瞬者。予曰：『子毋然，我勸爾杯酒，三伏月，還當著故絹衣，向君從容食白粥也。』……於是雨漸撤而瀑怒稍戢。（註二〇）

藉由石梁、大龍湫與仙巖三者間的對話，點出仙巖瀑布形成的原因，讓人耳目一新，印象深刻。又以自然天成的想像，描述風雨和瀑布與遊客之間的互動關係，說到遊人對著瀑「轟飲」，使得「瀑以爲侮予，遂盛氣相加，腥風惡雨，撲人旋舞，且呼且逼，似不欲寓人一瞬者」，遊人因而謝罪，「於是雨漸撤而瀑怒稍戢」。情節眞像一部可愛生動的擬人山水動畫，惹人憐愛不已。

又如遊靈巖時，見遊人到處塗鴉留文，大損自然風貌，於是寫了一篇諧趣的奏疏，請皇上賦予他特使身分，以走徧天下名山，淸除這一類的污染。疏曰：

願乞陛下一專敕，使臣乘傳走四天下，得便宜行事。仍錫臣墨煤萬斛，加以如月之斧，凡遇名勝之地，有所題說者，間存其可，餘悉聽臣劈抹，用冷泉澆之三日，一雪山川冤辱，以彰陛下好生之德。（註二一）

以墨煤、月斧劈抹無聊的題說文字，以雪山川所受的冤辱，誠屬奇想。

至於其他的以科舉評程試文章等第的原則，品題天臺山水的優劣，共分十五等級（註二二），而《奕律》（註二三）的諧趣生動，連錢謙益都「以爲必傳」（註二四）。這些都是思任正常的詼諧言行，發諸自然，不必矯飾，也不傷人。

㈢諧謔形成的條件

思任認爲諧謔是要有條件的，而且演變也是漸進而非突然的。他並且提出了「謔」是和地理環境有關的說法：

沃土之民謔、瘠土之民忍。謔者不過身體口腹之有餘也，從身體口腹起見，而忍者已在心性之間矣。……游學走三吳，三吳有餘者每謔之。（註二五）

「沃土之民謔，瘠土之民忍」所指，與《孟子·告子上》說的：「富歲子弟多賴，凶歲子弟多暴」意思相似。思任以認爲地理或環境會影響生活品質，進而造成人們心性的謔與忍之異。不過，除了這些條件外，諧趣的滋生，還是須要生活氣氛、物質環境、以及與人物相配合。所以思任提出幾種條件：

(1)靈谷松妙，寺前澗亦可。約唐存憶同往則妙，若呂豫石，一臉舊選君氣，足未行而肚先走。李玄素兩襬搖斷玉魚，往來三山街，邀喝人下馬是其本等，山水之間著不得也。（註二六）

(2)妻不可與坐，子不可與諧，則客妙；飯呆餚俗，茶限水卑，則酒妙；花不常富，松不易壽，富不換清，壽且先韻，則竹妙。三者缺一不可。（註二七）

思任先提出同遊者應具備的氣質條件，絕不能有「一臉舊選君氣，足未行而肚先走」；也不能行路姿態難看，「兩襬搖斷玉魚」。他認爲這兩種人只能「往來三山街，邀喝人下馬是其本等，山水之間著不得也」。另外，還要「客妙、酒妙、竹妙」，三者缺一不可，而且不懂閒致的妻、子都不能參與干擾。這與思任另一段話所說的：「願作天臺一更老，如妻子有難色，棄之如脫屣矣。」（註二八）意思是一樣的。不過這些理論在當時雖可稱爲諧趣，現在看來，已頗有男性沙文主義的缺點了。

思任對詩文的品賞，也有類似的條件論，他說：

對其人語輕而目下，謙沖可挹，則其人必能文；對其人氣靜而韻流，飄瑟可擬，則其人必能詩。（註二九）

什麼人有什麼樣的氣韻，能做什麼樣的事，都有著一定的配合才是，思任於此還有一個妙喻，說：「買魚餵貓皆可，買鰣魚餵貓無此理矣。」（註三〇）可謂貼切契合的比喻了。

再者，諧趣的逐漸發展成熟，是要仰賴經驗與方法。他認爲：

> 古之笑出於一，後之笑出於二，二生三，三生四，自此以後，齒不勝冷也。王子曰：『笑亦多術矣。然眞於孩，樂於壯，而苦於老。海上憨先生者老矣，歷盡寒暑，勘破玄黃，舉人間世一切蝦蟆、傀儡、馬牛、魑魅搶攘忙迫之態，用醉眼一縫，盡行囊括。……由佛聖至優旃，從唇吻至腸胃，三雅四俗，兩眞一假，回回演戲，條龍打狗，張公吃酒，夾糟帶清，頓令蝦蟆肚癟，傀儡線斷，馬牛筋解，魑魅影逃。』(註三一)

「齒不勝冷」，是「笑亦多術」的緣故，對於世事都能勘破，當然任何事都能露齒開懷大笑了。但是處理這些「笑」的態度，卻因年齡與經歷不同而有好壞的差異，所以說「眞於孩，樂於壯，而苦於老」。雖說是「苦於老」，但是老人因爲「歷盡寒暑，勘破玄黃」，所以能對世間一切醜態，「用醉眼一縫，盡行囊括」。這也算是思任認爲「詼諧」應具備的條件之一吧。

四以「正氣」為根源的諧謔風格

還有一種由凜然正氣所發展出來的諧謔，就是張岱所說的「蒞官行政，摘伏發奸，……無不以謔用事」(註三二)。例如有一次發揮詼諧本領，三言兩語就解除了當塗、徽州二地的人禍，一時傳爲美談。思任時年二十五，任當塗縣令，先前因故得罪了中書程守訓，程乃藉著江南採礦的名目，騷擾當塗縣，以令思任爲難。張岱在〈王謔菴先生傳〉中，記載此事非常詳細，他說：

> 中書程守訓奏請開礦，與大璫邢隆同出京，意欲開採，從當塗起，難先生。守訓逗瓜州，而賺璫先至，且勒地方官行屬吏禮，一邑騷動。先生曰：『無患。』馳至池黃，以

緋袍投刺稱眷生。璫怒，訶謂縣官不素服。先生曰：『非也。俗禮弔則素服，公來此慶也，故不服素而服緋。』璫意稍解，復詰曰：『令刺稱眷，何也？』先生曰：『我固安陽狀元婿也，與公有瓜葛。』璫大笑，亦起更緋。揖先生坐上座，設飲極歡。因言及橫山。先生曰：『橫山爲高皇帝鼎湖龍首，樵蘇且不敢，敢問開採乎？必需題請下部議方可。』璫曰：『如此利害，我竟入徽矣！』先生耳語曰：『公無輕言入徽也，徽人大無狀，思甘心於公左右者甚衆，我爲公多備勁卒，以護公行。』璫大驚曰：『吾原不肯來，皆守訓賺我。』先生曰：『徽人恨守訓切骨，思磔其肉，而以骨飼狗，渠是以觀望瓜州，而賺公先入虎穴也。』璫曰：『公言是，我即回京，以公言復命矣。』當塗、徽州得以安堵如故，皆先生一謔之力也。（註三三）

他所以會如此做，也是與他的個性與見解有關，他看重「氣勢」的這種心意，也常見於文章之中，如他的〈游子房山記〉中，月旦古今人物的理論，即爲一例：

> 子房之事，不成於倉海之沙中，而成於黃石之圯下也。試徘徊四顧，桓山之愚也，泗水之誕也，戲馬臺之縱也，亞夫之癡也，皆不善於敢者也。雍門之彈也，陵母之剄也，迷劉村之走也，舞陽之排闥，而九里之歌也，皆善於不敢者也。廷尉曰：『何知有敢不敢？得者爲敢矣。』予舌撟而不能下。（註三四）

思任將古今人物，分爲「不善於敢者」與「善於不敢者」二類，又聞其同年友汪廷尉所云「何知有敢不敢得者爲敢矣」（敢從事於常人之所不敢爲者方爲豪俠），因而「舌撟而不能下」。凡此皆流露出他衷心敬佩的人，實爲博浪沙之子房與刺秦之舞陽者流，徒以顧忌於當路，不敢明言而已。他這個「知敢、知不敢」的見解付諸詼諧行動的實例，可以用他說退宦官邢隆的事爲典範。

在明末昏聵的政局裏，官衙的黑暗讓思任無限感慨，對於官司訴訟，他認爲恰是給貪官斂財的機會，所以他認爲「百姓不験，官不生財。……不論先投後到，鵝大就是原告」。(註三五)就是因爲思任甚爲自重，絕不願以骨氣換取官位，即使窮途潦倒，也對友人何芝岳說：「豈有買官做之王季重哉？」(註三六)

(五)詼謔的緣由

關於思任以詼謔處事的緣由，可以從他仿作《詩經》的系列古詩中探索，在〈清流之什〉中，他略爲透露了一些訊息：

> 矯矯清流，其源僻兮。有斐君子，巧於索兮。我欲舌之，而齒齰兮。矯矯清流，其湍激兮。有斐君子，不勝藉兮。我欲怒之，而笑啞兮。(註三七)

他認爲「清流」之君子以「舌之」、「怒之」的方式對待群小，但是卻無法收效。據此，周作人評斷說：「思任的戲謔乃是怒罵的變相，即所謂我欲怒之，而笑啞兮也。但是有時候也不能再笑啞了，乃轉爲齒齰，而謔也簡直是罵了。」(註三八)

就因爲他對詼謔的看法如此，所以一般人忍受不了，對他另眼相看，多方打擊，就連日常生活裏的瑣事，也拿來作抨擊的藉口，他在〈通明亭再記〉中就說：

> 通明亭成，而愛憎毀譽至。……昔者傖父居此，豕其宮而益之以溷，愛譽不至矣，而憎毀亦不至，豈傖父邀獨寬之典哉？人相忘之也。人能忘傖父，而不能忘謔庵。（註三九）

「人能忘傖父，而不能忘謔庵」，正是他的諧謔受攻擊的最大原因。不過，他既然要用諧謔作爲解決問題的方法，所以也不管旁人的非議，而藉由對孔子的讚誦，說出他應對的方法：

> 一日之短長在手，千古之是非在心。孔子者，天下人大家之孔子也，以大家之孔子，質之大家之言孔子者，則怪者自怪，吾不知其怪也。（註四〇）

從「一日之短長在手，千古之是非在心」，可知他認爲與世俗相合與否，實不足爲怪，因爲凡事只要眞實，就不必奇怪了。所以其後雖然髦壽七十二，他仍在〈題長兒槐起扇頭〉，以「謔」爲名，題下了「七十二年謔老」六字（註四一）。可見他對諧謔是一直不忘懷的。

事實上，思任的諧謔個性，的確是一直到臨終都未曾改變，即使到了七十二歲的高齡，也不願接受清廷的任命，推辭道：

> 不忠思任，年七十有二，旦晚就木，鳩盤茶免使賣笑過生我矣。（註四二）

並寫了〈致命〉詩，說：「再嫁無此臉，山呼無此嘴。急則三寸刀，緩則一泓水。」（註四三）一心赴義的老翁，對死亡能如此的毫不畏懼，還能輕鬆的說些「鳩盤茶」、「再嫁」、「山呼」之類的俏皮話來，的確是諧謔本色。

三、王思任諧謔文學析論

本文既然析述思任的諧謔，當然應以他的文章、言行為主要依據。以下即摘取他的諧謔文章和事項，略分為「諧」、「謔」兩類，各作析論。

「諧」以詼諧滑稽，典雅有趣為意，乃不傷大雅，又解人頤的機智戲言。「謔」則苛虐傲亂，冷嘲熱罵之意，乃掘人隱私，犯人忌諱的傷人言詞。

(一)王思任的諧趣文學

「諧」，有附和他人心意，以產生共鳴歡笑的意思。《文心雕龍·諧隱》說：「諧之言皆也。辭淺會俗，皆悅笑也。」以淺顯的文詞，迎合一般世俗人的心意，讓大家歡笑，頗似俳優小丑的行事，漢武帝的滑稽侍臣東方朔即為一例，而與朔同時的幸倡郭舍人，也是「滑稽不窮，……妄為諧語」（註四四）。

在西方的文學理論中，這些機智靈敏的反應即是「幽默」，但是我們也應知道，「機智不能僅解釋為幽默，而是聰穎、睿智與風格融合，明顯地表露諷刺家竭力尋求高妙策略的努力」（註四五）。不過，另外有一種與這種「諧語」相似的，稱為「反諷（Irony）」，它是「使兩種含義產生正面衝突的戲劇性手法，可說是一種『謊言』」（註四六）。而「直到十八世紀末，反諷一直被視為一種捍衛人性絕對價值標準的武器，以十八世紀而言，這項價值標準就是反映於宇宙結構中的『理性』」。（註四七）

至於西方學者對「反諷」的解釋，則認為：

> 反諷之中幾乎不含有讚美與責備的分野，它既無諷刺的刻毒，也缺喜劇的戲謔，而是揉

和自貶的謙遜，溫和的凝重，和對一切持保留態度的表面上的容忍。（註四八）所說的謙遜、溫和、容忍，不含讚美、責備的意味，也頗似思任諧趣文學中的內容，但是他卻不免有些嘲諷而不傷人的味道。

以下即列舉並析論思任文學中的諧趣事件。

甲、嘲俗士的文章庸劣

思任因早年即高中進士，文譽甚揚，所以向他求教的文章之士還眞不少，但他也最怕旁人強逼他品評、討論文章的好壞，若果眞不幸，無法避免那些既無文采，又不知藏拙的俗士，他都施展太極拳推、拖的工夫，或是顧左右而言他的支吾逃開，例如：

⑴白下一吏部忽欲步子美《秋興》，屬謔庵和之，謔庵曰：『此時還正夏，且兩免如何？』（註四九）

⑵長安有參戎喜誦己詩不了，每苦謔庵。一日不得避，開口便誦。謔庵曰：『待寫出來奉教。』即命索筆，謔庵曰：『待刻出來奉教。』（註五〇）

⑶秦朱明以制義質謔庵，便不敢不譽，頃之，謔庵擱筆求緩，朱明曰：『何故？』謔庵曰：『兄頭圈忒快，我筆跟不上。』（註五一）

⑷欲約數同韻酹徐文長墓，邵參軍曰：『是日各賦一詩。』謔庵曰：『倒又要他死一遭了。』（註五二）

這四則與評文有關的對話，⑴以夏天不談「秋興」婉拒；⑵以等待對方將詩作「寫出」、「刻出」以後再作討論，藉此拖延回絕；⑶則在思任用筆圈點對方制義文章時，對方在一旁點頭自誦以作配合，他即趁機以對方「頭圈忒快，我筆跟不上」爲藉口，中止煩惱的閱讀；⑷則是思任爲徐文長叫屈，反諷那幾位想賦詩的俗士。這種反諷，思任也在批評庸劣畫匠的人像畫時運用上了：

> 錢理齋貌人極肖，有蘇友欲駕之，然所貌殊不似。一日請評，謔庵曰：『理齋那得如君，渠筆淺易，一望而盡；不若君能變幻，令人彷彿費沈思也。』(註五三)

錢君繪人面貌極爲神似，其友畫筆庸劣，卻想東施效顰，並煩思任品評高下。思任以後者圖像生澀，難與原貌分辨，乃嘲笑他說：「君能變幻，令人彷彿費沈思。」似爲稱讚，實則謂思之再久，亦不知所繪爲何物也。

如果在這種狀況下，對方並不接受，思任也會加以反駁，如：

> 沈丘壑畫驢，非騾即馬。不習北方，定無似理，數爭之驢也。適訟之蔡漢逸，漢逸具言所以，指畫耳足長短之法，沈有恚色。謔庵曰：『胸中丘壑，卿自用卿法，吾亦愛吾廬耳。』(註五四)

以陶潛的〈歸去來辭〉詞句「吾亦愛吾廬」諧音「驢」字，以示自己的理由，可說是頗爲幽默的堅持。

乙、對時文利弊的幽默體認

思任所以不耐煩俗士八股窒澀的文字，是因爲他覺得「大誥」已可作爲此類文章的代表了，而且莊周、杜甫、蘇軾等文章爽達彪蔚的「快士」，也足夠讓人揣摩品味，不必再模仿以為出奇了。但是凡夫俗子不自掂斤兩，卻盡作些「張打油、胡鉸釘」式的醜文，眞是「家饗一帚，人盡五沙」，全是一些「不以溺自照」的人，何足理會？所以他說：

(1)予少為輕薄言：『人當自揣其分量，有《大誥》在，毋作非為。』而忌者目攝，然而予言終不薄也。（註五五）

(2)文章有歡喜一途，惟快士能取之。宋玉、蒙莊、司馬子長、陶元亮、子美、子瞻，吾家實甫，皆快士也。其所落筆，山水騰花，煙霞劃笑，即甚涕苦，憤嘆之中必有調諧傞舞之意。（註五六）

(3)予棄此道，纔廿年，忽從猶子所見吳閶市歸文五、六種，逐一檢視，心口不能自解。諧耶？怪耶？打抽、釘鉸耶？其豪者兜髻雉翬，斬竿而舞；其馴者著繡面錦袴、襜褕，諸于笑罟道中也。（註五七）

(4)詩文至今日，則荊棘纏交，馬通災木，家饗一帚，人盡五沙，而其道乃大惡，此亦不以溺自照矣。（註五八）

其實俗文人的作品，所以會惹人厭煩，最主要是因為八股制義（也就是所謂的「時文」）造成餖飣堆積、千篇一律的結果。他說：

(1)人生我明，時文一道，亦終身之大恩大讎也。十四篇得價，小而卓魯，大而伊周，碑銘鐘鼎，於是乎出，即傖言之，一生喫著不盡，未為不誠。叵不恩也歟哉？不得價，則窮年厮守，寒暑晝夜不離，如夫婦，又若金蠶蠱、人面瘡，一受其纏，痛痒滯淫，牢不可解。其讎也更甚於恩。統料天下人，三年之內，承恩者千餘，不得而讎者幾千萬；不得而讎以終身者，則萬萬計。大冤小業，盲天怨人，宇宙間鬱氣，寒如霧黃，何其憾也？……吾鄉先輩，長頸烏喙，古今第一讎手也。讀《越絕》諸書，握冰抱火，勸膽忍糞，此猶其可假之氣，至於奴我臣，臣無覘血；媵我配，配無違言；兵懵於衷，貌甘於表，醉臥吳兒衣帶水上，長夜不寤，此深於讎者也。若夫盜城呑炭，授首獻圖，欷嘘悔泣，庸豎子耳。無益迺公事，徒自苦。今日閉户自封者，皆此類矣。而況其侁侁泄泄者乎？(註五九)

(2)(李太虛)偶一解頤語，雖謔而莊，雖迂而急，言：『胡兒脱殼習弓刀，我人出胎學舉業。人知弓刀可以殺人，而不知舉業可以殺虜。何也？弓刀，血氣也；舉業，心知也。肯煉心氣之靈，自制血氣之蠢。大城若干，小邑如許，備虜者陟，殺虜者封，日以虜爲事，虜不足慮矣。奈何來俱蝟縮，去則燕嘻，窮年盡日，以八股、三場、五花、四考，軟媚人之筋骨，而耗勞人之神瀋爲此！』其言皆鏗鋾確鑿，救時急著，揆路不遙，太平有日矣。(註六〇)

這兩段文字，用很詼諧謔浪的口氣說出，實際上卻含有很深沈的悲痛。先是以誇張的語氣宣言「時文一道，亦終身之大恩大讎」，再形容參與舉業、學習時文的士人，對於考試科目的容忍，眞已到了「握冰抱火，勸膽忍糞」、「奴我臣，臣無覘血；媵我配，配無違言」的地步，十足的奴才相；可是一直無法中舉「而餓者幾千萬；不得而餓以終身者，則萬萬計。大冤小業，盲天怨人，宇宙間鬱氣，寒如霧黃」，更說明了未上第者終生的苦痛怨氣，積聚之後，甚至廣袤充溢於宇宙之中。

在這種制度下培訓出來的文人怎不傖俗？怎有眼界寫出爽朗可觀的文章呢？無怪乎思任以品評旁人的文爲苦差事了。

丙、機敏諧趣的對答

思任與友人譚天交際時，常有神來之筆的妙答，不但讓聽者會心一笑，也常因而消弭了原本尷尬的局面。這一類的機智話頭，包藏言語上的機鋒，是光耀煥發，大放異彩的，常在出奇不意間，忽然飛來如神妙語，馬上解決了當前的困擾，有著「四兩撥千斤」的功效，使聽的人驚訝，甚至感到愉快。思任所以能做到這些要求，都是他機敏過人，又諧趣成性的態度使然。以下即針對這一點，作一個分析說明。

（一）刪易典故的對答

天下事亦何常？庚戌歲，予聽謫入都，一堂之中，進賢冠俱寸矮作唐帽，而予獨仍尺許。湯嘉賓、趙哲臣戲語之曰：『那得辦此古器？』予應之曰：『高之徵下，下之徵高。吾冠最先，可謂時極。』兩兄輒笑曰：『辦！』（註六一）

思任以流行趨勢的輪迴更替，辯解自己不合時宜的高冠是下一股流行的先趨，還更易了史遷〈貨殖列傳〉「貴之徵賤，賤之徵貴」一語，顯得自己的隨口瞎謅，其實是很有根據的。在給友人湯霍林的信中，他也談到了這一件事：「昨日主人何以不至？蘇門兄奚落我紗帽太古，弟云：『極時。高極則下，下極則高，弟乃先高者耳。』……聞之以資嘔噱。」（註六二）

舟過高郵，同行友僕市蛋溷其目，又忘卻行家姓氏，第云：『鴨蛋主人數的。』此友大憤，手披其頰，曰：『就問王爺，鴨蛋是主人否？』謔庵曰：『是主人。曾記得箕子為之奴。』一笑而罷。（註六三）

思任的友人遣僕買蛋，枚數有誤，僕辯云乃店主數錯，又忘卻是何店所購，友人怒僕矇混，順勢以「鴨蛋主人」責之，思任乃以《論語·微子》「箕（雞）子為之奴」解頤，友人果然一笑而罷。可說是諧語之功也。

謔庵與錢岳陽講方位，誤以乾為巽，岳陽曰：『如子言，當巽一口。』謔庵曰：『如子言，當乾一頭也。』（註六四）

〈後天八卦圖〉以乾位為西北方，巽位為東南方，二卦方位正屬對沖。思任「誤以乾為巽」，錢岳陽認為該罰，所以要他「巽一口（乾杯）」，思任反應敏捷，自認「遜錢一籌」，所以順著錢所指的錯誤，說「當乾（巽、遜）一頭」。若非熟讀經典，對於這種詼諧的對話，恐怕是不太容易領會的。這也正是思任的諧趣比別人高明的地方。

其餘還有數則，也都能顯示思任詼諧的個性：

(1)徐兵憲戲董比部懼內，比部曰：『人不懼內，必為亂臣賊子矣。』謔庵曰：『不爾，亂臣賊子懼。』（註六五）

(2)孝廉時純甫與謔庵弈，時邊已失，角亦將危，輒苦曰：「鼷鼠又來食角。」謔庵曰：『食誰之角乎？經可云：殺時犉牡，有捄其角。』（註六六）

(3)徐文江先生南京兆時，長洲令某渡江遣吏候之，輒自諱以爲非所遣也。另一吏跡至句容，令決曰：『不是我。』文江憤憤，謔庵曰：『此倒是個希罕物，天下無「不是」的父母！』」先生笑釋。（註六七）

（二）觸景生情的對答

青浦訟孀婦服欠改庭，謔庵計曰，服正滿矣，喚之曰：『爾恰恰免罪，所守之日又多乎哉？』孀婦曰：『小婦人急得緊，等不得了。』謔庵曰：『還該說窮得緊，等不得了。』（註六八）

「急得緊」與「窮得緊」，只是一字之差，卻使得人品、動機的淫蕩或無奈，有了天壤不同的評定，可謂一字之師，眞是諧判的高手。思任爲當塗縣令時，又有〈奔女判〉一事，與此相似。（註六九）

又如思任爲童子時，與硯席友笑鬧，雖尙年幼，已經顯現他表達及領略詼諧的能力了：

予與履素同函席，兩髻覆額也。予獷點，履素雅弱。……是時履素喜讀《史》《漢》，方駕手右丞、工部詩，唔唔囈囈，予笑之曰：『家雞不養打野鴨。』履素還酬之曰：『鐵牛背上著蚊蟲。』言無庸爾著喙也。（註七〇）

塾中以經史爲教材，而黃履素卻吟哦王維、杜甫詩，思任很幽默的以「家雞」、「野鴨」比喻史書、詩集，笑他是「家雞不養打野鴨」，確有所見。

謔庵入覲，過一好弈年友，曰：『上門欺負。』年友曰：『徑送書帕則訖，何必借棋？』謔庵曰：『不是書帕，還是怕輸。』（註七一）

二人比試，不敢應戰的奉上書帕以示臣服，思任同年友嘲他棋藝不佳，乾脆認輸算了，思任則以諧音倒詞反嘲友人「怕輸」，可謂針鋒相對，各不退讓。

施、吳兩同年常與謔庵戲敵，施癯，言寒可畏；吳肥，言熱可畏，爭持良久。謔庵曰：『以兩君之姓定之，亦不相上下，一迎風則僵，一見月而喘。』（註七二）

肥者姓吳，所以用吳牛喘月的典故，說他「見月而喘」。另外，像前文所引，他於二十四歲任太平州當塗縣令時的機敏反應：以「太平守」、「太平犬」、「遇諸塗」，巧對「太平當塗」。都可以看出思任的文思敏捷與幽默。

（三）雅士畏聞的對答

思任因爲放浪成習，與人交談往往不避葷素，時常脫口說出令衛道人士不敢苟同的有「色」笑話，但是這些笑話既不傷人，姑且算是解人頤的幽默吧。如：

(1)謔庵偶於雪地中小溺，玉汝倪太史謔之曰：『此是惶恐。』謔庵曰：『還作忸怩。』（註七三）

(2)香山何公號象崗者，一旦作對相難，問『海狗腎』何對？謔庵曰：『莫踰尊號。』何公笑逸。（註七四）

(3)巢必大與周玄暉閑談：「駙馬有此得貂玉，大璫去此得貂玉。今生我輩不駙馬，猶可作大璫，吾乘醉斬此物矣。」周云：「開刀時須約我，先富貴毋相忘也。」（註七五）謔庵曰：「卻不好，兩兄在此結刎頸之交。」（註七六）

(4)李懋明令涇，過姑孰，謔庵饗之，詢種玉事，懋明曰：「尚未。」謔庵曰：「何不廣側室？」懋明曰：「正大苦此，家大人相迫，不得已卜就一人。」眉宇蹙然。謔庵曰：「如此苦情，可謂養親之志矣。」良久，懋明噴飯。（註七七）

四則對答，都似脫口而出，但是再仔細體會，卻不由得讓人噴飯。(1)以「惶（黃）恐（大）」形容溺水的顏色與水量，又用「忸怩（扭捏）」形容它蜿蜒扭動的形狀，眞可說是謔而不虐。(2)以「何象崗（河象肝）」對「海狗腎」，也頗爲貼切。(3)以「刎頸」指稱「去勢」，可謂妙喻，似乎典雅，實則淫謔之至，實爲高妙的色情雙關語。(4)以「養側室」借喻「養親之志」，無怪聽者會良久之後才驟然「噴飯」。

其餘在思任的遊記文章中，也常見零金碎玉的此類謔語，如在天姥山暢遊中，忽見絕色村姑，乃脫口道：「不意老山之中，有此嫩婦。」（註七八）其實，這種涎臉歪纏，不顧大雅的風格，就是思任平日生活的調調，他是個落拓不羈，不拘禮法之輩。他表現出來的風格，不像公安的清新流暢，又不像竟陵的句法奇怪，是在幽冷孤峭中，自有一股清眞流暢的韻致，可以說是去公安的俚俗率易之病，去竟陵的拗折不暢之病，而得二家精華。總括說來，謔中帶虐，自命清絕，輕狎世情，有清冷孤峭、玩世不恭之神韻者，就是思任的格調。

㈡王思任的諷謔文學

思任除了諧趣文風之外，還有另一種攻擊性較強的方式，就難以讓對方接受了，那就是他苛虐傷人的諷謔言語。因爲此類言語飽含輕視、諷刺的意味，雖然也有諷勸改正的用意在，但是這種希望對方能改正那些「被攻擊的行爲與想法」，卻不見得能得對方的認同。

在西方文學理論上，這種方式大概是以「Satire」（諷刺文學）來稱呼它。學者認爲：

(1)諷刺文學家於文集中直接抨擊與攻訐許多人及其行徑。諷刺文因之，意指任何直接或間接攻擊所懼恨人或事之文體。

(2)暗指任何隱涵不明示之敵意。

(3)驅策多數諷刺文學所具之憤怒與怨懣特質，以任何理由攻訐與擊潰所厭惡與畏懼之事。

(4)魔咒、詛文、咒語、謾罵、諷刺、口頭傷害及激烈攻擊之語言，嚴格論之，不能稱爲諷刺文，意在於其文字爲普通地運用，而非諷刺文之基礎。

(5)諷刺作家雖常以玩笑似方式說出，卻極明顯地接受其攻擊爲眞實之要求。（註七九）

由以上五則說明可以知道，諷刺文學的要素不外是：「任何直接或間接攻擊所懼恨人或事之文體」、具有「憤怒與怨懣特質」，且「以任何理由攻訐與擊潰所厭惡與畏懼之事」，而使用者「雖常以玩笑似方式說出，卻極明顯地接受其攻擊爲眞實之要求」。

分析思任此類的苛謔諷刺性的言語，都是具有犯人諱、傷人心的效果的。

甲、嘲俗士的文章庸劣

思任最擅於譏嘲俗子的呆板文章，不管是主動找他，或是恰巧被他遇上，都逃不過他的陰損。他雖然未作正面的攻擊，但是那種冷笑的嘲諷口吻，總難免讓對方心裏不痛快，這也算是一種嘲謔吧。

（一）有關科舉考試

⑴姑孰試儒童，有一少年持卷求面教，密云：『童生父嚴，止求姑取，其實不通，胸中實實疏空，平日實實不曾讀書。』謔庵曰：『汝父還與你親，我是生人，識面之初，心腹豈可盡抖？』（註八〇）

⑵一秀才專記舊文，試出果佳，誇示謔庵：『定當第一。』謔庵曰：『還當第半。』秀才不喻，謔庵曰：『那一半是別人的。』（註八一）

⑶由拳一衿頗意義，熊芝岡考置劣四等，來謁，謔庵倉卒慰之，此生曰：『宗師重在四等，甚是知音。』謔庵曰：『果然。大吹大打極俗，不若公等鼓板清唱也。』（註八二）

三則都與考試的程文有關。⑴是嘲諷「持卷求面教」的空疏少年，雖然少年說自己「不曾讀書」，但那應該是客套自謙之辭，沒料到思任瞧不起他，故意損他：莫在生人面前說眞話。眞是讓少年傷心難堪不已。⑵是譏嘲襲取舊文而上第的秀才，只能算是半個考生。⑶則對於文章拙劣卻又厚顏自誇的落第考生，以反嘲的口吻安慰道：上榜報訊的「大吹大擂」，是沒有品味的行爲，倒不如落第冷清的「鼓板清唱」來得好。教人聽了心裏眞不是滋味。

(二) 有關人情交際

思任一直是「去陳言如仇」的(註八三)。而他評文也有兩項最不可缺的原則：

嘗有人詩文見餉，且令標之賞之，……而予於此道，分別太甚，一不相得，如得血刃之讎，急求老杜洗詩眼，急求大蘇洗文眼，窮齋兀兀，持此兩訣而已。(註八四)

對於那些「不相得」的陋文，他就好像看到了「血刃之讎」一樣，看後一定要借助杜甫、蘇軾的詩文，洗去那些不快的回憶，因而「急求老杜洗詩眼，急求大蘇洗文眼」。所以在看了他認爲礙眼的文章後，都會不留情面的諷刺一番。如：

某刺史生傲甚，詩質謔庵：『方古人何等？』謔庵曰：『大約淵明風味。』喜而問答者再矣。一日，留謔庵雞黍，止存賓主，曰：『吾子素強，何至淵明佞我？』謔庵起席，耳語之曰：『老先生詩，有些陶氣。』(註八五)

「有些陶氣」並非稱讚其文有淵明風致，而是諷刺對方文章淘氣，不夠雅重，就像歇後語中，謔人文章「七竅通六竅——一竅不通」一樣。刺史生想必怒甚而不知所處矣。

思任又嘲俗子腹笥空虛，肚裏只是食物裝得多，並非學問多：

李賓王笑謔庵腹中空，謔庵笑賓王腹中雜。賓王曰：『我不怕雜，諸子百家一經吾腹，都化爲妙物。』謔庵曰：『正極怪兄化，珍羞百備，未嘗不入君腹也。』(註八六)

李賓王誇耀自己腹笥甚豐，百家諸子無不爛熟，持用之際無不神化。思任則謔稱李所以如此，恰只似珍羞百味入腹化爲屎溺之多也。以二人針鋒相對之捷語視之，是諧而謔，旁人聽了或許置之一笑，說到自己頭上，通常並不好消受。思任這類的謔語，還不只一見，又如：

〈瞿慕川文集〉到，或言於謔庵曰：『慕川眞飽學！』謔庵曰：『便是肚裏吃得多了。』（註八七）

此語也是以「肚裏吃得多」的「飯桶」來反諷「飽學」之意，與上一則同意。其他嘲俗士文章的話語還有數則，略錄如下：

(1)（與數人）集姑孰，謔庵飲之端園。陳優麗焉，酒酣，柳掀髯曰：『臨邛令已妙矣，但少一卓文君耳。』謔庵笑曰：『這其間，相如料難是你。』（註八八）

(2)邵都公每每作詩示弟，弟戲之曰：『且云做官、做吏，各安生理，毋作非爲。』渠怫然。（註八九）

(3)有揚俗兒於謔庵者曰：『文章自是公流。』謔菴曰：『好貨。』（註九〇）

「料難是你」、「毋作非爲」、「好貨」等評價，慢慢品味之餘，可以發覺其中充滿了輕視、睥睨的神情，這些態度都顯示出對另一方的一種否定，時常會讓受者忍受不了，與不傷大雅的玩笑並不相同。

乙、機敏刺謔的對答

思任以其聰睿之天賦，迅捷之反應，放浪之本性，墮之於謔人、傷人，既而爲人所忌陷、排擠，終躋絕境之地。以下即藉由數則傷人頗深的對話，論述思任反應捷迅、行事謔浪，傷人而不顧的本性。實則爲人如是，而居處腐儒莊士之間，無怪處處受掣，終至窒礙難行也。

（一）删易典故的刺謔

以改用典故，譏刺對方行事的失禮，運用得好，多半能收立竿見影的效果，但是稍一不當，就會讓人覺得過分而不能忍受。如前文已言的與思任同官姑孰的小人，不明官服禮數，又不奉事父親，思任看不過去乃以「選鋒膏藥」和「勞於王事而不得養」兩句話諷刺他，遂結為「終身不解之恨」。其餘此類語言如：

鄂君在坐，張參軍佞之曰：『尊公當日亦芳致。』謔庵曰：『又追王太王王季。』（註九一）

張參軍大概是家有喜慶，延請貴賓之際，恰好看見鄂公在場，就特別恭請蒞會。思任用《史記·周本紀》詞語諷刺，意味張某不如「一網打盡」，請齊了鄂公全部的先祖們還更好。

族有窮奇，纔的決出反，急避謔庵。謔庵出而勞之曰：『爾可改過，今後是個名人了，「七十杖於國」矣。』（註九二）

思任族人中有品行惡劣的人，纔因犯律被杖責，正自官衙出來，看見思任迎面走來，就想趕快逃開，可是思任早已發現，於是用《禮記·王制》「七十杖於國」，來譏諷他「今後是個名人了」。其餘如：

(1)或弔，夫己氏鵠立若痴，又不哭。客出，私謔庵曰：『今日孝子恭而無禮，哀而不傷。』謔庵曰：『還是「孝子不匱，永錫爾類」。』（註九三）

(2)江南有大豪，勢橫數世，天以咸池水報之。其內私人衷牆，為怨族所獲。同年理此

郡，語謔庵有此異事。謔庵曰：『此乃祖之所教也，獨不聞其先「有虞氏養國老於上庠，養庶老於下庠」乎？』」（註九四）

(3)熊思誠憲淮揚時，謔庵過之，酒間，曰：『一事欲與年兄商量。今日講學，諸生再不明白：「本立而道生」。』謔庵曰：『此極易解，一反觀而得也。』思誠曰：『何謂反觀？』謔庵曰：『本道而立，生便是也。』」（註九五）

三則都是很不留情的嘲弄，(1)對於在靈堂上，既無禮又不哭泣的孝子，借用《詩經·既醉》稱讚孝子的話語，稍作改易，即成諷刺意味甚強的「孝子不愧，永惜爾淚」，批評孝子對死去的親長一點也不覺愧咎，還很珍惜自己的眼淚。這種神來之筆，令人好笑之餘，不免有很深沈的傷慟。(2)改易《禮記·王制》「養國老」、「養庶老」的尊老之詞，譏刺土豪劣紳的新寡孀妻紅杏出牆，說她是「養亡夫於上（神桌）、養衆奸夫於下（寢榻）」，以「亡夫」比喻「國老」，以「奸夫」比喻「庶老」，眞是謔而又虐，一針見血。(3)則嘲諷諸生的愚昧不文，連最基本的《論語·學而》中的「本立而道生」都不了解，十足像個吃飯造糞的機器，恰可用這一句的倒文來說明他們是「本道而立，生便是也」（依著道路一站，就能生出糞便），言及此處，眞是臭氣沖天，不可卒讀。

(二) 雅士畏聞的刺謔

思任對於瞧不起的人或事，常會脫口說出含有侮辱性，令道貌岸然的儒士不忍聽聞的淫謔笑話，例如下述六則，皆失國風「好色而不淫」之美意，無怪思任晚年欲悔謔也。

(1)謔庵新構數椽，有二三年侄過訣，謔庵曰：『苟完而已。』張大逖笑曰：『年伯不但苟美，而且苟合矣。』謔庵曰：『不敢，如何就想到公子荆也？』(註九六)

(2)謔庵弱冠筮令得槐里，同年郭象蒙以治民相戲，曰：『關中借重，不勝光寵。第政成之日，百姓何以爲情？他人留靴，老父母必留褌也。』謔庵曰：『多感雅情，父老脫靴，行時或不敢望，一入貴鄉，部民子女必先脫褌矣。』象蒙趣馬馳去。(註九七)

這兩則，(1)述賓主寒暄，敷衍口舌，年侄的「苟合」雖屬不入流的笑話，但是思任的反嘲，竟至欺人內室，隨意出此謔而又淫之語，雖屬機變之速，實則老而不尊，傷人亦謂深矣。(2)以「部民子女必先脫褌」，暗指郭某放蕩欺民，淫虐仕女。郭某人品如何不得而知，但是若據思任之語，而告其謠言譭謗，當不爲過。且如此淫虐之語，實不可自士大夫、父母官口中出也。

(3)陳渤海有麗豎拂意，斥令退後，此童悉然(註九八)。謔庵曰：『你老爺一向如此，用人靠前，不用人靠後。』(註九九)

(4)優兒譚惟孝一時艷閧，每戲闋，少年候勞，進參鴨者恐後。某生私之，得出門溲遺，略奉其手，納金一鋌，色猶薄怒。謔庵聞之曰：『所謂南風五兩輕也。』(註一〇〇)

這兩二則都是嘲謔分桃斷袖癖者，所謂「用人靠前」、「略奉其手納金一鋌」云者，皆令莊士不忍卒讀。

(5)同寅集句容，有言：一人犯姦痛決，怨其勢曰：『你圖樂，今害我。』勢曰：『極該打你！我不過一探望，推而聳之，誰也？』一坐啞啞。徐之，謔庵不禁再笑，語者

曰：『老先生想得滋味矣。』謔庵曰：『更妙處在忽作人言。』（註一〇一）

(6)某子甲有淫毒，一友曰：『年已知命，何爲爾？』一先生曰：『年固耳順也。』謔庵曰：『又從心。』（註一〇二）

(5)所說的犯淫者是「人」或是「勢」，並無眞正分別，「一坐啞啞」應該是不知如何對應。而思任所以笑之再三，表面上是覺得：其勢「忽作人言」，爲古今笑譚，其實是諷刺說者的品味低劣庸俗。(6)也是嘲諷「年固耳順」的老不羞，從心縱淫以致染上性病。

由上述析論，可以很清楚的看出：思任不但在言語上、而且行事待人，也常以諧謔的態度處。他的諧謔有詼諧有趣的一面，也有苛謔傷人的地方。詼諧之處，常有神來妙喻，巧奪天工，讓人涵詠不已，回味無窮。可是苛謔之處，也謔之又虐，傷人透骨，令人不忍卒讀，頗似袁宏道給張幼于信上說的：「糞裏嚼查（渣），順口接屁。」（註一〇三）後人對於袁氏作品的批評，大半說他俚俗詼諧，其實「俚俗詼諧」更是思任文學的一種特色。

但是思任的機智反應，只用在隨口對答上，並未條理出自己的一套公式來，又未具備像東方朔一類的非憂，藉諧謔以解決各種處境上的困擾，所以除了逞口舌、滿足一時之快以外，很難發現他的諧謔曾帶給他那些實質上的好處。這也是我們看了他的諧謔語言後，覺得比較遺憾的一點。

不過，換一個角度來看，常人如此諧謔倒也不算奇事，思任卻是正統文學理論的擁護者，他能不被自己的正統論所束縛，隨心所欲的施展諧謔工夫，倒是頗不容易。

【註釋】

註一　陳飛龍〈王思任之文論〉，《第一屆明清之際中國文化的轉變與延續學術研討會論文集》頁一—一九八。

註二　陳繼儒〈王季重擬存叙〉，《王季重雜著》頁一四—一六。

註三　倪元璐〈王謔菴悔謔鈔序〉，《倪文貞集》卷七，頁八三—八四。

註四　張岱〈王謔菴先生傳〉，《瑯嬛文集》卷四，頁一三二—一三五。

註五　〈關於謔菴悔謔〉，《周作人先生文集·瓜豆集》頁二八五。

註六　徐沁〈贊採薇子像〉，見錄於邵廷采〈明侍郎遂東王公傳〉中，《思復堂文集》卷二，頁五七。

註七　錢謙益〈王僉事思任〉，《列朝詩集小傳·丁集中》，頁五七四。

註八　《文飯小品》，《周作人先生文集·夜讀抄》頁二〇二。

註九　以上三則分別見於周作人〈關於謔菴悔謔〉，《周作人先生文集·瓜豆集》頁二八五及二八八—二八九。

註一〇　任遠〈王思任十種前言〉，《王思任十種·前言》頁二。

註一一　蔣金德〈文飯小品前言〉，《文飯小品》頁六。

註一二　〈黃評事閣齋吟稿序〉，《王季重十種》頁二九。

註一三　〈悔謔〉，《文飯小品》頁二三一。

註一四　〈悔謔〉，《文飯小品》頁二二九。

註一五　〈悔謔〉，《文飯小品》頁二三〇。

註十六　〈悔謔〉，《文飯小品》頁二三二。

註十七 〈游五臺山記〉，《王季重十種》頁一六二。

註十八 〈游喚·天臺〉，《王季重十種》頁一〇九。

註十九 〈徐伯鷹天目遊詩記序〉，《王季重十種》頁四九。

註二〇 〈游喚·仙巖〉，《王季重十種》頁一二八。

註二一 〈游靈巖記〉，《王季重十種》頁一五三。

註二二 〈游喚·天臺〉，《王季重十種》頁一一九—一二〇。

註二三 〈弈律〉，《王季重十種》頁四二七起。

註二四 錢謙益〈王僉事思任〉，《列朝詩集小傳·丁集中》，頁五七四。

註二五 〈醉吟近草序〉，《王季重十種》頁四七。

註二六 〈答李伯襄〉，《文飯小品》頁一七。

註二七 〈樵竹軒記〉，《文飯小品》頁三六四。

註二八 〈游喚·雁蕩〉，《王季重十種》頁一二一。

註二九 〈文飯小品·蔡思義跋〉，《文飯小品》頁五〇一。

註三〇 〈簡夏懷碧〉，《文飯小品》頁七。

註三一 〈屠田叔笑詞序〉，《王季重十種》頁二〇。

註三二 張岱〈王謔菴先生傳〉，《瑯嬛文集》卷四，頁一三三。

註三三 張岱〈王謔菴先生傳〉，《瑯嬛文集》卷四，頁一三三。

註三四　〈游子房山記〉，《王秀重十種》頁一四九。
註三五　〈上留田〉，《文飯小品》頁一〇九。
註三六　〈簡何芝岳〉，《文飯小品》頁一一四。
註三七　〈清流之什〉，《文飯小品》頁一一七。
註三八　〈關於謔菴悔謔〉，《周作人先生文集·瓜豆集》頁二八八。
註三九　〈通明亭再記〉，《王季重十種》頁一九一。
註四〇　〈卯辰合轍序〉，《王季重雜著》頁三七二—三七三。
註四一　《文飯小品》頁六三。
註四二　邵廷采〈明侍郎遂東王公傳〉，《思復堂文集》卷二，頁五七。
註四三　田易《鄉談》。
註四四　班固《漢書·東方朔傳》，卷六五，頁二八四四。
註四五　《觀念史大辭典·文學卷》頁四九七。
註四六　《觀念史大辭典·文學卷》頁四〇。
註四七　《觀念史大辭典·文學卷》頁四四。
註四八　《觀念史大辭典·文學卷》頁四二。
註四九　〈悔謔〉，《文飯小品》頁二三六。
註五〇　〈悔謔〉，《文飯小品》頁二三六。

註五一　〈悔謔〉，《文飯小品》頁二二八。又，張岱《快園道古》引文為：「秦朱明以制義示王季重，季重用筆作圈，朱明從傍點頭自誦。」
註五二　〈悔謔〉，《文飯小品》頁二三三。
註五三　〈悔謔〉，《文飯小品》頁二三三。
註五四　〈悔謔〉，《文飯小品》頁二三四。
註五五　〈孫念雊吏部文集序〉，《王季重十種》頁六一。
註五六　〈夏叔夏先生文集序〉，《王季重十種》頁九〇。
註五七　〈小題砥柱敘〉，《王季重雜著》頁四一〇—四一一。
註五八　〈胡青蓮檀雪齋序〉，《王季重十種》頁八八。
註五九　〈甬東越社序〉，《王季重雜著》頁四四七—四四九。
註六〇　〈李太虛大椿堂集序〉，《王季重十種》頁五四。
註六一　〈鍾百樓先生牕稿序〉，《王季重雜著》頁四九一。
註六二　〈簡湯霍林〉，《文飯小品》頁一〇。
註六三　〈悔謔〉，《文飯小品》頁二三〇。
註六四　〈悔謔〉，《文飯小品》頁二二七。
註六五　〈悔謔〉，《文飯小品》頁二三二。
註六六　〈悔謔〉，《文飯小品》頁二二七。

註六七　〈悔謔〉，《文飯小品》頁二二九。
註六八　〈悔謔〉，《文飯小品》頁二三一。
註六九　〈奔女判〉，《文飯小品》頁三三。
註七〇　〈黃評事閣齋吟稿序〉，《王季重十種》頁二九。
註七一　〈悔謔〉，《文飯小品》頁二二九。
註七二　〈悔謔〉，《文飯小品》頁二二六。
註七三　〈悔謔〉，《文飯小品》頁二三四。
註七四　〈悔謔〉，《文飯小品》頁二三四。
註七五　以下〈悔謔〉原缺，依周作人《瓜豆集》頁二九四引〈悔謔〉文補足。
註七六　〈悔謔〉，《文飯小品》頁二二八。
註七七　〈悔謔〉，《文飯小品》頁二二九。
註七八　〈游喚·天姥〉，《王季重十種》頁一〇八。
註七九　以上五則，分見於《觀念史大辭典·文學卷》，頁四九三至四九五。
註八〇　〈悔謔〉，《文飯小品》頁二三〇。
註八一　〈悔謔〉，《文飯小品》頁二二八。
註八二　〈悔謔〉，《文飯小品》頁二二七。
註八三　陳繼儒〈王季重擬存叙〉，《王季重雜著》頁一五。

註八四 〈顧戊齊集序〉，《王季重十種》頁四九。
註八五 〈悔謔〉，《文飯小品》頁二三三。
註八六 〈悔謔〉，《文飯小品》頁二二八。
註八七 〈悔謔〉，《文飯小品》頁二三〇。
註八八 〈悔謔〉，《文飯小品》頁二二六。
註八九 〈簡余慕蘭〉，《文飯小品》頁七。
註九〇 〈悔謔〉，《文飯小品》頁二二七。
註九一 〈悔謔〉，《文飯小品》頁二三二。
註九二 〈悔謔〉，《文飯小品》頁二三二。
註九三 〈悔謔〉，《文飯小品》頁二二七。
註九四 〈悔謔〉，《文飯小品》頁二三二。
註九五 〈悔謔〉，《文飯小品》頁二三〇。
註九六 〈悔謔〉，《文飯小品》頁二二七。
註九七 〈悔謔〉，《文飯小品》頁二三一。
註九八 以上〈悔謔〉原缺，依周作人《瓜豆集》頁二九四引〈悔謔〉文補足。
註九九 〈悔謔〉，《文飯小品》頁二二八。
註一〇〇 〈悔謔〉，《文飯小品》頁二三三。

註一〇一　《悔謔》，《文飯小品》頁二三三。

註一〇二　《悔謔》，《文飯小品》頁二三三。

註一〇三　袁宏道〈解脫集之四—尺牘—張幼于〉，《袁宏道集箋校》卷一一，頁五〇二。

【引用參考書目】

《王季重集》十六卷，明王思任撰，明萬曆清暉閣刊本，美國哈佛大學漢和圖書館珍藏。

《王季重集》十五卷，明王思任撰，明崇禎間刊本，國立北平圖書館原藏，國立中央研究院歷史語言研究所傅斯年紀念圖書館複製美國國會圖書館攝製微卷。

《王季重集》八卷，明王思任撰，明萬曆間刊本，國立北平圖書館原藏，國立中央研究院歷史語言研究所傅斯年紀念圖書館複製美國國會圖書館攝製微卷。

《王季重集》十四卷，明王思任撰，明萬曆天啓間遞刊本，國立中央圖書館藏。

《王季重雜著》八卷，明王思任撰，明刊本，國立中央圖書館藏。

《王季重雜著》，明王思任撰，民國六十六年九月偉文圖書出版社有限公司影印國立中央圖書館所藏明刊本。

《王季重詩文稿》不分卷，明王思任撰，明萬曆間著者手稿本，國立中央圖書館藏。

《王季重先生文集》四卷，明王思任撰，清同治五年新建吳坤修皖江《乾坤正氣集》刊本第百三十五至百三十六冊（卷五〇四—五〇七）。

《王季重十種》，明王思任撰，一九八七年八月浙江古籍出版社排印本。

《王季重先生小品》二卷，明王思任撰，明崇禎刊本，《翠娛閣評選十六名家小品》之一，國立中央圖書館藏。

《避園擬存詩集》一卷，明王思任撰，明天啓間刊本，國立中央圖書館藏。

《文飯小品》，明王思任撰，一九八九年五月岳麓書社排印本。

《文飯小品》，民國豈明（周作人）撰，收入民國二十三年八月五日《人間世》小品文半月刊第九期內。

《關於王謔菴》，民國周作人撰，收入民國七十一年五月里仁書局據民國二十三年北新書局版《周作人先生集·風雨談》影印本內。

《關於謔菴悔謔》，民國周作人撰，收入民國七十一年五月里仁書局據民國二十三年北新書局版《周作人先生集·瓜豆集》影印本內。

《記明末殉節之王思任》，民國黃華撰，民國二十五年五月《越風半月刊》第十三期。

《不朽與傅芳—關於王謔菴之一》，民國覺堂撰，民國五十九年八月十三日臺灣新生報第十版。

《嚴正與諧趣—關於王謔菴之二》，民國覺堂撰，民國五十九年八月十七日臺灣新生報第十版。

《王思任年譜》，民國陳飛龍撰，民國七十一年十二月《國立政治大學學報》第四十六期。

《王思任之文論》，民國陳飛龍撰，收入《第一屆明清之際中國文化的轉變與延續學術研討會論文集》，國立中央大學共同學科主編，民國七十九年文史哲出版社排印本。

《詩經》，漢毛公傳，漢鄭玄箋，唐孔穎達正義，民國四十四年藝文印書館影印嘉慶二十年江西南昌府學刊本。

《禮記》，漢戴聖撰，漢鄭玄注，唐孔穎達疏，民國四十四年藝文印書館影印嘉慶二十年江西南昌府學刊本。

《論語》，魏何晏等注，北宋邢昺疏，民國四十四年藝文印書館影印嘉慶二十年江西南昌府學刊本。

《孟子》，東漢趙岐注，北宋孫奭疏，民國四十四年藝文印書館影印嘉慶二十年江西南昌府學刊本。

《史記》，漢司馬遷撰，劉宋裴駰集解，唐司馬貞索隱，唐張守節正義，藝文印書館影印清乾隆四年校刊本。

《漢書》，東漢班固撰，唐顏師古注，清王先謙補注，藝文印書館影印長沙王氏虛受堂校刊本。

《觀念史大辭典·文學卷》，幼獅文化事業公司編譯部編譯，民國七十七年七月幼獅文化事業股份有限公司排印本。

《文心雕龍》，梁劉勰撰，臺灣商務印書館《四部叢刊》本。

《袁宏道集箋校》，明袁宏道撰，民國錢伯城箋校，一九八一年七月上海古籍出版社排印本。

《倪文貞集》，明倪元璐撰，民國七十二年臺灣商務印書館影印《文淵閣四庫全書》本第一二九七冊。

《瑯嬛文集》，明張岱撰，民國四十五年五月淡江書局排印本。

《越人三不朽圖贊》，明張岱撰，民國七年紹興印刷局重刊本。

《湯顯祖集》，明湯顯祖撰，民國六十四年三月洪氏出版社影印排印本。

《思復堂文集》，清邵廷采撰，民國六十六年五月華世出版社影印清光緒十九年會稽徐氏（友蘭）鑄學齋刊本。

《鄉談》，清田易撰，清田實秬手稿本，國立中央圖書館藏。

《列朝詩集小傳》，清錢謙益撰，民國五十四年四月世界書局影印本。

晚明學者論戰國策

蔣秋華

一、前言

《戰國策》一書，自西漢劉向（字子政，豐人，西元前七七——前六。）整理編纂、賦予定名之後，流傳至宋，千餘年間，只有少數學者偶或提及，爲之注解的，僅知有東漢延篤（字淑堅，南陽犨人，？——一六七。）與高誘（涿郡人）二家而已。由於《戰國策》載錄的都是縱橫辯議之辭，爲學者所忌諱，故多置而不論。既然不受重視，在流傳過程中，其本文與注釋，不是散佚，便是殘缺不全。延注（註一）至宋時已亡佚，僅見於他書的引述，故世人多不知其書（註二）。高注傳至北宋，與劉向編本幾經散佚，俱已殘闕不全，致文多訛誤（註三）。因此，北宋多位學者乃加以校注，而曾鞏（字子固，建昌南豐人，一〇一九——一〇八三。）更集諸家校本，綜合整理，重新校定，劉編高注之《戰國策》始略復舊觀，成爲今日所習見的傳本（註四）。南宋時，姚宏（字伯聲，又字令聲，剡川人。）與鮑彪（字文虎，浙江縉雲人。）又分別校注《戰國策》。姚注本大致保存劉向三十三卷本的原來面貌，是部很有價值的版本（註五）。可惜因爲他忤犯秦檜，瘐死獄中，其書未得盛傳（註六）。鮑注本由於文采富麗，復經元吳師道（字正傳，浙江蘭谿人，一二八三——一三四四。）的補正，成爲元、明以後最通行的傳本。

明代中葉以後，由於印刷技術的改進，出版事業非常發達，出版家往往兼具學者和藏書家的身份，對書籍的校勘及版本的源流，瞭若指掌，因而對出版事業也就特別地費心。他們對刻印書籍的品質，要求十分嚴格，其成品往往能與宋本媲美。其中許多學者型的出版家和藏書家，更把出版書籍看成一種高尚的文化事業，而獻出畢生的精力（註七）。在這種良善的風氣下，明代對於《戰國策》的刊印，也十分盛行，且大多集中在世宗嘉靖（一五二二——一五六六）與神宗萬曆（一五七三——一六一九）年間。如嘉靖時有戊子（七年）吳門龔雷覆宋刊本、壬子（三十一年）吳郡杜詩（字與言，一五一八——一五八八。）覆宋刊本；萬曆時有辛巳（九年）巴郡張一鯤（字伯大，號翼海，一五二三——一六一一。）校刊本、己未（四十七年）烏程閔齊伋（字遇五，一五八〇——？）刊朱墨藍三色套印本。

大量刊刻的結果，自然引起研究的風潮。明代學者對於《戰國策》的研究，大約也在中葉以後興起。當時有些人更以評點方式，用不同的顏色，在精彩的句子旁，加上圈點，並附上評論。這種將評語夾雜在作品中間的鑑賞，可以隨時提醒讀者注意文章的佳勝處，是與當時小說評點的盛行，有很密切的關係。嘉靖、萬曆年間，書坊也刊行了不少各家評點、輯評《戰國策》的著作。如穆文熙（字敬甫，號少春，東明人，一五二八——一五九一。）編《國概》六卷；陳繼儒（字仲醇，號眉公，又號麋公，松江華亭人，一五五八——一六三九。）選注《戰國策龍驤》（註八）；張文燿（字維昇，武林人。）校輯《戰國策譚棷》十卷；項應祥編《國策臉》四卷；王篆校刊，阮宗孔刪注，陳堂、林應訓同校《張陸二先生批評戰國策抄》四卷；題焦竑（字弱侯，號澹園，江寧人，一五四一——一六二〇。）批選，翁正春（字兆翼，號青陽，福建侯官人，一五五三——一六二六。）校正，朱之蕃（字元介，號蘭嵎，茌平人，萬曆二十三年進士。）彙評《戰國策玉壺冰》八卷。此外，尚有無名氏《戰國策評苑》（註九）、鄭惟岳《國策旁訓》四卷、錢枏《國策泳》一卷、淩濛初（字玄房，一字元方，號初成，一作稚成，又號即空觀主人，烏程人，一五八〇——一六四四。）《國策概》四卷（註一〇）；這些書今日雖皆已不傳，但觀其名稱，大約亦爲訓解或選評之作。

由上可知，晚明學者對《戰國策》的整治，除校注與刊刻外，更有選本與評點，所提出的意見，雖然紛紜不一，卻明白地呈顯了他們給予此書的評價。由於整部《戰國策》的性質比較複雜，牽涉的範圍廣及文學、史學、思想三方面，所以前人評議時，雖然入手的角度各有不同，但均無法脫離此三範疇，本文即遵此三方向，綜析晚明學者有關《戰國策》的論點。此外，必須說明的是，前人對晚明時期的定義，大體上斷自隆慶（一五六七——一五七二）、萬曆以後，約略相當於西元的十六世紀下半葉至十七世紀的上半葉。若將整個明代畫分爲三，晚期殆起自嘉靖中葉。由於明人研究《戰國策》的風氣啓於嘉靖年間，本文爲論述之便，將時間略微向上延伸至嘉靖初年。

二、文學方面的批評

世人論及《戰國策》時，大多會受到它壯偉恢奇、鋪陳誇張的文辭的吸引，而歎賞不已。晚明學者也不例外，如陳子龍（字人中，更字卧子，號大樽，松江華亭人，一六〇八——一六四七。）〈戰國策本論序〉便說：

> 《戰國策》……蓋其文則史，其體則異于編年列傳，大率與《國語》相類；其言則皆謀臣策士捭闔詐諼、陰陽漂詭之詞，六國之所以亡、秦之所以得而復失者，職此故也。以故為儒者所深惡不道，特以瑋文雄辨，取重于操觚之家。（註一一）

他認為《戰國策》是一部與《國語》體例相似的史書，裡面載錄了謀臣策士縱橫捭闔、詭詐反覆的遊說辭令，而這些是儒者所鄙斥不取的，但因其「瑋文雄辨」，所以特別受到文章家的重視。他的批評乃秉持儒家正統觀點而發的，這也是多數學者研治時的共同感想。田藝蘅（字子藝，錢塘人。）也具有類似的觀點，他說：

> 六經之後，便有《左》、《國》、《戰國》之文，非無美辭，或理不副之耳。若夫推及本原，攻徹奇詭，閎衍無外，要眇入微，後世談士，極其從橫變化，卒不能出其範圍，得不謂之妙絕籌策者乎？略其理而審其辭，斯固足多也已。（註一二）

他在宗經的觀念下，謂六經以後並不是沒有美妙動人的文章，像《左傳》、《國語》、《戰國策》這些「妙絕籌策」的著作，就是值得稱道的，後人雖然極力想要超越，總是無法突破；其所不足的」不過是「理不副之」罷了。理既不足，則無法達或闡明義理的功能，這對服膺「文以載道」信念的學者而言，是十分重大的缺憾。但不容否認的，《戰國策》畢竟是一部文采斐然的著作，因此，他將理與辭，析分為二，提出「略其理而審其辭」的折中建議，作為研讀此類書的方法。這種作法是不顧書中所呈顯的思想，也就是擯棄作者所表達的意念，只擷取其中瑰麗的辭章文采，當作倣效的對象。此外，張一鯤也站在儒家的正統立場，加以批評，其〈校戰國策序〉說：

> 諸凡書非出六經者，亡能絕純而亡訾，顧其純而可觀可多識者在，其訾而不可訓者亦在。如夏璜之潤考、蜀錦之文繡，紕纇莫得而掩也，然卒莫得棄也。（註一三）

他視六經為絕純至上的，若非承此而出的著作，雖有可觀可多識者，亦必有可訾議者。然而他卻指出這種純駁相參的作品，未可一概廢棄。因此，他又說：

> 捭闔短長譎誑相傾奪之說，即不根諸理道，然縱之以陽，閉之以陰，肌豐而力沈，骨勁而氣猛，驟迴於咫尺不為近，而步逸於八極不為遠，曉變其故詞不為襲，而甲折其新意不為駭。古今設文之士，率曰先秦，秦之先非六國乎？其文之可讀者具是，是文家之郭郛也。（註一四）

《戰國策》所載錄的縱橫遊說之辭，雖然「不根諸理道」，也就是田藝蘅所謂的「理不副之」，但是其文章卻具有奔放流暢、剛猛恢宏的氣勢，可讀性極高。因而在世人崇古的觀念下，列居先秦著作的《戰國策》，自然成為「文家之郭郛」，是習學者所不可或缺的。這也是將理與辭分別看待的作法。

至於胡汝嘉，評論時則僅就《戰國策》的文辭而發言，他說：

《春秋》、《戰國》，王侯、文士之詞，淳古玄奧，妙奪化工，莫知師傳，無從擬議。初學熟讀潛玩，自然神與意會。譬之吸沆瀣，餐朝露，不惟可以洗滌塵襟，亦將變易肺腑矣。（註一五）

他將《戰國策》與《春秋》相提並論，謂二者分別代表王侯、文士的文辭，散發著典雅高深、巧奪天工的技藝，習文者苟能悉心鑽研，自可心領神會，獲益良多。他這一番極力推崇的詞語，乃純以審美的觀點來批評，與一般學者褒貶混雜的評議相較，可說是頗為新穎的。

《戰國策》既然是一部文采絕佳的著作，後人多將它作為摹擬寫作的對象，其中最被稱道的，就屬司馬遷了。因為司馬遷撰述《史記》，對於戰國時期的歷史人物與事件，多取材於《戰國策》（註一六）。王世貞（字元美，號鳳洲，又號弇州山人，太倉人，一五二六——一五九〇。）說：

太史公之文有數端矣！帝王紀，以己釋《尚書》者也，又多引圖緯子家言，其文衍而虛；春秋諸世家，以己損益諸史者也，其文暢而雜；儀、秦、鞅、睢諸傳，以己損益《戰國策》者也，其文雄而肆；劉、項紀，信、越諸傳，志所聞也，其文宏而壯；河渠、平准諸書，志所見也，其文核而詳，婉而多風；刺客、游俠、貨殖諸傳，發所寄也，磊落而多感慨。（註一七）

他將《史記》的文章風格，區分爲多種，這是根據司馬遷用以寫作的資料不同，而作的甄別。其中記述戰國策士的部分，王世貞用「文雄而肆」爲評語，除了表示太史公所受《戰國策》一書的影響，同時也說明了《戰國策》的文章風格。茅坤（字順甫，號鹿門，歸安人，一五一二——一六〇一。）〈讀史記法〉說：

> 列傳七十，凡太史公所本《戰國策》者，文特嫖姚跌蕩。如傳刺客，則聶政、荊軻；如傳公子，則信陵、平原、孟嘗；他如傳謀臣戰將，則商鞅、伍胥、蘇秦、張儀、范雎、蔡澤、呂不韋、春申、司馬穰苴、孫武、吳起、樂毅、廉頗、藺相如、趙奢、李牧、田單、白起、王翦、李斯、蒙恬，雖不盡出《戰國策》，而秦、漢間不遠，故文獻猶是，章章著明，太史摹畫絕佳。（註一八）

他也如同王世貞一般，分析了《史記》的文風，謂《戰國策》的文章具有「嫖姚跌蕩」的特色，那可說是一種疾勁放逸的樣態，是極具陽剛之氣的，司馬遷用來撰述戰國的刺客、公子、謀臣、戰將，實在是模仿得唯妙唯肖，因爲這些人本身就是狂放不羈的英雄豪傑。王、茅二人都道出了《戰國策》擁有勁健的文風，是太史公撰寫《史記》時的最佳範本，而他的運用也十分成功。

據上所述，可知晚明學者評論《戰國策》一書的文辭時，除了操持儒家的信念，對其不符於儒家思想的駁雜內容，有所貶斥外，大致上仍極力推崇其辭藻的奇偉精妙，值得世人效法的。這種有褒有貶的態度，是將文學的藝術與功能相結合的批評方式，除了顯示晚明學者無法完全擺脫傳統力量的的困擾，亦反映了《戰國策》所具有不可否認的文采魅力。

三、史學方面的批評

人們在論及《戰國策》文章佳美的同時，也不忘記它是一部出色的史書，王廷相（字子衡，號平涯，又號浚川，河南儀封人，一四七四——一五四四。）〈校戰國策序〉即說：

雖然，自春秋以還，二百餘年之跡，使無是書，則湮鬱無聞，仰稽事變之學，亦在所不可廢矣。（註一九）

張一鯤〈校戰國策序〉亦說：

孔子均，（《左》、）《語》絕，其後二百四十餘年，戰國相殘相墮相襲相劇而爲楚、漢，誰爲甄序而信諸遠？雖有陸賈、司馬遷，無所事載筆矣，是史氏之綜軸也。（註二〇）

他們都認爲孔子歿後，《左傳》、《國語》不作，戰國二百四十餘年的歷史事蹟，幸虧有《戰國策》爲之載記，才得以保存下來，否則後世史家如何據以纂述呢？所以它是一部重要的史書，絕不可輕易廢棄。

此外，學者往往也將《戰國策》與司馬遷的《史記》相比而論。如馮叔吉說：

如以其文，《史記》猶摭之，況今學士哉？（註二一）

以司馬遷之才，撰文猶摭拾《國策》（註二二），後人豈可棄置？沈津也說：

十二國所載，繁辭瑰辨，爛然盈目，亦可謂博且富矣。太史公採擇以成《史記》，後之

> 人遂以爲天下奇書而好之。（註二三）

《戰國策》所載十二國的史事，文辭之美，斐然可觀，稱得上「博且富」，由於司馬遷撰寫《史記》時，曾經採用過，後人受此影響，乃視爲奇書而珍寶它。姚三才說：

> 《國策》衰世之文乎？右權游俠而左道德，其於忠臣義士，蠲名爲尚跡者，猶能闡而揚之，則〈剝〉之上九，所謂碩果不食者也。然雄辨變幻，自是宇宙間一種好文字，以故太史公多祖之，而回視《左》、《國》，亦諒淺矣。（註二四）

他認爲《戰國策》雖然尚游俠而輕道德，不過仍能闡揚忠臣義士的事蹟，而且「雄辨變幻」的文辭，連司馬遷都襲用，這種宇宙間的好文字，儘管持與《左傳》、《國語》相比，也遠在其上，毫無遜色。從史傳文學的發展看，《左傳》、《國語》已有了一些生動的細節描寫。《戰國策》在刻畫人物方面，如細節描寫、側面烘托、捕捉人物心理、環境氣氛渲染等，都遠遠超過了《左傳》和《國語》。《戰國策》的文辭優美，具有「鋪張揚厲，明快自如」的獨特語言風格。它描寫歷史人物很出色，雖然加添了不少虛構的成分，卻使得人物個性展示得更爲鮮明，情節更加曲折生動。因此，有人認爲《史記》的傳記文學價值，即直接繼承《戰國策》（註二五）。劉鳳（字子鳳，長洲人，嘉靖三十二年進士。）〈國概敘〉說：

> 今之爲文者，必司馬子長，顧子長寔有所取裁也。《世本》、《國語》、《左氏》、《國策》，太史皆載其事，兼取其詞，微有損益而已，何者？雖以太史公雄才，必有所藉，以發其感憤鬱積之氣，而況後之慕學焉者，又安得不悉取其書讀之哉？（註二六）

謂今人爲文，所以推尊司馬遷，因爲他的撰著，知所取裁。蓋前代的史書不僅供給他撰述的材料，更提供他絕妙的文詞，他不過據之略加損益罷了。如此佳構，世人安得不取而讀之？王世貞亦說：

> 太史公因其成，資以編《史記》之十二。……且夫敘事者之有《戰國策》，其於太史公昆季也，左氏則匹敵也。是三君子者，而產於殷、周之際，當左右史之職，興衰治亂之所以然與皇王心跡之微，必能委曲貌擬，使人躍然而興感，何至寥寥迨今。（註二七）

他認爲《戰國策》可與《史記》、《左傳》比肩，並歎三書作者生不逢辰，若能遭逢殷、商之盛，必可盡其史職，忠實紀錄史事，留下讓人「躍然而興感」的篇章，而不致沉寂無聞。

另外，陳仁錫（字明卿，號芝苔，長洲人，天啓二年進士。）〈國策國語選評序〉說：

> 嘗謂《策》以見智，《語》以載事，故《國策》、《國語》之文，雖非六經之比，然亦當時智謀之略、事類之故所必稽焉。其該博，其識遠，以太史公之雄才，猶必有所藉焉，以攄其蘊，而況後之學者乎？故二書並傳，至於今不廢。但其是非錯雜，縱横奧衍。《策》雖奇而工，其失也或駁；《語》雖豔而富，其失也近誣；爲先民之所病者多矣。不有所選，則無以會其要；不有所評，則無以審其是。余因史館之暇，悉採諸儒之所評訂者，考而正之，間亦附以鄙見，標出以示學者，庶幾知所趨尚，不至於謬戾云。（註二八）

他將《戰國策》與《國語》相並討論，謂二書雖非六經之比，惟因所載當時的聰明謀略及成敗事故，爲學者所必察考的。王因爲它們該博識遠，所以雄才如司馬遷，撰著時亦需借重它們。不過，二書之失，在於駁、誣，前人多有不滿。因此，他要加以選、評，希望透過一翻揀擇與說明的「考正」，可以免除學者受其謬戾之惑。

晚明學者在討論《戰國策》的史學價值方面，大多數均能肯定其爲相當重要的史料，保存了珍貴的歷史事蹟，讓史家得據以撰述，而其中最成功的，當爲司馬遷的《史記》了。此外，就其內容的駁雜而言，晚明學者有人認爲必須予以篩選，以免讀者爲其優美的文辭所迷眩。

四、思想方面的批評

對於《戰國策》所呈顯的思想，學者多予以貶斥，這在前面文學與史學部分的論述中，已提及一二，以下即專就這一方面，加以深論。

茅坤說：

> 蘇秦、張儀幷戰國縱橫游說之詞，適以傾亂人國，本不足睹覽，特其詞言利處則諱其害，言得處則蔽其失，亦自有聳躍人處。要之，同自《陰符》中出。（註二九）

他認爲戰國策士的言辭，無非敗家滅國的詭詐計謀，實在沒有什麼值得閱讀的。不過，因爲所談的都是趨利避害的內容，所以頗能打動人心。這些在他看來，乃出自講求陰謀的《陰符經》（註三〇）。在他看來，《戰國策》的價值似乎並不高。王廷相〈校戰國策序〉說：

> 要其指歸，堯、舜、三王之餘戮，而仁義聖智之蔽塞也。何以言之？攝權變以鉤利，蓄

狙詐以交外，倖近小以爲得，便苟偷以爲安，其心隱忍，其事欺謾，其術鄙陋委瑣，畔於正軌遠矣。而時君闇劣，懾於禍患，一切傾心聽之，由是兵戈遍於九域，生民塗其肝腦。古昔聖人休靜天下之澤，斬然無存。嗟乎！世變至此，極矣！當是之時，秦獨強。秦人出關，六國之人皆動；非兵戈之搆，則要質之講；非應秦之敵，則與國之合。由是觀之，雖有孟子仁義不忍之心、井田常產之政，夫孰暇而聽之？又安能施之耶？故曰堯、舜、三王之餘戮，而仁義聖智之蔽塞也。（註三一）

他的這一番說辭，將《戰國策》的價值，評論得非常低下。在他的心裡，以爲聖王之道所以不行於世，乃因時君的昏聵不明，一切聽命於謀臣策士的安排，所以儘管有孟子的王道政策，也無法施行。與茅坤比起來，王廷相的觀念似乎更爲保守，更加切合儒家的理念。田汝成（字叔禾，錢塘人，嘉靖五年進士。）說：

自周之尚文也，其末不得不勝，其流不得不史。仲尼因史記而修《春秋》，詞嚴義正，爲萬世法。一降而爲《左氏》、《國語》，再降而爲《戰國策》，其書不同，各紀一時之事，有足采者，但正者十三，而譎者十七耳，亦時使之然也。所謂「其敝也譎」者是矣。逐客、坑儒、焚書之禍，又何採？怪乎！（註三二）

周人尚文，孔子說：「周監于二代，郁郁乎文哉！」（註三三）又說：「質勝文則野，文勝質則史。」（註三四）爲免文勝質而流於史之弊，孔子乃修《春秋》，義正嚴辭，足爲萬世法，其後降爲《左傳》、《國語》，再降爲《國策》，雖然所記的也都是一代的事跡，但是正者少而譎者多。

他認爲這是時勢使然。基本上，他還是推崇儒家正統的觀點。

馮叔吉也以「時」的論點，來批評《戰國策》，他說：

> 論者以是書逞捭闔之雄，明其說於天下者，在所當權。噫！亦甚矣！彼《國策》者，時則然耳。余謂知其說者，天下可運諸掌也。……至若蔡氏論處功名之際，蘇子談兵樽俎之間，魯連抗義於帝秦之時，共工擇言於中酣之頃：皆不軌於儒家指略。彼以縱橫長短而黜之，非儒之通者也。（註三五）

世人以此書乃「逞捭闔之雄」，有意宣揚者當有所揀擇，雖然其中的內容多有不符儒家宗旨者，但通明其說者，欲操控天下，易如反掌。因此，凡是以其述縱橫之計而欲罷斥者，均非通儒。此處馮氏已跳出傳統的窠臼，爲策士的施用計謀，加以辯護。比馮氏更爲前進的，有王篆，他說：

> 然則，《策》何以傳也？周季二百餘年，國列政具，人該物叢，考往者所必据述。且其書比物連類，旁稱遠引，情深辭蔚，又秉彤修翰之赤幟也。至其闚時之急，而善爲揣摩，能以微言隱義相感動，大功有足多者，顧善用之何如耳。（註三六）

他認爲《戰國策》不僅具有豐饒的史料，也富有華麗的文采，尤其以言辭感動人心的本事，更是高超。既是考往者所必稽，屬文者所必參，除具有史學價值外，文學上亦有值得稱述的，至於如何運用，但看用之者的抉擇了。他又說：

> 或以其退孔、孟而進從橫者流，爲是《策》疵。夫孔子尚矣，孟氏遘七雄角力之會，屹

然述唐、虞三代之德，妾婦儀、衍，詆訶宋牼、勾踐、淳于髡輩諸游士，寧不謂戔絕賢豪哉？然其馮軾盛騶，環歷齊、梁、鄒、滕之國，緩頰以干其主，暇則鼓掌奮髻，聚談以相靡，方諸游士明辨，而是《策》顧不一二記載也。抑斯使迂闊王道，黜其說弗錄耶？非然也。儒者之視百家縣隔，奚啻逕庭。今讀孟氏書七篇，炳然明備，若星日中天，是《策》僅存而舛衍殘闕戾次者幾半，余意當其時，道術雖烈，而人心涇渭不遽澌澌，故其推尊孟氏，與六籍、孔子同科，罔敢以王道雅談亂之權謀捭闔之說，合載而傳也。疇曰迂之弗錄耶？司馬子長上下古今，才識甚偉，獨怪其傳孟氏，以雕龍炙轂者附之。及其論六家指要，直靡從橫者流不列，蓋謂其家猶不得與六家並，矧孔、孟哉？近世覽是《策》者，往往律以孔、孟之道，互較得失，譬欲派涇流而混之爲也，非篤論矣。（註三七）

有人認爲《戰國策》不載孔、孟之言，是它的缺失。王篆則謂孔子遠在戰國之前，不必管他，至於孟子的一切作爲，頗有辯士的架勢，《戰國策》不加採錄，自有其深意。因爲當時的人心十分清明，絕不將道術相異的學說，混合載錄。司馬遷爲孟子立傳的時候，竟將騶奭與荀子與他一起幷附，這是王篆所不滿。不過，太史公在論述六家指要時，根本擯除縱橫家不談，足見他也不欣賞此派的思想。因此，後人強要把道術不同的《戰國策》，來和孔、孟學說較量高下，實在是不智之舉。王篆雖然給予《戰國策》不高的評價，但是他卻明白表示了：必須將不同的學派，各別看待，強欲區分彼此的優劣，是不恰當的。他的觀點實在值得稱道，畢竟諸子百家競起之際，都是想要提出一套救世的良方，設想各有其妙處，縱有罅隙，亦未可一概抹殺。張一鯤〈校戰國策序〉說：

> 山東之主，愚於策士矜激泛濫之說，而傾其國，故秦閉關謝客。儀、秦、衍、軫之徒，亦自愚於其說而殺其軀，故蕭、曹輩興，宗黃、老而塞兌。關中之主，又自愚于其狙詐武健，而亡其天下，故漢解網：是主臣之轍鑑也，胡可言棄也？（註三八）

雖然世人多受其書之迷惑，而遭致覆敗滅亡，但是它的存在，卻可作爲君臣的鑒戒，所以他明白表示此書之不可棄。他又說：

> 讀是書者，譬如求魚海溟，伐材山林，至於鱗介之修短、柯條之鉅細，在魚人匠者審擇之而已。審擇之，則子長文之爲《史記》、袁悅齎之爲天下要書、李文叔名之爲至寶；不審擇之，則如曾子固所云禁之、戒之、放絕之而已。嗟乎！楚之《檮杌》，魯之《春秋》，一也。申、韓之語，不必仁義，而諸葛武侯有味乎其說；〈七法〉、〈五輔〉、〈八觀〉諸篇，不必純乎王道，而房僕射手注，爲之究心。故夫書不必盡出於六經者，然後可無棄也。（註三九）

讀《戰國策》者當知所取擇，如司馬遷、袁悅（字元禮，陳郡陽夏人。）、李格非（字文叔）就是懂得選取有益的部分，所以對它推崇備至（註四〇）；曾鞏只注意到其中欺詐的一面，因而大聲疾呼，必須加以禁絕防制（註四一）。但是，不言仁義的申不害、韓非的法家著作，諸葛亮也能欣賞；不純言王道的《管子》，房玄齡曾費心爲它注解（註四二）。可見書不必盡出自六經，才是值得閱讀的。唐文獻（字文徵，號抑所，松江華亭人，萬曆十四年進士。）〈國策膾序〉說：

> 夫《策》亦烏可盡擯，擯策者，以擯客也，顧獨不聞有道之世，其鬼不神乎？漢吳濞、淮南招致賓客以千數，外戚大臣魏其、武安之屬兢逐京師，布衣游俠劇孟、郭解卒扞文罔，至老死不得以《策》聞，嘻！何古今若斯之異也？「王道蕩蕩，王道平平，無有作好，無有作惡。」好惡正而客氣消，雖有郡國之雄，權行隸庶，而力折公侯，匿不出矣。客且不足畏，而又安所畏《策》？……兵者危事，而仁人不廢誅討；奕者爭心，而神仙不廢游戲。非知道，孰與談哉？非知道，孰與談哉？（註四三）

他也以為《戰國策》不可輕言廢棄，因為氣有消長，好惡正則客氣自然沉寂，雄霸者想要有所作為，難矣哉！所以說客猶不足畏懼，又何必擔心簡書呢？更何況，兵、奕之事，涉及爭奪，仍可相存不廢，明白這層道理，才能客觀的來談《戰國策》。唐氏雖然主張不必害怕縱橫詭譎的策士，但其所提出的鬼神厭勝、正邪消長之說，則過於玄虛，不切實際。沈津說：

> （曾鞏曰：）「夫人患理之不明耳，知至而識融，則異端雜說，皆吾進德之助，而不足為病也。」矧是書記二百四十五年之事，有可以考鏡者乎？（註四四）

他引述曾鞏的話，認為人只要能理明，即不必有任何懼怕。蓋人惟患不能明理，只要通曉道理，任何異端雜說，都可作為自己修養德行的助益，根本不必擔心它會成為障礙。更何況此書記錄了二百多年的史事，其中可以作為借鑑處，不在少數。他的見解較唐氏平實多了。

此外，還有不少學者爲《戰國策》的存廢辯護的。如徐益孫〈國策膾叙〉說：

古今治亂，惟在是非、利害兩端。經以純言是非者也，《策》以純言利害者也；任經則世治，任《策》則世亂，而古今之局定矣。昔者結繩之俗，書契未萌，天下熙熙，民如野鹿，即殷誓周誥，聖人不得已而寖出焉，何以《策》爲？《策》之興也，無論諸侯王從之而愚於聰，國人從之而愚於兵，即其所自號墨卿者流，三寸之舌，沸於波濤，七尺之軀，閃於轆轤，卒乃以黃金爲注，至令自穽其身，如薰骨而殘翠者。然則《策》安在哉？即使《策》中所載，固自有一二可喜，要之，機心機事，漢陰老人所掩耳而不忍聞也。（註四五）

他分析古今治亂的原因，不外乎是非、利害兩端，而經書與《國策》正好爲二者的代表。不同的世代，自然出現不一樣的對治之方。至於亂世之作的《戰國策》，其中雖有令人欣悅的說辭，但因屬於機心機事，那是連漢陰老人都不願聽聞的（註四六），自然是不足貴了。那麼其書是否可以廢棄呢？徐氏卻又不以爲然，他說：

夫《策》之爲縱橫，一童子能言之，乃劉中壘、孔衍、高誘、曾鞏、鮑彪、吳師道諸君子，參考讎校，亦使此書附庸經術之後，蓋我道大矣！平隴甫田，不廢泰岱；清流大澤，不廢龍蛟；瓦石可以兆卜，談笑可以解紛：顧用之何如耳。用而不善，則神奇化爲臭腐，醍醐化爲毒藥；用之而善，則銷礦而爲金，採腋而爲裘。集諸瑣碎而爲竹頭木屑之用，而況是《策》乎哉？（註四七）

一部簡單的書籍，卻勞動了歷代多位學者的悉心考校，大概是想讓它成爲經書的附庸，以示儒術的弘大。至於如何看待它，端視用者善不善於操控了。而《戰國策》所以撰作的原因，他又說：

大抵世之有經而詘者有故，客卿攘袂，顚倒國防，始於七雄，迄於四豪，皆以狙詐相拳，而天下靡有寧日。此無他，高才奇士，抑鬱而不能吐，則不得不以口舌而操國君之權。乃今家絃户誦，士有奇□□□□□，上且張彌天之網羅之，則亦何所畏客，而詘群《策》爲也？（註四八）

經之不行，乃時勢昏亂所致，而策士遭逢無道，故不得不以口舌之爭，以抒發其鬱悶之氣。不過時世清平，律法森然，所以儘管家絃戶誦，也不用擔心策士的陰謀得逞。如此一來，更不須憂煩《戰國策》的流行。田藝蘅說：

今之人動輒以利功昏舌誚戰國之士，大不知量也。今之士莫不以三代震世豪傑自命，求其一言而即取相位者，誰與？因一言而即讓相位者，誰與？能因一言而即退一相、進一新者，又誰與？竊慮今之辭章論策，非不累千萬言，欲求如當時足以排難解紛、卻敵存國於呼吸間者，或不能不爲之縮舌，遠讓三百舍矣。知此者，然後可與譚是《策》也。（註四九）

他對於世人好以戰國策士言佝功利爲譏，認爲是「大不知量」，畢竟策士們的說辭，後世有多少人能淩駕其上？所以惟有明白這個道理，才可眞正的瞭解《戰國策》的應有價值。他又說：

> 垂衣禪祚之世不常有，典謨訓告之文不常作，故《詩》亡而《春秋》興，左右史散而《戰國策》行矣。蓋文章也，氣運也，恆相爲經，以顯蘊而創百代之閎猷。世極亂則權以脩辭，而濟一時之劇務。際皇王之盛，而欲爲從横闔闢之策，不敢也。膺戰爭之衝，而欲爲典謨訓告之文，不能也。何以故？時有所不宜，而勢有所不迨也。孔子於春秋，孟子於戰國，曷嘗不雅譚王道哉？顧歷説即不入，所如即不合，辟諸飭章甫逢掖以救焚溺之危，需大羹玄酒以活饑渴之莩，吾見其隨盡而趣斃耳。非章逢大玄之不可用也，用之非其時，投之非其會也。即欲以無爲俎豆之譚、井田築鑿之策，而解倉皇倒縣之民，悟奔走殘喘之主，烏可得哉？舉世學士鮮度德審勢，率以王道而律戰國之策政，所謂挾天子以令諸侯者，無足多譚也已。挾天子以令諸侯者，名之曰梟伯，挾六經以令《戰國策》者，命之曰梟儒。通乎此，而後可以譚茲《策》也。（註五〇）

不同世代自然出現不一樣的治策，這是時勢使然，非可以強求得來的。孔、孟之道不行於當世，非其術之缺陷，實因所處環境的差異，以致不得施展罷了。因此，世人企圖用王道來糾繩《戰國策》，正如同挾天子以令諸侯般，是不應當的。此處他仿「梟伯」而創造了一個「梟儒」的新穎名詞，用來譏諷比擬不倫的學者，確實是別出心裁。

又，陳子龍〈戰國策本論序〉說：

> 今夫國至重也，安危之機至疾也，以羈旅浮湛之人，立談之頃，而人主尊敬震懾，掃宮虛位以待之，此其説誠有足觀者。今千載之後，猶使人樂其卓詭騁軼，緩頰微中，而況

> 當時之君？存亡勝敗之形，交感于中，而有人焉，投其機而導其隙，即安得不從且信也？然其說大約棄信而貴詐，趨尺寸之效，而不務遠大之規，但知其所以長，而不知其不可久也。方其抵掌華屋之下，縱横騰踔，使人長跪以奉社稷，其說必以爲至矣。……夫天下之事，固不可盡以得失成敗論也。盡以得失成敗而論，則其變有不可勝窮者。故曰：「言辨而不及。」又曰：「飾人之心，易人之意，辨者之囿也。」夫有所不及，而不能離乎囿，是以其說不可勝窮，而亦有時乎窮，故君子不尚也。（註五一）

儘管策士的辯議有動人心魄處，但都是趨利避害、背信棄義，只求一時之效，所以有其拘限。何況天下之事，並非俱以成敗得失所可道盡的。然則需如何整治呢？陳氏說：

> 蓋攻其失，所以見瑕也；盡其變，所以廣智也；極其流，所以返正也；開其疑，所以求解也；塞其意，所以待應也。吾聞古有行人之官，其職最重，雖伏誠義、修詞命，然解急相機，不廢詭變。又主文譎諫，聖哲所許。二者于短長家言，亦有可取。……駁其言之足以禍天下者，而採其術之可用者。（註五二）

他提出了四種對治的藥方，要人們駁斥禍天下的不當言論，而採取有用的部分。同時他又說明了《戰國策》所以不得廢除的理由，即行人之職以達成任務爲要，所以見機行事，可以權行詭辭；又〈詩大序〉謂「主文而譎諫」，足見儒家亦同意詭辭的可行性。他的說解是兼顧了正反兩方的調和之論。

晚明學者對於《戰國策》一書的思想，大至仍受儒家思想的籠罩，依舊採取比較排斥的態度。不過，也有不少人主張跳脫儒家的拘囿，而別作評斷，如此才是正確的鑑賞方式。

五、結語

以上分別自文學、史學，以及思想三方面，來析論晚明學者對《戰國策》一書的見解，可知他們的觀點，雖然仍舊受到儒家陰影的籠罩，卻也有部分比較開通的識見，要求客觀的來研治，這些現象是值得稱道的。

前人對晚明學者研究《戰國策》的情形，尚未出現比較深入而廣面的探究，還不足以看出晚明學者的相關見解，希望經由本文的論述，可以略微彰顯當時學界對此書所抱持的觀點，並察見明人與前代學者評議的異同。不過，由於資料搜集的不易，疏漏之處，在所難免，尚祈識者不吝指教。

【註釋】

註一　唐司馬貞《史記索隱》曾徵引延篤注，卻未標明書名。《隋書》、《舊唐書》、《新唐書》著錄延篤注，均稱《戰國策論》，《文選》顏延年、沈約、李善等注，徵引時亦稱《戰國策論》。但六朝顏之推《顏氏家訓·書證篇》引延注，則稱《戰國策音義》，宋郭忠恕《佩觿》卷上引用，亦稱《戰國策音義》。清侯康《補後漢書藝文志》（藝文印書館）云：「據諸所引（指《顏氏家訓》、《史記索隱》。），全非論體，顏黃門（之推）稱《戰國策音義》，其名似勝《隋》、《唐志》。」（卷三，頁五上——頁五下。）張正男先生則以爲「從《史記索隱》及《文選》所引用的幾條看來，這不是評論，也不是音義，而是訓詁及釋義。名之曰『論』，正是漢朝的語詞」，故當名《戰國策論》，見《戰國策初探》（臺灣商務印書館）頁一五〇。

註　二　《隋書》、《舊唐書》、《新唐書》、鄭樵《通志》、高似孫《史略》猶著錄延篤《戰國策論》一卷，宋高宗紹興十六年（一一四六），姚宏撰〈戰國策校序〉，云：「延叔堅之論尚存。……叔堅之論，今他書時見一二。」紹興三十年（一一六〇），其弟姚寬撰〈戰國策後序〉，云：「延篤論今亡矣。」其實姚宏所引延篤注，均爲轉引自《顏氏家訓》及《史記索隱》，並未親見原書（參見張正男先生《戰國策初探》頁一四四——頁一五一。）。《通志》與《史略》雖仍著錄延篤注，然此類書志多轉引他書而成，往往未見原書，故延篤《戰國策論》於南宋初年確已亡逸。

註　三　宋王堯臣《崇文總目》（臺灣商務印書館）云：「今篇卷亡闕，第二至十、三十一至三闕；又有後漢高誘註本二十卷，今闕第一、第五、十一至二十，止存八卷。」（卷二，總頁五七。）

註　四　曾鞏〈戰國策序〉云：「劉向所定著《戰國策》三十三篇，《崇文總目》稱十一篇者，闕，臣訪之士大夫家，始盡得其書。正其誤謬，而疑其不可考者，然後《戰國策》三十三篇復完。」項安世《項氏家說·說事篇一·戰國策》（臺灣商務印書館）：「〈戰國策目錄序〉：『舊缺十一篇。』南豐訪得之，而三十三篇者復完。」（總頁九〇）

註　五　姚宏本的優點，鄭良樹先生謂有：㈠保存劉向原定本三十三卷的本來面貌，㈡保存《戰國策》原本的訛文異字，㈢保存《戰國策》原本的殘缺面貌，㈣保存了南宋初年十幾種《戰國策》版本的面貌。見《戰國策研究》（臺灣學生書局），頁四三——四五；又見〈論姚宏校注本戰國策的優點及其流傳〉，收錄於《竹簡帛書論文集》（明文書局），頁二二八——二四六。

註六　有關姚宏本未得流行於世，鄭良樹先生認爲有兩個原因：㈠元、明兩代，學者尙浮誇，鮑彪本甚得時尙，姚宏本則不符當時要求；㈡鮑注本經過吳師道的補正，自然有所進步，因而贏得士林的信悅。見〈論姚宏校注本戰國策的優點及其流傳〉，《竹簡帛書論文集》，頁二四〇——二四一。

註七　參見宋原放、李白堅《中國出版史》（中國書籍出版社）頁一五〇。

註八　見何建章《戰國策注釋》（北京中華書局）附錄五引用書目（頁一三八七）。

註九　見明萬曆間陳第《世善堂藏書目錄》著錄。

註一〇　以上三書見清康熙間徐乾學《傳是樓書目》著錄。

註一一　見《安雅堂稿》卷三，總頁六六，《陳子龍文集》（華東師範大學出版社）下冊。

註一二　見張文爟《戰國策譚棷·附錄》卷首，頁二一上引。

註一三　見張文爟《戰國策譚棷·附錄》卷首，頁一九上——一九下引。

註一四　見張文爟《戰國策譚棷·附錄》卷首，頁一九下——二〇上引。

註一五　見張文爟《戰國策譚棷·附錄》卷首，頁一九上引。

註一六　姚宏〈戰國策校序〉謂司馬遷撰《史記》，採用《戰國策》九十餘條；姚寬〈戰國策後序〉則謂採用九十三事。司馬遷《史記》戰國時代人物的傳記，大約有三十篇，其中有二十八篇是依據《戰國策》的史料寫成的，涉及的篇章多達一百十二章。參見韓兆琦等《史記通論》（北京師範大學出版社）頁一八一；布莉華〈史記對戰國策人物形象塑造的繼承與發展〉，《承德師專學報》一九九二年第二期，頁一五。

註一七　見《弇州山人四部稿》卷一四六。

註一八　見《史記鈔》卷首。

註一九　見《王氏家藏集》卷二一，《王廷相集》（北京中華書局）頁四〇〇。

註二〇　見張文爟《戰國策譚棷·附錄》卷首，頁一九上引。

註二一　見張文爟《戰國策譚棷·附錄》卷首，頁一四下引。

註二二　根據鄭良樹先生的統計分析，司馬遷記述戰國時代的文字，約有百份之四十八至百份之七十，採用《戰國策》。參見《戰國策研究》（臺灣學生書局）頁一七七——一八三。

註二三　見張文爟《戰國策譚棷·附錄》卷首，頁二〇下引。

註二四　見張文爟《戰國策譚棷·附錄》卷首，頁一八上——一八下。

註二五　參見藍開祥《戰國策名篇賞析·前言》（北京十月文藝出版社）頁一一——一五。

註二六　見項應祥《國概》卷首，頁一上一下。

註二七　見張文爟《戰國策譚棷》卷首，頁一上——四上。

註二八　見《古今圖書集成·經籍典》引。

註二九　見張文爟《戰國策譚棷·附錄》卷首，頁一六下引。

註三〇　《陰符》一般多指《太公陰符》或《黃帝陰符》，不知茅氏此處所言，究為何書？《戰國策·秦策》

謂蘇秦「乃夜發書，陳篋數十，得《太公陰符》之謀，伏而誦之」。其書殆爲兵家之作，然早已亡佚。至於《黃帝陰符》則爲唐李筌所僞託的道家著作。

註三一　見《王氏家藏集》卷二一，《王廷相集》（北京中華書局）頁四〇〇。

註三二　見張文熚《戰國策譚棷·附錄》卷首，頁一五下——一六上引。

註三三　見《論語·八佾》。

註三四　見《論語·雍也》。

註三五　見張文熚《戰國策譚棷·附錄》卷首，頁一四下引。

註三六　見張文熚《戰國策譚棷·附錄》卷首，頁一八上引。

註三七　見張文熚《戰國策譚棷·附錄》卷首，頁一七上——一八上引。

註三八　見張文熚《戰國策譚棷·附錄》卷首，頁二〇上引。

註三九　見張文熚《戰國策譚棷·附錄》卷首，頁二〇上——二〇下引。

註四〇　晉袁悅嘗謂：「天下要物，正有《戰國策》。」（見劉義慶《世說新語·讒險》）宋李格非〈書戰國策後〉說：「《戰國策》所載，大抵皆縱橫、捭闔、譎誑、相輕、傾奪之說也。其事淺陋不足道，然而人讀之，必向其說之工，而忘其事之陋者，文辭之勝移之而已。……至於以下求小，以高求大，縱之以陽，閉之以陰，無非微妙難知之情，雖辯士抵掌而論之，猶恐不白，今寓之文字，不過一二，言語未必及，而意已隱然見乎其中矣。由是言之，則爲是說者非難，而載是說者爲不易也。」

註四一　曾鞏批評之語，見其所撰〈戰國策目錄序〉。

註四二　《四庫提要》謂《管子》一書，「舊有房玄齡注，晁公武以爲尹知章所託。然考《唐書·藝文志》，玄齡注《管子》不著錄，而所載有尹知章注《管子》三十卷，則知章本未託名，殆後人以知章人微、玄齡名重，改題之以炫俗耳」。張氏此處蓋承前人之誤，亦言房氏注《管子》。

註四三　見《國策膾》卷首，頁三上——四上。

註四四　見張文爟《戰國策譚棷·附錄》卷首，頁二〇下——二一上引。

註四五　見《國策膾》卷首，頁一上——二上。

註四六　《莊子·天地》：子貢過漢陰，見一丈人將爲圃畦，用力多而寡功，籲其用械，丈人曰：「吾聞之吾師：『有機械者，必有機事；有機事者，必有機心。機心存於胸中，則純白不備；純白不備，則神生不定；神生不定者，道之所不載也。』吾非不知，羞不爲也。」

註四七　見《國策膾》卷首，頁二上——三上。

註四八　見《國策膾》卷首，頁三上——三下。

註四九　見張文爟《戰國策譚棷·附錄》卷首，頁二〇下引。

註五〇　見張文爟《戰國策譚棷·附錄》卷首，頁二一上——二一下引。

註五一　見《安雅堂稿》卷三，總頁六六——六七，《陳子龍文集》（華東師範大學出版社）下冊。

註五二　見《安雅堂稿》卷三，總頁六七，《陳子龍文集》（華東師範大學出版社）下冊。

赤子之心與神秀

黃志民

人間詞話第十四則：

溫飛卿之詞，句秀也；韋端己之詞，骨秀也；李重光之詞，神秀也。（註一）

葉嘉瑩「從人間詞話看溫韋馮李四家詞的風格」對此有如下的詮釋：

飛卿之詞精艷絕人，其美全在於辭藻字句之間，所以說是「句秀也」；端己則字句不似飛卿之濃麗照人，而其勁健深切足以移人之處乃全在於一種潛在的骨力，所以說是「骨秀也」；至於後主則不假辭藻之美，不見著力之迹，全以奔放自然之筆寫純眞任縱之情，卻自然表現有一種俊逸神飛之致，所以說是「神秀也」。（註二）

至於三家詞風之差異，葉氏在同文以爲溫詞不具作者之生命及個性，仍屬晚唐五代徒供歌唱賞玩的艷詞一類；韋詞則溶入作者深摯眞切的感情，帶有作者鮮明的個性；後主又高一層，在詞中有著由一己眞純的感受而直探人生核心所形成的深廣的意境（註三）。易言之，三家詞風之有所不同，乃因其作品中所呈現的感情而定，溫詞徒有辭藻而無生命個性，韋詞充分反映其生命及個性，後主則超越一己而直指人生，故有句秀、骨秀、神秀之異。

葉氏此論甚精到。但後主何以能由一己眞純的感受而直探人生核心形成深廣的意境，其人格特質依王氏之認識是否有異於甚至超越常人之處，亦即後主之所以爲王氏評爲具有「神秀」之詞風者，其究竟之處何在，似亦頗值得探索。蓋具有純眞任縱之情的詞人當不止後主一人，何以他人未必皆能直探人生核心；而同遭亡國之痛的帝王如宋徽宗僅能自道身世之戚，而後主卻能表現出「儼有釋迦、基督擔荷人類罪惡之意」，這些都唯有從王氏在人間詞話及其他相關的文章中，才能有完整而全面的了解。

人間詞話對李後主的評論，主要集中在第十四至第十八等五則：

詞至李後主而眼界始大，感慨遂深，遂變伶工之詞而爲士大夫之詞。周介存置諸溫、韋之下，可謂顚倒黑白矣。「自是人生長恨水長東」、「流水落花春去也。天上人間」，金荃、浣花能有此氣象耶？（十五則）

詞人者，不失其赤子之心者也。故生於深宮之中，長於婦人之手，是後主爲人君所短處，亦即爲詞人所長處。（十六則）

客觀之詩人，不可不多閱世。閱世愈深，則材料愈豐富，愈變化，水滸傳、紅樓夢之作者是也。主觀之詩人，不必多閱世。閱世愈淺，則性情愈眞，李後主是也。（十七則）

尼采謂「一切文學，余愛以血書者」；後主之詞，眞所謂以血書者也。宋道君皇帝燕山亭詞亦略似之。然道君不過自道身世之戚，後主則儼有釋迦、基督擔荷人類罪惡之意，其大小固不同矣。（十八則）（註四）

這五則詞話的編排次序，隱然有其系統在，其中包括對後主詞之風格、評價及對後主其人的認定在：其一，十四、十五兩則詞話可視爲一組，這組詞話評價後主詞的風格，並從比較中肯定其成就的傑出。第十四則依次評論飛卿、端己、後主三家詞的風格，一方面既以「神秀」總括後主詞風，開啓以下四則詞話以後主爲中心的評論，一方面從其對三家詞的不同評語及次序先後，也在暗示著王氏對後主詞之高出溫、韋詞的評價，故緊接的第十五則即以後主詞的「眼界大」、「感慨深」之認定，以爲其所形成的氣象，爲尙未脫離晚唐、五代伶工艷詞之格局的溫、韋所不及，因而不能同意周濟將後主詞「置諸溫、韋之下」，駁之曰「顚倒黑白」（註五）。從第十五則所引後主句皆亡國後之作品來看，則所謂「眼界大」、「感慨深」，殆係指其亡國後之詞風而言，蓋亡國之前的後主，「生於深宮之中，長於婦人之手」，其詞充其量只能稱之曰純眞任縱，實在看不出有什麼深入的感慨和廣大的眼界，準此以論，則其「神秀」的評語，亦或當就後主亡國之後的詞風而言。其二，十六、十七兩則詞話可視爲一組，專論後主其人。第十六則是王氏對於後主的認識之根本，王氏認爲後主是一個不失赤子之心的詞人，這是後主的基本人格，由此基本人格所衍生的是其性情之眞，這是一層，屬於後主本身具備的；其次，後主「生於深宮之中，長於婦人之手」，他早年這樣的環境，使得他閱世淺，性情眞，使得他仍能保有赤子之心，這是第二層，屬於後主的環境條件。如果說此五則詞話的前二則和後一則是專就或主要就後主亡國之後，經歷環境大變動、嚐盡人間至痛的詞風立論，那麼此二則詞話即在於描述變動之前的後主，在其成爲傑出詞人之前的本身和環境諸狀況，如此又引出了下一則的評論。其三，第十八則詞話從其與宋道君皇帝燕山亭詞相比較的這一點來看，所謂「後主之詞，眞所謂以血書者也」，顯然也是就其亡國之後的作品來立論。這一點，呼應了十五則詞話。又以後主閱世極淺的純眞性情，遽遭亡國破家的人間至痛，備受降虜生活的人生奇辱，其感受之強烈深刻，反映在詞中的是幾於字字血淚，所以說「以血書」；這和第十七則詞話所描述的有關。但後主是一個不失赤子之心的詞人，所以他能在經歷種種之後，超越一己感情，直指人生諸問題之核心，而爲人生全體之觀照，遂與宋道君皇帝燕山亭詞之「不過自道身世之戚」者有著大小的不同；這和第十六則詞話有關。由於後主能超越一己感情、直指人生核心，他所感受到或承受到的人類罪惡是深入的，對於人生面相的觀察體驗是廣大的，有如釋迦、基督一般(註六)，爲其他人或其他詞人所不及，這也就是第十五則詞話所謂「眼界大」、「感慨深」的進一步說明。

根據上述，則王氏心目中的後主是一個不失赤子之心的、主觀的詩人，由於身受亡國之痛、降虜之恥，以其血淚爲詞，故其後期作品眼界大、感慨深，超出其他詞人，表現出神秀的風格。不失赤子之心是後主詞之所以神秀的根源。

人間詞話要言不煩，對所謂赤子之心並沒有進一步的明確界說，只能從王氏的其他文章去了解。王氏在其「叔本華與尼采」一文引尼采「察拉圖斯德拉」第一篇之首章，對赤子有如下的描述：

赤子若狂也，若忘也，萬事之源泉也，游戲之狀態也，自轉之輪也，第一之運動也，神

聖之自尊也。（註七）

同文又引叔本華「意志及觀念之世界」中的「天才論」：

天才者，不失其赤子之心者也。蓋人生至七年後，知識之機關，即腦之質與量已達完全之域，而生殖之機關尚未發達。故赤子能感也，能思也，能教也，其愛知識也較成人為深，而其受知識也亦較成人為易。一言以蔽之曰：彼之知力盛於意志而已。即彼之知力之作用，遠過於意志之所需要而已。故自某方面觀之，凡赤子皆天才也；又凡天才，自某點觀之，皆赤子也。（註八）

然則，赤子與天才有其相通之處，赤子皆天才，天才皆赤子，人間詞話第十六則以「生於深宮之中，長於婦人之手」的後主為「不失赤子之心」，亦即以後主為具備天才之人格。赤子之異於成人、天才之異於常人者，即在於「彼之知力盛於意志」。

依叔本華哲學之觀點，意志是人類和其他生物所共具的原質。意志之所以為意志有一大特質，即生活之欲。一切生物皆有生活之欲，但其階級愈高，其需要也就愈精愈多，於是有悟性作用；至於人類的需要，較諸其他生物，其性質愈貴，其數量愈多愈雜，於是由悟性進一步產生理性作用。知力即悟性、理性二者的總合，只有人類才具備而為其他生物之所無。但常人的知力從意志而生，又為意志所用，亦即常人的知力弱於意志，無法超越意志而為獨立的作用（註九）。故天才之異於常人者，在其知力雖仍從意志產生，卻不復為意志之奴隸，能為獨立之作用，故曰「彼之知力盛於意志」、「彼之知力之作用，遠過於意志之所需要」。

常人之知力既無法超越意志，從意志而生仍爲意志所用，故其生命之內容，無非飢食渴飲、老身長子，遂其生活之欲而已。王氏在其五言古詩「蠶」中，借蠶的一生來譬喻充滿飲食男女之欲的人生：

> 余家浙水濱，栽桑徑百里。年年三四月，春蠶盈筐篚。蠕蠕食復息，蠢蠢眠又起。口腹雖累人，操作終自己。絲盡口卒瘏，織就鴛鴦被。一朝毛羽成，委之如敝屣。耑耑索其偶，如馬遭鞭箠。呴濡視遺卵，恬然即泥滓。明年二三月，儀儀長孫子。茫茫千萬載，輾轉周復始。嗟汝竟何爲，草草閱生死。豈伊悅此生，抑由天所畀。畀者固不仁，悅者長已矣。勸君歌少息，人生亦如此。（註一〇）

從人的角度觀察蠶，在其「茫茫千萬載，輾轉周復始」的世代生息傳續中，其生命全爲求食求偶的生活之欲所支配，其他別無意義。但生活之欲的最終歸宿卻是生命的結束，這不正如「辛苦錢塘江上水，日日西流，日日東趨海」（註一一）一般的無謂；即使生命的形式得以借子孫綿延而永續相傳，但其生命之內容卻如環無端、亘古如斯，終究不能擺脫意志之奴役，則其生命的本質是苦痛的。常人的生命內容與蠶實無以相異，則其本質亦是苦痛的。王氏依循叔本華哲學的觀點，認爲生活之本質爲欲，其性質不外乎苦痛，故欲與生活、苦痛三者是一體的，此即人生之眞相。王氏「紅樓夢評論」第一章「人生及美術之概觀」：

> 生活之本質何？欲而已矣。欲之爲性無厭，而其原生於不足，不足之狀態，苦痛是也。既償一欲，則此欲以終，然欲之被償者一，而不償者什佰，一欲既終，他欲隨之，故究

竟之慰藉終不可得也。即使吾人之欲悉償，而更無所欲之對象，倦厭之情即起而乘之，於是吾人自己之生活，若負之而不勝其重。故人生者，如鐘表之擺，實往復於苦痛與倦厭之間者也。夫倦厭固可視爲苦痛之一種，有能除去此二者，吾人謂之曰快樂。然當其求快樂也，吾人於固有之苦痛外，又不得不加以努力，而努力亦苦痛之一也。且快樂之後，其感苦痛也彌深，故苦痛而無回復之快樂者有之矣，未有快樂而不先之或繼之以苦痛者也。又此苦痛與世界之文化俱增，而不由之而減。何則？文化愈進，其知識彌廣，其所欲彌多，又其感苦痛亦彌甚故也。然則人生之所欲，既無以逾於生活，而生活之性質又不外乎苦痛，故欲與生活與苦痛三者，一而已矣。(註一二)

常人之生活既不脫欲望之追求，有努力，有倦厭，有苦痛，有快樂，由於其知力仍爲意志所用，故無法超越生活中之諸現象，直探人生之核心而求其本質；天才固與常人同樣生活在客觀世界，同樣面對生活中的快樂和苦痛，但其知力盛於意志，遠過於意志之所需要，能爲獨立之作用，而以生活爲一問題，以世界爲一問題，直指其核心而探求之，此則與常人有別。王氏「叔本華與尼采」一文對此有相當的發揮：

嗚呼！天才者，天之所靳而人之不幸也。蚩蚩之民，飢而食，渴而飲，老身長子，以遂其生活之欲，斯已耳。彼之苦痛，生活之苦痛而已；彼之快樂，生活之快樂而已。過此以往，雖有大疑大患，不足以攖其心。人之永保此蚩蚩之狀態者，固其人之福祉，而天之所獨厚者也。若夫天才，彼之所缺陷者與人同，而獨能洞見其缺陷之處；彼與蚩蚩者俱生，而獨疑其所以生。一言以蔽之，彼之生活也與人同，而其以生活爲一問題也與人異；彼之生於世界也與人同，而其以世界爲一問題也與人異。（註一三）

依叔本華的觀點，此種探索當然已超越了常人的苦痛、快樂，但其結果卻不是解脫，而是憂鬱、悲哀。王氏「叔本華與尼采」一文所引叔本華「天才論」即云：

天才所以伴隨憂鬱的原故，就一般來觀察，那是因爲智慧之光愈明亮，便愈能看透生存意志的原形，那時便會了解我們人類竟是這一付可憐相，而由然興起悲哀之念。（註一四）

這種憂鬱、悲哀是超越一己利害的，全體而普遍的觀照的，本質之了悟的，這和常人之爲一事一物之現象、一己一時之利害的快樂或苦痛，其大小、深淺固不可同日而語；後主以其不失赤子之心的天才性格，從一己遭遇而直探人生之核心所生的憂鬱、悲哀，其眼界之大、感慨之深，當然與溫詞之徒具辭藻而乏生命、個性，韋詞之抒發一己感情、表現作者個性，以及宋道君皇帝之自道身世之戚，有著顯然的差異，甚至於說他「儼有釋迦、基督擔荷人類罪惡之意」的氣象，亦可以從此角度得到理解。

人生之本質，既爲欲望，趨利避害，以遂其生活之欲，乃成爲人的一般心理需求，知識於焉產生。王氏「紅樓夢評論」第一章「人生及美術之概觀」：

吾人生活之性質既如斯矣，故吾人之知識遂無往而不與生活之欲相關係，即與吾人之利害相關係；就其實而言之，則知識固生於此欲，而示此欲以我與外界之關係，使之趨利

而避害者也。（註一五）

常人之知識，只知物我關係，科學之知識則進一步示人以此物與彼物之關係，「於是物之現於吾前者，其與我之關係及其與他物之關係，粲然陳於目前而無所遁，夫然後吾人得以利用此物，有其利而無其害，以使吾人生活之欲增進於無窮」（註一六）但「科學之源，雖存於直觀，而既成一科學以後，則必有整然之系統，必就天下之物，分其不相類者，而合其相類者，以排列之於一概念之下，而此概念復與相類之他概念，排列之於更廣之他概念之下，故科學上之所表者，概念而已矣。」（註一七）此種從直觀出發而最後以概念表出的知識，示吾人以物我之間的利害關係，似可使吾人趨利避害，以滿足其生活之欲，但基本上彼既爲滿足生活之欲而無法盛於意志，則「滿足與空乏，希望與恐怖，數者如環無端而不知其所終，目之所觀，耳之所聞，心之所思，手足所觸，無往而不與吾人之利害相關，終身僕僕而不知所稅駕者，天下皆是也」（註一八），不但永遠之解脫爲不可能，即使一時之慰藉救濟，亦不可得。能使人得到一時之救濟，暫時之和平者，唯有起於超然利害之直觀的實念（Ideas），而美術即具此功能。王氏「叔本華哲學及其教育學說」：

> 美之對象，非特別之物，而此物之種類之形式；又觀之之我，非特別之我，而純粹無欲之我也。夫空間時間，既爲吾人直觀之形式，物之現於空間皆並立，現於時間者皆相續，故現於空間時間者，皆特別之物也。既視爲特別之物矣，則此物與我利害之關係，欲其不生於心，不可得也。若不視此物爲與我有利害之關係，而但觀其物，則此物已非

特別之物，而代表其物之全種，叔氏謂之曰實念（Ideas）。故美之知識，實念之知識也（The knowledge of ideas）。……美術上之所表者，則非概念，又非個象，而以個象代表其物之一種之全體，即上所謂實念者是也，故在在得直觀之，如建築彫刻圖畫音樂等，皆呈於吾人之耳目者，唯詩歌（并戲劇小說言之）一道，雖藉概念之助，以喚起吾人之直觀，然其價值全存於其能直觀否，詩之所以多用比興者，其源全由於此也。（註十九）

王氏「叔本華與尼采」：

一切科學，無不從充足理由原則之某形式者，科學之題目，但現象耳，現象之變化及關係耳。今有一物焉，超乎一切變化關係之外，而爲現象之內容，無以名之，名之曰實念。問此實念之知識爲何？曰美術是已。夫美術者，實以靜觀中所得之實念，寓諸一物焉而再現之，由其所寓之物之區別，而或謂之彫刻，或謂之繪畫，或謂之詩歌音樂，然其唯一之淵源，則存於實念之知識。（註二〇）

當吾人拾其靜觀之對象時，乃使之孤立於吾前，此時空間時間之形式失效，關係之法則窮於用，利害之心不生，而但見其內容，此超然利害之直觀之所得即謂之實念；不但欣賞時如此，即其表出之時亦以能否喚起人之直觀以定其價值，所以此實念之知識，不論就感受、表現、欣賞而言，皆爲直觀之知識。唯有在美術中表出此直觀所得之實念之知識，吾人方能從之得到人生完全之知識。美術之務，即在以此實念之知識，使人得一時之救濟。王氏「紅樓夢評論」第二章「紅樓夢之精神」：

美術之務，在描寫人生之苦痛與其解脫之道，而使吾儕馮生之徒，於此桎梏之世界中，離此生活之欲之爭鬥，而得暫時之和平，此一切美術之目的也。(註二一)

其目的如此，故其價值亦存在於美之自身，而不能與一時一人或一國之利益相合，此即其神聖之所存，亦爲其永恆價值之所在。王氏「古雅之在美學上之位置」：

美之性質，一言以蔽之曰「可愛玩而不可利用」者是已。雖物之美者，有時亦足供吾人之利用，但人之視爲美時，決不計其可利用之點。其性質如是，故其價值亦存於美之自身，而不存乎其外。(註二二)

「論哲學家與美術家之天職」：

夫哲學與美術之所志者，眞理也。眞理者，天下萬世之眞理，而非一時之眞理也。其有發明此眞理（哲學家）或以記號表之（美術）者，天下萬世之功績，而非一時之功績也。唯其爲天下萬世之眞理，故不能盡與一時一國之利益合，且有時不能相容，此即其神聖之所存也。(註二三)

然則，誰能以超然利害之直觀以得實念之知識，並表出之以使人亦能直觀此現象之內容，忘物我利害之關係，而離生活之欲，入於純粹之知識，則王氏以爲非天才不易及此。其「紅樓夢評論」第一章「人生及美術之概觀」：

夫自然界之物，無不與吾人有利害之關係，縱非直接亦必間接相關係也。……然此物既與吾人有利害之關係，而吾人欲強離其關係而觀之，自非天才，豈易及此？於是天才者

> 出，以其所觀於自然人生中者，復現之於美術中，而使中智以下之人，亦因其物之與己無關係而超然於利害之外。(註二四)

蓋天才者不失其赤子之心者也，其知力盛於意志，其自身如自轉之輪，常處於游戲之狀態，故能超越時空、利害，純依直觀而不雜概念，以領受世界，故能獲得美的知識，亦即能獲得實念的知識。此一實念的知識，從叔本華哲學的觀點，乃與哲學同爲天下萬世之眞理，人生全體之完全的知識。人間詞話以爲李後主乃一不失赤子之心的詞人，一主觀之詩人，則其旣遭亡國，閱盡人生滄桑，遂以其所遭遇之人生事實及他對此一事實之精神的態度爲直觀的對象，從而得其實念之知識並表之於詞，則其感慨之深，眼界之大，自爲其他詞人所不及。並且其所表出者，並非人生之現象，而爲此現象之內容，則其秀自不在句、不在骨，而在於最爲根本的、本質的知識之表出，其秀之在神固亦理之必然。又後主以其所觀於人生者，復現於詞中，若中智以下之人，亦能以直觀領受之，遂能了悟人生之眞相，超然而忘物我利害之關係，雖不能如宗教家之承擔並企圖救贖人類罪惡，但亦能「使吾儕馮生之徒，於此桎梏之世界中，離此生活之欲之爭鬥，而得暫時之和平」，人間詞話以後主亡國後之詞「儼有釋迦、基督擔荷人類罪惡之意」，亦可從此一角度去理解。

天才即赤子，赤子如自轉之輪，其本身即爲自主的能動體。不失赤子之心的詞人，其觀物也，從直觀而不從概念，其表出之亦如是；其以文學爲事業也，則出之以游戲之狀態。王氏「文學小言」第二則：

文學者，游戲之事業也。人之勢力，用於生存競爭而有餘，於是發而爲游戲。婉孌之兒，有父母以衣食之，以卵翼之，無所謂爭存之事也。其勢力無所發洩，於是作種種之游戲。逮爭存之事亟，而游戲之道息矣。唯精神上之勢力獨優，而又不必以生事爲急者，然後終身得保其游戲之性質。而成人以後，又不能以小兒之游戲爲滿足，於是對其自己之感情及所觀察之事物而摹寫之、詠歎之，以發洩所儲蓄之勢力。故民族文化之發達，非達一定之程度，則不能有文學，而個人之汲汲於爭存者，決無文學家之資格也。

（註二五）

第四則：

文學中有二原質焉，曰景、曰情。前者以描寫自然及人生之事實爲主，後者則吾人對此種事實之精神的態度也。故前者客觀的，後者主觀的也。前者知識的，後者感情的也。自一方面言之，則必吾人胸中洞然無物，而後其觀物也深，而其體物也切，即客觀的知識，實與主觀的感情爲反比例。自他方面言之，則激烈之感情，亦得爲直觀之對象，文學之材料；而觀物與其描寫之也，亦有無限之快樂伴之。要之，文學者，不外知識與感情交代之結果而已。苟無敏銳之知識與深邃之感情者，不足與於文學之事。此其所以但爲天才游戲之事業，而不能以他道勸者也。（註二六）

詳味此二則：其一，文學乃天才游戲之事業，天才之游戲，既可以自然及人生之事實爲直觀之對象，亦可以吾人對此種事實之精神的態度爲對象，前者客觀的，後者主觀的；此與人間詞話第十七則之以李後主爲主觀之詩人比並而觀，則王氏之意蓋謂後主之詞乃以其對人生及自然之事實的精神態度爲直觀對象的詩人。其二，人之汲汲於爭存者，則其游戲之道息，唯精神上之勢力獨優，而又不必以生事爲急者得保此狀態，此與後主之生平對照，則李後主固一能以文學爲游戲之事業的天才。他「生於深宮之中，長於婦人之手」，不必汲汲於爭存；他「不失赤子之心」，精神上之勢力獨優。雖遭亡國之痛，但短期的降虜生活，並未使他游戲之道息，反能以游戲之狀態，直觀其對亡國之人生事實的精神態度，超越一己而直指人生。其三，後主爲一主觀的詩人，是「感情的也」，但他從感情出發，以直觀而得人生之實念之知識，實已高乎一般所謂的感情。其四，後主不失赤子之心，故能知力盛於意志，以游戲直觀其人生事實之精神的態度，超然於一己利害，而得人生全體之觀照，此其境界乃詩人之境界，能通古今而觀之，不似常人境界之域於一人一事之或憂或樂。亦即後主於宇宙人生，既能入又能出，其境界較諸常人爲高（註二七）。

總之，李後主之作爲詞人，其基本特徵在於「不失赤子之心」，由是而能以游戲之狀態直觀其亡國後的精神之態度，表現此一直觀所得的實念之知識；這是人生之本質的、哲理的，而非現象的、感情的，所以能超越句、骨之秀而表現出神秀的風格。

【註　釋】

註　一　王國維「人間詞話」頁十。臺北，金楓出版有限公司，七十六年五月初版。

註　二　葉嘉瑩「王國維及其文學批評」附錄頁四三一—四三二。臺北，源流文化事業有限公司，七十一年六月再版。

註　三　葉嘉瑩「從人間詞話看溫韋馮李四家詞的風格」，註二所揭書頁四四六—四四八。

註　四　四則詞話見註一所揭書頁十一—十二。

註　五　周濟「介存齋論詞雜著」：「毛嬙、西施，天下美婦人也。嚴妝佳，淡妝亦佳，麤服亂頭，不掩國色。飛卿，嚴妝也；端己，淡妝也；後主則麤服亂頭矣。」衡此語意，後主之詞似仍不掩國色；周氏並無「置諸溫、韋之下」的評價，且既「麤服亂頭，不掩國色」，則其得「自然」之美，其不假辭藻的「神秀」，應更在溫、韋之上，又與王氏之論詞者並不相悖，不知王氏何以謂之「顚倒黑白」。

註　六　關於「人間詞話」第十八則所謂「後主則儼有釋迦、基督擔荷人類罪惡之意」云云，葉嘉瑩「從人間詞話看溫韋馮李四家詞的風格」一文以「亦不過喻言後主詞中所表現者雖爲其個人一己之悲哀，然而卻足以包容了所有人類的悲哀，正如釋迦基督之以個人一己而擔荷了所有人類之罪惡，並非眞謂後主有擔荷世人罪惡之意也。」（註二所揭書頁四二五）此處葉氏語意不甚明確：其一，使用「包容」二字，可能導致「體諒」或「承擔」等寬恕或替世人承當罪惡的誤解，而與「並非眞謂後主有擔荷世人罪惡之意」相矛盾，造成理解上的困惑。其二，既云「正如」云云，又謂「並非眞謂」云云，則王氏究竟之意旨何在，直使讀者反增疑惑。基本上，本文以爲在王氏心目中後主乃詞人而非宗教家。偉大的宗教家如釋迦、基督一方面既能對於人生諸問題直指其核心，感受到所謂「人類罪惡」的眞相，另方面又能更進一步以一己生命爲世人承擔其罪惡，寬容並企圖救贖之。作爲詞人的後主只是感受或承受到此種人類罪惡的壓力而已，並沒有爲世人承擔的意思，但從感受之一層而言，其詞中所表現者實已揭出人類罪惡之眞相，與宗教家之所感受者相近，故詞話云「儼有……擔荷…之意」。其中擔荷只能從感受之一層理解，而意字也只能解釋爲意味。並且此種意味只或主要只表現在後主亡國後的作品。

註　七　王靜安「靜安文集」。「海寧王靜安先生遺書」頁一六四一。

註　八　註七所揭書頁一六四二。

註　九　王靜安「叔本華之哲學及其教育學說」。「靜安文集」。註七所揭書頁一五六七—一五六八。

註一〇　王靜安「靜安詩稿」。註七所揭書頁一七四一。

註一一　王靜安「苕華詞」。註七所揭書頁一四九八。

註一二　王靜安「靜安文集」。註七所揭書頁一五九四。

註一三　同註七，頁一六五四。

註一四　同註八。

註一五　王靜安「靜安文集」。註七所揭書頁一五九五。

註一六　王靜安「紅樓夢評論」第一章「人生及美術之概觀」。「靜安文集」。註七所揭書頁一五九六。

註一七　王靜安「叔本華之哲學及其教育學說」。「靜安文集」。註七所揭書頁一五八八。

註一八　同註十七，頁一五六九。

註一九　註七所揭書頁一五六九—一五八八。

註二〇　註七所揭書頁一六三七。

註二一　註七所揭書頁一六〇八。

註二二　王靜安「靜安文集續編」。註七所揭書頁一七九一。

註二三　註七所揭書頁一七一二—一七一三。

註二四　註七所揭書頁一五九七—一五九八。

註二五　王靜安「靜安文集續編」。註七所揭書頁一八〇〇—一八〇一。

註二六　同註二五，頁一八〇二。

註二七　有關詩人之境界與常人之境界，可參閱拙作「人間詞話的造境與寫境」第二節。「清代學術研討會論文集」頁二九三—二九七，國立中山大學中國文學系編印，七十八年十一月出版。

「妒婦」與明清小說

——一場男人與女人的戰爭

林保淳

「妒婦」是中國傳統小說中經常出現的題材之一，在通常的情況下，此一類型的小說，大抵極力模寫婦女的各種妒態及層出不窮，甚至光怪陸離的妒行，而且以反面的譏嘲與抨擊手法，強調妒婦與傳統倫理觀念的衝突和違逆，因此，其中的婦女形象，多半與「悍」、「獨」、「毒」等貶抑的字眼繫聯爲一，而有「夜叉」、「胭脂虎」、「母大蟲」、「河東獅」、「鳩盤荼」等獰惡的封號。相對於妒婦，則丈夫自然懦弱無能、卑瑣可憐，而毫無昂藏氣概可言了。《說文》云：「妬，婦妬夫也。」毫無疑問，此一妒婦題材應是傳統夫婦、婚姻觀念的反映；然而，在傳統男尊女卑的觀念中，妒是婦女「七出」的律條之一，在現實社會中原屬不可容忍之事，何以居然成爲一種表現的主題？此一種表現，代表了何種意義？其與整個中國人夫婦、婚姻觀念的關係若何？深信是個極有探討意義的課題。

一、宋代以前的妒婦與相關背景

典籍中明確記載的妒婦，始於《左傳》中的叔向之母（註一），但以此聞名的，應首推《史記·呂太后本紀》中「斷戚夫人手足，去眼，煇耳，飲瘖藥，使居廁中，命曰人彘」的呂太后。呂后以正妻凌虐婢妾，而身爲丈夫的漢高祖噤不敢發聲之事（註二），大可以視爲後來妒婦小說的原型。在此，妻妾衝突所凸顯的問題，很顯然與爭寵有關（註三），而爭寵是爲了維護既有的權利，其前提當然是須有另一個可能奪權的對手，中國自商、周以來，容許一夫多妻，這種衝突原就無法避免，此與女子是否「天性善妒」無涉，基本上純粹是制度問題所衍生出來的。清人李漁戲稱「欲使婦人不妬，除非閹盡男兒」（註四），雖爲謔語，卻側面反應出其間問題的關鍵。因此，如果我們要溯源推究妒婦歷史的話，應在極早以前。不過，周代以宗法制度嚴分嫡、庶的權利義務，頗能使妻妾各安其分，而消解可能衍生的衝突，因此在先秦典籍中，也甚少見到類似的記載。宗法制度的崩潰，也淆亂了嫡、庶之分，婦女之妒，逐漸開始成爲一樁問題，最明顯的證據是成書於戰國之間的《山海經》，已有「類」、「黃鳥」、「栯木」、「鶬鶊」等物可以使人「不妒」的記載（註五），可知其問題已相當嚴重了。西漢戴德正式將妒列入「婦有七去」（註六）的律條，理由是「爲其亂家也」，正是鑒於此而發展出來的防制手段。

婦人有妒即可休去，是在承認男子有多妻多妾的權利下，避免因爭寵而淆亂整個宗族體系而設想出來的，是極端男性主義下的產物，在古代中國的社會狀況下，自然獲得普遍的認同，寖漸成爲「婦德」的必備條件，如《詩序》中論及〈樛木〉、〈螽斯〉、〈小星〉等篇時，皆以「不妬忌」爲后妃的盛德（註七）；而《意林》中則以「妒妻」和「亂臣」相提並論，宣稱「妒妻不難破家，亂臣不難破國。一妻擅夫，衆妻皆亂，一臣專君，群臣皆敗」。自漢迄淸，儘管有學者質疑「七出」的合理性，但所針對的皆以「惡疾」與「無子」爲主，誠如清人王堂《知新錄》所說的「惡疾之與無子，豈人所欲者？出之，則忍矣哉」（註八），基本上，此二項與婦德無關，自易受到「非聖人意也」的懷疑，但是，相對於「不順父母」、「淫」、「多言」、「竊盜」等四項濃厚含有道德批判意味的律條而言，「妒」明顯不具此嚴重性，而卻少有學者爲其緩頰，可見其受接納的程度。

因妒可以出妻，既爲律法所許可，依理而論，應不致有蠻悍難制的妒婦出現，但事實上卻非如此，載籍中的妒婦懦夫，依然所在皆有。揆其原由，一方面可能肇因於丈夫本身的懦弱性格，因而導致乾綱不振，如著名的懼內領袖陳季常之所以聞獅吼而心茫然，極可能便是自己「畏事」，凡事「欲作縮頭龜」的性格作祟（註九）；但更大的原因，應是整個社會外在條件的制約，使丈夫不得不屈服於石榴裙下。這點，我們從各個時代的妒婦記載中，也許可以窺出端倪。

據《宋書·后妃傳》所載，「宋世諸主，莫不嚴妒，太宗每疾之。湖熟令袁慆妻以妒忌賜死，使近臣虞通之撰《妒婦記》」，自六朝迄唐，妒婦甚是常見，段成式謂「大曆以前，士大夫妻多妬悍者」（註一〇），應爲實情。據《太平廣記》所引的相關妒婦記載看來，這些妒婦凌虐婢妾、毆詈丈夫的「悍」態，雖不如後來的花樣繁多，但手段之殘酷，已頗聳人聽聞；尤有甚者，因物起妒，如阮宣子妻「禁婢甌覆槃蓋不得相合」，因宣子歎美桃樹，即忿恚摧斫（註一一）；至於劉伯玉妻段氏因夫誦美〈洛神賦〉，不惜赴水爲神，而有「妒婦津」的傳聞（註一二)，則更是捕風捉影，不知所謂了。這種妒情，雖然不是因丈夫多婢妾的現實而作的反彈，而是基於一種危機意識，深恐丈夫移情別戀之後，對自身權益產生的威脅，但實則暗示出對男女婚姻地位不公平的不滿，進而即有可能要求男女相對的公平地位，謝安妻劉氏之所以質疑《詩序》所盛稱的「不忌之德」，以爲「若使周姥撰詩，當無此語也」（註一三），正可以自此角度加以理解。自六朝迄唐，是中國女權意識較高張之時，此說大致已成定論，山陰公主廣置面首一事，歷來視之爲淫蕩無禮，但其懷疑「事不均平，一何至此」的心態，其實也反映了此一觀念（註一四）。女權意識的伸張，使婦女能振振有辭的反對丈夫蓄妾，甚至可如房玄齡夫人般，堅持信念，寧可飲醋而死，也不答應丈夫蓄妾（註一五）。同時，律法明定的「出妻」條文，雖然能派得上用場，婦人因妒被休離的，仍不乏其例；但是，此時的休妻離婦，並未喪失她們在社會上的地位，而且改嫁也非如宋代以後，將承受道德上的罪名，因此，在無嚴重的後顧之憂下，頗能鼓舞她們爭取自己的權益。

此一妒情，對傳統中國男子而言，自然是一種觀念上的極大挑戰，企圖以男子威權加以防制，劉宋太宗之殺一袁慆妻以警百，唐太宗之命房玄齡妻飲鴆，但事實上都無法奏效，故只能使虞通之撰《妒婦記》，或以「我尚畏見」來解嘲。即此，「懼內」成爲理所當然之事，儘管仍舊偷偷摸摸，鑽遊閫令縫隙，但在正妻眼前，卻是不敢踰越，名臣名將如王導、桓溫（註一六），也都未能「刑于寡妻」。由此，時人發展出一套「懼內有理」的理論，云：

或論：「三綱之義，夫爲妻綱；五行之道，陽伸陰詘。」則夫宜無有畏於妻者。祝珵美曰：「《太平廣記》王經天門子云：凡男命皆起於寅，寅，純木之精也；女命皆起於申，申，純金之精也。未有木而不畏金者也。又，男道主火，女道主水，未有火而不畏水者也。況陽能發育，主生，陰能收斂，主殺，未有不樂生而畏死者也。」此懼內之理，鮮有知者。（清・褚人穫《堅瓠乙集》卷一，〈懼內有理〉）

此處以陰陽五行生剋之理解說「懼內」緣由，大有視「懼內」爲天經地義的意味，但很明顯的是託諸宿命的說法，欠缺信服力，但從此說的出現，可以看出時人對妒婦的容忍與無可奈何。

自宋代以後，妒婦仍然不時出現在歷史舞臺上，但婦人因妒而被休離的例子，反而極少見，原因是自宋代理學興起之後，離婚一事，無論對男女雙方而言，都構成道德上的罪名，誠如司馬光所說，「今之士大夫有出妻者，衆則非之，以爲無行，故士大夫難之」（註一七），甚至爲夫妻撰寫離書，都有獲「陰譴」之說（註一八），因此雖家有妒婦，爲了官箴名譽，也不得不曲予容忍，偶有離異，如陸游與唐婉，則被目爲「人倫之變」（註一九）。宋代婦女的地位甚低，而一旦仳離之後，所需承受的道德與經濟壓力，又格外強烈，因此爲了維繫現有的婚姻關係，以及現有的生活保障，對於可能的敵手，防範心格外堅強，手段也特別殘酷，事例更逐漸增多，寖至成爲社會上一個普遍的現象與危機。自宋迄清，大抵都在此風籠罩之下，沈德符謂「士大夫自中古以後，多懼內者」，而於今爲烈（註二〇），很可以說明當時的情況，因此反映在戲曲、小說中的妒婦懦夫故事相當多。由於整個社會觀念的異趨，這些故事所代表的意義自然與前此有異，在此我們不妨略作分析。

二、明清的妒婦戲曲與小說

明、清二代描繪妒婦的戲曲、小說，戲曲方面主要有明人汪廷訥的《獅吼記》、吳炳的《療妒羹記》，清人蒲松齡的俗曲《俊夜叉》、《禳妒咒》，此外如徐渭〈歌代嘯〉雜劇、李漁〈奈何天〉傳奇等，僅藉妒婦串場，而不以之爲主題的，亦所在可見；小說方面，主要則有明末周清原《西湖二集》中的〈李鳳娘酷醋遭天妒〉（卷五）、〈寄梅花鬼鬧西閣〉（卷一一），清初蒲松齡《聊齋志異》的〈江城〉、〈馬介甫〉（卷六），艾納居士《豆棚閒話》的第一則〈介之推火封妬婦〉，李漁《連城璧·午集》的〈妒妻守有夫之寡，懦夫還不死之魂〉、《無聲戲》第十回〈喫新醋正室蒙冤，續舊歡家堂和事〉，以及署名西周生撰的《醒世姻緣傳》一百回長篇、不題撰人的《療妒緣》八回。這些作品大抵撰述於明代晚期迄清初之間，可謂相當集中的反映了時人對妒婦的看法與相關觀念。在此，我們可以針對其內容先作一概括性的分析。

㈠妒婦懦夫的種種情態

有關妒婦的行徑，在前此相關的妒婦記載中，刻劃已多，大抵上可以「極盡殘酷之能事」一語以蔽之，但明清戲曲、小說中的妒婦，則顯然有過之而無不及，除了動輒凌壓丈夫、虐使婢妾一仍舊貫外，花樣更翻空出奇，簡直到了令人嘆爲觀止的地步。在戲曲中，由於受到舞臺表演的限制，大多藉杖打、罰跪等，如《獅吼記》中柳氏、陳季常的習慣性動作，或者以簡單的唱詞，如《療妒羹》褚怕婆「滿身爪破，更不留著臉皮；遍體刑傷，除非空了卵袋。打門拴、打麵杖，尙覺界方可挨；頂馬桶、頂水盆，方見燈臺不重」（第三齣，〈錯嫁〉），甚至僅是幕後一聲獅吼，如《獅吼記》中的縣官夫人和土地娘娘（第十三齣，〈鬧祠〉），表現出來，顯得較「平淡無奇」；至於小說，由於敘述性文字可以作誇張和渲染，表現得就淋漓盡致了。《聊齋志異》中的尹氏對楊萬石「少迕之，輒以鞭撻從事」，除了予以肉體上的懲處外，更「起捉廚刀」，「須以刀畫汝心頭如干數，此恨始消」，直接威脅到萬石的性命，同時，亦在精神上備加羞辱，命其「跪受巾幗，操鞭逐出」，在衆目睽睽之下，作女人打扮（〈馬介甫〉）；江城對高蕃，則是「其初，長跪猶可以解，漸至屈膝無靈」，其後，動輒「摘耳題歸，以針刺兩股殆遍，乃卧以下床，醒則罵之」，甚至因懷疑與婢女有私，「縛生及婢，以繡翦翦腹中肉互補之」（〈江城〉）。至於《醒世姻緣傳》中的薛素姐，虐待狄希陳的手段，更可謂是「集其大成」的了，舉凡拳打腳踢、棒打、針扎、鉗擰、囚禁、魘鎮、放火、炭燒、箭射，乃至誣告狄希陳謀反，無所不用其極。在如此凌虐之下，莫怪身爲丈夫者，日日「芒芒然如鳥雀之被鸇毆者」、雖處「蘭麝之鄉，如猩犴中人仰獄吏之尊也」（註二一）。《醒世姻緣傳·引起》中，將此一磨難形容成「一把累世不磨的鈍刀，在你頸上鋸來鋸去，敎你零敲碎受，這等報復，豈不勝如那閻王的刀山劍樹，碓搗磨挨，十八重阿鼻地獄」，一幅原應是魚水交歡的「夫妻行樂圖」，一旦被描摹成凄風慘雨的「地獄變相」，大抵這就是妒婦小說中的慣用模式。

當然，如此誇張的描繪，難免令人懷疑是否渲染過分，以致大失情實，而作者是否身歷慘境，藉文字洩憤，故造此謗書，則更啓人疑竇。不過，假如我們將小說中所描繪的妒婦視作一種典型，以「集中式」的筆法，呈露出妒婦的情狀，實際上是無須作此懷疑的，何況，在前此的記載中，妒婦也的確施展過許多令人匪夷所思的行徑，沈德符甚至還記述了一個「刑其夫爲閹人」的妒婦（註二二），想來誇張雖是難免，猶不至太離情理。與悍妒之婦相對，明、清戲曲、小說中，自然也塑造出了懦夫的典型——打不還手，罵不回口，一副俯首貼耳，悉聽妻便的可憐相，眞是「聞怒獅之吼，則雙孔撩天；聽牝雞之鳴，則五體投地」（註二三）。儘管這些丈夫對乾綱之不振，也自覺不滿，頗思力振雄風，然而一旦面臨緊要關頭，卻無不先行氣餒，昂昂「丈夫」，就軟矮成「尺夫」、「寸夫」了，李漁在描繪穆子大意圖仗氣發威的一段精彩文字，幾乎就是這些「遞過降表」的怕老婆「掛印元帥」、「都元帥」（註二四）的傳神寫照：

> （穆子大）見兩個姬妾打到苦處，就提著一根門栓，趕上前去，對淳于氏高高擎起，要在當頭賞他一棒。不想那根門栓，又是雌木頭做的，不聽男子指揮，反替婦人效力。擎起的時節，十分輕便，就像一根燈草，及至擎到半空，他就作怪起來，不肯向前，只想退後，就是幾百斤的鐵杵，也沒有這般重墜。狠命要打，再打不下去，被淳于氏一把接住，就拿來處治丈夫。一到婦人手裡，他就輕便起來，要起就起，要落就落，竟在穆子大身上翻了幾十個筋斗。（《連城璧·午集》〈妒妻守有夫之寡，懦夫還不死之魂〉）

在這些小說的作者眼中，男子懼內，是「天下之通病」（註二五），如蒲松齡在《禳妒咒》的〈開場〉中，就戲說了一段八家店的男子選舉「極大膽」的王喘氣當「怕老婆會」會頭的故事，衆娘子聞風趕來，王喘氣居然活生生駭死；西周生在《醒世姻緣傳》第九一回〈狄經司受制變妾，吳推府考察屬官〉中，更藉著慣經「閨門家教」的吳推官，齊集了四五十員文武官吏，「特考某人懼內，某人不懼內」的一節，證實了「風土不一，言語不同，惟有這懼內的道理到處無異」的結論，連「一聲號令出去，那百萬官兵神欽鬼服」、「威風八面」（註二六）的郭總兵，也奈何不了二妾爭風，自難怪那些文弱書生「小杖則受，大杖則走」了。不過，儘管家教極其森嚴，這些丈夫還是忘不了明裡暗裡做些蓄妾買妓的風流勾當，這是當時男子的通弊，一方面，傳統「無後為大」的觀念，也給予了他們振振有辭的奧援。即此，當然就嚴重觸犯了閫令，從而引起無窮的風波。妒悍之起，本緣於「外患」的虎視眈眈，為自保起見，自不容他人在自己臥榻旁鼾睡；畏懦之因，既被視為通病，而又欲嬌妻美妾相容，大享齊人之樂。此正如烈火寒冰，勢難並存，就難免引發一場「男人與女人的戰爭」了。

㈡男人與女人的戰爭

以「戰爭」形容當時因妒婦問題而引發的種種觀念，並非戲謔之辭，事實上，《豆棚閒話》就曾引述一道故事：

> 曾有一個好事的人，把古來的妬婦心腸，併近日聞見的妬婦實跡，備悉纂成一册《妬鑑》，刻了書本，四處流傳。初意不過要這些男子看在眼裡，也好防備一番，又要女人看在肚裡，也好懲創一番，男男女女，好過日子。這箇功德，卻比唐僧往西天取來的聖經，還增十分好處。那曉得婦人一經看過，反道妬之一字，從古流傳，應該有的，竟把那《妬鑑》上事蹟，看得平平常常，各人另要搜尋出一番意見，做得新新奇奇。又要那

人在正本《妬鑑》之後，刻一本補遺、二集、三集，乃在婦道中稱個表表豪傑，纔暢快他的意思哩！（〈介之推火封妬婦〉）

一本《妬鑑》，已駸駸然嗅得出濃烈的火藥味，戰爭隱然有一觸即發之勢，至於李漁，更刻意將此問題營造成一幅驚心動魄的戰爭場面，在〈妒妻守有夫之寡，懦夫還不死之魂〉中，李漁運用了許多行陣作戰的典實及語詞，鋪敘了以費隱公、淳于氏爲兩軍主帥，穆子大爲前鋒，醋大王爲降將，錢二媽、媒婆、老僕爲細作，衆秀才門生、家人僕婦爲士卒，更以〈征勦妒婦，公討忤逆〉之公揭爲檄文，彼此鬥智交鋒、高潮迭起的一場「療妒之戰」。在這場戰役中，李漁標舉著「妒婦之道不息，夫子之道不著」的風化大旗，以「正義之師」的姿態，力雪「南風不競」的恥辱，淳于氏自然要屈居守勢，終歸臣服的了。實際上，這也正是當時妒婦問題異常嚴重的寫照，才值得他如此大動干戈。

不過，這場戰爭雖大有號稱「正義之師」的意味，卻純粹是基於男人的立場而設想的，故而結局必然是以女人「改過遷善」、家庭和樂、功遂名就爲收束，言下之意，妒婦就是造成一切問題的罪魁禍首了。很顯然的，這還是繼承著古代「妒妻亂家」的觀點而不改，男人樂得左擁右抱，享受所有的榮寵。因此，就婦女而言，這是一場不公平的戰爭，甚至戰釁未起，已注定了丟盔棄甲、奉表稱臣的結局了。在此情形下，問題的輕易解決，恐怕就只是男人的一廂情願了。不過，我們倒不妨藉此不公平的戰爭，深入分析其間的種種觀念。

妒婦問題的嚴重，應是此場戰爭的起釁之由。此一嚴重性在李漁〈喫新醋正室蒙冤，續舊歡家堂和事〉中，也藉「以小醋大」的事實反映出來。在此之前，由於妻妾綱常名分的嚴格規定，妒醋通常是正妻的專利，婢妾只能百般容忍。當然，這並不表示婢妾不會喫醋，正所謂「做大的醋小發洩得出，做小的醋大發洩不出」（註二七），在體制約限下，只能隱忍不說。但是，在明、清之際，「以小醋大」的情形越來越多，除了本篇的陳氏外，《醒世姻緣傳》也描述了珍哥、寄姐諸人。狄希陳在吳推府考察屬官時，不知應站在何方，也正因他「兼怕小老婆」，故此徬徨失措。男人面臨如此嚴峻的局勢，自然不得不予以因應，睡鄉祭酒評論說「古今療妒之方，可謂窮奇極巧，無一事沒人做過，皆不能取效」，並以爲費隱公「假死」之策實爲「盡善」，正顯示出時人爲妒婦問題，實已絞盡腦汁，力尋解決之道了。

男人既欲以堂堂之陣、正正之旗出此「弔民伐罪」之師，自然須先站穩住陣腳，在此，傳統「不孝有三，無後爲大」的觀念，就成爲他們舉「正義之師」的理論奧援，費隱公敢於盛張教化大旗，公然與淳于氏對壘，正是以穆子大「無子絕後」爲口實的。大抵男人欲娶姬妾，幾乎沒有人不祭出這椿法寶的，一來可取得名正言順的藉口，獲致輿論的支持，二來可對女方造成壓力，這點，我們從小說常強調「無子」的後果中可以看出。吳炳《療妒羹記》中藉楊器責備褚怕婆之妻苗氏，「似你這般潑悍，害得夫家宗祀滅亡，連自家身後血食，亦歸斬絕。便有銅斗家私，少不得被人搶散」（第三二齣，〈彌慶〉）的一番話，雖有點危言聳聽，但是恐怕也是實情。《醒世姻緣傳》與《聊齋志異》的〈段氏〉，皆同時描寫了晁氏、連氏二族宗人，因二人無子，百般覬覦家產的事。連氏臨終，語重心長的告誡女兒、孫媳：「如三十不育，便當典質釵珥，爲婿納妾，無子之情狀，實難堪也！」即是對此壓力的屈服。不過，男人眞正因無子才納妾的，並不多見，恐怕貪愛美色才是箇中最大的原因。小說中除了少數幾個之外，大抵都沒有子嗣問題，而且往往招妒之由，並非意欲納妾，而是偷情或尋花問柳。蒲松齡稱「魔女翹鬟來月下，何妨俯伏皈依？最冤枉者，鳩盤蓬首到人間，也要香花供養」(註二八)，意謂妻子只要長得美，再凶悍也不妨逆來順受，否則就實在太不値得了，貪美愛色之意，見於言外。狄希陳在薛素姐尙未「破相」之前，雖是苦不堪言，但畢竟還有幾分樂在其中之趣，萬萬不敢埋怨，一旦素姐變成嫫母、鳩盤，受虐之後，就不免怨氣沖天，也是一個側面的反映。

以此可見，「無子」雖是利器，卻未必能具有眞正的說服力，同時，也無法完遂男子貪花戀色的的癖好，即此，又不得不轉移目標，將妒婦的「罪愆」，窮形盡相的表現出來，小說中之所以將妒婦懦夫以「集中反映」的手法描繪，正是爲此。當然，這牽涉到他們對妒婦的偏頗觀點，其中周淸原的一席話是相當有代表性的：

從來道：妒婦胸中有六可恨。那六可恨？第一恨道：一夫一婦，此是定數，怎麼額外有甚麼叫做小老婆？我卻嫁不得小老公，他卻娶得小老婆，是誰制的禮法，不公不平！俺們偏生吃得這許多虧。這是第一著可恨之處了。第二恨道：婦人偷了漢子便是不守閨門，此是莫大之罪，該殺該休；男兒偷了婦人，不曾見有殺、休之罪。俺們若象宜城公主，剃了陰皮，在駙馬面上，便道俺們罪大惡極而不可赦；又有傻鳥、信佛的書呆子，造言生事，說謊弄舌道有什麼閻羅王十八層、十九層地獄，安排斷煉，吃苦不盡，恐嚇俺們。這是第二著可恨之處了。第三恨道：男子娶小老婆、偷婦人，已是異常可恨之處了，怎生又突出一種男風來，奪俺們的樂事，搶俺們的衣食飯碗，難道俺們倒不如他不成？那不知趣的男兒，偏生耽戀著男風，我斷斷解說不出。這是第三件可恨之處了。第四恨道：婦人偷了漢子，便要懷孕生出私孩子來，竟有形跡，難以躲閃，就如供狀一般，所以就是不好婦人也不敢十分放手，終究有些忌憚。男子偷了婦人、小官，並無蹤影可以查考，所以他敢于作怪放肆，恣意胡爲。這是第四著可恨之處了。第五恨道：男兒這件東西，若是自己婆子不在面前，便守著家教，一毫不敢作怪，隨別人怎麼誘引，斷然不爲非禮之事，這便是守規矩的東西。偏是他見了生客分外膽大。這是第五著可恨之處了。第六恨道：俺們杜絕了他的小老婆、小官兒，使他不敢亂走胡行，這也算放心的了。但他隨身還有那五個指頭，也還要作怪；又有夜壺，還有竹夫人、湯婆子這樣的名色，也要引壞他那不良的心腸。這是第六可恨之處了。從來的妒婦，懷了這六可恨，怎生肯放一著空與丈夫？（《西湖二集》卷一一，〈寄梅花鬼鬧西閣〉）

在這一大段對妒婦的心理分析中，我們不能不說是在某些程度上觸及了妒婦問題的關鍵，尤其在男女社會地位與約束的不公平上，的確已明白指出。但是，作者顯然不是在爲婦女的不公平待遇鳴冤，反而故意將此一問題移花接木，轉向婦女性生活的「樂趣」受剝奪上延伸，有意將妒婦等同於「淫婦」，而予以醜化。這是當時相當普遍的一種歸罪方式，如睡鄉祭酒就明白道出「天下第一等妒婦，即是第一等淫婦，求淫婦必於妒婦之門。淫而不妒者庸或有之，未有妒而不淫者也」（註二九）的觀點。以現代的眼光而言，女人要求性生活的正常與公平，未有任何不合理之處，但是，當時卻成為一項相當具殺傷力的指控，對婦女造成極大的壓力，《醒世姻緣傳》刻意將郭總兵二妾爭風的根苗，歸源於爭求床笫之私，使權、戴二奶奶的潑悍，成為一椿笑柄，就是個典型的例子。事實上，作者也很明白此說對妒婦的傷害力，因此，小說中的妒婦，往往企圖將妒與淫撇清關係，強悍如薛素姐，也要說明「不希罕這醜營生」（註三〇），而在作者筆下，越撇清，卻越顯得妒和淫的攪纏不清。

除了「淫」之外，妒婦大多被刻劃成集「妒」、「獨」、「毒」於一身的女性，批判意味也極其明顯，但明倫曾謂「婦人無德者有三：曰獨、曰妒、曰毒。未有獨而不妒，妒而不毒者」（註三一）。事實上，「妒」之一字，自明代以來，涵義已經擴大，變成凶悍惡毒的同義字了，明太祖臠殺常遇春妒忌的妻子，而題曰「悍婦之肉」（註三二）；李贄《初潭集·妬婦》所列妒婦，實以「潑婦」為主，皆可為證。因此，小說中的妒婦，也通常以妒開端，自後則無往而不毒不悍，大約妒於十分中僅佔一分，其餘則非悍即毒。《豆棚閒話》的〈介之推火封妬婦〉中，藉妒婦來印證「青竹蛇兒口，黃蜂尾上針，兩般猶未毒，最毒婦人心」的流行俗詩；筆記、小說中對剝陰皮、縫婢陰、投毒藥之事（註三三），最為津津樂道，雖是名為「療妒」，其實卻是項莊舞劍，志在沛公！實際上，後者才是作者項莊舞劍之志所在，畢竟，妒還是情理中所應有，而毒悍則非常人所能忍受的了，在此，作者以男子立場出發，也再度施展了移花接木的手法，企圖規避實際的問題。

以大多數小說的結局而論，受「療」過的妒婦，皆能容許丈夫廣納婢妾，這自然是極理想的收場了，而爲了美化此一結局，除了強調自此家庭的和樂、事業的順遂外，更經常以一個饒有太姒「關雎之風」的賢婦人爲對襯，如吳炳《療妒羹記》中的顏夫人、《醒世姻緣傳》中的狄母，非但不禁止丈夫納妾，還推波助瀾，主動爲丈夫尋姬訪妾，有如此「賢德可風」的賢妻，又怎能不「一家和氣感天庥」（註三四）呢？西周生將狄父之妾取名爲「調羹」，取「若作和羹，惟爾鹽梅」（註三五）之義，強調妻妾和樂對家庭幸福的重要性，喻義更極其明顯。反之，就只得如介之推含恨燒山，將一生功名，伴同妒婦，落個玉石俱焚了。明清小說中經常有男主角坐擁嬌妻美妾的情節，甚至出現不少「堯女于歸型」（姐妹共事一夫）的「佳話」，如《聊齋志異》中的〈陳雲棲〉、〈封三娘〉，天花藏主人的《金雲翹傳》，其用意恐怕也不外於此。

女子的「罪愆」固然是流惡無窮，但其中多半是因男子「軟弱」而造成的，所謂「阿婦縱然驍，兒夫太軟條」（註三六）、「閨中強悍不由妻，盡是男兒縱起。菩薩何曾怒目，金剛自去低眉」（註三七），這是時人相當普遍的認定。從理論來說，這是合情合理的推斷，畢竟，夫妻相與，問題滋生，雙方都必須承擔部分責任。因此，費隱公教人「弭酸止醋」之術，首先就強調男人的「氣魄」，其次才是「才術」，以爲「以執一之氣魄，行圓通之才術，天下古今，無不可化之妒婦矣」。不過，理論雖然如此，眞正能發生作用的，恐怕也是有限，誠如但明倫所說，「能斷之人，必須能威之人」（註三八），既已怕婆在先，大概也威風不起來。費隱公之說，眞正的作用，是在激勵士氣，所以後來還是以「假死之術」奏功的。蓋作者既存心輔弼德化，欲得

「收拾家家醋」，作一番「不在《春秋》下」（註三九）的功業，自不得不先安撫士氣，扭轉「南風不競」的不利形勢。

這場戰爭，基於男人立場而發，無論作者以何種堂堂正正的理由揭竿而起，如何以移花接木的方式，強調妒婦的罪愆，都是男子本位的議論，即使是後來圓滿的結局，說穿了也是一廂情願者爲多。這點，我們從小說中不得不藉「前世冤孽」爲說辭，並強調充滿鬼神奇幻的「化妒良方」中，可以看出。西周生解說世間怨偶的產生，是「那前世中以強欺弱，弱者飲恨吞聲；以衆暴寡，寡者莫敢誰何；或設計以圖財，或使奸而陷命，大怨大讎，勢不能報，今世皆配爲夫妻」（〈引語〉），說得明白些，男子娶到羅刹、魔星，備受凌辱，不敢怨尤，全是命中注定的冤孽作祟，《醒世姻緣傳》一書，薛素姐道「我只見了他，那氣不知從那裡來」（註四〇）、童寄姐道「如今也不知怎麼，他只開口，我只嫌說的不中聽；他只來到跟前，我就嫌他可厭；他就帶著香袋子，我聞的就合踹了屎的一樣。來到那涎眼的，恨不得打他一頓巴掌」（註四一），她們之所以用盡各種方法磨難狄希陳，連自己也說不上任何理由，只因爲狄希陳是晁源轉世，而素姐前生爲晁源獵殺的狐精、寄姐爲晁源含冤自縊的髮妻，前世與晁源冤讎難解，三人轉世，就是特地來完此一樁公案的。蒲松齡在〈江城〉中，將高蕃與江城的冤孽，說成是「江城原靜業和尚所養長生鼠，公子前生爲士人，偶游其地，誤斃之，今作惡報，不可以人力回也」，也同樣呈顯了類似觀點。正是「人生業果，飲啄必報」（註四二），但明倫說得最是明白：

每見畏內者，甘心受虐，跬步弗離，一似樂此不疲者，反復求之而不得其故，今乃知爲

業也！業在，則不能不愛，父母仇之不得也；業在，則不能不樂，撲扑加之不怨也。眞可畏哉！（《聊齋志異》卷六，〈江城〉，但明倫評語）

妒婦之由，既生於前世冤孽，當然就必須藉今世的救贖，才能消愆贖罪，而此一救贖，又非得訴諸鬼神信仰不爲功，因此高蕃須「虔心誦《觀音咒》一百遍」，狄希陳須「虔誦《金剛寶經》，務足一萬卷之數」（註四三），才能化解這段宿怨。這種因果報應的論點，普遍出現在明、清文人的筆記、小說中，如褚人穫就另外提及《化妒神咒經》、《佛說怕老婆經》兩種「化妒神咒」，蒲松齡謂「賴有降獅師尊，施金剛之力，妙音演自西方；輔以伏雌教主，發菩提之心，譯傳流及中國。義夫讀而生勇，懦夫誦而立維；庸婦聞之驚心，悍婦聞之息燄」（註四四），於此，我們不難窺出作者的命意所在，一方面這固然是藉因果說法，「只勸世人豎起脊梁，扶著正念，生時相敬如賓，死去佛前並命」（註四五），頗有勸人行善消愆的婆心，不過，就妒婦問題而言，既說因果報應，則矛頭所指的對象，主要還是婦女，故他們也刻意渲染妒婦的「果報」，如汪廷訥的《獅吼記》，就藉河東獅子柳氏的眼中，呈顯歷代著名的妒婦死後在地獄受苦的諸般慘景（第二三齣，〈冥遊〉）；褚人穫乜振振有辭的記載妒婦死後化爲各種低等動物的荒誕傳聞，以爲是「妒虐之報」（註四六），眞正的用意，還是用以警惕、恐嚇婦女，使她們「盡改前非，皈依大道」（註四七）。

無論是訴諸冤孽，或是虛聲恫嚇，都不免荒唐無稽，相信連他們自己也無法信服。而人世的轇葛，一旦必須藉助鬼神的力量予以解決，則正可以想見到時人的無力感。以此而言，婦女在小說中受到感化，雖是輸了此役，但是在現實社會中，恐怕眞正的勝利者才是她們。淸初的陳元龍寫了一本專爲懲治妒婦而作的《妒律》，在此書中，作者爲妒婦的各種行徑，仿照淸代律條，擬定了自流至杖的各項刑罰，針對不同形式的妒婦而施，「縷析條分，比例嚴密」，主要的目的，在於「使慧心者讀之，兢兢自好，即頑悍者，亦或赧赧自慚。雖未必革面洗心，正如禹鑄九鼎，魑魅魍魎，情狀畢現，其爲祟亦少殺矣」（註四八）。妒婦問題，強欲藉法律手段予以解決，已是極無可奈何，且又明知「未必」可行，條列妒婦情狀，使爲人夫者可以事先防範，「不逢不若」，可見現實社會上，妒婦問題一仍存在，男子不得不高豎白旗。

三、明、淸戲曲、小說處理妒婦問題方式的分析與相關觀念

這場男人與女人的戰爭，戰況之激烈，可以說是空前絕後的，雖然許多相關的問題，基於時代因素，未能解決，但是其間卻衍生許多觀念，對我們理解此一問題，有進一步的幫助。

追根究底，男人之所以在現實社會上慘遭鎩羽，是因爲他們故意轉移了問題的重心，而其所以如此，表面上雖是爲了維護男尊女卑的社會中既有的權益，實際上，內心所隱藏的，是較之妒婦有過之而無不及的嫉妒！據陳康〈嫉妒分析〉一文所論，嫉妒者往往「誣所認爲價值的爲非價值」，且是一種「惡意的損害」，意謂嫉妒者分明肯定受妒者的某些能力（可擴大言之，如觀念、行爲等）是有價值的，但是卻故意加以貶損，或以其他途徑予以否定，從而達到損害受妒者的目的（註四九）。此說頗見深刻，換言之，當時的男子實際上也可以說是以「妒夫」的

心理，討論妒婦問題的。

嫉妒本質上是源於一種自卑的心理，陳康曾謂受嫉者所擁有的「價值爲嫉妒者所無有，且自知非其所能有」者，爲嫉妒心理的組成部分之一，純就妒婦而言，這種心理頗易了解，妒婦所面臨的敵手，雖未必一定在容貌才情上強勝自己，但是僅僅就丈夫移情別戀的事實及可能產生的危機意識，就足以令她們感到自卑了。至於妒夫，情況就比較複雜，通常，自卑感的產生，並非直接來自於受嫉者，而是先肇生於對自己的不滿，此不滿來自於兩方面，一則是家庭經濟的危機，這不僅是妒婦敢於撒潑肆悍的因素，也是懦夫基於愧疚而莫敢何如的緣故之一，如《醒世姻緣傳》叙述晁源在暴發以前，對計氏的「發威作勢，開口就罵，起手即打」，往往逆來順受，而一旦藉父蔭起家之後，就漸漸從「手格」、「奔避」，進而「兩相對罵，兩相對打」，終至反賓爲主，「將計氏打罵起來」（註五〇）。吳建國曾論明、清之際的文人，「缺乏實際生活能力，導致家庭經濟窘迫」，爲妒婦問題滋生的原因之一（註五一），不無道理。不過，這更能說明懦夫的自卑心理。另一方面，可能更重要的來源是他們因無法解決妒婦此一棘手問題，而對自己能力、地位的懷疑，寖而產生家庭權利易主的危機感。此一自卑，實際上出於明、清之際對「出妻」的嚴格輿論規範。自宋代以來，離婚已足以造成道德上的污點，而據戲曲、小說中看來，明、清之際的防限，可能是更嚴密的，如謝肇淛《五雜俎》即云「古者輕出其妻，故夫婦之恩薄，而從一之節微。今者非有大故及舅姑之命陳于官，不得出妻」。以朝廷律法而言，小說、戲曲中的妒婦，沒有一個不曾觸犯到規定可以休妻的「七出」之條，如薛素姐除了因「妒」而動輒訓戒、毆辱狄希陳外，詞鋒所向，也經常針對舅姑，甚至在狄員外納妾時，「惟恐調羹生了兒子奪了他的家私，盡夜只是算計，幾次乘公公睡著時，暗自拿了刀要把公公的ｘｘ割了」（註五二），「不事舅姑」、「多言」的「出律」，也不知犯了多少次，兼且「無子」，又患了缺鼻瞎眼的「惡疾」，總之，「悍惡乖倫」之事，已七占其五，卻「惟恐家醜外揚」，仍不敢休離，可見當時輿論的壓力。《醒世姻緣傳》藉周希震「這妻是不可休的，休書也是不可輕易與人寫的」（註五三）一席話，將此壓力表白無遺。既不敢離婚，又不願屈居石榴裙下，受此骯髒之氣，因此故意漠視妒婦問題的根由，一轉自卑為自傲，極力抨擊、醜化妒婦，並將此困境委諸宿命之作祟。透過這種方式，一方面可以避嫌卸責，將一應罪愆，推諸婦女；一方面也可為自己的「懼內」，尋找到理直氣壯的藉口。畢竟，此一「通病」，非因自身而起，乃宿命作祟，誠如吳推官所說的：「咱這們個頂天立地的男子，有本事怕老婆，沒本事認著麼？」（註五四）承認懼內，終究較離婚光采一些。

很顯然地，這是「鋸箭法」的技倆，循此思考模式出發，戲曲、小說中所呈顯出的內涵，反不如若干在社會上已提出的觀點之透闢，如清初的尤侗首先就注意到「妒」的本質問題，是與「爭寵」繫聯為一的，其文云：

> 女無美惡，入宮見妒；士無賢不肖，入朝見嫉。則知女非妒色也，妒寵耳；士非嫉才也，嫉位耳。雖有悍婦，讀螓首蛾眉之什，曾無恚心；雖有讒人，聞龍咨虎拜之風，亦無恨色。使班女、江妃，生于民家，則飛燕、玉環之譖不起；否則無鹽、嫫母，能免河

東獅吼乎？使靈均、子胥仕于鄰國，則上官、太宰之訴不行；否則蜚廉、惡來，能免君門犬狺乎？若眞能妒色，則刑、尹可稱佳人；眞能嫉才，則蘇、張亦號奇士，不與嫉妒者同科矣。雖然，臨清有妒婦之津，介山有妒女之廟，而冒嫉之臣，鬼其餒而，則婦女之威尤赫哉！（《西堂雜俎》卷下，〈雜言·五九枝談〉）

尤侗將婦女之「妒」與男子之「嫉」合觀，指出嫉妒的本質是因爭「寵」與「位」，頗能窺見問題的關鍵，事實上，歷來妒婦之所以既妒且狠，皆是爲了爭寵，所謂的「寵」，自然不是僅指夫婦情愛的獨占，所謂「臥榻之旁，豈容他人鼾睡」之單純，更牽涉到政治、經濟地位的爭奪，如叔向之母所以嫉妒叔虎之母，眞實原因在「深山大澤，實生龍蛇」，懼其「生龍蛇以禍女，女敝族也」，唯恐叔向的地位被叔虎所取代，而呂后之所以「人彘」戚夫人，亦分明是因趙王如意與惠帝的權位爭奪之餘恨所起。古代以夫爲君，故家庭其實就是朝廷的縮影，妻妾權力的消長，自然成爲妒性一個重要的導火線，童寄姐之所以要在薛素姐前「立威」，所爭即在於此。此外，因家庭成員增加而滋生的有關財產分配問題，也是一重要因素。古代婦女的經濟地位依附在男子身上，這是「既嫁從夫，夫死從子」的另一層意義，婦女正是以妒爲手段，以保障自己的經濟地位。關於這點，戲曲、小說中亦曾觸及，但卻未曾正視，反而將之誇張成妒婦的罪狀，蒲松齡在〈段氏〉一文中，將連氏因婢妾生子，故能免於族人覬覦家產，歸功於「連氏雖妒，而能疾轉，宜天以有後伸其氣」，漠視婦女之妒，乃爲爭經濟權益，而轉說不妒方能獲得經濟保障，很明顯是混淆了問題的癥結，不如尤侗看得透闢。

即使妒性是純粹出於男女情愛的獨占性，時人也有相當持平的看法，如龔煒〈原妬〉一文即云：

> 人皆以妬爲婦人病，《國策》不曰「妬者情」乎？以情而妬殊可原，黑心符只得做一面文字，予持論極平，作〈原妬〉云：「人之生也，不能冥情以處，而夫婦人倫之始，情尤深焉！婦人從一而終，情何如其專也！使爲之夫者，亦由敎由房，堅其偕老之思、同穴之誓，豈非閨房之福，妬何從而生？惟是士也罔極，二三其德，或賦嘒彼，或歌期我，始之如膠如漆者，漸且有洸有潰。於是以愛夫之心，激而懟夫；終亦不忍竟置其夫，因牽怒於所愛所思之人。而所愛所思之人，又或工掩袖之讒，使狂惑迷亂者，虛恭而實怨，外懼而內猜，轉輾以成婦之惡名。究其所以被此名者，特迫於情之不能自已耳。是夫負其婦，非婦負其夫也。而世不察，概目爲獅子吼、臙脂虎。夫果如獅如虎，我亦不能爲妬者貸，然所以釀此獅虎者，又不能爲其夫寬。天下之至近者，莫如夫婦，平日之云爲動靜，詎不知其性之剛與柔、乖與和乎？逆知後之必不可制，正不當攖其所忌，而姑以漁色者一嘗試之，卒之累己累人，其責仍不在夫哉？故召妬釀惡，其夫皆不得免於罪。而妬有差等，處分亦自有別，其甚至於獅虎者，暴戾恣睢，本屬情外之物，不可恕；而不至如獅虎者，怒言怒色，祇由情之所激，故可原。夫天下情外之物不常有，大抵激於情者多耳。自有此原，不獨召妬者自反知悔，即妬者亦且心平氣和，未始非療妬之一術也。」（《巢林筆談續編》卷下）

事實上，妒是人情之一，故《戰國策·楚策》即明言「婦人所以事夫者，色也，而妒者，其情也」，龔煒能從「迫於情之不能自已」的角度，說明妒婦的心理因素，並肯定此「激於情多」之妒性，而將罪責直指男子的漁色，是「夫負其婦，非婦負其夫」，同時欲以此爲「療妬」之術，眞可以說得上是一針見血之論，反觀李漁用盡心機的各種馴悍方式，高下優劣，是一望即知的。

尤侗與龔煒的議論，可以說共同指出了妒婦問題的癥結，那就是男女婚姻地位的不平等，其實種種問題，皆是緣於男子廣蓄姬妾而滋生的。可惜這些見解深刻、持論公允的議論，在戲曲、小說中，皆未見到蹤影，這不能說不是一件憾事！當然，我們不必據此便強烈批判這些作者是如何大男人主義，畢竟，在男尊女卑的傳統下，也僅有少數人能突破此一籓籬，何況當時既視男子蓄姬納妾爲固然，自然未能從此一根本問題上作反省，只能留待後人解決了。

【註　解】

註　一　《左傳·襄公二十一年》載：「初，叔向之母妒叔虎之母美而不使，其子皆諫其母，其母曰：『深山大澤，實生龍蛇，彼美，余懼其生龍蛇以禍女，女敝族也。國多大寵，不仁人間之，不亦難乎？余何愛焉？』使往侍寢，生叔虎，美而有勇力。欒懷子嬖之，故羊舌氏之族及於難。」

註　二　呂后刑戚夫人爲「人彘」之事，雖在高祖死後，但高祖介於妻妾爭寵、爭權的糾紛中，實際上已無法調節，〈高祖本紀〉中載張良爲呂后籌劃，請出商山四皓，高祖知其羽翼已成，不禁流涕悲歌，

註　三　可爲此作一註腳。

註　四　參見第三節尤侗〈五九枝談〉之語。

註　五　見《無聲戲》第十回，〈移妻換妾鬼神驚〉。此篇收入《連城璧》時，題爲〈喫新醋正室蒙冤，續舊歡家堂合事〉，名稱較顯豁。

註　六　如《南山首·亶爰之山》：「有獸焉，其狀如貍而有髦，其名曰類，食者不妒。」《北山三·軒轅之山》：「有鳥焉，其狀如梟而白首，其名曰黃鳥，其鳴自詨，食之不妒。」《中山七·泰室之山》：「其上有木焉，葉狀如梨而赤理，其名曰栯木，服者不妒。」至於歷來盛傳的梁武帝「鶬鶊止妒」事，見於《文苑》，云出自《山海經》，但遍查未見，待考。

註　七　《大戴禮記·本命》：「婦有七去：不順父母去，無子去，淫去，妒去，有惡疾去，多言去，竊盜去。不順父母去，爲其逆德也；無子，爲其絕世也；淫，爲其亂族也；妒，爲其亂家也；有惡疾，爲其不可與共粢盛也；口多言，爲其離親也；竊盜，爲其反義也。」

註　八　《詩序》云：「〈樛木〉，后妃逮下也。言能逮下，而無嫉妒之心焉。」「〈螽斯〉，后妃子孫衆多也。言若螽斯不妬忌，則子孫衆多也。」「〈小星〉，惠及下也。夫人無妬忌之行，惠及賤妾，進御於君。」

註　九　類似的議論所在可見，明人陳霆《兩山墨談》、清人李慈銘《越縵堂文集》皆有之，可以參看。

註　陳季常事見宋人洪邁《容齋三筆》卷三，蘇軾〈陳季常見過〉詩云：「人言君畏事，欲作縮頭龜。」（《蘇東坡全集·前集》卷一三）東坡雖不以爲然，但陳季常退讓不爭的性格，從另一個角度說，也正是懦弱的表現。明人汪廷訥《獅吼記》即演此事。

註一〇　見《酉陽雜俎·前集》，卷八，〈黥〉。

註一一　見《妬記》，魯迅《古小說鉤沉》輯。

註一二　見《酉陽雜俎·前集》卷一四，〈諾皋記〉，《太平廣記》卷二七二亦引此文。

註一三　見《妬記》，魯迅《古小說鉤沉》輯。

註一四　語見《南史·宋前廢帝紀》，清人趙翼以此爲「宋世閨門無禮」之證，其實只是皮相之論。

註一五　見《國史異纂》，《太平廣記》卷二七二引，據《朝野僉載》則爲任瓌事。

註一六　王導、桓溫事俱見魯迅《古小說鉤沉》輯《妬記》。

註一七　見司馬光〈訓子孫文〉，陳鵬《中國婚姻通史》卷一一，頁五五九引。有關歷代離婚觀念，大抵皆參考此書，可以參看。

註一八　見宋人李昌齡《樂善錄》載孫洪事。

註一九　見宋人周密《齊東野語》。

註二〇　見《敝帚軒剩語》卷下，〈懼內〉。此條亦載汪無疆爲婦陳氏刑爲閹人事，乃前所未見之酷刑，故可謂「於今爲烈」。

註二一　見《聊齋志異》卷六，〈江城〉。

註二二　參見註二〇。

註二三　見《聊齋志異》卷六，〈馬介甫〉。

註二四　此一名稱見《醒世姻緣傳》第八七回，〈童寄姐撒潑投江，權奶奶爭風喫醋〉。

註二五　見《聊齋志異》卷六，〈馬介甫〉。

註二六　見《醒世姻緣傳》第八七回，〈童寄姐撒潑投江，權奶奶爭風喫醋〉。

註二七　見本文睡鄉祭酒回末評語。

註二八　見《聊齋志異》卷六，〈馬介甫〉。

註二九　見《連城璧·午集》，〈妒妻守有夫之寡，懦夫還不死之魂〉回末評語。

註三〇　見第九五回，〈素姐洩數年積恨，希陳捱六百沉椎〉。

註三一　見《聊齋志異》卷一一，〈段氏〉。

註三二　見清·褚人穫《堅瓠廣集》卷二，〈妒婦戒〉。

註三三　見清·褚人穫《堅瓠秘集》卷五，〈縫婢陰〉。

註三四　見《療妒羹記》第二齣，〈賢風〉。

註三五　語見《尚書·說命》。

註三六　見《療妒羹記》第一齣，〈醒語〉。

註三七　見《連城璧·午集》，〈妒妻守有夫之寡，懦夫還不死之魂〉。

註三八　見《聊齋志異》卷六，〈馬介甫〉。

註三九　見《療妒羹記》第三二齣，〈彌慶〉。

註四〇　見第五九回，〈孝女于歸全四德，悍妻逞毒害雙親〉。

註四一　見第八〇回，〈童寄姐報冤前世，小珍珠償命今生〉。
註四二　見《聊齋志異》卷六，〈江城〉。
註四三　見第一百回，〈狄希陳難星退舍，薛素姐惡貫滿盈〉。
註四四　見《聊齋文集》卷一〇，〈怕婆經疏〉。《怕婆經》內容爲何，褚人穫已經不淸楚了（《堅瓠癸集》卷四，〈化妒神咒〉），待考。
註四五　見《醒世姻緣傳》第一百回，〈狄希陳難星退舍，薛素姐惡貫滿盈〉。
註四六　見《堅瓠續集》卷二，〈妒虐之報〉。
註四七　見《連城璧·午集》，〈妒妻守有夫之寡，懦夫還不死之魂〉。
註四八　見《妒律·序》。
註四九　《論希臘哲學》，頁五五七——五六六。
註五〇　見第一回，〈晁大舍圍場射獵，狐仙姑被箭傷生〉。
註五一　〈從明淸小說看文人的家庭生活與人格危機〉，《華東師範大學學報·哲社版》，一九九二年二月，頁六八——七六。
註五二　見第二六回，〈狄員外納妾代庖，薛素姐毆夫生氣〉。
註五三　見第九八回，〈周相公勸人爲善，薛素姐假意乞憐〉。
註五四　仝上。

明末清初社會詩初探

黃桂蘭

一、前　言

明末清初是中國歷史上地坼天崩的時代。明自萬曆以降，國勢日益甏弱。神宗嗜財好貨，苛捐雜稅敲剝百姓骨髓；熹宗童昏闇昧，任由魏閹竊權專擅；思宗亟思振作，然輕信、多疑，加以明廷已積弊深重，難以回天。且萬曆九年以後，旱潦相繼，飛蝗如雪，幾乎無歲不荒，無地不災。盜起飢民，流賊四處竄擾，屠毒肆虐。建州女眞，乘時坐大，四次大舉內犯，恣意擄掠，如入無人之境。崇禎三年，屈殺名將袁崇煥，長城自毀。此後內亂外患相倚相伏，皇太極屢屢犯邊，寧錦邊防崩潰；松山一役失利，清軍近逼山海關。崇禎十七年三月，李闖兵臨北京城下，吳三桂乞師於清，開關延敵，自是中國百姓輾轉呻吟於滿清厲政之下，幾三百年！

崇禎十七年三月十九日，思宗自縊殉國，朱明王朝傾覆；四月廿九日闖賊李自成稱帝北京，國號大順；五月三日，清世祖福臨登基，十月一日定鼎北京；同年五月，明宗室福王由崧即位南京，以明年爲弘光元年。一年之內，明皇崩殂，賊寇僭越，異種稱王，遺臣偏安，百姓危疑驚懼，悲憤之情蟠結胸中，無法掩抑。

弘光之後，爲隆武、紹武、永曆，其間勢如累卵，迭興迭滅。江南士夫抗清運動彼仆此繼，至康熙二十二年，清平定三藩止，大小戰役無數，百萬生靈塗炭，其爲禍之烈，遠較遼、金、元爲甚。

順治初年，政事擾攘，四方未靖。九年七月，吏科給事中魏裔介奏言：

> 方今畿輔多失業之民，吳越有水潦之患，山左荒亡不清，閩楚饋餉未給，兩河重困於畚鍤，三秦疲於轉運；川蜀雖下，善後之計未周；滇黔不寧，進取之方宜裕；此皆機務最要，仰賴聖慮焦勞者也。（註一）

故清廷採懷柔政策，恤民招賢，以收拾人心。免科、免役、除三餉、從衣冠、蠲免逋賦錢糧，額賦外一切加派盡除。然，不旋踵，又採高壓手段，以挫抑漢人。順治一朝，任官不擇人，致官吏雜濫，弊端叢生。世祖雖銳意整頓吏治，官僚仍藉權循私，貪墨成習。順治十二年，國史院大學士蔣赫德疏言：「今百姓大害，莫甚於貪官蠹吏。」（註二）其時百姓元氣未復，生產凋弊，而東南富庶之區，稅負奇重。正額稅賦外，又另有加派。如繳納漕糧外，尚須加納火耗，又附以折銀。

康熙朝，蠲租、尙儉、任賢、求諫，儼如一代盛世。然而，官吏橫暴，虎噬狼貪，百姓不寒而慄。雖訂有「永不加賦」之制，卻是賦外加賦，私派過於官徵。州縣地方官常於經手之錢漕課賦外，加征幫會、平餘、火耗、倉耗、鼠耗等名目。且官吏上下交相餽送索賄，營私壞法，不知「吏治民瘼」爲何物？

明末清初鼎替之際，生民旣遭明季秕政荼毒，復歷連年兵燹蹂躪，又逢清初未安之朝局，困厄窮愁，如入沸鼎。詩人憫黎民、悲動亂、嘆興亡，自不能不發諸吟詠，宣洩於翰墨篇什。

我國社會詩最早見於詩經，如邶風北風、魏風伐檀、碩鼠、小雅大東，揭露剝削的痛苦；小雅正月、青蠅、大雅桑柔、瞻卬，或譏刺奸佞、或反映社會動亂及生民疾苦。其後爲漢魏樂府，如戰城南、十五從軍征寫戰事兵禍；婦病行、孤兒行、東門行寫貧民生活；曹操蒿里行、陳琳飲馬長城窟行，寫戰禍的痛苦，傅玄秦女休行寫烈婦義舉。唐代爲社會詩璀璨絢爛的時代，天寶年間，朝政不綱，藩鎭作亂，外族犯邊，詩人本悲天憫人之胸襟，將社會現實反映於詩篇。如杜甫三吏、三別寫戰爭之悲慘，白居易觀刈麥、夏旱、元稹田家詞、戴叔倫女耕田行、陸龜蒙南徑、刈穫、彼農、李紳憫農詩、聶夷中詠田家等反映農民的勞苦；元結賊退示官吏、春陵行、白居易杜陵叟、重賦、杜荀鶴山中寡婦、時世行等反映賦斂的苛重；杜甫兵車行，張籍築城詞反映力役的痛苦；白居易繚綾、元稹織婦詞反映女工的辛勞；杜甫北征、白居易宿紫閣北山村，寫兵禍之摧殘；杜甫哀江頭、哀王孫、白居易長恨歌、琵琶行、元稹連昌宮詞等反映世變倉桑。其時題材多樣，寫作範圍擴大，而杜甫諸作，世人以「詩史」稱之。

宋朝汪元量有燕歌行、錢塘歌、湖州歌、長城外多寫宋亡之詩史，另有范成大四時田園雜興、催租行、後催租行寫農民疾苦。元朝張養浩哀流民、馬祖常鬻孫謠、王冕蝦蟆山、猛虎行，寫官吏貪虐、細民疾苦。

明中葉以前，高啓塞下行、兵出後郭，寫窮兵黷武，戰後荒涼。于謙荒村，何景明歲晏行，邊貢運夫謠，楊愼青山虎，寫官吏凶殘，民生疾苦。

中葉以降，閹宦干政，國事日非，百姓如陷水火。甲申國變後，南明餘脈負隅奮戰，江南士民義勇抗清，兵革無一日或息。清初官吏貪暴，搜括劫掠，飽其私壑。百姓戰火餘生，復罹此困厄，益加窮愁憔悴。詩人閱歷興亡，哀故國黍離，嘆民生疾苦，遂有大量詩集問世。

萬曆末至清初順康兩朝，詩人輩出，其成就幾可上繼三唐，爲中國詩歌史再放異彩。本文採摭之社會詩，不限名家，亦不求語言之工，而著眼於內容須反映社會現實。其詩或寫當時共通現象，或寫一己私情，然與社會網絡盤錯交雜，亦一併收之。

明清之際，人物斷代隸屬，各家說法不一。其時著名詩人，如顧炎武、錢謙益、吳偉業，均由明入清，跨歷兩代。自來學者，有歸之於明，亦有歸之於淸者。茲爲說明方便，將本文選取之作家，粗分爲明末與淸初兩部分，明末計有：區大相、黃淳耀、陳子龍、夏完淳、張煌言、錢肅樂、孫承宗、袁崇煥、瞿式耜、張家玉、吳嘉紀、邢昉、陳子壯、錢澄之、錢邦芑、葉襄、周容、吳祖修、姜垛、魏耕、董說、屈大均、黎遂球、梁佩蘭、陳恭尹、邵長衡、閻爾梅、陳維崧、史可法、顧炎武、黃宗羲、王夫之；淸初計有：錢謙益、吳偉業、朱彝尊、龔鼎孳、宋琬、施閏章、魏禧、李良年、侯方域、王士禎、査愼行、吳兆騫、楊士凝、吳之振、萬斯備、尤侗、毛奇齡、申涵光、趙執信諸家。

壹、明末清初的時代背景

一、晚　明

㈠官風痿弊

明自熹宗任用魏忠賢柄權擅寵後，政事日趨窳敗。「文武各官不思奉公守法，惟知營私挾仇」（註三）。風氣所趨，阿諛附勢之徒，罔顧廉恥，只圖獵取榮寵。寇患當前，軍旅趦趄逃避，州縣望風投降。弘光朝戶科給事中熊汝霖慨嘆曰：

先帝篤念宗藩，而聞寇先逃，誰死社稷；先帝隆重武臣，而叛降跋扈，肩背相踵；先帝委任勳臣，而京營銳卒徒爲寇籍；先帝倚任內臣，而開門延敵，衆口諠傳；先帝不次擢用文臣，而邊才督撫，誰爲捍禦，超遷宰執，羅拜賊庭。（註四）

北京崩解，崇禎殉國，盡忠死節者固亦有之，而緬顏事仇者，卻比比皆是。列名清史列傳貳臣傳者，計有一二五名，烈皇小識卷八另列舉降賊明臣而未見於貳臣傳者，亦有一二〇名。（註五）

史可法請恢復疏云：「先帝待臣以禮，馭將以恩，且變出非常，在北諸臣，死節者寥寥；在南諸臣，討賊者寥寥，此千古未有之恥也！」（註六）群臣各自爲謀，無視於國家危難，如吳甡、洪承疇、吳三桂、馬士英、阮大鋮、劉澤清之流，皆受恩深重，卻相率變節屈膝，誠如顧亭林所云「士大夫之無恥，是謂國恥。」

㈡民困征斂

神宗嗜財好貨，萬曆二十四年起，礦監稅使四出，所到之處，橫徵暴斂，甚而公開掠奪。稅監處處私設關卡，重疊征稅，通都大邑、水陸要衝稅關尤多，商人一日之程，稅卡五六處。稅使縱橫天下，或專監船舶、或專管織造、或採辦各色珍寶，巧立名目，敲剝民髓。如浙江有市舶，湖口、長沙有船稅，荊州有店稅，兩淮有鹽稅，廣州有珠榷。此外，尚有商稅、油稅、布稅，舟車、廬舍、菽粟、牛馬、騾驢、雞豕……無一不納稅。其後，遼東後金興起，戰事日急，軍費浩繁，又漸次加征田賦。萬曆四十六年每畝加征遼餉銀三厘五毫，四十七年又加三厘五毫，四十八年又加二厘，共計加銀九厘。天啓間又有關稅、鹽課、雜項的加派。崇禎朝爲剿除流寇、操練軍隊，又徵派「剿餉」、「練餉」，如此重重盤剝，竭澤而漁，百姓已疲困不堪，無以爲生。

㈢流賊四竄

明代陝西爲邊防重地，又爲西北驛站樞紐。崇禎二年，邊軍欠餉苦饑，紛起暴動；同一時間，驛夫又遭裁撤十分之三，失業驛夫乃投入邊軍暴動行列。而崇禎元年至六年，陝北亢旱，飢民以土石充腹，甚至「炊人骨以爲薪，煮人肉以爲食」。叛卒、驛夫、飢民三股力量匯聚，遂鋌而走險，形成燎原之勢。

先是，高迎祥起於安塞，竄擾陝西、山西、河南、湖北一帶，崇禎二年，自號闖王。九年，督師孫傳庭捕誅之，李自成繼爲闖王。竄擾陝西、山西、河北、河南諸地，十六年攻洛陽，陷開封，據襄陽，圖取關中，進逼京師。九月，孫傳庭出師，會戰潼關，陣亡殉國。吳偉業「雁門尚書行并序」一詩，記孫氏潼關之役，朝廷屢檄催戰，孫軍遇雨斷糧而敗的情景。十七年三月，李自成攻陷北京，思宗自縊煤山，明廷遂告瓦解。

崇禎三年，張獻忠起于米脂，竄擾湖北、安徽、河南、江北一帶。十六年五月攻下武昌，自號大西王。十七年進謀四川，八月陷成都，屠戮慘烈。十一月建國號大西，年號大順。吳偉業有「哭志衍」、「閬州行」二詩，記張獻忠屠蜀之慘狀。其所著「綏寇紀略」記亂後景象，令人不忍卒睹：

> 蜀亂久，城中雜樹皆成拱。狗食人肉，多鋸牙，若猛獸，聚爲寨，利刃不能攻。虎豹形如魑魅饕餮然，穿屋顚踰重樓而下，搜其人必重傷且斃，即棄去又不盡食也。荒城遺民幾百家，日必報爲虎所暴，有經數十日，而一縣之民俱食盡者。（註七）

崇禎十七年四月吳三桂引清兵入山海關，李自成兵敗潰走，九月，自縊死。順治三年，張獻忠率兵抵西充鳳凰山，中矢墜馬，遭清軍擒斬。

㈣邊防空虛

後金崛起，邊防告急。而明朝邊兵待遇寡薄，差役又重，且常以內地各衛所軍犯或死囚編戍遼東，故素質低落，軍紀渙散。萬曆三十七年，「遼兵六萬餘人，因避差役繁重」，竟集體逃入建州女眞境內。（註八）邊防武力空虛，由此可知。萬曆四十七年三月努爾哈赤與明會戰於薩爾滸，明兵潰敗。四十七年六月明廷以熊廷弼爲遼東經略，因與王化貞「經、撫不和」，使遼事日壞。後熊廷弼被屈殺，傳首九邊。

天啓二年，明廷以孫承宗經略薊遼，承宗使袁崇煥經營寧遠、錦州，致有「寧錦大捷」。孫承宗功高，又不附魏閹，天啓五年罷職。天啓七年七月袁崇煥亦辭官。崇禎即位後，復獲起用。然崇禎卞急多疑，三年中反間計，誤誅袁崇煥，大壞明季疆事。崇禎十一年，清兵入犯，下畿輔城四十餘，孫承宗與督師盧象昇應戰，然兵單餉缺，一軍盡亡，象昇之死，尤爲悲壯。吳偉業有「臨江參軍」詩叙其事。

崇禎十二年，明以洪承疇爲薊遼總督。十四年，清軍重兵圍錦州，洪承疇親率八總兵步騎十三萬馳援，清駐兵松山、杏山之間，橫斷糧道，遣兵掩殺，明兵死五萬三千餘人。十五年二月，松山被圍半年，城中食盡，洪承疇被俘至瀋陽而降清。吳偉業有「松山哀」詩叙其事。

二、南　明

(一)君臣宴安

弘光初立，以馬士英爲首輔，阮大鋮爲兵部尙書，二人狼狽爲奸，排擠正人志士，且導引帝王縱情聲色，飲醇酒，選淑女。弘光選良家，中使四出搜巷，閭里騷然，民間嫁娶一空。選來的美女，不如上意，竟嫌地方官漫不經心，以醜惡充數，實不成體統。弘光復好倡優，「巷談里唱，流入大內；梨園子弟，供奉後庭；教坊樂官，出入朝房」。（註九）阮大鋮家中亦蓄養優伶，搬演阮氏自作的燕子箋。高桀、劉澤清等武將，不謀攻防戰守，卻留意宮室園居。高傑徐州館舍，極其精潔；劉澤清造一水閣，費及千金。

唐魯兩王同時並存，兩個政權以「天無二日、國無二君」，斤斤於名號之爭，勢同水火。而掌權之宦官、武將，結黨專橫，斥逐直人。鄭芝龍、鄭鴻逵，濫徵商稅、加派田賦，大肆搜刮。紹武、永曆，皆自認倫序較近，應即大位，彼此內鬥不已。後清兵南下，直指廣東，紹武被俘自殺，歷時四十天的政權，如兒戲般結束。永曆生性懦怯，聞警即逃，而其內臣互相傾軋，爭奪權利，屢興大獄。永曆十三年，踉蹌逃入緬甸，流亡異邦，卻仍笙歌宴飲，日夕不休！

㈡賣官鬻爵

弘光昏闇，馬阮擅權，公然賣官鬻爵。明季南略云：

> 又詔行納貢制，廩生納銀三百兩，增六百兩，附七百。至明年正月十一日制加納通判，又立開納助工例，武英殿中書納銀九百兩，文筆中書一千五百兩，內閣中書二千兩，待詔三千兩，拔貢一千兩，推知衛二千兩，監紀、職方萬千不等，皆以助軍興也！時爲之諺曰：中書隨地有，都督滿街走，監紀多爲羊，職方賤如狗！廕起千年塵，拔貢一呈首；掃盡江南錢，填塞馬家口！至乙酉二月，輸納富人，授翰林待詔等，故更云翰林滿街走也。（註一〇）

首輔公然賣官，使貪瀆合法化；而無能無恥之徒，不惜巨資換取一官半職，頂戴榮身後，其官方士風也就可想而知。

㈢兵驕將悍

南明三朝，武人擁兵自重，驕橫不法。如劉澤清在崇禎朝既不奉詔救援京師，弘光立國反封之爲伯，自無怪乎其肆無忌憚了。馬阮之流又利用江北四鎮的驕兵悍將逐除異己，結果使軍紀廢弛，法度解紐。士兵非但不能保國衛民，反而劫掠財物，恣縱殃民。左良玉死後，其部下金聲桓爭奪地盤、魚肉人民。唐王聿鍵所憑借的爲鄭氏武力，而鄭鴻逵軍隊，在南都危急，江北大軍南撤時，一面劫奪餉銀，一面搜殺潰卒。南都失陷，鄭氏殘部撤退回閩，迎唐王去閩監國，與在浙東監國的魯王分庭抗禮。以鄭芝龍爲首的鄭氏武力，控制了隆武帝，與黃道周爭班位，逐大臣。桂王永曆流徙西南十五年之久，其政權仍由武人把持，驕縱跋扈尤有過之。其間歷經李成棟、孫可望、李定國三位武將，李成棟原係高傑舊部，先是降清，後又背清歸順永曆，孫可望原係張獻忠餘孽，始而奉桂王與清兵戰，旣而棄桂王自立，戰敗後降清。李定國亦張獻忠餘部，孫可望忌其有功於桂王，謀奪兵權未成，而加速了桂王的潰敗。

孟森對南明軍紀敗壞，反爲清人所用，有深入之剖析，孟氏云：

南明用闖寇餘孽爲軍，後更益以獻賊之餘孽。清除八旗外，所用漢軍，肇自皮島降人尚、耿、孔三家之天佑、天助兵，亦軍籍以外之游手無賴所集合而成。是知額軍輕承平時之占役廢弛，已忘其所以爲兵，而習鬥敢死者轉爲盜賊長技。明之支持殘局，清之開國從龍，所用漢人爲軍，皆明末之盜賊。」（註十一）

游手無賴，皆烏合之衆，所到之處，劫掠財物，掃蕩民舍，更遑論支撐大局，效忠政權了！

㈢孤忠抗清

明季雖士習儇薄，風俗媮壞，然改姓移祚之際，氣節之士支撐東南半壁江山，誓死抗清者亦不乏其人，斑斑史跡，足資稽考。

順治二年四月，清兵圍揚州，清將多鐸五次勸降，史可法置之不理。二十五日城破，可法自殺不死，被俘。多鐸備加崇禮，且欲請其收撫江南，可法表明：城存與存，城亡與亡，頭可斷，志不可屈。遂遇害。清軍屠戮揚州十日，戰死與被殺者逾八十萬人。

順治二年六月，清軍占領江陰，嚴令剃髮。群情激憤，表明「頭可斷，髮決不可剃」。典史陳明遇、閻應元率衆守城，清兵集結二十四萬人，以西洋大砲轟城，城破陳明遇戰死，閻應元被捕不屈身死。江陰人民守城八十一日，與清軍對峙，城破清軍下令「滿城殺盡，然後封刀」。

順治二年六月，嘉定下令剃髮，百姓爲保髮膚，共推侯峒曾、黃淳耀爲領導，迎擊降清的李成棟。城上民兵竭力防禦，露立三晝夜，雙眼腫爛，遍體淋濕，飲食盡絕。七月四日城破，侯、黃不甘被俘受辱，自殺身死。清兵進城後，屠殺二萬多人。清兵撤出後，百姓繼續反抗，七月二十六日再次破城屠殺。二十七日清兵又再次屠殺嘉定人民，史稱「嘉定三屠」。

另如，陳子龍，於清兵攻佔南京後，在家鄉起兵，又聯絡大湖義軍圖謀，事泄被捕投水死。夏完淳，十四歲隨陳子龍起兵太湖，因痛責洪承疇被殺，死時才十七歲。張家玉，於桂王立於廣西，李成棟陷廣州時，與陳子壯起兵東莞，苦戰抗清，失敗就義。張煌言，福王亡後，在寧波抗清，並與鄭成功聯合，延續明祚於東南沿海，永曆帝時曾任兵部尙書，康熙三年，就義杭州。總計張氏抗清前後達十九年之久。瞿式耜，奉永明於桂林，及城破與總督張同敞被俘，被囚月餘，端坐臨難而死。鄭成功，據台抗清，蹈海奮戰，子經、孫克塽，繼承遺志，歷三世二十二年而終。

三、清初

㈠懷柔招撫

多爾袞於順治元年五月進燕京，爲籠絡人心，收買士夫，採行以下數種政策：

⑴爲崇禎皇帝發喪，令臣民帶孝三日，追諡爲莊烈愍皇帝，墓號思陵。

⑵錄用明降臣，優禮明宗室，明革職官吏、失意隱士亦一併任用。

⑶定鄉試會試年份，會試定在辰戌丑未年，直省鄉試，定在子午卯酉年。

⑷禮俗衣冠，暫從明制，薙髮命令暫緩執行。

⑸免除明末加派之三餉，清兵經過之地，免錢糧之半，未經者免三分之一，鰥寡孤獨及謀生無術者，皆收養之。

康熙十二年後，爲俯順輿情，以漢制漢，陸續採行以下措施：十二年薦舉山林隱逸，十七年徵博學鴻儒，十八年開明史館。

㈡高壓挫抑

世祖五月三日登基，五月四日即頒薙髮令，後從范文程等人議，暫緩執行。而二年六月十五日清廷諭禮部：限旬日盡令薙髮。遲疑者，格殺無赦，並令髮匠負擔游行於市，強制百姓剃髮，違逆者，即斬首示衆。其時漢人激烈反對，或遁跡山林，或削髮披緇，或建髮塚而痛哭致祭，或不甘受辱，憤而自裁；而其堅決反抗，絕不屈從者，如江陰、嘉定，橫遭屠戮，最爲慘烈。

又如滿人入關後，圈佔民地，漢人飢寒交迫，乃投入滿人門下，供其役使。而滿人待以苛虐，輒又亡去，是謂逃人。順治初，仕清明臣疏請清廷除此弊政，其後因上言過多，損及滿人自身利益，乃於三年十月諭令：「有爲薙髮、衣冠、圈地、投充、逃人牽連五事具疏，一概治罪。」(註十二)

順治十四年，清廷大興科場獄案，因科場通關節之故，吳兆騫、孫暘、陸慶曾等遣戍流徙者無算。十七年，張晉彥序劉正宗詩，有「將明之材」語，正宗絞死，正彥遭斬，開啓文字之獄。十八年，江寧巡撫朱國治奏報江南欠糧士紳一萬三千人，皆治以抗糧之罪。康熙元年，錢纘曾、祁理孫以通海之罪，一被極刑，一謫戍遼海。康熙二年，湖州莊氏史案，潘檉章、吳炎等七十人遇難。三年，孫奇逢以「甲甲大難錄」被告對簿；七年，萊州黃培詩案，顧炎武遭傾陷。

另順治間朋黨案，馮銓爲北人之黨，陳名夏、金之俊、陳之遴爲南人之黨，彼此攻訐，後名夏被誅，之遴謫戍遼左。康熙間三藩案，自十三年至二十年，達八年之久，凡與三藩通謀之人，或誅戮，或發配爲奴。

㈢濫行屠戮

明亡之初，漢人或眷懷故國，圖謀規復，或不堪苛虐，起而抗暴。清兵鐵蹄所至，燒殺抄掠，極盡殘暴。

順治二年四月廿五日至五月五日，史可法堅守揚州，戰至人盡矢絕。揚州十日記述及五月四日情景：

初四日，天始霽，道路積尸既經積雨暴漲，而青皮如蒙鼓，血肉內潰，穢臭逼人，復經日炙，其氣愈甚，前後左右，處處焚灼，室中氤氳，結成如霧，腥聞百里。(註十三)

此段文字，讀之令人震悼，不能作一語！

順治二年七月初四，嘉定城破，李成棟大舉屠城，嘉定屠城紀略云：

刀聲砉然，遍于遠近，乞命之聲，嘈雜如市，所殺不可數計。其懸梁者、投井者、斷肢者、血面者、被砍未死手足猶動者，骨肉狼藉，彌望皆是，投河死者亦不下數千人。(註十四)

嘉定先後屠城三次，嘉定人民何其不幸，又何其壯也！

明清之際，私家筆記甚夥，所記見聞較官修史書翔實。如崇禎長編係記崇禎十六年冬十月至十七年思宗殉國史實；青燐屑係記弘光監國至揚州失守，史公殉國諸大事；明亡述略係記崇禎一朝迄桂王入緬之史實。其他如烈皇小識、鹿樵紀聞、研堂見聞雜錄……均係記明末清初史實。由以上諸書所載，可知其時屠戮死傷的慘烈。

㈣官吏貪酷

順治二年定每年漕運總額四百萬石，江南行省負擔漕米一百七十九萬四千四百石。繳納漕糧正額之外，尙須加納火耗，火耗相當於正額的百分之四十，甚至於六十。附帶於漕糧的，尙有所謂折銀，不收米而收銀，所定米價每每超過市價，百姓需以賤價賣米，按官價繳銀。

康熙年間曾訂永不加賦之制，然所謂「永不加賦」，不過專指正額，額外之徵五六倍於正額。徵糧之際，每糧一石加派銀兩二三，糧差從中牟利，故「私派倍于官征，雜項浮於正額」(註十五)，名爲永不加賦，實則賦外加賦。遇年歲歉收，「蠲賦，則吏收其實，而民受其名；賑濟，則官增其肥，而民重其瘠。」(註十六)

順康兩朝，正賦之外，暴斂無算，百姓談稅色變。除賦稅外，因政局未安，百事草創，故徭役繁興，或構築宮室、或開河築堤、或造船打冰，役民力夫強忍飢餓，還須受鞭棒敲擊，力盡骨折，差吏仍視若無睹。

此外，官吏擄掠、侵奪之事，亦時有所聞，如順治十年十月，胡章奏言：

> 靖南王耿繼茂、平南王尚可喜，有擄掠鄉紳婦女，及佔住藩司公署，濫委署官等事。(註十七)

康熙年間，文武官員勒索屬下，擾害百姓，雖屢經嚴禁，仍未悛改：

在外文武官，尚有因循陋習，借名令節生辰，剝削兵民，饋送督撫提鎮司道等官；督撫司道等官，復苛索屬員，饋送在京部院大臣科道等官。在京官員交相饋送，前屢經嚴禁，未見悛改。（註十八）

此類饋送，竟被視爲常規。官吏貪酷，吸取民脂民膏，以致民生備極困苦：

督撫反以饋送禮物爲常例，稱某州縣上等，某州縣下等，按定數目，公然收受。州縣官員，俱自民間派取，以致百姓困窮。（註十九）

貳、明末清初社會詩內容分析

一、水旱災異

京師苦雨作　　區大相

入夏多霪雨，經秋未肯晴，直須憂地陷，無計補天傾。方割傷民瘼，其咨軫帝情，古來堯命禹，天地乃平成。……（註二〇）

爛麥詞　　邢昉

麥苗始青隴頭雨，二月三日無乾土。連畦草盛麥不肥，四月雨多晴更稀。東家荷鉏日流汗，土疏雨浸麥根爛。……（註二一）

苦雨歎

宋琬

昔年癸巳長安居，冥冥大雨十旬餘。彰義門中駕筏渡，千家百室無完廬。今年癸卯在西曹，災蒸羃東方鬱陶，銀河倒注日復來，俄頃床足翻波濤。天道周迴十年始，又看禾黍頭生耳，沮洳壅巷溝渠瀦，百堵高墉一時圮。……（註二二）

春雪歌

申涵光

北風昨夜吹林莽，雪片朝飛大如掌。南園老梅凍不開，饑烏啄落青苔上。破屋寒多午未餐，擁衾對雪空長嘆。去歲雨頻禾爛死，冰消委巷生波瀾。吳楚井乾江底坼，北方翻作龍蛇宅。豪客椎牛晝殺人，彎弓笑入長安陌。長安畫閣壓氍毹，獵罷高懸金僕姑。歌聲入夜華燈暖，不信人間有餓夫。（註二三）

嘉苗歎

趙執信

龍頭草枯麥亦枯，春來雨雪一日無。龍頭禾生草亦生，入夏時見甘雨零。老農昏暮拄鉏立，荒塍蛙鳴草露濕。三人終日相競芸，未抵常年一夫力。苗稀不及稂莠高，下鋤急處傷嘉苗。（註二四）

苦旱行

邵長蘅

……塵沙飄瞥千餘里，火蒸石爍嘆氣黃。……去年麥穗蟲食盡，何意天災復如許？故老相傳明末時，赤地千里飛蝗災，健兒刼人割肉啖，婦女空村剝樹皮。三十年間重此禍，斗米千錢寧足奇！（註二五）

飛蝗　錢肅樂

三旬涸澤編焦枯，浪説今年歲在吳。野哭萬家驚赤羽，軸空千室想青蚨，峨冠嚙盡民間血，翾翼偏逃上帝誅，臣罪已知應避位，莫令他日歎鵜鶘。（註二六）

清江浦　顧炎武

……舳艫通國命，倉廩恃軍儲。陵谷天行變，山川物態疏。黃流侵內地，清口失新渠。米麥江淮貴，金錢帑藏虛。……（註二七）

地震行　邵長蘅

……床頭兒女爭虒虒，屋瓦砉騞紛墜地，須臾惡飆揚塵沙，簸蕩十日奔雷車。……（註二八）

日蝕行　邵長蘅

四月之朔日辛亥，踆烏三足晝噯逮，萬象黯慘無晶光，六螭失照委銜轡……舊年地動滔洪濤，沸鬱蛟龍齧青冀，魚跳入釜黽產竈，十城九城空晝閉，哀痛罪己怠我皇……。（註二九）

萬曆九年以後，迄清順康兩朝，水旱災異頻仍。清葉夢珠閱世編卷一災祥及吳梅村綏寇紀略卷十二，都列述了這段期間發生的水災、旱災、蝗害、地震、日蝕、黃河決口、瘟疫流行等情形。故明清之際，以此類災情爲題之作品甚夥，如：吳嘉紀「朝雨下」、彭孫遹「苦雨歎」、申涵光「水漲歌」、錢肅樂「苦旱行」、顧文淵「驅蝗詞」；此外閻爾梅有「苦旱行」，亦有「苦蝗行」；趙執信有「苦雨」、「苦旱」，另有「紀蝗」、「後紀蝗」兩篇。亂世兵戈滿地，奈何百姓還得死水旱、死河決、死地震、死饑疫，天怒何至於斯？

二、饑饉疾疫

水次見饑人

邢昉

……高樹水侵腹，敗茅波動壁。雞犬一朝無，菑畬三歲絕。窮簷一餒老，向我語歷歷。言茲所居屋，得賣充粒食。不見廣川湄，巨棟連舸艓。爾茅易升斗，何以繼釜鬲……（註三〇）

乞食翁

陳恭尹

……老翁行乞食，問翁何方人？……壯我衰顏色，寧知屬戎馬，秋毫見取索，一歲耕且鋤，不足供賦役。芸田倦未起，肢體被鞭策。貧家力已竭，公家求日益。有田以自養，反以速窮厄。……老身一葛衣，朽爛委荊棘。餓死污人鄉，不死長悽惻。……（註三一）

饑民謠

楊士凝

村村屋頭鴉亂飛，塵封甑炊煙微。鄰人乞食縣門中，羨殺鼠食官倉肥。江南今年星在罶，青錢二百米一斗。詔令減價更賑荒，里老奉行開戶口。縣令踏勘初入村，萬戶盡望天家恩。飢民無錢吏胥怒，有名不上官家簿。（註三二）

苦疫行

侯方域

昔者先皇十六年，昊天降割疫始傳。其初中人瘦如豆、倏忽變化大連拳。扼吭不語道傍死，天子聞之罷管絃。一朝內使坐官市，有人走馬持金錢。換取寶物方入手，所遺楮幣爲飛煙。……救民死傷須大藥，草根木皮徒剝削。（註三三）

前引邵青門苦旱行有云「健兒劫人割肉啖，婦女空剝樹皮」，景象令人駭異。葉夢珠閱世編謂崇禎末中州糜爛，百姓「易子而食，析骸而炊」（註三四），誠人間慘事！年歲欠收，飢民逃荒乞食，官府降低糧價以賑荒，無奈飢民已無錢買糧。此與白居易杜陵叟「虛受吾君蠲免恩」有相同的譏刺與遺憾。有時伴隨水旱、饑饉而來的是瘟疫。崇禎十六年，京師大疫，並傳聞鬼物晝見，宮市所得楮幣，日夕收入皆化爲紙。一時謠諑四起，人心惶惶。

三、苛捐貪吏

南行感懷　　區大相

聞道貂璫輦，由來爲掃除。先朝煩鎮守，重任典方輿。責採山川竭，徵輸井邑虛。明明皇祖訓，宮府意何如？（註三五）

即事　　陳子壯

君王眞省歲，曾否喻閭閻。不信春秋傳，都宜甲子占。官租天下損，市禁日中嚴，似負求言意，囊封有忌嫌。（註三六）

官馬行　　李良年

北方高涼多種麥，麥若不登農絕食。何爲卻種官路側，日操豚蹄祝南岡。……錦文使者來如雲，駛駛欻忽數十群。老農哀呼馬不聞，朝田青青暮荒土。縣符催租急如雨，田家明年祀馬祖。（註三七）

布穀謠

邵長蘅

村虛五月布穀鳴，家家驅牛向田塍。誰令我家充里正，荒田地白不得耕。昨日縣卒至，驅迫入城市。官府怒我輸稅遲，繫獄一日再論笞。肉腐虫出，垢面蓬首，親交來相探，牽衣泣下不能止。附書與親交，歸告我妻賣兒子。（註三八）

王家營

顧炎武

……雞鳴客車出，四野星光早。征馬乏青芻，山川色枯槁。燕中舊日都，風景猶自好。衣殘茍上繒，米爛東吳稻。公卿不難致，所患無金寶。……（註三九）

直溪吏

吳偉業

……一翁被束縛，苦辭囊如洗。吏指所居堂，即貧誰信爾？呼人好作計，緩且受鞭笞。……官逋依舊在，府帖重追起……東家瓦漸稀，西舍牆半圮。生涯分應盡，遲速總一理。……（註四〇）

馬草行

朱彝尊

陰風蕭蕭邊馬鳴，健兒十萬來空城。角聲嗚嗚滿街道，縣官張燈徵馬草。階前野老七十餘，身上鞭樸無完膚。里胥揚揚出官署，未明已到田家去，橫行叫罵呼盤飧，闌牢四顧

搜雞豚。歸來輸官仍不足，揮金夜就倡樓宿。(註四一)

蠶租行

王士禎

……東鄰有少婦，養蠶方一𧗠，夜夜伴蠶眠，桑葉恐不周。……歸來見蠶餓，徘徊當奈何？脱我耳邊釵，鬻我嫁時襦。阿夫持襦去，里正持符來，漢中索軍租，不得還顧私。里正且上坐，黽勉具晨炊。但緩一月餘，蠶成賣新絲。新絲亦難買，新穀亦難收。……蠶應黑瘦盡，軍租持底當。痛哭視孤兒，畢命朱絲繩。阿夫還入門，不復見故妻，生既爲同衾，死當攜手歸。(註四二)

蠲租行追同元次山舂陵行韻

龔鼎孳

皇帝將改元，制書詔所司。方春重民事，王政務急施。水旱兼盜賊，人氣誠傷悲。萬方惟正供，悉索亦以疲。新餉五百萬，剜肉療飢羸。國計在本根，毛附先存皮，民困必失所。拯溺焉能遲？丞相下郡國，一切蠲除之。……我皇本堯舜，天聽頃刻移，諫行膏澤下，千載明良時，煌煌社稷案，輔導良不虧，君仁則臣直，拜手諫古辭。(註四三)

明末清初詩文集中，描繪稅官胥吏催科貪索的作品，俯拾即是，而百姓畏懼嫌惡之情亦溢於言表。從萬曆朝的礦監稅使四出，至康熙朝的蠲租、永不加賦，生民愈加困厄窮乏，艱於輸納。苛捐重賦之外，最令人痛恨的，是官吏的貪婪和視民如草芥。官馬行，寫錦衣使者踐踏農作，麥田一夕成荒土。布穀謠，寫官府遷怒輸稅遲，縶獄鞭笞，致肉腐虫出。王家營，寫官吏奢靡貪瀆，所患無金寶，而任令「米爛東吳稻」。直溪吏，寫吏胥敲榨勒索，叫人好作打點應付。馬草行，寫官府派差收繳馬草，里胥捉雞搜豚的惡形惡狀。蠶租行，寫蠶婦脫釵鬻糯以養蠶，而新絲難賣，新穀難收，無法交繳軍租，最後夫婦二人，先後尋短。蠲租行，則是歌頌皇帝的德政，恤民拯溺，「一切蠲除之」；而實際上，官吏於正額外，又賦外加賦，需索無度。是以，「我皇本堯舜」、「君仁則臣直」，就極盡諷刺之意了！

四、徭役丁夫

田家

黃淳耀

田泥深處馬蹏奔，縣帖如雷過廢村，見說抽丁多不懼，年荒已自鬻兒孫。（註四四）

開河

陳維崧

前年大水廬舍沒，今年無雨井泉竭。江南江北盡開河，官司夜點開河卒。朝開河，暮開河，河身龜坼將如何？千夫畚鍤競邪許，淤泥堆積成陂迤。……官艙罵吏吏罵夫，爾曹飽飯何爲乎？河夫聞言淚雙墮。……（註四五）

築石塘

董說

築石塘，新軍來。築塘未畢府帖催，府帖下鄉吏打門。南村竈冷行西村，西村十家無一存，破屋無門僅梁柱，傳道新軍三日屯，吏索空村遇樵父。樵父言卿報府主，五月不打插秧鼓，眼中良田半荒土，築塘攝役添冤苦，君莫苦，君不見塘岸油衣點簿書，朝朝狼籍黃梅雨。（註四六）

黃河夫 吳之振

……符檄下督郵，十户出一夫，丁役憑官抽。……老翁鬢髮禿，行步半傴僂，伶仃刺霜雪，猶擔土一掊，不敢自怨苦，寧與官府讎？……隴頭疊石磴，卜築千丈溝。溝水響活活，濁血浮骷髏。民命不足惜，飄忽如蜉蝣。河伯胡不仁，廟祀空千秋……（註四七）

養馬行 梁佩蘭

……馬日齕水草百斤，大麥小麥十斗匀。小豆大豆驛遞頻，馬夜齕豆仍數巡。馬肥王喜王不嗔，馬瘠王怒王扑人。……（註四八）

馬草行 吳偉業

當時積北報燒荒，今日江南輸馬草。府帖傳呼點行速，買草先差人打束。香芻堪秣飽驊騮，不數西涼誇苜蓿。京營將士導行錢，解户公攤數十千。長官除頭吏乾沒，自將私價僦車船。苦差常例應須免，需索停留終不遣。……推車挽上秦淮橋，道遇將軍紫騮鞚，……黃金絡頭馬肥死，忍令百姓愁饑寒，……（註四九）

年歲饑荒，村落已成廢墟。官府下鄉抽丁當差，然而鄉民已不擔心懼怕，因爲早就賣兒鬻孫，親骨肉已不在身邊，如此反襯，令人鼻酸。徭役繁興，官府四處追捕男丁，築塘開河、運糧養馬，更是時有所聞。「十戶出一夫」，爲清初的役制，即使老翁亦不放過。役夫們拚死力作，尙須忍受辱罵鞭笞，「溝水響活活，濁血浮骷髏」，眞箇是「民命不足惜」！此類作品，尙有錢澄之「水夫謠」、陳學洙「役夫歎」、黃生「築堤謠」、施閏章「牽船夫行」等。

五、田事蠶作

田家吟 區大相

農務雖閒未敢安，近來生事日艱難。舊租未了新租急，又責金錢供內官。(註五〇)

田婦 周容

……去年種田十畝餘，秋來收稻十斛無。官租大户去如洗，十月已尋膢角齊，只今稻在誰家舂，原來種稻不種米。(註五一)

農夫歌 陳佐才

踐傷禾麥半成熟，征徭輸足無餘粟。長天老日蕎充飯，夜靜更深菜煮粥。農夫農婦相對哭，可憐人到不如畜，馬食白米犬食肉。(註五二)

田夫詞 萬斯備

朝耰耜，暮水車。面目黝黑身泥沙，待到青黃相接日，貧人粟入富人室，粟入富室何足傷？可憐穀種無力償。夫傭擔負婦賃織，明歲吞飢藝黍稷，君不見東鄰女，終宵軋軋不停杼，寒到衣裳無寸縷。(註五三)

野人嘆五之一 黃淳耀

野人嘆息年歲惡，池中掘井井底涸。飛蝗引子來蔽天，枉自傾家事田作。朝廷加派時時有，哭訴官司但搖手。歸逢吏胥狹路邊，軟裘快馬行索錢。(註五四)

女耕田行

朱彝尊

荷鍤復荷鍤，耒耜中田聲札札。誰家二女方盛年，短衣椎髻來畔田。自言家世多田宅，幾載征求困需索。長兄邊塞十年行，老母高堂兩齒落。前年賣犢輸縣門，今年賣宅重輸官。石田荒荒土确确，十日一晦畊猶難，自傷苦相身爲女，好與官家種禾黍。(註五五)

促織謠

邵長蘅

促織復促織，涼秋八九月，新婦扎扎當窗織。一日織丈餘，兩日合成匹。婆言無襦，兒言無衣，翁欲易米煮餔糜。縣中租吏來叩門，聲如雷。阿翁趣辦飯，阿婆烹伏雌，持布送租吏，租吏含怒譙，言爾物何輕微？新婦十指出血，不得一縷穿，房中淚下如綆縻。(註五六)

作蠶絲

朱彝尊

田家四月晝日長，婦姑告語開蠶房。頃筐既盈絲可作，新媍欣欣黽前作。煖湯乍注盆中盛，續來續去繰車鳴。蠶多遺繭滿窗户，簷頭簇簇飛蛾生。黃絲素絲當別措，好製輕巾作窮袴。(註五七)

織婦詞

吳偉業

黃繭繅絲不成匹，停梭倚柱空大息。少時織綺供尚方，官家曾給千金直。孔雀蒲桃新樣改，異繡奇文不違識。桑枝漸枯蠶已老，中使南來催作早。齊紈魯縞車斑斑，西出玉關賤如草。黃龍袱子紫橐駝，千箱萬疊奈爾何！(註五八)

田家農桑之事，一直是中國詩歌裡吟詠的素材，而在明清之際的詩篇中，幾乎嗅不到「農家樂」的氣息，看到的差不多都是淒楚酸苦的畫面。蓋旱潦相繼，收成不佳，又因兵禍連結，須輸納軍糧，應付徵派。蠶婦辛苦織成的絲織品慘遭掠奪，且被任意糟蹋。而自己織得「十指出血」，卻「不得一縷穿」。

六、漁民鹽戶

漁家

孫承宗

呵嗹提篙手未蘇，滿船涼月雪模糊。畫家不識漁家苦，好作寒江釣雪圖。（註五九）

魚苗船

查愼行

幾片紅旗報販鮮，魚苗百斛楚人船；憐他性命如針細，也與官家辦稅家。（註六〇）

臨場歌

吳嘉紀

掾財隸狼，新例臨場，十日東淘，五日南梁。趨役少遲，場吏大怒，騎馬入草，鞭出灶戶。東家貰醪，西家割彘，殫力供給，負卻公稅。後樂前鉦，鬼咤人驚；少年大賈，幣帛將迎。帛高則止，與笑目下；來日相過，歸比折價。笞撻未歇，優人喧闐，危笠次第，賓客登筵。堂上高會，門前賣子；鹽丁多言，箠折牙齒！（註六一）

絕句

吳嘉紀

白頭灶戶低草房，六月煎鹽烈火旁，走出門前炎日裏，偷閒一刻是乘涼。（註六二）

逋鹽錢逃至六灶河作　吳嘉紀

氣臭行若飛，俗呼曰鱉蝨。匾身藏木榻，穢種散書帙。齧人膏血飽，伺夜昏黑出。拙哉一愁人，於此來抱膝，唶囈羨童僕，爬搔增老疾。何能久食渠，海岸望朝日。(註六三)

寒江冰凍，手指僵冷，畫家不解漁人艱苦，強寫雪中優閑情趣。吳嘉紀曾隱居東海邊安豐鹽場，對鹽民生活知之甚詳，六月太陽火熱，走出灶戶，偷閒片刻，就是莫大的享受！而鹽丁齧人膏血，比之鱉蝨，令人生厭！

七、船戶縴夫

打冰詞　吳偉業

北河風高水生骨，玉壘銀橋堆幾尺。……下流湍悍川途開，吹笳官舫從南來。帆檣山齊排浪進，牽船百丈聲如雷。雪深沒髁衣露肘，背挽頭低風塞口。……篙滑難施櫓枝折，舟人霜滿髭鬚口。發鼓催船喚打冰，衝寒十指西風裂。……官艙裘酒自高臥，只話篙師叉手坐。……(註六四)

捉船行　吳偉業

官差捉船爲載兵，大船買脫中船行。中船蘆港且潛避，小船無知唱歌去。郡符昨下吏如虎，快槳迎風急搖櫓。……船户家家壞十千，官司查點候如年。發回仍索常行費，另派門攤云雇船。君不見，官舫巍峨無用處，打鼓插旗馬頭住。(註六五)

挽船行　　龔鼎孳

……灘高風急船須上，縣吏追呼到貧子。科頭赤腳沙中語，長繩短纜隨征旅。……兵船積甲如山陵，千夫萬卒喧催徵。悉索村巷閑空舍，枵腹負舟那即能。……（註六六）

嚴冬季節，河面結成堅冰，船夫連夜冒寒打冰。縴夫衝冒霜雪，邁力地拉牽船隻前進。官家大船閒靠碼頭，打鼓作樂，卻捉拉民船運兵，並對船民敲詐索賄。如此強烈的對比，可以想見作者的憤慨！

八、藝人伶伎

柳麻子說書歌行　　魏　耕

昨歲客遊江都城，說書共推柳敬亭。抵掌談天縱侈辯，馳驟不必皆有經。出門人呼柳麻子，往往擱街不得行。何家相國酣高讌，桃李青軒當引見。……崇禎之際左將軍，意氣如山天下聞，開筵日召柳麻子，牙門羽騎羅紛紛，齊聽柳麻說漢祖……（註六七）

贈戼生　　毛奇齡

流落人間柳敬亭，消除豪氣鬢星星。江南多少前朝事，說與人間不忍聽。（註六八）

口占贈蘇崑生　　吳偉業

樓船諸將碧油幢，一片降旗出九江。獨有龜年臥吹笛，暗潮打枕泣篷窗。（註六九）

聽女道士卞玉京彈琴歌　　吳偉業

……中山有女嬌無雙，清眸皓齒垂明璫，曾因內宴直歌舞……知音識曲彈清商，歸來女伴洗紅粧。……詔書忽下選蛾眉，細馬輕車不知數。中山好女光徘徘，一時粉黛無人顧，豔色知爲天下傳。……（註七〇）

柳痲子，柳敬亭也，善說書。陶庵夢憶云「一日說書一回，定價一兩。十日前先送書帕下定，常不得空。」（註七一）蘇崑生精通音律，以善歌名揚海內。柳以說書、蘇以唱曲，爲左良玉幕中客。吳偉業另有「楚兩生行」，並爲兩人立傳。卞玉京爲秦淮歌伎，名賽，後遊吳門，著道士裝。吳氏長篇鉅製「圓圓曲」，其主角人物——陳沅，亦色藝雙絕，爲蘇州名伎。

九、薙髮垂辮

剪髮 顧炎武

流轉吳會間，何地爲吾土？登高望九州，憑陵盡戎虜……晨上北固樓，慨然涕如雨。稍稍去鬢毛，改容作商賈。卻念五年來，守此良辛苦！……（註七二）

剃頭 吳祖修

吾生適值鼎將遷，卅載頭毛未許全。四角不妨芟似草，中央何必小於錢？偶然梳篦誠爲贅，時復搔爬也覺便。此後蕭蕭人莫笑，黑頭搔落到華顛。（註七三）

閏十一月十七日臨難作二之一 瞿式耜

從容待死與城亡，千古忠臣自主張。三百年來恩澤久，頭絲猶帶滿天香。（註七四）

祝髮偈　　錢邦芑

一杖横擔日月行，山奔海立向前程。任他霹靂眉邊過，談笑依然不轉睛。(註七五)

留髮生　　錢澄之

黎城城外癡男子，誓斷此頭髮不毀。一夜囹圄千載心，明朝裹幘赴西市。(註七六)

清廷入關後，改變衣冠，施行剃髮。明志士不肯降清剃頭，祝髮爲僧者甚多。顧炎武一生未留辮，所謂「稍稍去鬢毛，改容作商賈」，即表明不願作滿清順民，乃改容僞作商賈出遊。吳祖修剃頭，詞雖平和，意實憤激。錢秉鐙留髮生更是當時「留頭不留髮，留髮不留頭」的寫照。蓋上國衣冠淪於胡虜，乃文化陵夷之痛。瞿式耜臨難時，以猶帶滿頭青絲爲傲。

十、兵禍盜患

過兵行　　吳嘉紀

揚州城外遺民哭，遺民一半無手足；貪延殘息過十年，蔽寒始有數椽屋。大兵忽說征南去，萬馬馳來如疾雨；東郭踏死可憐兒，西鄰擄去如花女。女泣母泣難相親，城裏城外皆飛塵；鼓角聲聞魂欲死，誰能去見管兵人。令下養馬二十日，官吏出謁寒慄慄；入郡沸騰曾幾時，十家已燒九家室。一時草死木皆枯，骨肉與家今又無；白髮歸來地上坐，夜深同羨有巢烏。(註七七)

羌胡引　　顧炎武

四入郊圻躪齊魯，破邑屠城不可數。刳腹絕腸，折頸摺頤，以澤量屍。幸而得囚，去乃爲夷。口呀呀，鑿齒鋸牙，建蚩旗，乘莽車。視千城之流血，擁豔女兮如花。……（註七八）

野人嘆五之一　　黃淳耀

野人歎息王師勞，秦賊楚賊如蝟毛。攻城掠野官吏死，大江以北民嗸嗸。昨聞死賊刼財貨，分與官軍作賄賂。亂砍民頭掛高樹，黎明視賊賊已去。（註七九）

亂時　　陳佐才

世情尚未改，時事已經更。遍地皆戎馬，滿天盡甲兵。活埋小兒女，生葬老弟兄。遁跡窮山裏，猶聞戰鼓聲。（註八〇）

聞亂　　侯方域

舊屬秦川盜，新經雒水迴。衣冠諸父老，堞雉一蒿萊。白日荒村哭黃昏鬼火來，中原根本地，索馭實艱哉。（註八一）

史可法死守揚州，城破清兵屠城三日，過兵行揭露清兵燒殺擄掠的罪行。清兵入關前四次內犯，破邑屠城，蹂躪百姓，手法至爲殘酷凶暴。吳梅村有叙明亡戰亂諸作，如「思陵長公主輓詩」述甲申之變、「雁門尙書行」述孫傳庭潼關之役、「臨江參軍」叙盧象昇賈莊之役、「松江哀」叙洪承疇松山之役。除戰事兵禍外，尙有盜匪作亂，殺人如麻。

十一、流民難婦

小車行

陳子龍

小車斑斑黃塵晚，夫爲推，婦爲挽，出門何所之？青青者榆療吾飢，願得樂土共哺糜。風吹黃蒿，望見牆宇，中有主人當飼汝，叩門無人室無釜，躑躅空巷淚如雨。（註八二）

哀流民和魏都諫

申涵光

流民自北來，相將向南去，問南去何處？言亦不知處。日暮荒祠，淚下如雨。饑食草根，草根春不生；單衣暴背，雨雪少晴。老稚尪羸，喘不及喙，壯男腹雖饑，尚堪負戴。早春糧，夕牧馬。嫗幸哀憐，許宿茅簷下。……（註八三）

難婦行

吳嘉紀

寧爲野田莠，不爲城中婦。莠生雨露培，婦命如塵埃。江頭六月舉烽燧，東南風吹戰艘至。官長首嚴出城禁。嬌娃艷婦縮無地，愚者爭向船艙匿。……開艙十人九人死，吁嗟乎，城外天地寬如此，此身得到已爲鬼。家人畏罪不敢啼，紅顏亂葬青蒿裏。（註八四）

上留田行

施閏章

里中有啼兒，聲聲呼阿母。母死血濡衣，猶銜懷中乳。（註八五）

生逢亂世，人命微賤。或流離，或枉死，天道寧論！施氏上留田行，淺白如話，令人悲涕。吳嘉紀另有一首「李家孃」樂府，述揚州城陷，李氏婦被掠，哀號撞壁，顱碎腦出的慘事。

十二、備邊謫戍

邊報 陳子壯

騁逐驕王子，先秋已合謀。會當一雨霽，坐使萬氈愁。望遝黃花口，催番白草頭。長年生牧地，駝馬不勝收。（註八六）

邊中送別 袁崇煥

五載離家別路悠，送君寒浸寶刀頭。欲知肺腑同生死，何用安危問去留？策杖只因圖雪恥，橫戈原不爲封侯。故園親侶如相問，愧我邊塵尚未收。（註八七）

滇南從軍 查愼行

漢家納粟重輸邊，卜式才高逐貿遷。不是湟中甌脫地，何勞封事策屯田。（註八八）

赴戍宣州衛 姜埰

垂死承恩譴，天威咫尺間。荷戈荒徼去，收骨瘴江還。衰職猶思補，龍髯竟絕攀。橋陵千滴淚，獨在敬亭山。（註八九）

出關 吳兆騫

邊樓回首削嶙峋，筆策喧喧驛騎塵。敢望餘生還故國，獨憐多難累衰親。雲陰不散黃龍雪，柳色初開紫塞春。姜女石前頻駐馬，傍關猶是漢家人。（註九〇）

悲歌贈吳季子·

……絕塞千山斷行李，送吏淚不止，……八月龍沙雪花起，橐駝垂腰馬沒耳。白骨皚皚經戰壘，黑河無船渡者幾。前憂猛虎後蒼兕，土穴偷生若螻蟻。大魚如山不見尾，張鬐爲風沫爲雨……（註九一）

明末，後金屢屢犯邊，邊防日亟。明廷屈殺邊將袁崇煥，已現亡國之兆。「故園親友如相問，愧我邊塵尚未收」，數百年後讀此詩，猶可見袁督師忠肝義膽。明亡後，宗室後裔偈促滇黔，伺機恢復，西南邊陲遂成重地。清初，納粟重輸，不敢等閒視之。崇禎時，姜如農任禮科給事中，以言事受廷杖，後削籍戍宣城。順治十四年，興科場獄案，吳兆騫罹禍，流戍寧古塔。十五年，漢槎出關遠戍，猶望「餘生還故國」。好友吳梅村作長歌贈之，悲憤激昂、淋漓盡致。康熙二十年漢槎生還玉門，論者謂未始非梅村慷慨悲歌之功。

十三、君昏臣亂

聞警 張家玉

妖氛日以逼，天子正宵夜。我武豈不張，荷戈豈苦饑，仰給在東西。民力亦已疲，四郊復多壘，患不獨東時。寄言肉食者，大廈誰當支？（註九二）

野人嘆五之一 黃淳耀

野人嘆息朝無人，朝中朋黨如魚鱗。十官召對九官默。篋中腰下皆黃銀，不知何人理陰

陽？頻年日食四海荒，我欲上書詆朝士，又恐人呼妄男子。（註九三）

明末時作 陳佐才

鬚髮依然一老臣，羽書閱罷淚沾巾。乾坤此日成何物？東倒西扶似病人。（註九四）

一年 錢謙益

一年天子小朝廷，遺恨虛傳覆典型。歲有庭花歌後閣，也無杯酒勸長星。吹唇沸地狐群力，蹙面呼風域鬼靈。奸佞不隨京落盡，尚流餘毒螫丹青。（註九五）

讀史雜感 吳偉業

聞築新宮就，君王擁麗華。尚言虛內主，廣欲選良家。使者螭頭舫，才人豹尾車。可憐青冢月，已照白花門。（註九六）

秋山 顧炎武

一朝長平敗，伏尸遍岡巒。北去三百舸，舸舸好紅顏，吳江擁橐馳，鳴笳入燕關。昔時鄢都人，猶在城南間。（註九七）

秦淮雜詩 王士禎

新歌細字寫冰紈，小部君王帶笑看。千載秦淮鳴咽水，不應仍恨孔都官。（註九八）

明末國困民窮，朝廷官吏結黨營私，庸碌無爲。忠臣義士，雖屢謀振作，然大勢已去，朱明朝廷扶得西來東又倒。福王即位南京，不思圖強恢復，卻沉溺聲色，阮司馬以吳綾作朱絲，書燕子箋諸劇，進獻宮中。福王又以內主空虛，派人選淑賣良，未及冊封，清兵逼近，弘光小朝廷，一年而亡。順治十二年，淸廷亦下令進獻美女，官府爲奉承帝王，搜索遍及江南各省，並將蘇松女子，以船載運至北京，所謂「北去三百舸，舸舸好紅顏」是也。

十四、慷慨悲歌

夜走博羅　張家玉

舉目烽煙黯自傷，胡笳吹處似邊方。眞同喪狗生無愧，縱比流螢死有光。力盡張良虛博浪，時窮許遠失睢陽。當存百鍊堅金志，捲土重來未可量。（註九九）

閏十一月十七日臨難作二之一　瞿式耜

斷臂傷睛木塞脣，猶存雙膝舊乾坤，但將一死酬今古，剩有丹心傍王臣。（註一〇〇）

又酬傳處士次韻　顧炎武

愁聽關塞遍吹笳，不見中源有戰車。三户已亡熊繹國，一成猶啓少康家。蒼龍日暮還行雨，老樹春深更著花，待得漢廷明詔近，五湖同覓釣魚槎。（註一〇一）

讀鄭所南心史　錢肅樂

我亦行吟澤畔徒，可能三户兆亡胡。銜泥小燕爭歸暖，戢翼寒蟬獨集枯，筆續春秋書點楚，匣開風雨勢驅奴。但留一點英靈在，桂月松濤其不渝。（註一〇二）

燕子磯口占　史可法

來家不面母，咫尺猶千里。磯頭灑清淚，滴滴沉江底。（註一〇三）

將入武陵

張煌言

國亡家破欲何之？西子湖頭有我師。日月雙懸于氏墓，乾坤半壁岳家祠。慚將素手分三席，敢謂丹心借一支？他日素車東浙路，怒濤豈必屬鴟夷？（註一〇四）

讀指南集

王夫之

揚州不死空坑死，出使皋亭事夫央，鳴鴂春催三月雨，丹楓愁忍一林霜。碙門鶴唳留朱序，文水魚書待武陽。滄海金椎終寂寞，汗清猶在淚衣裳。（註一〇五）

李成棟陷廣州，張家玉與陳子壯起兵東莞，苦戰抗清，雖明知可能如「張良虛博浪」、「許遠失睢陽」，仍甘冒鼎鑊，知其不可而爲。敵人凌辱備至，瞿式耜仍大義凜然。顧炎武於明亡後崎嶇兵革，壯遊北邊，圖民族之恢復，酬王處士詩，融迸懷友、思國之情，悲壯沉鬱、渾厚蒼涼，似少陵風韻。錢肅樂爲魯王監國時期殉難之臣，「但留一點英靈在，桂月松濤其不渝」，爲其忠義寫照。公而忘私，雖母子近在咫尺，卻如同相距千里。史可法口占詩淺白如話，滴滴清淚蘊含了不能面母之悲，不能救國之憾。張煌言堅持抗清達十九年，其爲時之久及歷程之艱險，爲世人所稱道。首聯一問一答問，已表明殉國的心意。張氏死後，西湖畔添得一座新墳，長伴于忠肅、岳武穆二位忠烈之旁。清兵攻湖南，王夫之起義抗清，失敗後逃桂林依瞿式耜，瞿死後避居苗傜，完髮以終。

十五、悼亡感舊

悲憤詩　錢肅樂

朝議紛紜正聚訟，賊烽久已逼居庸。旄頭星象先占變，鴟尾雷聲蚤告凶。應怒茂陵新礪劍，忍聞長樂舊鳴鐘，痛心三月十九事，夢想衣冠哭墮龍。（註一〇六）

感舊　黃宗羲

南都防亂急鴟梟，余亦連章祝自邀。可怪江南營帝業，只爲阮氏殺周鑣！（註一〇七）

感舊　葉襄

洛陽紛爭日，君王宵旰時。內朝私門急，河北捷書遲。近輔連群盜，臨郊誓六師。傷心般浩輩，一蹶竟難支。（註一〇八）

甲申聞雁　黎遂球

今年聞雁倍傷情，禾黍悲風想舊京。嚙雪總羞持節使，渡河誰進□□兵。稻梁不復當時飽，砧杵空留月下聲。□□□□□□□，□□□□□□□。（註一〇九）

明末朋黨林立，相互攻伐。即使東林黨原先標榜氣節綱常，後亦斤斤於黨派恩怨，淪爲意氣之爭。葉襄爲復社中人物，直言「君王宵旰」，內朝卻「私門急」，加上近輔群盜蠭起，不亡更待何時！思宗非亡國之君，而當亡國之運，甲申三月十九日，自縊殉國。南都再建，弘光昏淫，馬阮擅權，小朝廷苟安江南，清歌漏舟之中，痛飲焚屋之內，亦無怪乎難以營造帝業！黎遂球甲申聞雁，詩有闕文，塡以方圍，顯係語觸禁忌，而遭挖改。

結論

綜觀明清之際的社會詩，大多採樂府歌行體。漢魏樂府與唐代樂府為明清社會詩孕育了一片沃土。蓋樂府形式自由，長短錯落，變化自如，適於反映社會寬廣而繁複的面貌，也適於抒發奔放淋漓的情感。漢魏、三唐樂府，多譏世抨時之作，隱含對昏濁朽敗社會的反抗。明清鼎革之際，生民憔悴，詩人緣事而發，摹擬樂府俗曲，命題立意、風格形式，皆曲盡其妙。

明清社會詩，用樂府歌行之題者，觸目可見，如孤兒行、女耕田行、小車行、過兵行、養馬行、馬草行、蠶租行、苦旱行、促織謠、田家吟、野人嘆、悲憤詩、羌胡引……等都是。清初大家——吳偉業，工於歌行長體，更是能手。如雁門尚書行，即仿古樂府雁門太守行；永和宮詞仿元稹連昌宮詞，琵琶行并序仿白居易琵琶行。其他化用樂府命題，而其章法、用辭亦仿樂府者，如堇山兒、臨頓兒仿漢樂府孤兒行，圓圓曲仿白居易長恨歌，畫蘭曲仿杜甫麗人行，直溪吏仿杜甫石壕吏均是。

社會詩大多因事陳詞，看似平俗謏語，實無一字無來歷。詩人所作，率皆即事名篇，甚且於詩序注明時間、事由，以述詩之背景。如梁佩蘭養馬行，序云：「庚寅冬，耿尚兩王入粵，廣州城居民流離竄徒于鄉。城內外三十里所有廬舍墳墓，悉令官軍築廐養馬。」又如瞿式耜浩氣吟，序云「庚寅十一月初五聞警，諸將棄城而去，城亡與亡。」又如王士禎蠶租行，自注云：「丁酉夏，有民家養蠶，質衣釧鬻桑，而催租急，遂縊死，其夫歸，見之亦縊。」此類序注猶多，不煩細舉。

黃宗羲萬履安先生詩序云：「今之稱杜詩者以爲詩史，亦信然矣。然注杜詩者，但見以史證詩，未聞以詩補史之闕。雖曰詩史，史固無藉乎詩也。」（註一一〇）社會詩之可貴，在於詩史相証。但不在乎詩與史之密切吻合，而貴乎詩能補史之闕文。陳佐才「弔沅江世守那公」詩，有序云：

沅江世守那公嵩，永曆先帝授以將軍，清兵陷雲南之明年，公提兵伐之，不克，退守沅城。清將率兵攻沅城，公統兵出郭，沿江大戰，殺清兵將甚多，尸橫水逆不流。後因戰守日久無救應，城破招公降，不從，舉家男婦三百餘登棚樓。公著朝服，北拜畢，舉火自焚。清兵亦嘆其忠烈。余弔之者，恐史書編不到之意也。（註一一一）

所謂「恐史書編不到之意」，乃恐事蹟湮滅不傳，後之修史者編撰不到，而以詩記錄之者也。社會詩之內容，或有史冊所不載，或史冊所載不詳，或與史冊所載相互出入。詩人生於當世，或去事件發生之時日未遠，耳聞目見，心有所感，遂發爲詠歎，流瀉於筆端。社會詩均屬有「事」之篇什，非徒託空文，詩中投映之現象，較官修史籍信實。清初文網嚴密，禁忌頗多，然亦刪不勝刪，幸賴詩篇存史外之跡，使後人得以窺知眞象。如清初爲籠絡人心，每以蠲租免役爲德政，康熙朝甚而訂有「永不加賦」之制。然而後人從吳偉業「蘆洲行」、「馬草行」、「捉船行」，朱彝尊「女耕田行」，王士禎「蠶租行」諸作，可知其時賦稅苛重，惡吏剝削民脂，又藉機勒索征派。而所謂「君仁臣直」，就成了欺人之談。

明季末造，朝政昏濁，權奸朋比，藎臣志士，不避斧鉞，其氣未嘗稍挫。甲申國難後，南都再造，江山僅存半壁，而仗節之士，毀家餉軍，奮螳臂以擋車。雖一死無裨於事，然君臣之義無所逃於天地之間，名教綱常不可一日不在天下。明末忠義之士，大抵都有詩文之作，言爲心聲，積於中發於外，至性至情，亦足以廉頑立懦。

清初，政局未穩，官兵吏胥四處燒殺劫掠，各業小民生活艱困，田家食無一飽，蠶戶衣無寸縷，江淮漁民炉戶亦憔悴海濱，無以渡日。書史但稱一代之盛，不能盡知民生疾苦。幸詩人憫時憂世，存史外之跡，數百年後，讀其詩而時事大略可睹。明清社會詩除吳梅村文字華贍瑰麗外，大多淺白直率，詩人以明白通曉之文字，叙可驚可愕，可悲可涕之事，對世道人心勸喻警誡，以薰染世習，端正風俗。

文學爲歷史的縮影，社會詩尤爲時事的摘要。明清之際社會詩，有助於文獻考訂與官風民情之了解。文學與世推移，故可反映時代，詩大序云：「治世之音安以樂，其政和；亂世之音怨以怒，其政乖；亡國之音哀以思，其民困。」，誠哉斯言！

【附　註】（各家詩集於首次引用時，注明出版者及出版日期）

註　一　世祖實錄卷六六頁二。

註　二　清史稿卷二三八頁九四八九。

註　三　清史列傳卷七九貳臣傳乙頁二〇。

註四　明史卷二七六頁七〇七九。

註五　孫甄陶清史述論頁十五、十八。

註六　張岱石匱書後集卷二四史可法傳。

註七　筆記小說大觀二十四編卷十頁五三八六。

註八　神宗實錄卷八，萬曆三十七年二月甲寅條。

註九　夏完淳集箋校，一九九一年七月出版，卷十續幸存錄頁四七五，上海古籍出版社。

註一〇　卷五頁一四六。

註一一　明代史頁三七五。

註一二　世祖實錄卷二八頁三三六。

註一三　頁二四二。

註一四　頁二六四。

註一五　聖祖實錄卷二二頁一二。

註一六　同上。

註一七　世祖實錄卷七六頁一〇。

註一八　聖祖實錄卷三四頁六。

註一九　聖祖實錄卷一七頁十二、十三。

註二〇　區太史集卷一八頁一，新文豐出版公司叢書集成續篇170冊，78年6月出版。

註二一　石臼後集卷二頁十七，新文豐叢書集成續篇172冊。

註二二　安雅堂未刊稿卷二頁一二，附安雅堂詩集內，中華書局四部備要本，55年3月出版。

註二三　聰山詩選卷二頁二二，新文豐叢書集成新編71冊，75年2月出版。

註二四　飴山詩集卷一二頁三，中華書局四部備要本。

註二五　青門簏稿卷三頁五，新文豐叢書集成續編153冊。

註二六　錢忠介公集卷七頁七，中華書局四部備要本。

註二七　亭林詩集卷二頁六，中華書局四部備要本。

註二八　青門簏稿卷三頁一一。

註二九　青門簏稿卷三頁一二。

註三〇　石臼後集卷一頁二七。

註三一　引自鄧之誠清詩紀事初編卷二頁三〇三。

註三二　引自徐元選注歷代諷諭詩選頁三四四。

註三三　四憶堂詩集卷三頁七，中華書局四部備要本。

註三四　卷一災祥，頁一四。

註三五　區太史集卷十八頁七。

註三六　陳文忠公遺集卷七頁一四，新文豐叢書集成續編149冊。

註三七　漁洋山人感舊集卷一五頁一五，明文書局清代傳記叢刊27冊，74年5月出版。

註三八　青門簏稿卷一頁二。

註三九　亭林詩集卷二頁六。

註四〇　梅村家藏稿卷九頁十，商務印書館四部叢刊本，68年11月出版。

註四一　曝書亭集卷二頁四，商務印書館四部叢刊本。

註四二　精華錄卷一頁七，商務印書館四部叢刊本。

註四三　漁洋山人感舊集卷二頁一七。

註四四　陶菴集卷二二頁二，新文豐叢書集成續編148冊。

註四五　湖海樓詩集卷二。

註四六　豐草庵詩集卷八頁九，新文豐叢書集成續篇150冊。

註四七　漁洋山人感舊集卷一五頁七。

註四八　六瑩堂集卷三頁三六，新文豐叢書集成續編174冊。

註四九　梅村家藏稿卷三頁一二。

註五〇　區太史集卷二七頁一八。

註五一　春酒堂詩存卷二頁四八，新文豐叢書集成續篇153冊。

註五二　陳翼叔集卷四頁一，新文豐叢書集成續篇171冊。

註五三　深省堂詩集頁四四，新文豐出版公司四明叢書第四集。

註五四　陶菴集卷十八頁三。

註五五　曝書亭外集卷一頁三。

註五六　青門簏稿卷一頁二。

註五七　曝書亭外集卷一頁三。

註五八　梅村家藏稿卷一〇頁五。

註五九　高陽集卷九頁五九，中央圖書館藏清嘉慶印本。

註六〇　敬業堂詩集卷一四頁九，中華書局四部備要本。

註六一　陋軒詩卷一頁八，中研院史語所藏丙辰（民國五年）八月丹徒楊氏絕妙好詞齋刊本。

註六二　陋軒詩卷一頁九。

註六三　陋軒詩卷五頁二四。

註六四　梅村家藏稿卷十一頁十。

註六五　梅村家藏稿卷三頁一二。

註六六　引自鄧之誠清詩紀事初編卷五頁五五三。

註六七　雪翁詩集卷五頁十一，新文豐叢書集成續篇171冊。

註六八　清詩別裁卷十一頁四三。

註六九　梅村家藏稿卷二十頁一。

註七〇　梅村家藏稿卷三頁四。

註七一　卷五頁四十柳敬亭說書，商務書局叢書集成簡篇145冊，54年12月出版。

註七二　是詩中華本、商務本亭林詩集均未見，引自潘重規亭林詩考索頁二〇三。

註七三　引自鄧之誠清詩紀事初編卷一頁六七。

註七四　浩氣吟頁四，新文豐叢書集成新篇91冊。

註七五　大錯和尚遺集卷三頁四，新文豐叢書集成續編149冊。

註七六　引自鄧之誠清詩紀事初編卷一頁一二四。

註七七　引自徐元選注歷代諷諭詩選頁三五一。

註七八　是詩中華本、商務本亭林詩集亦未見，引自潘重規亭林詩考索頁三四。

註七九　陶菴集卷十八頁三。

註八〇　陳翼叔詩集卷三頁六。

註八一　四憶堂詩集卷二頁六，中華書局四部備要本。

註八二　明詩別裁卷十頁八七。

註八三　聰山詩選卷二頁二三。

註八四　陋軒詩卷一頁三三。

註八五　引自鄧之誠清詩記事初編卷五頁五八一。

註八六　陳文忠公遺集卷七頁一六。

註八七　袁督師遺集卷三頁七，新文豐叢書集成續篇148冊。

註八八　敬業堂詩集卷三。

註八九　明詩別裁卷十頁八二。

註九〇　秋笳集卷二頁一，新文豐叢書集成新篇69冊。

註九一　梅村家藏稿卷十頁五。

註九二　張文烈遺集卷六頁四，新文豐叢書集成續篇150冊。

註九三　陶菴集卷十八頁三。

註九四　陳翼叔詩集卷五頁三。

註九五　有學集卷八頁九，商務印書館四部叢刊本。

註九六　梅村家藏稿卷四頁一。

註九七　亭林詩集卷一頁五。

註九八　精華錄卷五頁四。

註九九　張文烈遺集卷六頁二一四。

註一〇〇　浩氣吟頁四。

註一〇一　亭林詩集卷四頁九十。

註一〇二　錢忠介公集卷七頁十二。

註一〇三　史忠正公集卷四頁五二，商務印書館叢書集成簡編116冊，54年12月出版。

註一〇四　張蒼水集卷四頁七，新文豐叢書集成續篇150冊。

註一〇五　五十自定稿頁二七，附薑齋先生詩文集內，商務印書館四部叢刊本。

註一〇六　錢忠介公集卷八頁三。

註一〇七　南雷詩曆卷一頁八，附南雷文定內，中華書局四部備要本。

註一〇八　明詩別裁卷十一頁九八。

註一〇九　蓮鬚閣集卷七頁十九，新文豐叢書集成續篇149冊。

註一一〇　南雷文定前集卷一頁九。

註一一一　陳翼叔詩集卷三頁三。

參考書目

（各家詩集於附註首次引用時已註明出版者與出版日期，茲不贅列）

神宗實錄　中央研究院歷史語言研究所校印　55年4月

世祖實錄　杜立德　華文書局　53年1月

聖祖實錄　朱軾　華文書局　53年1月

石匱書後集　台灣文獻叢刊　台灣銀行經濟研究室編印　59年7月

清史稿　趙爾巽　鼎文書局　70年7月

清史列傳　明文書局　74年5月

明季南略　計六奇　台灣文獻叢刊　台灣銀行經濟研究室編印　52年3月

明史　張廷玉　鼎文書局　67年10月

明代史　孟森　中華叢書編審委員會　56年7月

明朝史略　李光璧　帛書出版社　75年1月
清史述論　孫甄陶　九思出版公司　67年4月
綏寇紀略　吳偉業　新興書局筆記小說大觀廿四冊　68年
揚州十日記　王秀楚　上海神州國光社　36年4月
嘉定屠城紀略　朱子素　上海神州國光社　36年4月
南雷文定　黃宗羲　商務印書館　59年4月
閱世編　葉夢珠　木鐸出版社　71年4月
明詩別裁　沈德潛　商務印書館　67年2月
清詩別裁　沈德潛　商務印書館　67年2月
清詩紀事初編　鄧之誠　鼎文書局　60年
中國文學史　游國恩　五南出版社　79年11月
中國詩歌流變史　李曰剛　聯貫出版社　65年10月
歷代諷諭詩選　徐元　木鐸出版社　77年9月
亭林詩考索　潘重規　東大圖書公司　81年12月
中國敘事詩研究　吳國榮　文大中研所74年碩士論文
吳梅村敘事詩研究　黃錦珠　師大國研所75年碩士論文
顧亭林之人格及其詩歌風格研究　施又文　師大國研所77年碩士論文

顧亭林詩研究　談海珠　東吳中研所77年博士論文
明臣仕清及其對清初建國的影響　東海史研所71年碩士論文
降清明將研究　葉高樹　師大史研所81年碩士論文
晚明政風與學風之探微　傅榮珂　中華文化復興月刊20卷5期
論明遺民之出處　何冠彪　1982年香港馮平山圖書館全禧紀念文集
史詩與詩史　龔鵬程　中外文學12卷2期

江永聲韻學對陳澧切韻考內外篇的影響

董忠司

一、前言

清代樸學以客觀的考證爲宗旨，其成就可以在經學的光彩上看到，更可以在聲韻學的成就上看到。在聲韻學上，除了古音學的邁越古人以外，論者多以爲：陳澧的《切韻考內外篇》一書，是廣韻研究的最大轉捩點（註一），陳氏此書正是秉持「惟以考據爲準」「必使信而有徵」（註二）的樸學精神所撰述的。陳澧在《切韻考內外篇》中的「考據」，主要是明白地揭示研究方法，並且用來全面考察廣韻的反切，那就是所謂「反切系聯法」（註三）。

但是，「長江前浪引後浪」，陳澧的聲韻學絕不會完全前無所承，本論文想從江永的《音學辨微》和《四聲切韻表》等論著，試探江永的聲韻學和陳澧《切韻考內外篇》的傳承關係。

江永的聲韻學包括：方言研究、等韻研究、今音（廣韻）研究、古音研究和音理的試探（註四），其論著除了《音學辨微》和《四聲切韻表》以外，還有《古韻標準》。由於陳澧《切韻考》和《切韻考外篇》的主要論點是中古音，因此，本文取爲主要材料的，以《音學辨微》和《四聲切韻表》爲主。

二、關於『聲調說』的傳承

杜其容的《陳澧反切說申論》和《論中古聲調》二文，指出陳澧的聲調就是『四聲八論』（註五），意思是說：中古聲調的調類有四個，而調值有八個。（註六）陳澧《切韻考》卷六〈通論〉說：

> 四聲各有清濁，孫愐之論最爲明確。江愼修《音學辨微》云：「平有清濁，上去入皆有清濁，合之凡八聲。桐城方以智以啌嘡上去入爲五聲，誤矣。蓋上去入之清濁方氏不能辨也。」澧謂：上去入之清濁，不能辨者甚多，不獨方氏爲然。（註七）

又說：

> 平上去入各有清濁，不可但分一聲之清濁以足五聲之數。（註八）

《切韻考》所引江永的話，出於《音學辨微》第五章〈辨清濁〉，文字略有一二出入，如：『平』字之前尚有一『然』字，『桐城方以智』應作『而方氏』，『辨』字後尚有一『故』字。但是，雖然有這些文字的參差，其中陳澧先引孫愐以確立「四聲各有清濁」之說，然後肯定江永八聲之論，最後，承江永之語以推展之。在這些話語中：不論從語意或是用字，都可以看到傳承之跡。陳澧後一句話，「平上去入各有清濁」與上引江永的話合觀，也可以看到江陳傳承之跡。

三、關於「反切說」的傳承

陳澧譔寫《切韻考》的動機之一是要瞭解「切語舊法」，他在整理《廣韻》切語以前，先指陳「反切」的結構。他在〈條例〉所說的：「(反切)上字與所切之雙聲，下字與所切之字疊韻」云云(註九)，有很多直接承襲自江永的痕跡。今將陳澧和江永二人有關的一段文字，分句編號，比較陳列如下：

江　永(註一〇)	陳　澧(註一一)
a 切音者，兩合音也。……	a 切語之法，以二字爲一字之音。
b 上一字取同類同位，	b 上字與所切之字雙聲，
c (原註：七音、同類，清濁、同位。)	
d 下一字取同韻。	c 下字與所切之字疊韻；
e 取同類同位者，不論四聲；	e 上字定清濁，而不論平上去入；
f (原註：平上去入任取一字)	
g 取同韻者，不論清濁。	g 下字定平上去入，而不論清濁。
h (原註：清濁定於上一字，不論下一字。)	d 上字定其清濁，下字定其平上去入。
i 如：德紅切東字，東清而紅濁；戶公切紅字，紅濁而公清，俱可任取。蓋德與東、戶與紅，清濁定於此也。	f 如：東德紅切、同徒紅切，東德皆清，同徒皆濁也。然同徒皆平，可也；東平德入，亦可也。

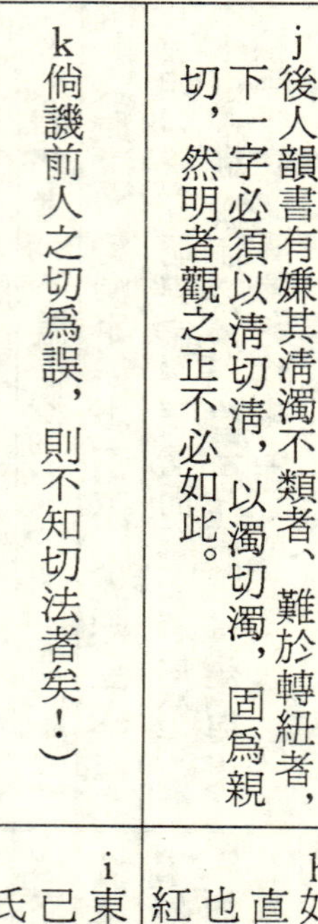

j後人韻書有嫌其清濁不類者、難於轉紐者，下一字必須以清切清，以濁切濁，固爲親切，然明者觀之正不必如此。	h如：東德紅切、同徒紅切、中陟弓切、蟲直弓切，東紅、同紅、中弓、蟲弓，皆平也。然同紅皆濁，中弓皆清，可也。東清紅濁、蟲濁弓清，亦可也。
k倘識前人之切爲誤，則不知切法者矣！）	i東同中蟲四字在一東韻之首，此四字切語，已盡備切語之法。其體例精約如此，蓋陸氏之舊也。

上表把江永和陳澧的話，依其叙述的先後，以a、b、c、d……表示；上下二欄中，凡是空白者，表示沒有相對當的言詞。由此表，我們可以看到：

1.江永和陳澧的叙述次序大體相同。

2.從語意上觀察，其相承的關係如下：

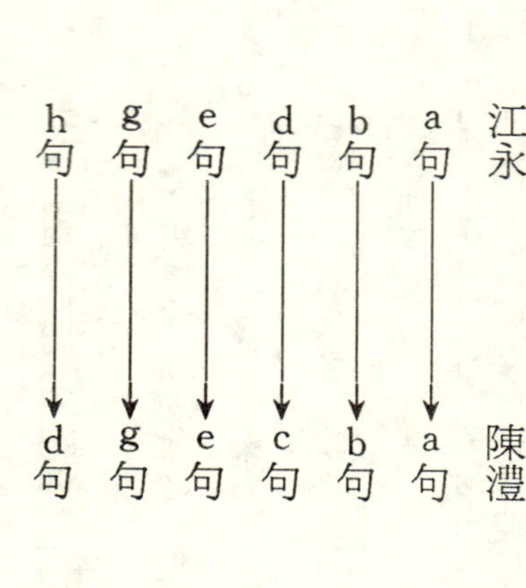

i句 → f句
j句 → h句
k句 → i句

3.從用字上觀察，也可以看到相承的地方：如：江永h句的「定」字，與陳澧e、g、d句的「定」字。又如：江永e、g句的「取……不論……」，與陳澧e、g句的「定……不論……」等。

從這三端，我們有理由相信陳澧一定看過江永《音學辨微》中討論「反（翻）切」的文字，並且承襲了他的說法而加以改寫。這個，還可以從《切韻考》卷六〈通論〉所引江永《音學辨微》之文（也就是上表所引江永那段話），得到證明。

四、關於『整理反切上字』一端的傳承和改易

陳澧的《切韻考》提出反切上字的系聯結果，那就是在卷二《聲類考》列出四百五十二個字的切語上字表，而又在《切韻考外篇》卷一〈切語上字分併爲三十六類考〉依三十六字母之次，列出反切上字用字表。今取後者來做爲比較的資料。如附件一。（註一二）

江永的《四聲切韻表》末有〈切字母位用字〉表，收錄其《四聲切韻表》所用反切上字（註一三）；後來，爲了擴大效用，兼採諸韻書常用反切上字（註一四），增字修訂，收入《音學辨微》九〈辨翻切〉中，（註一五）我們把它叫做〈常用反切上字等第表〉，並且整理校訂如附

件二（註一六）。

江永《音學辨微》中，在〈常用反切上字等第表〉之前，和陳澧《切韻考》一樣，先敘述反切結構和拼音方法，然後說：

取上一字有寬有嚴，甚嚴者三四等之重脣不可混也；照穿床審之二等三等不相假也；喻母之三等四等亦自有別也。餘可從寬，不必以等拘也。諸韻書所取上一字，雖不能盡載，其常用者，分別之如左。（註一七）

由以上資料，我們可以看到：

(1)江永的表共有489個字，字數和陳澧差不多。江永在整理出反切上字用字表這個創見上，對陳澧應該有所啓發才是。

(2)由於江永《四聲切韻表》主要依據是《廣韻》，因此收字來源和陳澧大體一致，只是江永想進一步類推，以運用更多韻書和音義書，和陳澧只局限在《廣韻》有所不同。

(3)陳澧經過反切系聯法整理出來的反切上字出現的等第，有相同之處。尤其是上段引文中，江永所強調的照、穿、床、審、喻五母之以等而分用，正和陳澧之聲類說相同：此處我們不敢說陳澧沒有受到江永的啓發。

(4)在上述江永文中，江永所說的：「諸韻書所取上一字」云云，可以看到江永的表，是依據韻書反切上字而得到的。這一點應該也對陳澧整理《廣韻》反切上下字，有所啓發。

綜合上述四端，大體可以看到：陳澧的《切韻考》和《切韻考外篇》，多少是受到江永的聲韻學所啓發。站在江永的基礎上，陳澧進一步體悟到整理反切上下字的更嚴謹的方法—— 反切系聯法。不過，陳澧並未繼承江永以等第觀察反切上字的成就去進一步發展，實在可惜。

五、關於離析『韻類』的傳承和改易

江永的《四聲切韻表》根據《廣韻》，(註一八)以精密的眼光，進一步分析出比《廣韻》206韻更細的『韻類』，實在是獨具慧眼的開創性工作，我們如果拿《切韻考》的〈韻類考〉、《切韻考外篇》的〈二百六韻分併爲四等開合圖攝考〉來和江永的《四聲切韻表》比較，陳澧從《四聲切韻表》得到的啓示，應該多少可以獲知。(諸表因文長不引)

江永《四聲切韻表》〈凡例〉第二十條說：

> 此表爲審音，必用舊韻。不止用舊韻而已，一韻之中，復細分之，多者至五、六類，合四聲凡百有四類，音韻於是始精密。(註一九)

又第二十一條說：

> 凡分韻之類有三：一以開口合口分，一以等分，一以古今音分。(註二〇)

從上一條我們可以知道：(1)江永能離析《廣韻》而分出更細的『類』，陳澧也是就《廣韻》而離析以分出『韻類』。(2)如果舉平以賅上去入(江永稱爲『合四聲』)，江永分出的韻類共104個，陳澧則分出97韻類。(3)江永離析《廣韻》的析分著眼點中的『開合』和『等第』，也是陳澧能從《廣韻》韻部再析分出若干韻類的語音事實。因此陳澧也在《切韻考》中說：

孫愐曰若細分其條目，則令其韻部繁碎，徒拘桎於文辭，每部分析二類三類四類，不嫌繁碎，此編考覈聲韻，非為文辭而設也。（註二一）

我們如果拿江永的韻類和陳澧的韻類比較，二者的不同如下：

韻	江永韻類數	陳澧韻類數	多分出的原因
支	四	四	江永的『支一、支三』是以古音而分。陳澧的『支開、支合』各分為二，實即今所謂『重紐』。
脂	二	三	以重紐而分。
虞	二	一	江永的『虞三』是以古音而分。
眞	二	三	以重紐而分。
先	四	二	江永的『先一、先二』是以古音而分。
仙	二	三	以重紐而分。
蕭	二	一	江永的『蕭一』是以古音而分。
宵	一	二	以重紐而分。
豪	二	一	江永的『豪二』是以古音而分。
戈	三	二	江永的『戈三』是以開口三等而分。
麻	六	三	江永的『麻二、麻三、麻四』以古音而分。
庚	六	四	江永的『庚三、庚四』是以古音而分。

蒸（職）	二	一	江永以合口分出『職二』類。
尤	二	一	江永的『尤二』是以古音而分。
侵	一	二	以重紐而分。
鹽	一	二	以重紐而分。

從這個表看來，江永多了以古音而分的想法，又在『戈』韻多分開口三等的韻類，在『職』韻分出『職二』；陳澧則因反切系聯結果而在支脂眞宵侵鹽等韻分出民國以來稱爲『重紐』的韻類。除了這個不同外，二人所分的其他韻類，都是以『開合』『等第』來析分，在這一點上，我們不敢說陳澧沒有從江永那裡得到啓發。

六、關於『五十音』說的傳承

江永《音學辨微》第十章〈辨無字之音〉說：

> 凡牙舌脣最清之字無濁，見端知邦非五位是也；次濁之字無清，疑泥孃明微五位是也；齒音最清亦無濁，精照兩位是；而次濁則有清，邪之清心、禪之清審是也；來日兩位皆無清也。有清無濁者共七位，有濁無清者亦共七位，雖無其字，以口呼之，亦似有音，然而古今未嘗制字，則其字爲俚俗不典之音。合有字無字，共五十位，符乎大衍之數，亦出於自然也。（註二二）

因此創爲〈五十音圖〉如下：

五十音圖

字在圓圈者淸聲，在方圈者濁聲，異圓圈者有音無字之淸，異方圈者有音無字之濁。

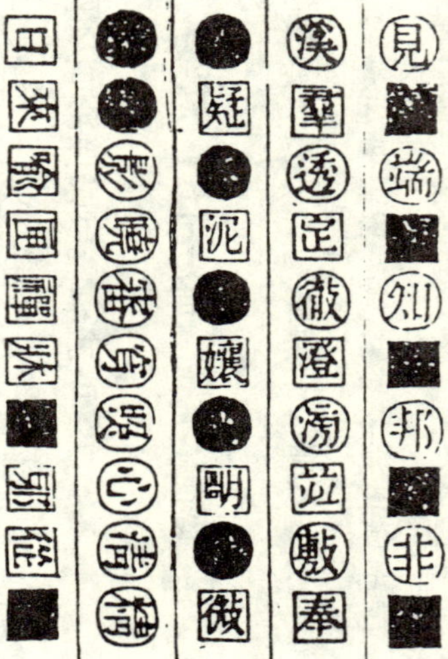

見 ■ 端 ■ 知 ■ 邦 ■ 非 ■

溪 羣 透 定 徹 澄 滂 並 敷 奉

● 疑 ● 泥 ● 孃 ● 明 ● 微

● ● 影 曉 審 穿 照 心 淸 精

日 來 喻 匣 禪 牀 ■ 邪 從 ■

（註二三）

陳澧在《切韻考外篇》卷三〈後論〉說：

字母三十六位皆有音有字，更有無字之音十四位，見端知非幫非精照之濁音無字，疑泥孃明微來日之淸音無字也。江氏《辨微》有五十音圖，今爲《三十六字母圖》，注明無字之十四位，共五十位，標列七音，淸聲濁聲，發聲送氣收聲，可一覽盡明矣。（註二四）

陳澧之《三十六字母圖》如下：

	音類	發聲 清	發聲 濁	送氣 清	送氣 濁	收聲 清	收聲 濁
1	牙音	見	見之濁無字	溪即群之清	群即溪之濁	疑之清無字	疑
2	舌頭音	端	端之濁無字	透即定之清	定即透之濁	泥之清無字	泥
3	舌上音	知	知之濁無字	徹即澄之清	澄即徹之濁	孃之清無字	孃
4	重脣音	幫	幫之濁無字	滂即並之清	並即滂之濁	明之清無字	明
5	輕脣音	非	非之濁無字	敷即奉之清	奉即敷之濁	微之清無字	微
6	齒頭音	精	精之濁無字	清即從之清	從即清之濁	心即邪之清	邪即心之濁
7	正齒音	照	照之濁無字	穿即牀之清	牀即穿之濁	審即禪之清	禪即審之濁
8	喉音	影即喻之清	喻即影之濁	曉即匣之清	匣即曉之濁		
9	半舌半齒音	來之清無字	來				
10	半舌半齒音	日之清無字	日				

在上文陳澧的話語中，他說「江氏《辨微》有……今爲……」，雖然說出江永曾有，卻沒指出觀念、文字、圖表之諸多相承。

事實上，我們可以看出：上文所引陳澧之文的前四十四字，是根據江永上引文而濃縮的。其中對於江永所指的無音之字十四個，並無不同。更值得指出的是：陳澧的《三十六字母圖》在基本觀念和圖表架構的出發點上，實在和江永《五十音圖》並無大異。江永爲了排成「5×10」的方塊（可能和整齊化、舊書篇幅不適合長條排列有關），而有此面貌。我們如果把江永圖橫置，並且把圖的左二行，「見、端、知、邦、非」的模式排列、翻轉接續到「非」系字母後面，便成爲（爲方便觀察，注明次序）：

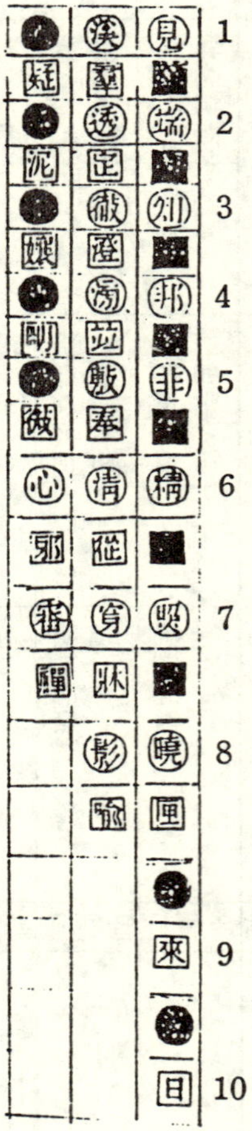

1	見	■	溪	羣	●	疑
2	端	■	透	定	●	泥
3	知	■	徹	澄	●	孃
4	邦	■	滂	並	●	明
5	非	■	敷	奉	●	微
6	精	■	清	從	心	邪
7	照	■	穿	牀	審	禪
8	曉	匣	影	喻		
9	●	來				
10	●	日				

從此表，我們可以看出：

(1)江永和陳澧二圖中的七音次序相同。

(2)除了陳澧把影喻二母列於曉匣後面以外，江永和陳澧二圖的字母次序相同。

(3)江永和陳澧對清濁的認定一致，尤其值得注意的是：都以『群、定、澄、並、奉、從、床』等濁聲母爲送氣清聲母『溪』之濁，換句話說，都認爲『群』母等爲送氣的濁聲母。（註二六）

(4)江永和陳澧都把三十六字母稱爲三十六「位」。(註二七)

(5)江永和陳澧二圖都是「五十位」。

不同的有：(甲)陳澧在圖上以文字注明「清、濁、」「七音」「發、送、收」，而江永則在「辨字母」「辨七音」「辨清濁」三章中，(註二八)詳盡的叙述了相關的聲韻知識。僅用「○」「□」分別表示清濁，以位置表示其他聲韻訊息。(乙)江永「發聲、送氣、忍收聲(單收、別起、別收)」者，陳澧只分爲「發聲、送氣、收聲」。(註二九)(丙)江永排成方塊，陳澧排成長形表格。

綜合以上同異，我們注意到陳澧的改易是「表面的、枝節的」，在根本上，陳澧的〈三十六字母圖〉及其說明，傳承自江永的痕跡，非常清楚。

七、餘言(江陳傳承與漢語聲韻學史)

上述六節中，我們看到(1)中古聲調「四聲八調說」，(2)反切結構的上下字功能的說明，(3)反切上字的整理，(4)從《廣韻》韻部分析出韻類，(5)搭配濁聲調的「五十音」說等各方面，都有彼此相當的地方。有的是用字的相同，如「定」「位」等；有的是叙述內容的相同或相類，如「四聲八調說」等；有的是觀念的傳襲，如「韻類」的析分等；有的是方法的承啓和開展，如反切上字的整理。

本文只是初步比較所得，除了這些傳承的痕跡以外，應該還可以找到更多的傳承證明，因爲時間匆促，無暇他及。但是，本文還要指出：陳澧在他的《切韻學》《切韻考外篇》二書中，曾經多處提名道姓地徵引到江永的話，如：《切韻考》卷六葉八下、葉九上、葉十一上、《切韻考外篇》卷三葉三下、葉四上、葉五下、葉七上、葉八上、葉二十上、……，這可以說明陳澧必然讀過江永之書，並且相當重視，才會在一半表格的《切韻考》《切韻考外篇》的書中的非表格部分，引用江永到十次以上。

整個來說，我們討論到這裡，至少可以確定的說：陳澧的聲韻學成就和江永不會完全沒有關係，江永和陳澧之間，應該有所傳承。這一點，對漢語聲韻學史的譔寫也頗有助益。

我們都知道，大部份的漢語聲韻學史、漢語語言學史、小學史、以及與漢語有關的辭典，如：莫友芝（一九一八）、張世祿（一九六八）、王立達（一九六八）、王力（一九七二）、周斌武（一九八七）、濮之珍（一九八七、一九九二）、胡奇光（一九八七）、許嘉璐（一九九〇）、曹述敬（一九九一）、……等，大多陳述了江永的上古音成就，而很少指出江永的中古音與語音學研究的成果，有的人給予江永的評價，不夠周全，不夠客觀，甚至有所誤會（註三〇）；關於陳澧，一些慧眼者也肯定（在偏重上古音研究的清代）陳澧對中古《廣韻》的研究成果，而似乎沒有人去追問陳澧的學術淵源。竊以爲，做爲『學術史』，不僅要叙述各個學術點的現象而深入評其得失優劣，更應該就其理論、觀點、方法、與學術成績等，鉤稽其先後的傳承脈絡，尤其後者，更是當前漢語語言學史欠缺之處。敝人有志於此，但力有未逮，本論文僅能略事指出江永和陳澧的傳承之跡，尚未能進一步更系統而深入地探討，只希望提醒大家在聲韻學只二，多多注意『傳承』和『開啓』的歷史線索。本論文中疏陋必移，敬請不吝指教，是所至盼。

【註釋】

註一 見《中國歷代語言學家評傳》，頁三七六—三八七。

註二 見《切韻考》〈序〉，頁一。

註三 見《切韻考》〈條例〉，頁三—一一。

註四 見《江永聲韻學評述》第三章，頁二二一；第八章，頁四八一—四八七。

註五 見《中華文化復興月刊》第九卷第三期，頁二八—二九。和《書目季刊》第八卷第四期。

註六 見《江永聲韻學評述》第三章第二節，頁八七。

註七 見《切韻考》卷六〈通論〉，頁二九四。

註八 見《切韻考》卷六〈通論〉，頁二九一。

註九 見《切韻考》卷一〈條例〉，頁三—四。

註一〇 見江永《音學辨微》九〈辨翻切〉，葉二一下。

註一一 見《切韻考》卷一〈條例〉，頁四。

註一二 見陳澧《切韻考外篇》卷一，葉一上至五上（頁三一三—三二三）。

註一三 見江永《四聲切韻表》，葉五三下至五五下。

註一四　見《江永聲韻學評述》第七章第六節，頁四六三。

註一五　見江永《音學辨微》九〈辨翻切〉，頁二三上至二六下。

註一六　見《江永聲韻學評述》第七章第六節，頁四六〇至四六三。

註一七　見江永《音學辨微》九〈辨翻切〉，葉二二下至二三上。

註一八　見江永《四聲切韻表》，葉三下。

註一九　見江永《四聲切韻表》，葉四上。

註二〇　見江永《四聲切韻表》，葉四上。

註二一　見陳澧《切韻考》卷三〈韻類考〉，葉二五上下。又卷六〈通論〉葉十二下。

註二二　見江永《音學辨微》十〈辨無字之音〉，葉二七上。

註二三　見江永《音學辨微》十〈辨無字之音〉，葉二八上。

註二四　見陳澧《切韻考外篇》卷三〈後論〉，葉五上下。

註二五　見陳澧《切韻考外篇》卷三〈後論〉，葉五下－六下。

註二六　見《江永聲韻學評述》第四章第三節，頁一四九－一六五。

註二七　見《江永聲韻學評述》第四章第二節，頁一四三－一四九。

註二八　見江永《音學辨微》，葉二下－十二下。

註二九　見《江永聲韻學評述》第四章第四節，頁一六六－一七七。

註三〇　見《江永聲韻學評述》第一章與第七章，與《江永聲韻學抉微》。

參考書目：

中國語學研究會

一九六九　《中國語學新辭典》，日本：光生館。

王　力

一九七二　《中國語言學史》，臺北市：泰順書局。

王立達（編譯）

一九六八　《漢語研究小史》，北京：商務印書館。

江　永

一七五五？　《四聲切韻表》，應雲堂刊本。

一七五九　《音學辨微》，借月山房彙鈔本。

杜其容

一九七五　〈論中古聲調〉，《中華文化復興月刊》第九卷第三期，頁二八—二九。

一九七五　〈陳澧反切說申論〉，《書目季刊》第八卷第四期。

周斌武

一九八七　《漢語音韻學史略》，合肥：安徽教育出版社。

胡奇光

一九八七　《中國小學史》上海：上海人民出版社。

許嘉璐（主編）
一九九〇《傳統語言學辭典》，河北：河北教育出版社。
陳振寰
一九八八《韻學源流注評》，貴州：貴州人民出版社。
陳　澧
一八四二《切韻學》，臺北市：學生書局重印（一九六五）。
一八七九《切韻考外篇》，臺北市：學生書局重印（一九六五）。
張世祿
一九六八《中國音韻學史》，臺北市：商務印書館。
曹述敬（主編）
一九九一《音韻學辭典》，長沙：湖南出版社。
董忠司
一九八八《江永聲韻學評述》，臺北市：文史哲出版社。
一九八八〈江永聲韻學抉微〉，《新竹師範學院學報》第二期，新竹。
濮之珍
一九八七《中國語言學史》，上海：上海古籍出版社。
濮之珍（主編）

一九九二　《中國歷代語言學家評傳》，上海：復旦大學出版社。

應裕康

一九七二　《清代韻圖之研究》，臺北市：弘道文化事業有限公司。

莫友芝

一九一八　《韻學源流》，羅校本，一九六二年中華書局重印；臺灣聯貫書局重印。

附件一：陳澧切韻考反切上字表

切韻考外篇卷一

番禺陳澧撰 [印]

切語上字分併為三十六類考

居(九魚)九(舉有)俱(舉朱)舉(居許)規(居隋)吉(居質)紀(居里)几(居履)古(公戶)公(古紅)過(古臥)各(古落)格(古伯)兼(古甜)姑(古胡)佳(古膎)詭(過委)此為見之類(古電切)

康(苦岡)枯(苦胡)牽(苦堅)空(苦紅)謙(苦兼)口(苦后)楷(苦駭)客(苦格)恪(苦各)苦(康杜)去(丘據)丘(去鳩)墟祛(去魚)詰(去吉)窺(去隋)羌(去羊)欽(去金)傾(去營)起(墟里)綺(墟彼)豈(祛豨)區驅(豈俱)此為溪之類(苦奚切)

渠(強魚)強(巨良)求(巨鳩)巨(其呂)具(其遇)臼(其九)衢(其俱)其(渠之)奇(渠羈)暨(具冀)此為羣之類(渠云切)

疑(語其)魚(語居)牛(語求)語(魚巨)宜(魚羈)擬(魚紀)危(魚為)玉(魚欲)五(疑古)俄(五何)吾(五乎)研(五堅)遇(牛具)虞愚(遇俱)此為疑之類

多(得何)得德(多則)丁(當經)都(當孤)當(都郎)冬(都宗)此為端之類(多官切)

他(託何)託(他各)土吐(他魯)通(他紅)天(他前)台(土來)湯(吐郎)此為透之類(他候切)

徒(同都)同(徒紅)特(徒得)度(徒故)杜(徒古)唐堂(徒郎)田(徒年)陀(徒何)地(徒四)此為定之類(徒徑切)

奴(乃都)乃(奴亥)諾(奴各)內(奴對)妳(奴禮)那(諾何)此為泥之類(奴低切)

知(陟離)張(陟良)猪(陟魚)徵(陟陵)中(陟弓)追(陟佳)陟(竹力)卓(竹角)竹(張六)此為知之類

抽(丑鳩)癡(丑之)楮褚(丑呂)丑(敕久)恥(敕里)敕(恥力)此為徹之類(丑列切)

除(直魚)場(直良)池(直離)治持(直之)遲(直尼)佇(直呂)柱(直主)丈(直兩)直(除力)宅(場伯)此為澄之類(直陵切)

尼(女夷)拏(女加)女(尼呂)此為孃之類(女良切)

邊(布玄)布(博故)補(博古)伯百(博陌)北(博墨)博(補各)巴(伯加)此為幫之類(博旁切)

滂(普郎)普(滂古)匹(譬吉)譬(匹賜)此為滂之類

蒲(薄胡)步(薄故)裴(薄回)薄(傍各)白(傍陌)傍(步光)部(蒲口)此為並之類(蒲迥切)

方(府良)卑(府移)并(府盈)封(府容)分(府文)府甫(方矩)鄙(方美)必(卑吉)彼(甫委)兵(甫明)筆(鄙密)陂(彼為)畀(必至)廣韻切語此十四字聲同類字母家分之以方封分府甫五字為非之類(甫微切)卑并鄙必彼兵筆陂畀九字入幫之類

敷孚(芳無)妃(芳非)撫(芳武)芳(敷方)披(敷羈)峯(敷容)丕(敷悲)拂(敷勿)廣韻切語此九字聲同類字母家分之以敷孚妃撫芳峯拂七字為敷之類披丕二字入滂之類

房防(符方)縛(符钁)平(符兵)皮(符羈)附(符遇)符苻扶(防無)便(房連)馮(房戎)毗(房脂)弼(房密)浮(縛謀)父(扶雨)婢(便俾)廣韻切語此十六字聲同類字母家分之以房防縛附符苻扶馮浮父十字為奉之類(扶隴切)平皮便毗弼婢六字入並之類

明(武兵)無巫(武夫)彌(武移)亾(武方)眉(武悲)綿(武延)武(文甫)靡(文彼)文(無分)美(無鄙)

望巫放莫慕各慕莫故模謨摸莫胡母莫厚此為明微二類○廣韻
切語此十八字聲同類字母家分之以美明彌眉綿靡
莫慕模謨摸母十二字為明之類無巫亾武文望六字
為微之類微無非切
將即良子即里資即夷即子力則子德借子夜茲子之醉將遂姊將几遵將倫祖
則古臧則郎作則落此為精之類精子盈切
倉蒼七岡親七人遷七然取七庾七親吉青倉經采倉宰醋倉故麤倉胡千
蒼先此雌氏雌此移此為清之類清七情切
才昨哉徂昨胡在昨宰前昨先藏昨郎昨酢在各疾秦悉秦匠鄰匠疾亮慈疾之
自疾二情疾盈漸慈染此為從之類從疾容切

蘇素姑素桑故速桑谷桑息郎相息良悉息七思司息茲斯息移私息夷雖息遺
辛息鄰息相即須相俞胥相居先蘇前寫息姐此為心之類心息林切
徐似魚祥詳似羊辭辤似茲似詳里旬詳遵寺祥吏夕祥易隨旬為此為邪
之類邪似嗟切
之止而止諸市章諸良征諸盈諸章魚煮章與支章移職之翼正之盛旨職雉占
職廉脂旨移此為照之類照之少切○莊側羊爭側莖阻側呂鄒側鳩簪側吟
側仄阻力廣韻切語此七字與上十二字聲不同類字母
家併為一類以上十二字為三等此七字為一等
昌尺良尺赤昌石充昌終處昌與叱昌栗春昌脣此為穿之類穿昌緣切○
初楚居楚創舉創瘡初良測初力叉初牙廁初吏芻測隅廣韻切語此八

字與上七字聲不同類字母家併為一類以上七字為
三等此八字為二等
牀士莊鋤鉏士魚犲士皆崱士力士仕鉏里崇鋤弓查鉏加雛仕于俟牀史助
牀據此為牀之類○神食鄰乘食陵食乘力實神質廣韻切語此四
字與上十二字聲不同類字母家併為一類以上十二
字為二等此四字為三等
書舒傷魚傷商式陽施式支失式質矢式視試式吏式識賞職賞書兩詩書之
釋施隻始詩止此為審之類審式任切○山所閒疏疎所菹沙砂所加生
所庚色所力數所矩所疏舉史疏士廣韻切語此十字與上十四字
聲不同類字母家併為一類以上十四字為三等此十

字為二等
時市之殊市朱常嘗市羊蜀市玉市時止植殖寔常職署常恕臣植鄰承署陵
是承紙氏視承矢成是征此為禪之類禪市連切
於央居央於良憶於力伊於脂依衣於希憂於求一於悉乙於筆握於角謁於歇
紆憶俱挹伊入烏哀都哀烏開安烏寒煙烏前鷖烏奚愛烏代此為影之類
影於丙切
余餘予以諸夷以脂以羊己羊與章弋翼與職與余呂營余傾移弋支悅弋雪
此為喻之類喻羊戍切○于羽俱羽雨王矩云雲王分王雨方韋雨非永
于憬有云久遠雲阮榮永兵為遠支洧榮美筠為贇廣韻切語此十四字
與上十二字聲不同類字母家併為一類以上十二字

為四等此十四字為三等

呼（荒烏）荒（呼光）虎（呼古）馨（呼刑）火（呼果）海（呼改）呵（虎何）香（許良）朽（許久）羲（許羈）休（許尢）況（許訪）許（虛呂）興（虛陵）喜（虛里）虛（朽居）此為曉之類（曉馨皛切）

胡乎（戶吳）侯（戶鉤）戶（侯古）下（胡雅）黃（胡光）何（胡歌）此為匣之類（匣胡甲切）

來（落哀）盧（落胡）賴（落蓋）落（盧各）勒（盧則）力（林直）林（力尋）呂（力舉）良（呂張）離（呂支）里（良士）郎（魯當）魯（郎古）練（郎甸）此為來之類

如（人諸）汝（人渚）儒（人朱）人（如鄰）而（如之）仍（如乘）兒（汝移）耳（而止）此為日之類（日人質切）

唐宋時通行者切韻唐韻廣韻作字母等子者之所據也今廣韻猶存故據以考字母等子也廣韻切語上字四十類唐末沙門三十六字母則少四類字母明微二類廣韻切語上字同一類字母照穿牀審喻五類每一類廣韻切語上字分二類故四十類為三十六類也其幫滂竝非敷奉六類亦與廣韻切語上字分合不同今皆臚列之其得失則後別有論

切韻考外篇卷一終

渭南嚴式誨校刊

成都龔道耕重校

附件二：常用反切上字等第表

見 一二三四等 ○公工姑沽古各 一等 佳格 二等 居俱拘擧几紀蹇九 三等 稽堅頸規兼•吉 四等

溪 一二三四等 ○空枯康孔苦口顆渴恪•廓 一等 客 二等 欺墟袪區驅卿傾。丘欽綺起豈去乞• 三等 牽輕窺睽謙棄詰缺 四等

羣 三四等 ○奇某渠強求巨窘郡局極 三等

疑 一二三四等 ○吾五偶咢△ 一等 牙 二等 宜疑魚虞牛元危語 三等 姸 四等

右牙音字母須取同等者爲的，然韻書亦不能審細，一二三四通用，唯用四等字必是切四等之音。

端 一四等 ○冬都當覩德得 一等 丁典的 四等

透 一四等 ○通他它台•湯土吐託 一等 天• 四等

定 一四等 ○同徒陀•唐堂大度特 一等 田 四等

泥 一四等 ○奴那乃內諾 一等 泥 四等

右舌頭母一四等字可通用。

知二三等 ○中知株豬張陟竹三等

徹二三等 ○摛癡抽恥褚丑勅敕三等

澄二三等 ○宅△二等池治遲厨陳傳場佇丈直三等

孃二三等 ○尼女匿三等

邦一二三四等 ○逋晡補布博北△一等巴百伯二等悲兵彼鄙筆三等卑賓邊幷比俾畀必四等

滂一二三四等 ○鋪滂普一等拍△扳二等丕披三等紕批篇譬匹疋四等

並一二三四等 ○蒲裴部步傍薄一等白二等平貧皮弼三等毗頻駢便婢四等

明一二三四等 ○模謨忙莫暮母一等眉明謀靡美三等民彌弭米四等

右重脣母一二與四等字可通用，三與四不可通，三等亦不得借用一等。

非三等 ○封•分方甫府三等

敷三等 ○峯妃•芬孚敷芳撫•拂三等

奉三等 ○馮逢符扶防房浮縛三等

微三等 ○無巫文亡武望三等

右輕脣母皆三等。

精一四等 ○臧祖則一等咨資津遵將子借即四等

清一四等 ○粗麤•倉采錯一等 雌親千青•此取且七四等

從一四等 ○徂才藏在昨一等 慈秦前牆情自匠疾四等

心一四等 ○蘇桑素一等 斯雖私思司須辛先相損寫想息悉錫四等

邪四等 ○詞徐旬旋祥詳似寺夕四等

右齒頭音，唯邪母專四等，精清從心四母一四等字可通用。

照二三等 ○菑莊爭•鄒簪•阻側仄二等 支脂之諸朱珠章征旨止主煮質隻•職三等

穿二三等 ○窗初差叉芻楚廁創測二等 充蚩昌稱齒處叱尺赤三等

牀二三等 ○鋤鉏•查牀士仕助二等 神船乘食三等

審二三等 ○雙師疏山沙所數色率二等 施詩書舒商傷始賞式先識三等

禪三等 ○時殊臣常丞承氏是市視署豎上殖植三等

右正齒音唯禪母專三等，照穿牀審四母二三等不通用。

曉一二三四等 ○呼呵荒虎火黑霍一等 赫二等 吁虛香𧨈休許詡朽況三等 隳馨四等

匣一二三四等 ○乎胡何侯黃戶合一等 下二等

影一二三四等 ○烏哀安屋遏一等 握二等 於紆衣鷖•央憂倚憶億△乙委鬱△三等 伊淵烟縈益一四等

喻三四等 ○于爲云王羽禹•雨洧遠永越三等 餘余俞羊營移庾與夷以演欲弋翼悅四等

右喉音母、匣無三等，喻無一二等，曉匣影諸等字可通用，喻母之三四等字不通用。

來 一二三四等 ○盧來郎魯朗浪落洛 一等 △力離閭龍倫梁良林里呂 三等

右來母，半舌音，一二三四等字可通用。日母半齒音專三等。

日 三等 ○而兒如人仍耳汝忍日 三等

已上諸字韻書所恆用，其餘倣此可知，學者或不能辨位辨等，熟玩當可會悟。

附註：△表示移動位置。○表示改動文字。．表示增加字（比四聲切韻表切字母位用字表增多）

文字學的世俗化

——周亮工《字觸》述評

黃復山

前言

明末清初，世代交替之際，前朝遺臣元老，或死忠殉節，以報國恩，或隱晦蹈光，著書自娛。然則殉節未成，不復死志，又爲身家性命故，而改事仇讎者，亦所在多有，周亮工即爲其一也。

亮工爲崇禎進士，明末任監察御史，入清之年始三十四，以才高屢任按察使、布政使等要職，然於庶務繁瑣之餘，仍不廢文章辭藻、雕刻篆隸，頗以怡情養性爲雅趣，生平著述專書多達十八種，可謂著作等身。惟後人以其貳臣之行，因廢其書，亮工又兩罹羅織，晚年憤而盡燬所著，是以其學行後世少聞。

亮工著作中，以《字觸》最爲奇特，書凡六卷，蓋屬裒輯歷代史籍中，有關析解文字故實者，然又異於正統《說文》等字學專書，而盡以拆解、離合字形，以預測人事爲意。可謂命理數術之一種，即今日所謂之「拆字」、「相字」、「測字」專書也。

「測字術」嘗盛行於古代民間，顯示文字世俗化走向及社會風習流衍，於千百年之發展變易中，形成奇特之體系及紛繁之模式。民間以拆解文字而暗喻某事、某物，多見於特定之團體、階層中，用爲隱語方式；而文士則以離合詩、字謎、酒令等文字遊戲，聊藉爲消閒談趣之資，此可名之爲「文字學世俗化」。惟其偏鋒流入讖緯神秘之玄學中，純以爲預測命理之工具，則頗令學者不齒，是以歷代儒士少有論及。亮工以一碩儒，嫻於經史文章之餘，竟致力斯術，且撰專書《字觸》，欲以傳流後世，更以爲斯術足以預兆吉凶。其智邪？惑邪？何其不同衆邪？

職是之故，本文以「文字學世俗化」之理念，析論測字生根於民間之因素，並爲《字觸》略作評議。先述周氏生平有關字學、命理諸事，再述拆字遊戲與歷代測字專著及沿革，三述《字觸》之內容，並作述評。執筆之際，本諸正統字學，以釐清悠謬之說。然測字一藝，向爲茶餘消遣之用，學者少有究論，故相關論文罕見，可情商之方家亦少，而筆者於此術又僅略窺斑豹，故討論難免疏陋，尚祈先進博雅不吝賜正是幸。

壹、亮工生平及其字學

一、亮工生平及著作

周亮工字元亮，一字減齋，先世自金陵徙居撫州，數傳復徙大梁之祥符縣。然以居撫州之櫟下最久，故自號「櫟園」，學者稱之「櫟下先生」。明神宗萬曆三十八年生，清聖祖康熙十一年卒（一六一二—一六七二），享年六十一。

亮工五歲入家塾，過目不忘，八歲經書熟備，十一齡已嶄嶄露頭角，十四歲隨父辭官歸白下，交遊俱才雋，一時聲名嘖嘖。年十九，名士吳衆香開星社於高座寺，社中十九人，惟亮工最年幼。弱冠從海內諸名士遊，聲名籍甚，惟以名隸北籍祥符，不得預南試，乃適汴梁密縣，館張林宗家，教其幼子八載，至二十九中舉，爲濰縣令。年三十三，改浙江道監察御使，未十日而闖賊破京，亮工自縊於福州射烏樓，爲家人所救。未幾，福王立於南京，馬士英、馮可宗喻亮工彈劾劉宗周，不從，因退而棲隱於白下牛首山。入清後，爲海防兵備道，率軍克敵，戎馬倥傯之際，不廢講詠，即受讒毀羅織入獄，亦不稍改好學之志。（註一）

亮工於詩文、騷賦，以至詞曲、印篆、書畫，無不精涉，著述編纂之書凡十八種，自著者有《賴古堂焚餘詩文集》二十四卷、《因樹屋書影》十卷、《閩小紀》四卷。所編纂諸書有《賴古堂文選》二十卷、《讀畫錄》四卷、《鹽書》八卷、《同書》八卷、《蓮書》四卷、《相編》四卷、《字觸》六卷、《尺牘新鈔》十二卷、《藏弆集》十六卷、《結鄰集》十六卷，嘗行於世。別有《讀畫樓畫人傳》四卷、《印人傳》四卷、《刪定庾山詩人傳》四卷、《入閩紀》一卷、《耦雋》二卷，皆藏於家。（註二）

二、亮工之字學

亮工諸多著述中，當以始也發乎識詩、字謎，其終流爲命理測字術之《字觸》一書，最爲獨特。以《字觸》內容涉及字學及命理，故先言亮工之字學及命理觀念。

亮工「多才嗜古而工字學」（註三），尤嗜繪事及篆刻，嘗「借篆籀以考究六書之學」（註四)。既究於字學，故於時人誤讀古書處，頗以爲非是，嘗曰：

「古逸書如《穆天子傳》、《汲冢周書》類，凡闕字類作。武王〈几銘〉：『皇皇敬敬，□□生垢，□岌□』，亦闕文也。鍾、譚目爲口字，友夏云：『四口字疊出，妙語不以爲纖。』伯敬云：『讀「口岌口」三字，竦然骨驚。』不知〈几銘〉與四口字何涉？可發一噱。」(《因樹屋書影》卷二，頁四三。)

鍾、譚三人誤以闕字待補之留白「□」爲「口」字，更讀入原文之中，而喟歎曰「竦然骨驚」、「妙語不以爲纖」，無怪亮工發噱也。亮工又嘗論及詞義，曰：

「今人呼人所爲『一火』，易火字爲夥，殊非本義。〈木蘭詞〉「出門見火伴，火伴始驚惶」，當作火。蓋火之爲物，之則明，散之則滅。或曰：『同炊爨，故曰一火。』又，唐制：十人爲火。」(《字觸》卷六，頁四。)

所言「火」、「夥」之別，或有所見，可視爲亮工之正統字學理念者。然而亮工雖勤於字學，實昧於字理，解字多有未妥處，又好牽附陰陽五行，以致輒生燕說之誤。如解「人」字、「土」字，曰：

「人字左畫向上，陽也；右畫向下，陰也。木水火木金皆具此二畫者，蓋陰陽之義也。土則何以不爾？以陰陽之義，著於四物耳。故五行皆有土，而土於四物咸備焉，中央一直，非水之體乎？偏傍一點，非火之體乎？一直一橫，非木之體乎？全體所具，非金之體乎？」(《字觸》卷六，頁一。)

以「人」形具陰陽之義，「土」字備五行之數，牽附兩漢陰陽五行之說，甚違字形本義。其餘又信北宋張有之說，謂「心字篆文從倒火」，取葉仲子「丙燥矢急」之意，以說「疾病」字（註五），皆爲不明字理而強附陰陽之義者。或因此故，亮工之字學遂入歧路，雖然「善書，尤好漢隸」，實乃流於測字數術，輒「戲以相字決人休咎，每多奇中」（註六），其門生黎士宏亦謂：「櫟下先生無書不讀，閒亦好析字家言。宏追隨二十年，時當賓朋雜坐，酒熱燈紅，偶事緒踟躕，群疑如漆，群隨拈一字，擊射分塗，理解神披，俱成意義。」（註七）考亮工測字之肇始，或早見於十五歲時，與其族人小白離合「情」字一事有關。亮工嘗謂：

「丙寅年予在秣陵，見支小白如曾，以所刻《小青傳》貽同人。……近虞山云：『小青實無其人，……曰小青者，離「情」字，正書「心」旁，似「小」字也。』」（《因樹屋書影》卷四，頁一一七。）

以「情」字偏旁之豎「心」，似「小」字，故離合爲「小青」二字，雖有其理，實不合字形本旨。再查《字觸》中，亮工測字諸例，如解「非」字爲「乾（乾卦六橫畫）之左右無不相逼」、解「睪」字爲「字上二乾，皆以筆直之」、解「子」字爲「一個丫頭」（註八），皆以形似爲解而不論本形如何。實爲其字學之大病也。

三、亮工之命理觀

亮工於命理，取堅守儒道不信謬言之意，對於當世之命相師，概嗤爲俗士，曰：

(1)「鄱陽李賓王云：郭林宗作《玉管通神》，有四句云：『貴賤視其眉宇，安否察其皮毛，苦樂觀其手足，貧富觀其頤頰。」右見《高齋漫錄》。○相法書也，四語亦佳，何必託郭！只書名《玉管通神》，林宗媿死矣。方術書往往有此，可恨。」（《因樹屋書影》卷二，頁四二。）

(2)「唐貞元末相骨山人，以無目，故逢人以手捫之，必知貴賤。……此揣骨相之始。今特村盲蚩鄙為之耳。」（《因樹屋書影》卷三，頁九一。）

一則曰「方術書往往有此（冒託之事），可恨」，再則曰「今（之相骨）特村盲蚩鄙為之耳」。而於命理之面相、八字之說，亦不之信，曰：

(1)「人命八字，共計五十一萬八千四百，天下人恆河沙數，豈止於此，必相同者多。然富貴、貧賤、壽夭，必無相同者；命之理微，非五行所可推斷，亦非術士所可懸斷也。即以上四刻、下四刻論，亦止一百萬零三萬六千盡之矣。文文山曰：『考天下盛時，九州主、客戶有至千四五百萬，而荒服之外不與焉。』……予曾問一談星者，曰：『然四柱雖同，當分方域看之；方域雖同，當合祖宗功德、墳墓盛衰、家屬隆替看之。』此說近是，而究其所言，未必能中也。致遠恐泥，聖人是以罕言。」（《因樹屋書影》卷十，頁二八四。）

(2)「高康生阜曰：天下之謬，莫謬於今相者之說。相者之說曰：某相優，當得富貴也；某相劣，當得貧賤也。推其說，使顏氏與端木幷衡，則必以端木優於顏氏矣；伯夷與盜跖同觀，則必以伯夷劣於盜跖矣。……徒使人不知所自立，而因以喪其所守而已。」

（《因樹屋書影》卷八，頁二三二。）

其意謂：使「八字」擴而充之，不過百萬之數，而中國人衆已逾千萬，則八字相同而命不同之人必多矣，雖詭以方域、及「祖宗功德、墳墓盛衰、家屬隆替」等四事合而觀之，實亦牽強不經；餘若面相，俗陋相士每以外貌爲斷，豈不陷於孔子「失之子羽」之誤乎？是以概不之信也。然而亮工於所親見之命理異事，又深信不疑，嘗舉四十九歲待罪獄中時，友人王望如之奇事爲證，曰：

「休休道人者，不知何許人，嘗一過白門之水草菴。天都王望如先生爲諸生時，偶遇之，授書一卷，命其歸讀。及發視，末藏數葉，如謠如讖，了不復明其所云。越數年，按望如行事，往往輒合，因異之。及於鄉、成進士，皆一一暗檃括，事後驗之，無不卒應，下至小休咎，未嘗或爽也。至再以所言逆揣後事，則終不可得。」（〈休休道人授書圖記〉，《賴古堂集》卷十七，頁七。）

休休道人所授之謠讖，能使望如之舉試、休咎，數年行事，「往往輒合，未嘗或爽」，可謂奇異無比。由此推之，史書所載，古之哲人如管輅、郭璞等，推測之精微，至於一隱伏一兆，應千百世之遙，無不灼然如親見其事，當有其實矣。然則其神何以若此？亮工以爲：

「天下之理無常，而引申觸類，每不遺於至渺，揆其大而不蹁乎理，則由大及細，如尋丈之至於尺寸，尺寸之至於杪分，毫忽而莫不有是理焉，亦必然之應也。但庸人見大而不見細，遂謂非理之所格耳。惟靜者見微如其見著，豈復有能汶之者乎？可以知休休道人之前知矣。」(〈休休道人授書圖記〉,《賴古堂集》卷十七,頁九。)

雖曰「天下之理無常」,然而「毫忽而莫不有是理焉」,是以「惟靜者見微如其見著」,因而可以前知也。是以心靈澄澈時,當可凝神窺見平日難見之絪緼,亮工於此尙有一說,曰:

「予嘗自坐一室,見几上銅爐,僅有火,未嘗爇香,而霏霏若有氣,微香時來撲鼻。因細察之,蓋爐之有覆蓋者,蓋上鑿花使其玲瓏空洞,從隙中出,歲久多,熏積蓋上,可錢大餘一片。……蓋黑脂處皆香之精液所凝結,故特爲妙異如此。因悟香臭之達於鼻,雖本無形,皆有若可見者冉冉而至,以其氣分清虛,運之速,而人不目耳。」(《因樹屋書影》卷一,頁三七。)

「人不目睹」,非實無其物,能澄澈虛靜,自有「若可見者冉冉而至」矣。然而世間諸多奇事中,難免有非理可解之異象,亮工於此,則以「天機」爲說,曰:

「儒者之論一切休咎徵應,斷之以理,而讖緯術數之學,不之取焉。然世傳郭景純、管公明諸人占驗之法,有非理可格者。今時習見《六壬》諸書,所載一物名、一瑣事,無不可以術數推測而合,亦往往有驗者,此何理也?……皆於偶然一問,相爲觸法,豈能盡諧?若謂所值之一物、一時,必非偶然,豈眞有使之而然者?而鬼神於其所問之事物,一一預爲之安排造作,使其定是物,值是時;又爲之啓其靈心,引發見地,俾必出於此,而後能驗,不亦勞而難給乎?此眞有不可解者,不得已以『天機』二字模糊過去,『天機』是何等來歷也?請與天下人細勘此『天機』焉。」(《因樹屋書影》卷一,頁三四。）

因爲「儒者之論一切休咎徵應，斷之以理」，故於「讖緯術數之學，不之取焉」。然而世事仍有「非理可格者」，而《六壬》術數推測諸事，雖往往有驗者，皆非儒者「斷之以理」者也。其所以有驗，亮工則推諸「天機」，並「請與天下人細勘此天機」。

亮工嘗撰《相書》四卷（註九），今雖已佚，然其《賴古堂文集》與《因樹屋書影》二書，仍多載怪異之傳聞，或與此相類，如：

(1)「偶覽張無垢《橫浦集》云：『……犀牛望月之久，故感其形於角也。』無垢正人君子，以道學稱，決非妄言。」（《因樹屋書影》卷九，頁二三二。）

(2)「傳潤州某公，補劑中多用敗龜板，垂十餘年頗健，晚患蠱膈，乃謁白飛霞，……乃予赤丸數粒，服之，下龜如椒大者升餘，得稍寬。不數月死，易簀時，驗小遺悉有細蟲，髣彿龜形。物得氣而傳如此，可畏哉！」（《因樹屋書影》卷一，頁二三。）

(3)「儀封曹白公進士冠日，夢予過訪，自稱今名，時白公實不知大梁有予，予時亦非二字名。越五年始從鄉牘中得予姓字，又二十年始過白門，以詩述其事，命舍弟相寄。賤子易名，鬼神乃逆知於數載之前，誠異事也。（《賴古堂集》卷八，頁十五。）

右錄三則異聞，一則堅信張九成之犀角望月爲眞，二則深信傳聞之久食龜板，終將泄遺龜形之物，三則言夢之相感，可以前知。凡此類傳聞，亮工皆信之不疑，此與其《字觸》多見怪誕異聞、前知先覺諸事，正可相證。此類析文解義以說前知之事，亮工於《書影》中亦有所言，曰：

「夏振叔言：崇禎己卯，其鄉省試，有延乩問題者，乩書一絕，末二句云：『今年試題非容易，請聽譙樓第二聲。』問者不解。至就試，題乃〈爲臣不易〉，始歎其隱妙。」（《因樹屋書影》卷八，頁二二四。）

「餘姚王海日公華，……（成化乙未）夢里中迎春牛，至其家，牛色白，導引鼓吹如王者儀從，後以方伯杜公某殿焉。公覺而異之，……（寧氏子解）曰：『牛謂一元大武，春牛者，春榜之元也。牛屬丑，白主金，當作辛丑狀元。』……比庚子，公首鄉薦，辛丑成進士及第。」（《因樹屋書影》卷十，頁二九二。）

第一則略謂：已卯鄉試題「爲臣不易」，與曹植〈譙樓畫角〉之初弄：「爲君難，爲臣亦難，難又難。」之第二句相彷，而乩童已能前知，因藉云「第二聲」。此事隱妙，難知其理。第二則爲王華未第前，已夢知將於六年後舉辛卯進士。亮工之友人偶語是事，亮工「因歎遇合之數，其前定若此，寧之神解，尤不可及矣」。

由上述亮工之字學及命理觀念，可知彼雖爲碩儒，勤研字學且正視命理，惟於學理與迷信之分野，並未仔細判別。以此類含混模糊之原則，施諸其《字觸》中，亦可想見該書之難契字學原理矣。

貳、拆字方法論

一、測字沿革

藉「測字術」以預測命理者，最早見於隋代，稱曰「破字」，唐代易名爲「解文」，趙宋則稱之「相字」，元、明以降始曰「拆字」、「測字」。實則拆解字形以說事義、事象者，早已見於先秦，如《左傳》「止戈爲武」（宣公十二年）、「反正爲乏」（宣公十五年）、「皿蟲爲蠱」（昭公元年），已開拆字解義之先河；其後漢高祖夢拔羊之角尾而稱「王」（羊去角尾而成「王」字），此類「占夢解字」，藉離合字形以說事義者，頗具測字之雛形。兩漢盛行之讖緯、陰陽、五行、易數，多寓字形拆解之預兆，如劉秀以讖記所言：「劉秀發兵捕不道，卯金修德爲天子」（註一〇），起義天下，終受帝位。因使東漢圖讖之學大盛，上位者輒據欲得之結果，先事僞造讖語或歌謠，以遂行其志。

風行草偃之餘，延及一般文字之解義，致令學者「便辭巧說，破壞形體」（註一一），至有《說文序》所稱之「馬頭人爲長，人持十爲斗」之謬說出，而許愼雖以謹嚴之學理，致力於溯源小篆本義，亦不免有「一貫三爲王」、「推十合一爲士」等不合解字原理之誤說，此類皆與後世文字遊戲及測字方法相近。

其後隸、楷二種書體肇興，文字更遠離圖象初形，此類專由橫豎點畫所組成之抽象形體，更利於文字離合之遊戲。如《越絕書·序》以離合詞暗喻作者爲「袁康、吳平」，曰：「以去爲姓，得衣乃成（袁），厥名有米，覆之以庚（康）」，「以口爲姓，承之以天（吳），楚相屈原，與之同名（平）」。源此而廣之，遂多僞造讖語或拆解文字，以遂詐謀者，如駱賓王計取中書令

裴炎共同起事，乃誆以童謠「一片火、兩片火，緋衣小兒當殿坐」，使炎以爲己當王而與事。(註一二)

有「測字」之專書者，最早見於《隋書》，名曰《破字要訣》，凡一卷。(註一三) 是書存錄於《經籍志·五行數術類》中，書名又與朝鮮古拆字書《書永編》所舉「破字」一詞相同，彼解曰：「破字，是將一字分解爲二或三個字。」(註一四) 可知「破字」當爲拆字術之別稱也。至於唐代，亦有《解文》一卷(註一五)，見於《舊唐書·經籍志·五行類》中，當爲命理數術類之拆字書無疑。由此可知，隋、唐時，拆字已成爲數術中預測命理之方法矣。

至宋代，則測字書籍及測字專家皆漸勃興，傳聞有邵雍之《五行六神貞訣》，將陰陽五行、六神、八卦等學說，全部納入測字術中，並創發『觀梅』測字法則，以週遭景物爲輔助測事之具。(註一六) 又有謝石之《相字眞傳秘訣》(註一七)、《六神相押字法》一卷（或云張玄達撰）(註一八)、以及《一行相字詩》一卷(註一九)。此六書已亡其五，惟邵書尚存，內容亦非北宋原貌矣。至若可信且有存錄者，當推《齊景至理論》一卷、一名《神機相字法》爲最古。由序文觀之，或爲宋末人齊景撰，內含「字畫經驗」、「字體詩訣」等目，《永樂大典》嘗收錄，今則迻錄於《古今圖書集成》中。(註二〇)

然而此類測字並未得學者之認同，輒可於宋人筆記中見其對測字者之批駁非議，如費袞《梁溪漫志》即云：「世俗善謔者，多拆字爲謎，然多無文理，不足稱說。」(註二一)

元、明之際，有《龜鑑易影皇極術》一卷，嘗載入《永樂大典》中，「舊本題邵居敬撰，不著時代，亦不知何許人」、「其法以字之偏旁定吉凶，如云『三口一犬，哭泣臨身』、『牛角安刀，情事解散』之類，蓋今所謂測字術也」（註二二）。明初又有《新定指明新法》，專論拆字解義技巧，載於《古今圖書集成》中（註二三）；另有《鬼谷拆字林》一部一冊，（註二四）今已亡佚。

由上可知，周亮工撰成《字觸》之前，隋唐以降，已有見於著錄之測字專書十部矣。此類流於五行方術格局之測字法，已異於文字遊戲，而偏向玄學神秘之色彩矣，後人或謂其爲迷信，亦此故也。

二、拆字方法論

藉拆字而預測事理，有奇中者，古人載籍已多所見，至若拆字須具備之基本條件，綜括諸家所論約有四項：

一、須有國學基礎，且於中國文字具相當程度之理解，若曾研究文字結構更佳。

二、有豐富之人情世故經驗，或略通相術，能察顏觀色，以言行儀態知人個性。

三、心靈機警，不泥字形，有急智口才，善於隨機應變，能自圓其說。

四、能旁通《易》理，將更有玄妙之發揮。（註二五）

四者之中，尤以「機智應變」爲要，今古無殊，如撰於明代之測字專書《新訂指明新法·五言作用歌》中，開宗明義即申言：「斷事不可泥，變通方是道，細細察根源，始識先賢奧。」又以爲字雖一形，字勢卻因寫者不同而生異數，故測者須知：「十人寫一字，筆法各不同；一字占十事，情理自然別。」同書之〈別理論〉亦言：「字同事不同，不宜此而宜彼；事同字亦同，倏變吉而變凶。」（註二六）今日坊間測字專著，所言蓋不外此意，如：

(1)「全賴博及書，旁通《易》數，還須心機靈敏，方足以見景生情，占斷如神。……測斷吉凶，最忌板滯呆斷，則測機之價值全失，便成下流末技，……心靈機警，不泥字形，不尚強合，方能泛應曲當。」（《測字入門·測字入門要訣》頁七。）

(2)「任問事者隨時書寫或口講一字，而能口若懸河，占斷吉凶，絲毫不爽，此非胸羅萬卷，心機靈敏者不辦。……相字者，蓋言端相字體，據理而言，全在臨時見機，立言尤貴活變，一落拘泥呆滯，測機之價值喪失矣。」（《測字入門·謝石測字眞傳》頁一四。）

(3)「相字貴在隨機應變，不可以形害意，觀察務求細微，分析力求確實。一字固然一形，卻可有不同的分析方式。」（宋凌雲《測字玄談》頁二三。）

(4)「測字者不僅要精於字的拆合，隨機生義，而且還要善於察顏觀色，才能作神奇的推斷。」（趙天池《優美的中國文字·靈活的拼拆》，頁一四八。）

(5)「測機之法，當於字義骨格而辨別求玄機。……欲精此法，全在靈台清明，運之以神機，不拘泥字體，無成心，無牽強附會，以當時之事理，附合當時之神機，更求合於字體取格而推斷之。」（孔日昌《測字精髓·論測字測機之說》頁一四。）

由此五則記述，可知測字之際，不但須要「心靈機警、不泥字形」，又須「善於察顏觀色」，「務求細微」，始能「見景生情」，「占斷如神」。以此推知：「幾」者，純以幾微之靈感爲之，並無科學條理在於其中。亮工之書，名曰《字觹》。「觹」者亦以「幾」會意（註二七），故其測字，當不異於是理也。

惟用「機」之法，並非輕易可得，必須平日即熟稔於心，而測時更須仔細觀察周遭景物與所測事項相關之跡象，始可逐步刪汰濾出欲得之結果。此法非徒術士、郎中視爲必須，即連任教於北一女中，沈灒測字已二十餘年，視測字爲「一種基本的『文字學』的理趣」（註二八），著有《字字玄機》之中文碩士蕭蕭，亦肯定「機」爲測字時之輔助：

「蕭蕭的測字除了『文字學』中歸類的『六書』爲拆解依據外，對測字當時的週遭環境和剎那間遇合的時機亦極重視。他說，『機』的掌握，對測字更是有絕定性的影響！測字時必須保持高度敏銳的觀察力、聯想力，以及平時要吸收豐富的生活常識、人生智慧，才能眼明手快，當『機』立斷的抓住隨時迸發出來的『機』，而立下判斷。」（韓小蒂〈蕭蕭神奇測字實錄〉，收入蕭蕭《字字玄機》頁一七〇。）

由此可知，彼所運用之「機」，實爲無法言喻、規範之靈動力，平時即應熟備。然而，如此之「機」，既無學理可作規範，則每因解者本身之能力、喜好不同，而生判斷之差異，是以方家以爲：

「同樣一個字，面對不同的求卜者作測析，就會有判然不同的結果。而同一求卜者，經求教於不同的測字者，雖拈出相同的字，也不免各有一套解說。」（《優美的中國文字·靈活的拼拆》，頁一四八。）

觀念不同，說解不同，所預測之結果自亦不同，然則如何可使問者得以信服？解者於此，多暗以旁敲側擊、問答套話等方式，由問者之神情、言語中，窺知問者之心態及事情之輪廓，則提出之解答，始更能符合所問之情境。學者於此已有所論：

(1)「測字最好是面對面，面對面會產生許多特殊的機遇，雙向的溝通也可以最快速地找到雙方所要表達的意涵。」（蕭蕭《字字玄機》頁二九。）

(2)「要想進一步附會人事吉凶，還必須對當事人進行推測試探，再對字形作進一步分析說明。單獨利用字體判斷，是不能詳盡地闡發『字理』的，推斷事物吉凶也就缺乏足夠的憑藉了。」（《神秘的測字學》頁六一。

(3)「在詢問過程中，測字先生……通過套、哄、嚇、騙等手段，使求測者不自覺地把自己的心事都說出來，那麼，測字先生心裡就更有底了。……因此可以這樣說：測字的功夫在測字之外。」（《神秘的測字學》頁七一。）

所謂「面對面會產生許多特殊的機遇」，實即「對當事人進行推測試探」，質言之，乃「通過套、哄、嚇、騙等手段，使求測者不自覺地把自己的心事都說出來」。如此用「機」，與今日習見之心理分析庶幾無異矣。

用「機」與「觀察」之外，又有由「字形體勢」之分析，以論事義者。此意漢代大儒揚雄於《法言·問神》已有明言，曰：「言，心聲也；書，心畫也。聲畫形，君子、小人見矣。」而明代測字專著《齊景至理論》亦言此意，謂：「心正則筆正，心亂則筆亂，筆正則萬物咸安，筆亂則千災競起。」（註二九）蓋以筆勢之正、亂，爲測事安否之標的。是以〈指迷賦〉襲其語，曰：「字，心畫也，筆畫一成，……富貴貧賤、榮枯得失，皆於筆畫見之。」（註三〇）此或可名曰「筆勢分析法」，前人亦有所言：

⑴「筆畫圓淨，富貴無並；筆畫輕快，諸事通泰；筆畫如線，有識有見；筆畫枯槁，財物虛耗；筆畫破碎，家事常退；筆畫如鉤，害人不休。」（〈筆法蹄筌歌〉，《古今圖書集成》卷七四八，頁五九〇三一。）

⑵「不同類型的有人，有不同的字體特徵。……某種特定的事情而言，有不同的字體特徵也有相應的人事特徵與之對應。……就字的體勢來說，凡字寫得端正、飽滿、有精神者皆吉，反之則凶。」（《神秘的測字學》頁五九。）

〈筆法蹄筌〉所言種種，實即後世「筆跡觀個性」之先聲也。民國八十一年二月之《中央日報·星期天專刊》，已有知幾山人開闢〈一字定乾坤〉專欄，以此法解字，每期約解四、五字，迄今近六十期、二百餘字，解時全不論字理，僅據橫豎點畫之筆勢結構爲說，正乃「筆勢分析法」之實證也。

由此可知，測字雖須稍具文字學知識，實以心理分析爲主，且肇因於古人對文字之敬畏尊重而形成者。蓋古代文化不易普及，民間百姓識字者亦少，因於文字懷有特殊之崇敬，學者趙天池謂：

「（崇敬文字）的傳統，一直維持下來，在半個世紀前，還可隨處察覺到。雖荒村野店，村夫愚婦，未沾教化，目不識丁，但卻對任何印有文字的書本視同神明，不敢輕易丟棄；甚至遺落路邊的一張帶有文字的破紙片，也不敢輕易踐踏，多半能小心檢起，用火焚化。這並無官府的任何規定，純出於自動自發。」（《優美的中國文字·前言》，頁六。）

古人敬字如斯，是以《齊景至理論》即藉「異人」之口，神其測字術之妙，謂：

「混沌判肇，蒼頡制字者，余也。自傳書契天下，天下大定，後登天，為東華帝君。……（測字術）得其方，訬如谷之應聲，善惡悉見，禍福顯然，定生死於先知，決狐疑於豫見。」（《古今圖書集成·拆字部匯考》卷七四七，頁五九〇二九。）

其言以為知悉測字方術，則可「定生死於先知，決狐疑於豫見」，直是有若神助，無乃測者及問者，多屬崇敬文字之人。學者嘗言此意曰：

「測字術的產生，是由於人們對漢字的崇拜及敬畏心理，認為文字的結構，蘊含著某種神秘的力量，這種力量左右著人們的命運和福禍，一旦破繹和解釋，即能預知自己的未來吉凶。所以人們去測字時，大多是抱著期待和崇懼的心情的，對求測字結果中，與自己的願望相符，或者與自己事情相符的，就聽得進、記得牢。其實這些『測中』的事例，無非是由於測字先生對測的人情況較熟，或者在測字時，以各種方法從求測人口中套出。」（《神秘的測字學》頁七一。）

衡諸今日坊間測字諸書之作者所言，亦無不如是，如執業者陳詔埠，「曾閱讀過有關測字的一切書籍，並親自體驗研究已有二十餘年，在測字方面有獨到的見解和領悟」（註三一），於民國七十六年初版之《測字精通》中，亦明言：

「相信古聖賢所言：『語言和文字是由神所創造。』文字是一種啓示性的語言。因此，深信卜者偶然提示的文字，除了包括此人的心理動態外，更反應了神明的啓示。」（《測字精通》頁一三。）

餘如孔日昌之《測字精髓》（八十年出版）亦謂：「常聞倉頡造字，字成而天雷鬼哭之說。信其有之也，可見撇捺勾畫，觸類旁通，用決天下人間之疑難，固綽綽有餘。」（註三二）此類不以學理實情爲基石之觀念，豈乎識者不齒於測字術之主因歟！

參、《字觸》述評

《字觸》爲古代解字、測字文獻資料之彙編，凡六卷，載事三九一條，所明標引用諸書，自兩漢緯書《春秋說題辭》，以迄明代筆記、文集，凡一〇九種之衆（註三三），其餘摘錄而不記書名者，當亦不少。是書乃亮工三十六歲（淸世祖順治四年丁亥，一六四七）之暮冬，任職福建按察使時所著。其時亮工由浙江抵邵武職，適遇流寇騷擾，援軍未至，因孤守邵武八閱月，危殆顚沛，戎馬倥傯之際，不廢講詠，遂有是編之出。（註三四）是以亮工撰〈字觸凡例〉，時間即在「順治丁亥嘉平望後二日」（十二月十七日），地點則於邵武「樵川之詩話樓」（註三五）。

《字觸》流布不廣，今所見者，除《粵雅堂叢書》木刻本外，尚有商務印書館《叢書集成初編》本。而本文所據者，則爲新興書局《筆記小說大觀》第二十一編第十冊，據《粵雅堂叢書》本迻錄，而增有句讀之手鈔本。

一、《字觸》凡例

既欲評議《字觸》，則其內容及撰作動機，當先作考論。亮工成書之次年暮春，其友周嬰爲作跋語，以爲亮工：

「借噱乎書勢之場，廣摭廋諧，爰標《字觸》，豈其纖巧以弄思，蓋亦深長以寓心。何者，深於廋者，可以神折獄之智，可以明破敵之方；深於諧者，可以愧執迷之衷，可以挫奸邪气，而在猝優閒，御衝談笑，能令強鄰解甲，能臣以封。是知廋者構象深徐，而通天下之志；諧者赴機捷遽，而解天下之紛也。」（周嬰〈字觸跋〉，收入《字觸》中。）

是可知亮工之撰《字觸》，蓋欲藉廋、諧之術，「以神折獄之智」，「以明破敵之方」；使人「在猝優閒，御衝談笑，能令強鄰解甲，能臣以封」。用意實深也。《字觸》凡六卷，卷各一部，類分六部，亮工自其言別如下：

㈠廋部：專主分析字形，藏諸隱語中。

㈡外部：因一字而離合，連數字爲引申。按之六書，不協正義，惟取天機之妙合，兼因時會以變通。

㈢晰部：晰與廋相似，而廋詞多出有意，晰字多從無心。廋以數字輻輳一字，晰以一字分拆數字也。廋、外、晰皆以字爲別，既有點畫之形，即有錯綜之義。

(四)幾部：無字彤而有眹兆，斯謂之幾。《易》曰：『知幾其神。』通其道者，無字中忽示以字矣。

(五)諧部：劈字以成章，無非滑稽之巧笑，優俳所一視者。可以發人慧，可以廣人思，深其義類，要亦推測之佐也。

(六)說部：幾乎六書之義焉，非離合之義弗載。（註三六）

易言之，《字觸》六部，蓋以所載錄之內容不同而作區別：

(一)「廋部」匯集古代之廋詞、隱語，如以「艸付臣又土」隱指「苻堅」，「白水眞人」隱指「貨泉」。

(二)「外部」以字之離合、引申而推測人事吉凶，如以「杌」字暗指「兀朮南侵」，以「新寡少婦」離合爲「孝服（麻）」、「年少佳人（雀）」，因射欲測之物爲「麻雀」。

(三)「晰部」將一字析爲數字，再據以預測吉凶，如測「靖康」爲「立十二月」，以「奇」字刺奸相賈似道爲「道立又不可，道可又不立」。

(四)「幾部」則匯輯占夢一類「無字中忽示以字」之事例，並作解析以測禍福，如夢「河中無水」，乃病「可」瘳之象；夢「兩人夾巨木」，則知遠人當歸「來」；夢「沼中四魚」，解爲「一水四魚」，將以「鰥」終身。

(五)「諧部」收錄古人分拆文字之嘲戲、諧趣、鬥智諸事，如字謎、對聯、酒令等，僅作文字遊戲，可謂測字術之別體。

㈥「說部」引用古代典籍所言之字理，以闡釋字義，如引《雲笈七籤》解「智慧」之意曰：「智者，日中之星也；慧者，宜以生生爲急也。」又引《春渚紀聞》解「水」字曰：「中間一豎更不須曲，只是畫一坎卦耳。」皆屬此類，故亮工自以爲所涵括「幾乎六書之義焉」。惟細究其實，仍爲「非離合之意弗載」之測字術而已。（註三七）

然而此書之分類，看似明晰，而編排之際仍不免疏漏，如卷三之曹娥碑「黃絹幼婦，外孫齏臼」，應改置於卷一「廋部」，與孔融隱語詩「漁父屈節，水匿潛方」條相次；卷一之「青昔」折爲十二月二十一日、「三春」折爲九日人，則應改置卷三「晰部」，與「靖康」等條相次，方爲洽適。

除編排略有疏失，《字觸》於學理上亦非謹嚴論著，僅可視爲彙編文字遊戲、測字奇聞之纂輯，所載內容，多屬藉由文字之拆解、離合，以預測人事吉凶，是即傳統之「測字術」也。然而所分六部中，雜有與測字關係密切之字謎、字理等資料，使吾人得以知悉古人測字之原理及方法；重以此書實爲現今所見最完整且最早之拆字、相字文獻彙編，對於後人研究「文字學世俗化」之現象，甚具文獻價值。如宋傳銀據科學之理念，編撰《神秘的測字》，以批駁測字術之迷信，內容細分爲淵源、方法、縱橫、人物、文獻等五類，所引用之歷代史料，即泰半見於《字觸》中。

亮工以碩儒、按察使之學官身份，躬親著述、編輯歷代有關測字之文獻，並爲人、爲己實測解事，而多所奇中；又嘗與賓朋雜坐，隨拈一字，共測時局瑣事，事後惟亮工「中者十，否亦十得五；坐客、門生或十得三四，或得一，或盡不得。莫不撫掌歡笑，竊比神明」（註三八）。可知亮工實爲明清之際測字領域中，測字郎中以外，甚具實學與地位之達官也，是以《字觸》一出，傳誦當世，亮工友人方文，「磨礱字學將三十年」，至謂是書「按括籍，包羅衆理，大有功于後學」，且「推其所自，蓋出於保氏六書，即古司徒以鄉三物敎萬民之一端也。觀者苟因是書進而求之許氏《說文》，大小二篆皆可以意相通矣」（註三九）。亮工同年友徐芳亦謂此書「微而中，雜而不越，《說文》而後，言字學者，吾必以是書繼焉」（註四〇），雖爲溢美之辭，亦可見二人尊崇之甚，視之如《說文》也。

至若《字觸》之命名，其所謂「觸」者，蓋以「會意」爲說，「隨意所觸，引而申之，不必其守字本義也」（註四一）。亮工自言亦曰：「觸者、幾也，觸圓而神，幾易以貢。」（註四二）是則「觸」字即如上文所言之「機」，殆藉由靈感、觀察，以售其術，不具正統之字學基石也。

二、《字觸》述評

類析《字觸》中，與測字有關者，約略可分以下數項：

以所問事項類分，問舉試最多，次爲疾病，次爲官遷，次爲婚娶，而行人、妊娠、求嗣、失物、訟事、求葬、兵燹，則往往厠次其間。

專事測字而文獻有名姓者，依朝代次列，則有：蜀漢之趙直，晉之索紞，北宋之謝石、費孝先，南宋之朱安國、胡易鑒，明代之張乘槎、胡宏、馬守愚、汪龍、鄭仰田、吳崧，櫟公（周亮工）則殿後焉。其餘測字者，則統名之曰：占夢者、卜者、道士、術士、相押字者不等。

以測字工具分，有字捲，有書字，有易卦，有筮卜，有以物卜，有以景象卜，有以人卜，有以夢卜。凡七類。

以測字方式分，有一字拆解爲數字（「貴」爲「一目人中」）、有數字組合爲一字（「一木破天」問舉兵，爲「未」可妄動）、有增筆（「乃」字問試，爲終身不「及」第）、有減筆（「此」字問行人，爲「比」肩兄弟「止」矣，行人不活）、有對關（取字首尾，另組新字，如「唐」字問疾，爲康頭居腳，無恙）、有會意（「好」字問父疾，爲但餘子女，不救矣）、有諧音（「車旁掛肉」，肉必有筋，筋、斤也，車傍斤，將被「戮」）、有倒置（問試，夢「牛田」，可倒置田字於牛上，則示「甲午」中舉）、有象形（「休」字問官，於紙背透視成「兵」字，爲司馬）、有觀字勢（宋高宗書「問」字，兩側斜，爲左右皆「君」）、有以景物合觀（「立」字問試，有人汲水而過，爲喪「泣」）、有以情境觀（書「髮」止於髟，爲其「友」亡）、有以干支斷（「生」字問病，上爲牛，干支屬丑，下爲土，丑日入土，無救）、有以《易卦》析字（問訟得「坤卦」，爲六斷之象，從「門」內起事、是「非」從外來、可得「朋」而解罪），凡十四種。（註四三）

測字法泰半皆須問者提出一字或物，再言所測何事，解者始可就相關事理逐條剖析。所測得之結果，又有與提示之字物相同或相反二種，此殆因「測字中吉凶並不是絕對對立的，而是可以相互轉化的。測字時，代表喜、吉等意義的『喜』、『吉』等字，並不一定就預示事物的吉兆，而『死』、『喪』等字也不一定就代表凶兆」。（註四四）以《字觸》言之，測字結果與所提示之字物意象相司者，爲數最多，如：

(1)「曹翰興國四年，從征幽州，率部攻城東南隅。卒掘土得蟹以獻。翰謂諸將曰：『蟹，水物而陸居，失所也；且多足，彼援將至，不可進拔之象。況蟹者，解也，其班師乎？』已而果驗。」（《字觸》卷二，頁一。）

(2)「吳王孫權，嘗夢北面頓首於天帝，忽見一人以筆點其額。舉以問徵士熊循，曰：『吉祥矣。大王必爲主。王者，人之首；額者，王之上；王上加點，主字之象也。』」（《字觸》卷四，頁一。）

第一則以「蟹」字有測知己方「失所」，敵方「援至」，當即班師「解圍」。所言自有其理，觀諸其後發展，所言皆實也。第二則夢人筆點其額，爲「主」字，將爲帝之兆也。其後亦果然。《字觸》中，於額上加點視爲「主」之事，又見北齊高洋受魏禪之前（註四五），是則此例亦爲與事物相符之定律也。

至於字凶反吉、字吉反凶之例，《字觸》中亦多有所見，似凶反吉之例，如：

(1)「蔣琬見推之後，夜夢有一牛頭在門前，流血滂沱，意甚惡之。呼問占夢趙直，直曰：『夫見血者，事分明也。牛角及鼻，公字之象。君位必當至公，大吉之徵也。』後琬終至大司馬。」（《字觸》卷四，頁一。）

(2)「段思平……起兵，方至河干，是夕夢人斬其首，又夢玉瓶耳闕，又夢鏡破。懼不敢進兵。其軍師董迦羅曰：『三夢皆吉兆也。公爲大夫，去首爲天，天子之兆也。玉瓶去耳，為王之兆也。鏡中有影，如人有敵，鏡破則無影，無影則無敵矣。三夢皆吉兆也。』思平乃決，明旦遂引兵渡江，逐楊氏而有蒙國，遂改國號曰大理。」（《字觸》卷一，頁十。）

門前有牛，鼻血滂沱，本為凶象，反而預兆「分明」為「公」。又連夢斬首、玉瓶耳闕、鏡破，看似甚凶，反為王者無敵之兆。此則為似凶反吉之例。亦有欲吉反凶之例，如：

(1)「有為人作蹇修者，以『吉帖』二字問，馬（守愚）曰：『此姻事已諧，以帖字巾傍橫吉下，喜象也。然諧後有憂，吉下口置巾上，宛然一吊字也。』後果然。」（《字觸》卷三，頁五。）

(2)「有以『生』字問病，曰：『明日為丑，生字上是牛，下是土，況病人亦不宜泥土，臨死無疑也。』明日果死。」（《字觸》卷二，頁五。）

以「吉帖」問婚姻，雖似和諧，卻暗寓「吊」喪之形，果然罹憂。以「生」問病，析為「牛、土」二字，斷以干支時日，竟得丑日即死之兆，是亦欲吉反凶之例也。

上述諸例，皆為據事論斷，問者或於答問中顯露細微跡象，足以讓解者參酌所致。又有一法，最令人神奇讚歎者，莫過於問者不言何事，而解者自行推斷，當層遞闡述之間，終解問者之惑。《字觸》中亦見此類載事，如：

(1)「同學周君諱方，以『六』字視櫟公。公曰：『何事？』曰：『吾不言其事，君善測，試以臆言之。』公曰：『此「大」事，今分裂矣。以字有「大」形而三分也。此衆人事，後乃一人擔之。以人字在三處，由一畫任之也。此事主在上者頗爲下，而下亦能得之于上，柰中有一人爲梗，其人頗有力，事當不成。上乾下坤，天地不交，否矣。』周曰：『異哉！邑公以田贍諸貧士，貧士紛爭，事遂變。予欲以一人任，邑公亦頗相爲，而邑紳又從中擾之，乃復中止。』公曰：『不第此，君有弟邪？』曰：『一弟。』公曰：『不生矣。以字之下左爲兄，右爲弟，今字之右，六字下一人出格外，君弟不永矣。』周笑且怒曰：『誕哉。』未半月，遇周於途，白衣冠，曰：『君以一字殺我弟，弟數日前暴疾卒。』」（《字觸》卷二，頁一四。）

(2)「有書『可』字視櫟公者。公曰：『男一丁，女一口，詢婚姻必矣。』對曰：『然。』公曰：『成則必成，但男族盛，有易視女姓之心。究且女爲男剋，以丁字太旺，口不足以敵之也。』數年後驗。」（《字觸》卷三，頁六。）

第一則言：亮工僅以一「六」字，付諸「象形、易理、字勢」等解法，即可推知所問乃衆人之事，又知有力者爲梗，已令事敗不成。更奇者，由字形左右筆勢，竟可察出問者之弟命危，且驗於半月之後。第二則亦爲異事，亮工以一「可」字，即知事關婚姻，且女方必爲男家所剋，並驗於數年之後。另有劉常詣術者張乘槎，指「德」字試令忖之，以驗其術。槎曰：「子欲占行人耳。自今十四日必來。」後果如其言。又有一京師權貴，無子，以一白圍棊子托門生袁姓者，之閩問嗣於雙瞽術者汪龍。龍以手周圍摸棊，即知來者姓「袁」，職官「員外」，棊色白，則問者自「北方」京城來。以棊子問事，所問者「其子」也，然此棊非木非石，經水火鍛鍊而成，全無生氣，安得有子。而權貴迄卒，竟無子。(註四六) 凡此類奇中之事，皆令人驚訝折服，以爲測字之妙，眞有神助也。

然而《字觸》所言之測字實例，亦多模稜含混，不止一解者。其所以如此，或因解者能力不及，或因有所忌諱，以致含混。解者能力不及者，如：

(1)「新安朱安國善相字，……毅夫示以飛字。朱書其側，曰：『二九而升。』扣其說，對曰：『飛之爲字，二、九、升，但據筆畫言之，不能知其義，未可便決福禍。』……(後)始悟二九而升者，兩次十九方成耳。」(《字觸》卷二，頁四。)

(2)「(徐溥)夢一人朱冠來曰：『君壽還有兩千。』覺而思之，以爲二十年也。其後二十二年卒。蓋『兩千』字兩十、兩一，合爲二十二云。」(《字觸》卷四，頁六。)

(3)「朱士容婦有娠，以子女求夢於仙。夢人以科舉榜相視，惟一『魁』字。後生男，名『魁兒』，謂必驗之。乃年二十得危病，自曰：『魁字，二十鬼也。吾其休矣！』果卒。」(《字觸》卷四，頁七。)

(4)「長興某公生子，時夢郡公送亞卿綽楔至其家。比長，始慧，領賢書之夕，復夢『亞卿』二字。凡上春官者屢，亦屢夢，夢輒如前，數不第。以前夢有待，未肯謁選也。年已六十，始謁吏部，授邑令，得西鄉縣焉。蓋『西鄉』之與『亞卿』字相類也。神之巧弄，如此。」(《字觸》卷四，頁七。)

此四則，(1)爲不識「二九而升」之義，無法解答淸楚；(2)爲誤解「兩千」，因而多活兩年；(3)

爲誤說「魁」字，死時方悟；⑷則因夢境圓滿，未肯謁選，以致終身不遷。四則皆爲解者能力不及，以致延誤，其後雖有正解，亦爲事後孔明，無補於事。又有因解者忌諱，不敢眞言，以致問者終罹其災者。如：

⑴「魏延夢頭生角，以問占夢趙直。直詐曰：『麒麟有角而不用，此不戰自附之象。』退而告人曰：『角之爲字，刀下用也。頭上用刀，其凶甚矣。』果爲楊儀所殺。」（《字觸》卷四，頁一。）

⑵「王克淵北討諸葛榮。夜夢衮衣倚槐而立，以爲吉，問於楊元愼。曰：『三公之兆也。』退告人曰：『槐字，木傍鬼，亡後得三公耳。』果爲爾朱榮所殺，追贈司空。」（《字觸》卷四，頁三。）

此二例，皆將一字分析爲相反二義，以概率言之，二者必有一中，中則聞者神之，更作繪影附會，遂使其言宛若神蹟矣。實則此類附會之例，歷代朝廷多藉以爲政爭勾鬥、諂媚進讒之術，如：

⑴「黃巢令皮日休作讖詞云：『欲知聖人姓，田八三十一；欲知聖人名，果律頭三屈。』巢大怒。蓋巢頭醜，掠鬢不盡，疑『三屈律』之言爲譏己也，遂及禍。」（《字觸》卷一，頁九。）

⑵「崇甯間，上問蔡京，居杭識推官吳偶乎？今以大臣薦，欲除官。京素恨偶，對曰：『識之。其人傲狠無上。……知陛下御諱而不肯改，乃以一圈圍之。』上默然不懌。未

幾，言者承風旨論罷。按徽宗名佶故云。」（《字觸》卷五，頁五。）

(3)「宋歧王始封昌王，時飛語云：『昌字兩日並出也。』裕陵惑之，以問大臣。……（呂申公）曰：『陛下何所疑。若聖意不能釋然，以臣所見，改封大國，則妄議息矣。』裕陵意遂解。」（《字觸》卷三，頁三。）

第一則謂黃巢欲亂，先事僞作讖語以造勢，不意作者因讖語略觸其諱，竟慘遭戮死。可知黃巢僅視讖詞爲篡奪之工具也。第二則述蔡京以一語輕易排擠政敵吳僞；然而類似之情境中，呂申公卻以片言袪除君王疑惑，免除可能發生之宗室爭端。可見此術之運用，端視解者用心之良窳也。

此外，拆字又或成爲政爭中弱勢者洩憤之管道，如：

(1)「王安石柄國時，有題相國寺壁云：『終歲（十二月也，青字）荒蕪（艸田也，苗字）湖浦焦（水去也，法字），貧女戴笠（安字）落柘條（石字），阿儂（吳言也，誤字）去家京洛遙（國字），心驚寇盜（賊民也）來攻剽。』合之爲「青苗法，安石誤國賊民也。」（《字觸》卷一，頁二。）

(2)「蘇子瞻謫儋州，以儋與瞻字相近也；子由謫雷州，以雷字下有田字也；黃魯直謫宜州，以宜字類直字也。此章子厚駁謔之意。」（《字觸》卷二，頁一。）

政爭中，當權者每以橫逆暴虐政敵，施政亦或有不得民心者，則拆字術又成爲弱者移情洩憤之具矣。惟此類離合、拆字之語，已非俗稱之測字術，而近於文字遊戲矣。

結論

《字觸》爲亮工費時八月而成之字戲、測字文獻彙編，所載之歷朝測字實例，或則言之成理且頗爲神奇，足以袪問者之茫然；惟模稜兩可、如事後孔明者亦不少見。覈以古代千百年間，測字實例何止千萬，而是書僅記三百九十一條，又雜以字謎、酒令、字理解析等非測字實例之載錄，且爲歷代習見之資料。以千萬中選其三百九，且有非屬測字之字戲雜乎其中，則歷來測字之準確而可信之例，何其微也。況且「測字術的解說字理，畢竟是與文字研究迥異的」，是以「隨心所欲地離拆字形，編排理由，附會吉凶」，純然爲測字術士故弄玄虛之技倆。（註四七）

然則《字觸》遂無留傳之價値乎？曰：是亦不然。如前所述，《字觸》共分六部，其中雜有與測字關係密切之字謎、字理等資料，使吾人得以知悉古人測字之原理及方法；更因此書實爲現今所見最完整且最早之拆字、相字文獻彙編，是以吾人欲研究「文字學世俗化」之現象，則此書可謂最具文獻之價値也。

若以正統字學論，測字術仍屬文字學之歧路，可以作爲談趣之資，實不應以命理神奇雜技視之也。姑以學者之言，爲本文之結語，曰：

「六書及其漢字形體結構的研究，雖有些不甚貼切，有的甚至荒唐可笑，但它卻是傳統文字學的組成部分。與文字學的研究不同的是，拆字者不管任何造字規則及形體結構特點，隨心所欲地把字加以拆解，爲己所用，其目的是爲自己的論説尋找根據。……利用漢字形體結構的特點形成了測字的基本方法。……可以説是把漢字搞得面目全非，盡失本意，壓根兒就是一個僞科學的系統，卻要與正統的學術牽強附會，但最終仍然無法貼上高層次的標簽。」（《神秘的測字學》頁一五。）

【註釋】

註一　周亮工生平，除見於《年譜》（周亮工《賴古堂文集·附錄》）有收，上海古籍出版社景康熙刻本），尚見於《碑集傳》、《貳臣傳》等十五家有關之周氏傳記中，收錄於明文書局《清代傳記叢刊》第十冊，七十五年一月初版。

註二　周亮工撰述諸書，散見於諸家傳記中，多寡不一，綜計凡十八種，分見於黃虞稷〈周亮工行狀〉，《賴古堂詩·附錄》，頁三六；錢陸燦〈周亮工墓誌銘〉，《賴古堂詩·附錄》，頁十八；魏禧〈賴古堂詩集序〉，《賴古堂集》卷十三，頁二；清錢林輯，王藻編《文獻徵存錄·周亮工》卷二，頁六七；鄭方坤《清朝名家詩鈔小傳·周亮工》卷二，頁四。

註三　徐芳〈字觸序〉，收入《字觸》中。

註四　黃虞稷〈周亮工行狀〉，《賴古堂詩·附錄》，頁三五。

註五　「火」及「疾病」二條，皆見於《字觸》卷六，頁二。

註六　周在浚〈先大夫行述〉，《賴古堂詩·附錄》，頁五六。

註　七　黎士宏〈字觸跋〉，收入《字觸》中。

註　八　「非」、「翠」二字見於《字觸》卷二，頁十。「子」字見於卷二，頁九。

註　九　〈賴古堂詩集序〉，《賴古堂集》卷十三，頁二。

註一〇　《後漢書·光武帝紀》卷一上，頁二二。

註一一　《漢書·藝文志》卷三，頁一七二三。

註一二　「袁康」見《字觸》卷一，頁一。「裴炎」見卷一，頁五。

註一三　《隋書·經籍志三》卷三十四，頁一〇三二。

註一四　今人陳詔堭謂：「朝鮮古典筆記的權威《書永編》（鄭東愈著），書中有破字、合字的記載。」「破字」義解即引自陳說。詳見〈朝鮮破字考〉，陳詔堭《測字精通》頁一五二，武陵出版社一九九二年一月再版本。

註一五　《舊唐書·經籍志下》卷四十七，頁二〇四四。

註一六　宋傅銀《神秘的測字學》頁一七，廣西人民出版社一九九一年版。又，武陵出版社一九八七年發行《梅花易數入門》，題曰：「邵康節著」，其中拆字部分實與《古今圖書集成·博物編·藝術典·拆字部匯考》卷七四七頁五九二六至卷七四八頁五九〇四七相同，雜有宋以後之拆字書《齊景至理論》，可知實非邵雍著作。

註一七　鐵筆子《測字入門·前言》，新象書局七十三年二月版。

註一八　見宋鄭樵《通志略·藝文略·五行類》頁六七一，世界書局本；宋王堯臣《崇文總目》卷四，頁二六，商務印書館本；《宋史·藝文志》卷二百六，頁五二五二、頁五二五七。

註一九 鄭樵《通志略·藝文略·五行類》頁六七一。

註二〇 書名引自《四庫總目·小說家類存目二》頁五九九，漢京出版社本；內容則見於《古今圖書集成·博物編·藝術典·拆字部匯考》卷七四七，頁五九〇二七。

註二一 今本《梁溪漫志》缺此條，轉引自《字觸》卷五，頁五。

註二二 《四庫總目·小說家類存目二》頁五九九。

註二三 《古今圖書集成·博物編·藝術典·拆字部匯考》卷七四七，頁五九二七—卷七四八，頁五九四五。

註二四 明楊士奇《文淵閣書目》卷十五，頁一九一，商務印書館本。

註二五 綜合鐵筆子《測字入門·測字入門要訣》頁七、頁一四，孔日昌《測字精髓·序》，宋傅銀《神秘的測字學》頁六一，趙天池《優美的中國文字·靈活的拼拆》頁一四六，所言拆字須備之條件，大意不離此四類。

註二六 《古今圖書集成·博物編·藝術典·拆字部匯考》卷七四八，頁五九〇四二。

註二七 徐芳《字觸序》，收入《字觸》中。

註二八 蕭蕭《字字玄機》頁一七。

註二九 《古今圖書集成·博物編·藝術典·拆字部匯考》卷七四七，頁五九〇二九。

註三〇 《古今圖書集成·博物編·藝術典·拆字部匯考》卷七四七，頁五九〇二七。

註三一 陳詔埕《測字精通》頁一二。

註三二　孔日昌《測字精髓·論測字測機之說》頁一四○。

註三三　《字觸》共引書一九種，細目如下：

(1)讖緯書（七種）：《詩說》二則、《春秋說題辭》三則、《元命苞》一則、《尚書考異郵》二則，《孝經古契》、《孔河圖讖》、《劉向讖》各一則。

(2)漢（九種）：《說文》四則、《風俗通》二則、《佩觿集》二則，〈越絕書序〉、〈參同契跋〉、《眞誥》、《東方朔傳》、《後漢書》、（另有〈光武本紀〉、〈漢董卓傳〉各一則）、《西京雜記》各一則。

(3)三國（四種）：《蜀志》二則、《吳志》三則，《吳祚國統》、《埤蒼》各一則。

(4)晉（六種）：《晉書》四則、（另有〈郭璞傳〉、〈符融傳〉、〈苻堅傳〉各一則），《劉焌煌錄》、《潛居錄》、《中興書》、《古今訓》、《玉箱雜記》各一則。

(5)南朝北（四種）：《南史》三則、（另〈文帝本傳〉有一則）、《世說》二則、《北史》二則、《伽藍記》一則。

(6)隋、唐（二六種）：《啓顏錄》六則、《朝野僉言》五則、《會稽錄》四則、《前定錄》二則、《語林》二則、《宣室志》二則，《萓居書》、《孫頠申宗伺》、《南部花記》、《談薮》、《開元傳信錄》、《開元文字》、《白孔六帖》、《元散堂詩話》、《龍城錄》、《劉公嘉話錄》、《廣五行記》、《謝小娥傳》、《摭遺》、《尚書故錄》、《杜易編》、《北夢瑣言》、《悅生隨抄》、《拾遺錄》、《南楚新聞》、《文覽》各一則。

(7)五代（四種）：《滇記》二則，《五代史》、《稽神錄》、《桂苑叢談》各一則。

(8)宋（二六種）：《說海》九則、《春渚紀聞》三則、《宋道直拆字傳》二則、《齊東野語》二則、《齊東野語》二則、《錢氏私志》二則、《貴耳集》二則、《老學庵筆記》二則，《雲笈七籤》、《東坡集》、《曹翰傳》、《事文類》、《鶴林玉露》、《鐵圍山叢談》、《彝堅志》、《塵史》、《曲洧舊聞》、《陶朱新錄》、《西湖志》、《遯齋閑覽》、《默記》、《桐蔭舊話》、《梁溪漫志》、《桯史》、《鄰幾雜志》、《楊東里集》各一則。

(9)元（二種）：《拊掌錄》、《遼史》各一則。

(10)明（二一種）：《耳談》七則、《櫟公筆記》七則、《顧曲亭紀聞》六則，《七修類稿》、《九鯉湖誌》、《眉公見聞錄》、《聞奇錄》、《徐文長集》、《居東集》、《何氏語林》、《畜德錄》、《菽園雜記》、《讀書偶見》、《綠雪亭雜言》、《六書略》、《十三州紀》、《琅琊代醉編》、《琅琊曼衍》、《東谷所見》、《四季錄》、《讀書愚見》各一則。

註三四 《題蕉堂索句圖》，《賴古堂集》卷二三，頁八。

註三五 周亮工《字觸凡例》，收入《字觸》中。

註三六 周亮工《字觸凡例》，收入《字觸》中。

註三七 以上十二例，分見於《字觸》各卷中，依次爲：苻堅：卷一，頁五。貨泉：卷一，頁三。杭：卷二，頁三。麻雀：卷二，頁六。靖康：卷三，頁三。奇：卷三，頁四。可：卷四，頁四。來：卷四，頁八。鰥：卷四，頁八。智慧：卷六，頁二。水：卷六，頁二。

註三八 黎士宏《字觸跋》，收入《字觸》中。

註三九　方文〈字觸序〉，收入《字觸》中。

註四〇　徐芳〈字觸序〉，收入《字觸》中。

註四一　方文〈字觸序〉，收入《字觸》中。

註四二　徐芳〈字觸序〉引，收入《字觸》中。

註四三　以上十四例，分見於《字觸》各卷中，依次爲：貴：卷二，頁五。未：卷一，頁三。乃：卷二，頁二。此：卷二，頁十二。唐：卷二，頁六。好：卷三，頁六。掛肉：卷四，頁二。牛田：卷四，頁七。問：卷二，頁二。休：卷二，頁八。立：卷二，頁五。髮：卷四，頁二。坤：卷二，頁十一。生：卷二，頁五。

註四四　《神秘的測字學》頁八九。

註四五　《字觸》卷四，頁三。

註四六　「德」字見《字觸》卷三，頁五。「碁」字見卷二，頁六。

註四七　《神秘的測字學》頁一一六。

明清間中西文化交流對粵詩人之影響

李德超

壹、引言

粵省位處東南，其地背倚五嶺，面臨南海，境內河川密布，物產豐饒。自秦季開闢以還，經濟文化，與時而進。尤以對外交通方便，故貿易往還，自昔視中原各省爲較早。而外來文化思想之輸入，亦自以粵省爲先導。是故新舊衝擊，中西交融，而改革運動於焉以起。於是近世政治思想、社會制度，乃至詩歌風格之創新，幾無不導源於粵省，此則與其地理位置，有關係焉。

自唐季張九齡以還，粵省詩人，已自成風格。張氏首創清淡之派。至宋季余襄公，則以樸老之作，洗革西崑鉛華。明季南園五子，又上溯三唐，一改元詩之纖弱。清初屈大均、梁佩蘭、陳元孝三子，又擺脫明季復古之風。至黎二樵、宋芷灣，更主創新。晚近黃遵憲、康有爲輩，尤倡詩界革命。至於宣導民主思潮，倡言民族革命，則黃晦聞、廖仲愷、蘇曼殊、朱執信諸公，尤爲表表者焉。是則粵東詩人，自始即有改革氣度。論者以爲粵詩尙雄直、主清勁，而富改革精神。故能自成風格，獨闢蹊徑，足與中原詩界相抗衡。而其構成粵詩獨特風格之因素固多，就中以嶺南地域特殊，爲「南州遠徼」，又早爲海上貿易之門戶，故能開張視野，接觸外來之思想與文明，而又率先有航海渡洋之經驗，發而爲詩，乃與內地詩人之境界不同。尤其明清之際，西方思想與西洋科學之次第東傳，影響及於粵省詩人、與流寓粵省之詩人者不少。故其時粵詩，或則吟詠外來之寶貨方物，或則描繪海外之風土人情與自然風景，或則試用蕃語新詞，或則介紹西洋學說。大率鎔鑄古今，貫通中外，「變舊詩國爲新詩園」，獨闢蹊徑，自成一隊，於粵詩原有之獨特風格中，又添新彩。茲篇所欲探討之主題，厥在於是矣。

顧自十四世紀，歐洲文藝復興，倡導人文主義，而宗教神權，漸趨沒落。降及十五世紀中葉，歐洲又有活字版之發明，由是知識文明，乃日益普遍，非教士所可一方壟斷之矣。及十五世紀末葉，諸新興民族國家，更紛紛起而反對宗教之干涉政治，故教皇之影響力，遂日以減損，而教士之地位，亦日形低落。十六世紀以後，更有馬丁路德之宗教革命，而基督新教興焉。且舊教亦於時有內部思想之分歧，於是有羅耀拉（ST. IGNATIUS LOYALA）者，出而創立耶穌會，以對抗此一長期之威脅，而維持傳統信仰。其徒率多飽學之士，於宗教而外，又各挾其學術專長，故能在歐洲自然科學理性主義方興未艾之時，建立民衆信念。而吾中國對於外來宗教，但求其不干預內政，不破壞傳統，向例無所排斥。雖或有如韓昌黎之抗疏反對釋氏，及有所謂會昌滅法者。然其本質，究非國人對外來宗教之敵對抗衡，而實乃國人對外來文化之理性接受，必欲咀嚼英華，而不願囫圇吞棗耳。故佛教終能於適應中國傳統之原則下，得以發皇，其餘各派宗教，亦莫不類此。舉中國境內一切宗教，幾無不直接間接得自外來者，此足見吾國對外來宗教思想，向有承受力量。而特需經吾文化之洗煉，俾合國情，始予受納而已。故論者謂中國文化之三大特質，乃人文主義、理性主義、與自由精神者也。

値耶穌會士東來之日，適當晚明政局漸入衰敗之時，內則流寇猖狂，外而海疆不靖。且爾時國人之科學思想，又甚落伍，敎士攜來諸器物，如自鳴鐘、如風琴，如望遠鏡，如西方之繪畫，皆當時所稀有，見者無不歎爲觀止，遂乃與其吟詠，寫其興寄。諸敎士亦藉此而得與當朝士大夫交接，進而取歡當道。冀從領導階層之信仰，以博取傳敎機會，然後下逮齊民，廣布敎義耳。會其時大統回回諸曆，以年久差訛，謬誤時出，於是有徵用西人修曆之議。崇禎初，徐光啓推演西法悉驗，以爲自羲和之後，唐虞三代之闕典遺義，頓獲補綴，由是湯若望、鄧玉函輩，遂能入主曆局，而遂其傳敎任務焉。抑自滿族南犯，明廷之於西方火銃諸器，需用尤殷，乃有羅如望（J. DE ROCHA）、陽瑪諾（E. DIAZ）之銜命製銃，與龍華氏（N. LONGOBARDI）、畢方濟（F. SAMBIASI）之奉旨勸募殷商，捐資製礮。朝廷旣用其人，而敎士乃得開展其傳敎任務，於是文化宗敎，遂並肩而繼至矣。

然而明清兩朝，除永曆帝后而外，對當時來華傳敎之士，常僅以賓臣學者視之，而不以敎士視之也。故彼輩之來華，其成就在文化傳播方面多，而在敎義傳播方面少。如陳援菴先生嘗撰「湯若望與木陳忞」一文（註二），其第三章，論湯、忞二人之知遇，謂若望常被召入內廷，木陳則只就見館舍。召入內廷，其誼親，就見館舍，其禮尊。若望本司鐸，然順治不視爲司鐸，而視爲內廷行走之老臣。木陳以禪爲本業，其召見即爲禪。若望以敎爲本業，其見用卻不在教，二人知遇，同而不同。木陳先信而後見，若望見後而仍疑，故不足以行其道。吾以為諸耶穌會士，其遭遇蓋多與若望雷同。其時來華諸耶穌會士，類多嚮慕儒雅，曉習華文，故能與中國士紳相晉接。或書牘往來，或讀書談道，或以中文為譯著。如讀利瑪竇（METTEO RICCI）《辯學遺牘》「利先生復虞詮部書」，果見其文理通達，確能與中國無別。雖有疑其偽託者，然先師方杰人神父嘗據鄒元標《願學集》（註二），有「答西國利瑪竇書」，謂「得門下手教」云云，則利氏確能執筆作函。方師又據《海山仙館叢書》本、《顏氏家藏尺牘》，末附姓氏考，載有南懷仁之名，惟不載其尺牘。而據道光二十七年（西元一八四七）潘仕誠撰「顏氏家藏尺牘序」，知書中所收者，俱以書法見稱，則南懷仁固亦工書者矣。

又讀利瑪竇之《天主實義》，知利先生之中文涵泳，亦兢兢矣。而金尼閣撰《西儒耳目資》所為自序，亦頗通文理。厥後如艾儒略，於吾國經籍，亦頗有研究，故其為文，乃詞理明鬯。如《口鐸日鈔》卷二、崇禎四年九月初八日，答戴文學質耶穌受難之疑曰：

> 予讀中邦史書，見成湯之禱於桑林也，剪髮斷爪，身嬰白茅，以為犧牲。夫以皇皇天子，而匍匐以代犧牲，旁觀者誠作何狀？而湯竟忘其九五之尊者，其憫念斯民者摯也。今天主尊矣，監視下民，非不甚赫，乃盡斂其有赫之威，而受難救贖者，為古今萬民也，為予也，亦正為君也。

試觀其文，何其詞意賅潔，理路明暢，此所以西方教士，能與中國士紳讀書談道而投契者，於是西方之思想文明，乃能浸漬於中國，影響所及，故晚明以來，國人乃或多或少受其漸染。粵省位處南疆，而得西方之思潮為最早，此所以東粵詩人，受西方文明之感染乃最先而最著。尤以澳門一地，早為葡萄牙人之所據，遂乃華洋雜處，迴異城鄉。而西教士之來者，又必先履澳門，故所攜來之西籍與新奇器物，乃至天文、曆法、醫藥、數理諸學，皆最早見之於澳門。故凡粵東詩人之嘗履其地，或得與澳門諸傳教士相晉接者，乃能先睹西方之奇器，先受西洋之思想，而見諸吟詠者自亦較多。爰就其時諸詩，分類述之如次：

貳、吟詠西洋方物諸詩

㈠屈大均詩

爾時粵中詩人，吟詠西洋方物諸詩，見諸屈大均《翁山詩外》者九首，另詞一闋。大均字翁山，初名邵龍，號非池，又曰紹隆，字騷餘，一字介子，又自號泠君、華夫、三外野人、八泉翁、髻人、九卦先生。為僧時，法名今種，字一靈，番禺沙亭人，而生於南海之西場。父澹足公，以幼遭家難，寄養於南海邵氏，故翁山亦姓邵氏。年十五，已與同里諸子，結西園詩社。翌年，補南海縣學生員。澹足公遂攜歸沙亭，復姓屈氏。庚寅（一六五〇）冬，禮函昰於番禺雷峰海雲寺為僧，以所居曰死庵。康熙元年（一六六二），南歸省母，還居沙亭，遂蓄髮髻，返儒服。然翁山雖棄沙門服，猶稱屈道人，蓋不欲以高僧終，而以高士始也。嘗往來荊、楚、吳、越、燕、齊、秦、晉之鄉。性至孝，母年九十歿，廬於墓側者踰三年，康熙三十五年（一六九六）卒，壽六十七歲，所著有《翁山詩外》《廣東新語》等十數種。

翁山所詠西洋方物詩，計爲：

西洋郭文贈我珊瑚華架賦此答之二首

何年沈鐵網，海底得枝枝。以此爲鈎好，偏於掛鏡宜。親勞如意擊；重向玉臺貽、才愧徐陵甚，難爲筆架時。

分來烽火柏，持作筆牀先。小架宜斑管；長書得錦箋。歸憑纖手潤；益使大紅鮮。未有瓊瑤報，殷勤奏短篇。

案《翁山詩外》卷十一，亦有「壽西洋郭丈詩」，見本篇第四節、用蕃語新詞諸詩。《方豪六十自定稿》上冊頁第五十八，「明末清初旅華西人與士大夫之晉接」九、珊瑚華架、疑郭丈爲教士。惟據汪宗衍先生，謂方師讀其所撰《屈翁山先生年譜》後，曾去函云：已知郭丈非教士矣。

印光任、張汝霖合撰《澳門紀略》「澳蕃篇」（註三），頁第二一〇，謂澳門有「蕃銀筆、筆架以諸珍寶爲之。」

茶蘼花二首

序云：「澳門蕃女以茶蘼露沾灑唐人衣上，以爲敬。」

南海茶蘼露，千瓶出此花。酡顏因白日；瞔面即紅霞。色箸霑衣客；香歸釀酒家。摘防纖手損，朵朵刺交加。

玫瑰同名族，南人取曬糖。全添紅餅色；半入綠尊香。露使花頭重；霞爭酒暈光。女兒兼粉果，相餽及春陽。

李調元《南越筆記》云：「廣人多種荼蘼，動以畝計。其花喜烈日，當午澆灌，則大茂。有細瓣而蕊三四卷者，有粗瓣而蕊一二卷者，有細心者，疏莖者。以甑蒸之取露，或取其瓣，拌糖霜曝之，兼旬，以爲粉果心，名荼蘼角，甚甘馨可嗜。然猶以大西洋所出者爲美。」《澳門紀略》「澳蕃篇」云：「花露水即薔薇水，以琉璃瓶試之，翻搖數四，泡周上下者爲眞。」又云：「荼蘼露以注飲饌，蕃女或以沾灑人衣。」

西洋菊一首

枝枝花上花，蓮菊互相變。惟見西洋人，朝朝海頭見。

《澳門記略》「澳蕃篇」頁第一九二云：「蓮、蔓生籬落間，花初開如黃白蓮，十餘出，久之，十餘出者皆落，其蕊復變而爲菊，故又名西洋菊。」

茉莉一首

未開先食蕾，蟲細若飛絲。葉底粉如雪，香宜月上時。欲花先摘葉，葉少始花多。向夕沾人氣，香如膏沐何。

《澳門紀略》「澳蕃篇」頁第一九三云：「茉莉，一名耶悉茗花，開千葉，香最烈。當春時，摘其葉，葉少，花乃繁。然苦爲飛絲蟲所食。陸賈曰：南越之境，百草不香，此花移自別國，不隨水土而變。不知蕃人一種尤勝也。」

屈大均《廣東新語》（註四）卷二十五「木語」，有「茉莉」條，載之甚詳，不贅錄於此矣。

嬰鵡一首

已食沈水烟，復藏雙翅內，時放氤氳，幃中香久在。

翁山又有玉女瑤仙佩詞一闋，詠白鸚鵡云：

西洋巨舶，蠔鏡蠻奴，帶得雙雙純白。膩粉粘身，金絲生頂，慣自開花娛客。不用春纖相，喜蕃言漢語，諸音都習。教兒女珠釵買取，好把餘甘綠豆，相識雕籠，恐天寒覆被，薰手殷勤旦夕。東屋謾誇五色。黃裏紅衣，爭似冰翎霜翮。卻笑越鵰，長矜瓊尾，尚有絲絲煙墨。朱盡瑤妃質。恨天與慧性，年年添得。衹自記華清舊事，宮人教謝，至尊憐惜。無消息。襟前但有淚痕漬。

李時珍《本草綱目》卷四十九云：「鸚鵡有數種……白鸚鵡出自西洋南番。」《澳門紀略》「澳蕃篇」頁第一九五云：「禽之屬爲鸚鵡。有大紅者、毛內黃。大綠者、毛內赤。每抖擻其羽，則陸離炫目。有純白者，五色者。翅作翠縹、青黃裏、白腹者。其五色鸚鵡，常棲丁香樹上，以丁香未熟者爲餌子，既收，則啄其皮，能兼番漢語。性畏寒，然撫摩其背，則瘖倒掛。鳥身嫩綠色，額青，胸前一硃砂點。頂有黃茸，舞則茸開，每收香翅中，時一放之，氤氳滿室。又輒自旋轉首足如環，以自娛。」

玻璨鏡二首

誰將七寶日，擊碎作玻璨。絕勝菱花鏡，來從洋以西。

鑄石那能似，玻璨出自然。光含秋水影，尺寸亦空天。

《澳門紀略》「澳蕃篇」頁第二〇二云：「玻瓈，一名稱瑠璃，大秦國出，赤、白、黑、黃、青、綠、紺、縹、紅、、紫十種瑠璃是也。或曰千年積冰，或曰以自然灰治石爲之，大抵以藥燒成。」

又頁第六十二云：「玻瓈爲屛、爲燈、爲鏡。有照身大鏡、有千人鏡，縣之物，物在鏡中，有多寶鏡，合衆小鏡爲之，遠照一人，作千百人。有千里鏡，可見數十里外。有顯微鏡，見花鬚之蛆，背負其子，子有三四。見蜫蝨，毛黑色，長至寸許，若可數。有火鏡。有照字鏡，以架庋而照之。有眼鏡。」

澳門六首之二至六

南北雙環內，諸番盡住樓，薔薇蠻婦手，茉莉漢人頭。香火歸天主，錢刀在女流。築城形勢固。全粤有餘憂。

路自香山下，連莖一道長。水高將出舶，風順欲開洋。魚眼雙輪目，鰌身十里牆。蠻王孤島裏，交易首諸香。

禮拜三百寺，蕃官是法王。花襹紅鬼子，寶鬘白蠻娘。鸚鵡含春思，鯨鯢吐夜光。銀錢么鳳買，十字備圓方。

山頭銅銃大，海畔鐵牆高。一日蕃商据，千年漢將勞。人惟眞白氎，國是大紅毛。來往風帆便，如山踔海濤。

五月飄洋候，辭沙肉米沈。窺船千里鏡，定路一盤針。鬼哭三沙慘，魚飛十里陰。夜來鹹火滿，朵朵上衣襟。

《澳門紀略》「澳蕃篇」頁第二〇四云：「香之品，莫貴於龍涎，每兩不下百千，次亦五六十千，以大食國出者爲上。西洋產於伯西兒海，焚之，則翠烟浮空，結而不散，坐客可用一剪以分烟縷。有龍腦、梅花片腦，皆樹液所結。有巴爾酥厤香，即安息香。伽南香則剖之香甚輕微，然久而不滅也。他如檀香、降香、速香、乳香、衣香，品類尤夥。」

林希元「與翁見愚別駕書」云：「佛郎機之來，皆以其地胡椒、蘇木、象牙、蘇油、沈、東、檀、乳諸香，與邊民交易，其價尤平。」

《廣東新語》卷二十六「香語」載諸香甚詳，茲不贅錄。

龔翔麟「珠江奉使記」云：「其女子則華襔寶[illegible]，出以錦被蒙其首，而跣足不韈，其家政女子操之。父死，女襲其業，男子則出嫁女家。」

《廣東新語》卷二「地語」「澳門」條云：「錦毺裹身，無襟袖縫綻之製。」

《澳門紀略》「澳蕃篇」頁第二〇五云：「銀皆范錢，錢有數等，大者曰馬錢，有海馬象。次曰花邊錢。又次曰十字錢。花邊錢亦有大小中三等，大者七錢有奇，中者三錢有奇，小者錢餘。或言呂宋行銀，如中國行錢，故轉輸及於諸國。然《明史》載西洋忽魯謨斯交易用銀錢，而貝喃國用小金錢，名曰巴南，則行使早徧於二洋，然易滋僞，十字錢尤甚。」

《廣東新語》卷二「地語」，頁第二十三、「澳門」條云：「澳有南臺、北臺，臺者、山也。以相對，故謂。澳門蕃人列置大銅銃以守。」

同卷頁第二十四云：「每晨必擊銅鐘。以玻璃器盛物，薦以白氎布，人各數器，灑薔薇露、梅花片腦其上。坐者悉寘右手褥下不用。曰：此爲觸手，惟以溷。食必以左手攫取。先擊生子數枚啜之，乃以金匕割炙，以白氎巾拭手，一拭輒棄置，更易新者。」

《小方壺齋輿地叢鈔》第一帙、林謙《國地異名錄》七、「葡萄牙」條云：「紅毛、乃西洋夷種類之通稱。而自明以來，或以專屬之荷蘭，或以專屬之佛郎機，今又以專屬英吉利。」

《澳門紀略》「澳蕃篇」頁第五十二云：「每舶用羅經三：一置望樓，一舶後，一桅間，必三鍼相對而後行。」

曹思健「屈大均澳門詩考釋」云：「澳中民謠，有三沙現，夷人變之語。」又云：「三沙之名，不見於文獻，其地在今關閘之西，青洲之東北江水中，今已化滄海爲桑田矣。」

㈡陳恭尹詩

詠西洋方物詩，見諸陳恭尹《獨漉堂集》者，有「西蕃蓮花歌」一首，恭尹字元孝，號羅浮布衣，廣東順德縣人。以蔭授錦衣指揮僉事。桂王奔雲南，恭尹與何絳出崖門，渡銅鼓洋，至昭潭。會淸兵三路進迫，滇黔路絕，乃汎洞庭，自漢口南還。康熙間，以嫌疑下獄，百日始得解脫。晚寓廣州。而忠義之氣，時時流於言表。所著有《獨漉堂詩文集》。

所詠「西蕃蓮花歌」云：

西方佛有青蓮眼，西蕃花有青蓮產。朱絲作蔓碧玉英，繚繞疏籬意何限。世間只尚紫與黃，此花無色能久長。百花香者爭高價，此花不售自開謝。惟有幽人最愜懷，竟日盤桓倚僧舍。

(三)區懷瑞銘詩

《澳門記略》「澳蕃篇」頁第二〇七，載區懷瑞「機銃銘」一篇。懷瑞、廣東高明縣人。明天啓丁卯（十二年、一六三九），舉於鄉；乙酉（福王弘光元年、唐王隆武元年、清順治二年、一六四五）入南都。歐主遇以尹吉甫佐宣王李鄴侯謁帝靈武相勉。後於途中遇刃死。所詠「機銃銘」云：

有械咫尺，出自島舶。其統之型，餤烟小弱。支緒瑣陳，煉鋼而作。輻輳委蛇，洞空橐籥。節短勢長，旋螺屈蠖。魚乙眕分，犬牙繡錯。關鍵相須，石金噴薄。渾合自然，不焚而灼。激射摧殘，等於戲謔。迅擊尋丈，不爽錙銖。蜕胎重器，巧捷于茲。觸光毫末，鋒鏑爲威。變生袵席，狃而不知。明信在躬，聖鐵是衣。君子警斯，毋中于微。

按《澳門紀略》於詩前載云：「自來火鎗，其小者可藏於衣被之中，而實發於咫尺之際，皆精鐵分合而成。分之二十餘事，合之牝牡，橐籥相茹，納紐篆而入，外以鐵束之五六重，圍四寸，修六七寸，小石如豆，韜皮函外，鐵牙摩戛，則火激而銃發。有銃必有帶，采革爲之，或有繡者。凡第一佩，可插小銃二十，謂之機銃，一名覿面笑」云。

(四)梁詩

又《澳門紀略》同卷頁第三〇八，載梁迪「西洋風琴詩」一首。迪字道始，廣東新會人。康熙四十八年（一七〇九）進士，官山西平陸屯留知縣。有《茂山堂集》。所詠「西洋風琴詩」

云：

西洋風琴似鳳笙，兩翼參差作鳳形。青金鑄筒當編竹，短長大小遞相承。以木代匏囊用革，一提一掣風旋生。風生簧動衆竅發，牙籤戛擊音砰訇。奏之三巴層樓上，十里內外咸聞聲。聲非絲桐乃金石，入微出壯盈太清。傳聞島夷多工巧，風琴之作亦其徵。我友今世之儒將，巡邊昨向澳門行。酋長歡迎奏此樂，帥旋倣作神專精。器成更出澳蠻上，能令焦殺歸和平。緱嶺秦樓漸細碎，鸞鳳偏喜交洪鳴。雄中黃鐘雌仲呂，洋洋直欲齊咸韺。他日朝天進樂府，定有神鳥來儀庭。

按《澳門記略》於詩前載云：「風琴，藏革櫝中，排牙管百餘，聯以絲繩，外按以囊，噓吸微風，入之，有聲嗚嗚自櫝出，八音並宣，以和經唄，甚可聽。」

(五)汪後來詩

《澳門紀略》同卷頁二〇四，又載汪後來「火浣布詩」一首。後來字白岸，廣東番禺縣人。康熙間武舉人，工詩善畫。《廣東通志》卷一九七、藝文略九、著錄《鹿岡堂集》，今已無傳。所詠火浣布詩云：

楚人一炬失秦宮，不及蠻夷剩女紅。海島窮搜憐火鼠，梯航入貢鬬華蟲。將同試玉殘灰冷，何憚章身外垢蒙。卻笑浣紗消息渺，祝融方代建奇功。

按《澳門紀略》於詩前載云：「又有火浣布，今罕有市者」。

(六)羅天尺詩

《澳門記略》同卷頁第一九二，有羅天尺「醉花歌」一首。天尺字履先，號石湖，廣東順德人。乾隆丙辰（元年、一七三六）舉人。一上春官，即歸奉母，杜門著述，卓然風雅主持。著有《癭暈山房詩鈔》、《文鈔》、《五山忘林》等。所詠「醉花歌」，題云：「走筆和李崇璞答劉使君贈西洋牡丹原韻。」其詩云：

嶺南十月梅如雪，梅開萬木俱少茁。我來赤花洲上游，醉花醒見下弦月。主人有歌花不老，因花作歌寫懷抱。自言嶺外南枝花，何似牡丹西洋草。西洋牡丹葉作花，贈自使君情尤好。金帶芍藥不足言，玉堂蓮花誰更道。有葉苦心堪笑荷，無葉生棘卻憐棗。花開飲酒人盡歡，花落殘紅人盡惱。何如此花葉即花，五色天成非湼皀。以香尋香何處求，味然得味從人討。我讀君歌憶使君，儼如身在蓬萊島。生材何必論中外，超群未許詩文藻。因花添酒飲復醉，自恨見花苦不早。姚黃魏紫富貴家，醉後直供一箒掃。十年重憶在官衙，祇尋月貴誇繽葩。焉知再上長安道，江上朝雲變暮霞。何貴非賤，何葉非花。但醒即客，但醉即家。我欲將花問天帝，百花皆作此花例。更開酒量如長鯨，一日可當一百歲。

(七)佚名詩

又《澳門紀略》同卷頁第一九六，載「駝雞詩」一首，惟作者佚名。其詩云：

廣南異物進駝雞，錦背雙峰一寸齊。只道紫駝來絕塞，雞林元在大荒西。

詩之前載云：「有駝雞，高三尺許，花冠翠羽，背有雙峰似駝，肉鞍可乘，能食鐵石」。

八梁喬漢詩

詠西洋方物詩，見於梁喬漢《港澳旅遊草》者二首。喬漢字斗衡，號袒園，廣東順德縣人。光緒二十六年（一九〇〇）始旅居澳門，設帳作西席，因撰《港澳旅遊草》一卷。其中詠澳門風物，及華洋雜俗之作，凡五十篇，雖或採摭傳聞，筆調欠雅，然亦足爲文獻之流亞。抑是書於黃蔭普《廣東文獻書目知見錄》及諸《香山縣志》皆無著錄，足見世罕流傳。此外，梁氏又撰《袒園詩草》十卷、《享帚軒文集駢散體》二卷等。

風土雜詠二十五首之十一、二十四、二十五共三首

麵包乾餅店東西，食味矜奇近市齊。飲饌較多番菜品，唐人爭說芥喱雞。

水從化學煉加鹽，滌暑招涼力倍兼。嚼雪幾人同荔啖，賣喧忘卻候趨炎。

青磐山下四時煙，竈火濃氛海面旋。巧製利人丹雘勝，紅毛泥販八方傳。

夷俗雜詠十首之十

單車並不費人牽，獨坐中衡自轉旋。兩腳踏將機起伏，輪行前後快如弦。

九汪兆鏞詩

又詠西洋方物詩之見於汪兆鏞《澳門竹枝詞》四十首中者計得二首。兆鏞字伯序，一字憬吾，自號慵叟，晚號今吾，又號清溪漁隱。祖籍浙江山陰。父省齊，於道光末幕游入粵，遂著籍爲番禺人。性穎悟，務時文。十二歲即能爲詩。光緒六年（一八八〇），以弱冠應試，取入縣學正額第十名。十一年，以優行貢成均。十二年朝考，取一等第十五名。鼎革後移家至澳，

隱居不仕，卒年七十有九。著作甚豐。所詠西洋方物詩，錄之如次：

海魚不及江魚美，蝦醬奇腥不可嘗。獨有蠔油腴且雋，固應傳詠到溫（汝适）張（問陶）。

自注云：「船山有謝溫篔房惠蠔油詩。」

飈輪電轂走輕車，人面桃花一瞥餘。最好松間明月照，乘風飛渡若凌虛。

自注云：「近有摩托車，疾馳如風，於月夜行海岸，萬綠叢中最勝。」

(十)吳歷詩

此外，詠西洋方物詩人，尚有澳門耶穌會士吳歷。歷、本名啓歷，字漁山，江蘇常熟人。所居有言子墨井，遂號墨井道人。康熙十九年（一六八〇）本擬隨柏應理神父前赴大西，至澳不果，由是寓居澳門，遁世學道。其後歷遊上海、虞山、嘉定等地，宣布教理。康熙五十七年卒。所著有《三巴集》、《三餘集》、《墨井題跋》、《墨井詩鈔》等數種。爰錄其吟詠西洋方物諸詩如次：

舊沙漏

金沙映玻口，漏盡還知否。無關舊與新，所願應鐘走，一倒去一時，歲月能幾有。迢迢靜默中，颯颯談經後。藉爾健無停，超然神樂久。

《澳門紀略》「澳蕃篇」頁第二〇七云：「又一物如鵝卵，實沙其中，其顛倒滲泄之，以候更數，名曰鵝卵沙漏。」

試覩千里鏡

自分潛修不出廬，富前草色任秋蕪。亦忘故舊黃花處，此鏡懸看得也無。

謝惠鼻煙

病因口腹累無休，遍覓醫方得遠儔。未驗是煙能療治，但令鼻孔亦饕求。

自鳴鐘聲

兩鬢荒荒雪漸盈，十年無計出愁城。鐘聲不管愁難度，日夕迴環只自鳴。

《澳門紀略》「澳蕃篇」頁第二〇六云：「自鳴鐘有數種，曰：桌鐘、曰掛鐘。小者圓如銀鋌，皆按時發響。起子末一聲，至午初十二聲。復起午末一聲，至子初十二聲。鳴時八音並奏者，謂之樂鐘。欲知其辰而非其應鳴之時，則掣繩轉棫而報響，謂之問鐘。小者亦可問。」

西燈

燈自遠方異，火從寒食分。試觀羅馬景（教宗所居地）；橫讀辣丁文（西古文）。蛾繞光難近；鼠窺影不群。驚看西札到，事事聞未聞。

顯微鏡

把鏡方知近意深，微投即顯見千金。乍觀奪日能無訝；轉盼分明盡快心。歡殺山間如夢過，疑眞疑幻總難破。末路貪痴都若斯，紛紛以小妄求大。

西菜（傳自大西種）

滿畦西菜葉翻翻，薹嫩枝多花白繁。摘煮登盤常得食，爛肥即可當蒸豚。

無花果

爲愛春華手自植，年年零落徒相臆。何如此果竟無花，夏熟枝間肥可食。

右舉諸詩人，除吳漁山而外，其餘俱爲粵人。而漁山諸詩，皆爲在澳門所作，故以附焉。凡諸作品，皆詩人所見西洋方物，爲前所罕見，由是興其吟詠，寫其興寄。其後外省詩人，如宋犖之有「洋山茶詩」，吳偉業之有「燕窩詩」，李紱之有「眼鏡詩」等，亦皆吟詠西洋方物者也。雖然，早於元明之際，如高啓已有「薔薇露盥手詩」，然僅足以證明薔薇露非始於明清間耳。吟詠西洋方物諸詩，終以明清之際，粵省詩人或流寓粵省之文士爲較多也。

參、描繪海外風土諸詩

至於描繪海外風土之詩，爲數尤夥，未能盡錄。蓋澳門於開埠之前，乃唯一之西人聚居地，儼然爲一西方社會，故其風俗習慣，自多與中土異趣，國人既視之爲九夷之居，而亦以爲新奇可愕，故涉足其地之詩人，皆如劉禹錫之詠巴渝，李德潤之詠南粵，效竹枝之遺聲，待輶軒之採訪。爰擇其所爲詩若干，錄之如次：

㈠方顓愷詩

方顓愷，字趾麐，隆武時補諸生，平靖二王入廣州，督學使檄諸生，不到試者，以叛逆論。顓愷誓死不赴，削髮爲僧，名光鷲，字跡刪，後易名成鷲，躬耕羅浮，母歿奔喪，饘粥苫田，一遵儒禮。葬日，負土築墳，痛哭而後別。俗僧笑之，弗顧也。晚掩關大通寺。康熙元年壬寅（一六六二）年八十六卒。著有《咸陟堂文集》十七卷、《詩集》十五卷、《詩文續集》三卷、《鹿湖近草》四卷、《楞嚴經直指》十卷、《金剛經直說》一卷、《道德經直說》二卷、《注莊子內篇》一卷、《鼎湖山志》八卷等。

所詠三巴詩云：

暫別殊方物色新，短衣長被稱文身。相逢十字街頭客，盡是三巴寺裏人。箬笠編成誇皂蓋，檻輿乘出比朱輪。年來吾道荒涼甚，翻羨侏儒禮拜頻。

㈡陳官詩

《香山詩略》（註五）卷六，有陳官「望濠鏡澳」詩一首及「澳門竹枝詞」四首。陳官字子洪，香山小黃圃人，諸生。僑寓鳳城，掩關城南金山。著有《石緣詩妙》。其「望濠鏡澳」詩云：

請纓無地只乘槎，日莫橈停斥鹵沙。濠鏡艟艨朝百粵；海門風雨湧三巴。貨通胡市珠爲貴；白滿蓮莖屋作花。盛世不須重建策，越裳歌頌遍中華。

第四句自注云：「三巴寺，西洋夷所奉之祖。」第五句自注云：「夷俗貴女賤男，凡居貨而與唐人交關者，皆用婦女。」

《廣東新語》卷二地語「澳門」條云：「多以婦人貿易，美者寶鬘華襪，五色相錯，男子則出嫁女子，謂之交印，男子不得有二色，犯者殺無赦。」

《澳門紀略》「澳蕃篇」頁第一七四云：「屋多樓居，樓三層，依山高下，方者、圓者、三角、六角、八角者，肖諸花果狀者，其覆俱爲螺旋形，以巧麗相尙……。」

其竹枝詞云：

澳門東接大洋邊，十字門開天外天。澳頭一在蓮莖路，儂是中間一朵蓮。

澳門禮數異中華，不拜天尊拜釋迦。濠湧鏡光樓六角，山飛磴道寺三巴。

生男莫喜女莫悲，女子持家二八時。昨暮剛傳洋船到，今朝門户滿唐兒。

戒指拈來雜異香，同心結就兩鴛鴦。嫁郎未必他年悔，生子還當赴法王。

㈢李遐齡詩

又李遐齡《勺園詩鈔》有澳門詩十餘首，其中「澳門雜詠詩」七首，皆詠澳門風土者。遐齡字芳健，別字菊水，香山縣學生，與黎簡、黃丹書、譚敬昭、張維屏、黃培芳相劘切。工詩，馮敏昌稱爲蒼健。著《勺園詩鈔》。見《勺園詩鈔》卷首、梁燗撰家傳。所詠「澳門雜詩」云：

海上飛樓蜃結成，姎從嬌唱囀雛鶯。月琴銀甲挑銅線，別是人間幼婦聲。

滑膩頭軟似綿，春葱擎效亞姑連，微酡並倚南窗下，親奉巴菰二寸菸。

街頭坎坎撾銅鼓，廟裏嗚嗚擪鐵簫。共道兵頭出公祖，隨行十隊半嬌嬈。

鐘鳴月上三巴寺，風起潮生十字門。小立樓頭閒照鏡，員壺千里一規吞。

交印全憑婦坐衙，客來陪接罤擎桊。偶然天主房中宿，便有親知道上誇。

一女爲尼九族雄，殺人如蟻不能訌。旋盆半片低條九，絕勝秋官肺不通。

黑種紅衣薙髮鬈，雞毛插帽狀堪咍。激筒藥水煎腸罷，旋點玻璃打勺來。

第二首第二句自注云：「洋酒名」。案亞牯蓮，西文爲Aguardente、又巴菰，即Tobacco之音譯，義爲菸草。

㈣蔡顯原詩

《香山詩略》卷八，頁第二百一十，有蔡顯原「聽西洋夷女操琴歌並序」一首。蔡顯原、字祺資、號蒙泉，香山古鎭人。嘉慶丙子舉人。敦品孝友，天性過人。讀書求實用，生平以經濟自許，尤留心水利海防。六試禮闈不第，晚就冷官，非其志也。著有《銘心書屋詩鈔》。其詩云：

> 琴形方長如書案，平面嵌蓋，四足，有腹，乍見不知爲樂具也。今尺高二尺六寸、長三尺、廣尺二寸。揭其蓋，銅絲爲鉉，縷結千百，鉉端下貫紐，繫腹中，腹有潛機，上與絃應，循節按絃，觸指成韻，人工之巧，於斯極矣。初、譯者導游夷人居，登其樓，夷婦款客，童男女五六人，貌秀美，能華語，最後命長女出爲禮，且操洋琴，纖妍婉約，微步安用。縞衣素裳，薄如蟬翼，立而成操，作數闋，纍纍珠貫，客去而後止焉。
>
> 朝來禮拜三巴寺，百千夷女紛成羣，西人久住風貌變，祇有裝束仍夷人，合掌西僧自懺悔，喃喃耳語人難聞，西僧領之作梵唱，咿嚶可厭如秋蟲，譯者解意導我去，使我耳目爲一新，夷人樓居愛精好，凌虛構巧嵌珠璘，綺窗浮動九洲浪；粉壁照耀三山雲，玳瑁珊瑚飾供具，紅氍像罽祛纖塵，夷女如花來見客，亭亭不解含羞嚬，約胸結項束寶玉、裳衣薄蹙湘波紋，是時風細日剛午，自鳴之鐘鳴錚錚，須臾妙音錯雜起，珠盤細碎羅紛

紛，不焦不濇不粗厲，疑撚疑攏疑搊秦，聽似琵琶作勾撥，是絲非絲超常倫，十指春婉赴節，按之即應輕且勻，驟如檐下鐵馬動，又如鈴語時諄諄，諦視銅絃百千縷，密於梳櫛光於銀，晶屏金鏡影交射，如楷秋水瀜粼粼，彄環見骨昔未信，百鍊今乃覩其眞，治工澡煉作冰雪，梓人裁用同繩綸，綰紐無端會臍腹，齟齬成列排牙齦，竊疑呼吸伏橐籥，抑或振觸乘機輪，其名曰琴但髣髴，豈有雁柱銜嶙峋。抗墜低昂本不異，別有妙籟歸調均，誰能寫出水仙操，龍宮龍女招爲隣，卻嫌浮濫傷心魄，雲和古製淳漓分，自來夷樂偏氣勝，非邪易暴稀雅馴，鐵角金笳既亢戾，此尤溺志昏精神，明堂清廟正聲在，宮自爲君商爲臣，中土絃歌尚雅樂，勿使奇技淫吾民。

(五)丘逢甲詩

丘逢甲《嶺雲海日樓詩鈔》卷七，有澳門詩多篇，逢甲字仙根，號蟄仙，又號仲閼，或南武山人，別署倉海君，廣東蕉嶺縣人。曾祖仕駿，遷居臺灣。生於同治三年（一八六四），六歲能詩，七歲能文。光緒十四年（一八八八），中式舉人，翌年成進士、殿試列二甲，授兵部主事，未就，仍主臺中衡文書院、羅文書院、及嘉義崇文書院，旋以甲午戰爭，清師敗績，訂約割臺，遂憤而參加保衛鄉里運動。事敗，乃漫遊南洋，終返粵。任敎兩廣方言學堂。創辦汕頭同文學堂。民國元年卒。有《嶺雲海目樓詩鈔》傳世。

爰擇所詠澳門詩之有關風土者二首，錄之如次：

冶葉倡條偏茁芽，雙瞳剪水髻堆鴉，春風吹化華夷界，眞見葡萄屬漢家。

自註云：「駐澳葡人，多非卷髮碧眼之舊，或爲水土所化云。」

銀牌高署市門東，百萬居然一擲中，誰向風塵勞物色，博徒從古有英雄。

自注云：「澳中賭館最盛，門皆署銀牌以迎客。」

(六)梁喬漢詩

前引梁喬漢《港澳旅遊草》中，詠澳門風物之詩尤夥，爰擇錄數首如次：

謂行多露戒閨流，豈料殊方禮未周。夜夜金吾都不禁，雛姬韶婢任閒遊。

戲院鄰街近福隆，坐分男女別西東。笑他香港無遮會，聽曲規儀也不同。

妓飯迷離客棧旁，沿門倚笑競時妝。年來衣飾翻新樣，錯認歌場即戲場。

賭餉承充累萬千，番攤圍姓藪淵連。草堆街畔人如蟻，燈火人家不夜天。

一月公司聚一回，彩票成例澳中開。舊時呂宋原機器，移向恒和會館來。

生涯獨擅有同聲，公棧牌名客路行。鶯粟膏香誇壟斷，聚工千百慕羶成。

(七)楊增輝

楊增輝《叢桂山房詩集》卷一、頁第二十一，有「澳門吟」四首。增輝字蘭裳，順德人，年十三即能爲詩，著《叢桂山房集》，有詠懷詩云、「乙榜花開十二年」，又「鏡海樓餞別」附記，謂陳子勵同年捷探花，則增輝爲光緒五年舉人也，惟《廣東文科鄉試錄》不載其名，殆順天鄉試獲中者也。所撰「澳門吟」四首之一云：

澳門自昔百蠻鄉，罨畫樓臺牡蠣牆，珠海江山環北極，鏡湖風雨入西洋，魚醃白石論鹽價；蟹到青洲識酒香，酥酪有人誇餅餌，晶盤擎出滲糖霜。

第三首云：

春風無地種桑麻、碎石斜嵌路半沙，花月樓臺香引蝶；煙雲世界藥迷鴉，常時充膳饈兼果，到處清談酒當茶，最是鬚眉巾幗氣，女婚男嫁異中華。

前引汪兆鏞《澳門雜詩》中，詠澳門風土者亦不在少數，如詠學塾云：

學僮禁讀經，中土新建議，此邦老塾師，猶不舊學棄，彈丸一海區，黌校已鱗次，雅頌聲琅琅，到耳良快意，禮失求諸野，宗風儻未墜。

自注云：「澳中華人學塾，於西文算術外，仍以四子書五經課學生，西洋學堂，亦繙譯論孟爲課本。」

又詠拋球場云：

昔有戲馬臺、後世迺無聞。此地開廣場，草色春氤氳。蹴踘亦古法，體育舒勞筋。樹的相督校，汗走猶欣欣。兵固不可逸，習勤豈具文。

自注云：「荷蘭園下有拋球場，亦時於此賽馬。」

又竹枝詞四十首，皆詠澳門風物。如詠鬥蟋蟀云：

蟀盆起自半閒堂，海國爭雄舉若狂。我愛秋聲簾底聽，早將促織報邨娘。

自注云：「秋間鬥蟀最盛。」

至於詩人之詠地方景物者，尤不勝贅錄，姑從略焉。

肆、試用番語新詞諸詩

晚淸黃公度氏，以番語人名地名入詩而見著。實則有淸之初，粤東詩人之詠澳門諸詩，已有之矣。此則以吳歷爲先驅，後之作者，亦踵事焉。

㈠吳歷詩

吳歷《三巴集》「澳中雜詠」第一首云：

關頭閱盡下平沙，濠境山形可類花，居客不驚非誤入，遠從學道到三巴。

自注云：「山色紫黑，形類花朵。三巴、耶穌會之堂名。」案：澳門有大三巴教堂，葡名Saõpaulo故云三巴。其餘詠三巴寺之詩人甚多，不煩具載矣。

㈡屈大均詩

前引屈大均「壽西洋郭文詩」云：

書牀花發貝多羅，鸜鵒堂前解唱歌，明月新生珠子樹；白雲初熟玉山禾。千年命縷絲能續；七日仙棋箸更多。最是端陽榴火好，爲君留照玉顏酡。

自注云：「丈生新子，丈生日爲端陽之七日。」

《澳門紀略》「澳蕃篇」云：「貝多羅葉大而厚，梵僧嘗以寫經。花大如小酒杯，六瓣，瓣皆左紐。近蕊則黃，有香，甚〇落地數日，朵朵鮮芬不敗。」

案貝多羅，澳人稱爲雞蛋花。以其瓣白而近蕊黃，類雞蛋之剖面故也。

㈢黃軫詩

又《澳門記略》載黃軫有「澳門竹枝詞」一首云：

心倦懨懨體倦扶，明朝又是獨名姑。修齋欲禱龍嵩廟，夫趁哥斯得返無。

原注云：「獨名姑，華言禮拜日也。」

案葡文禮拜日為DOMINGO，故音譯為獨名姑。哥斯，當為外國地名。葡文果亞作GOA，果亞人作GOES，疑哥斯、即指果亞，蓋以果亞人誤為果亞。昔時澳中葡人，經常往果亞貿易者，謂之小西洋，而葡萄牙則為大西洋，故吳歷詩有「小西船到客先聞，就買胡椒鬧夕曛」句。

㈣李遐齡詩

前引李遐齡詩，有「春葱擘效亞姑連」，「親奉巴菰二寸菸」句，「亞姑連」、「巴菰」，皆外語也。

㈤鍾啟韶詩

又《楚庭耆舊遺詩》前集十四，有鍾啓韶「澳門雜詩」十二首並序，其第四首云：

風濤竟三日，浩浩勢粘天。襆被登山館，煎茶得冽泉。刀叉芒不頓，麵乳食差便。待醒蘆草酒，巴菰捲葉菸。

啓韶字琴德，一字鳳石，廣東新會人。乾隆五十七年壬子（一七九二）舉人，著有《讀書樓詩鈔》。

(六)吳亮珽詩

此外，於《香山詩略》卷十二，亦載吳亮珽「澳門」詩二首。其一云：

望洋東寺復西園，瀹茗龍泉出石根。椰菜絮羹名士味；巴菰香草美人魂。賞魚浪白船雙槳；擘蟹洲青酒一尊。海味故應甘久住，鐘聲清供又黃昏。

亮珽字瓛卿，香山翠微鄉人。諸生。性沖淡，不慕榮利，授徒養親，鄉人稱爲長者。著有《綠蕁吟館詩鈔》。

(七)梁喬漢詩

又前引梁喬漢《港澳旅遊草》「風土雜詠」二十五之七云：

士擔郵政寄書憑，輕重錙銖次第增，自載封函垂例罰，每防瞞漏察行滕。

第十一首云：

麵包乾餅店東西，食味矜奇市齊。飲饌較多番菜品，唐人爭説芥喱雞。

又「夷俗新詠」十首之三：

風信名垂廟祀華，年年禮拜動清笳，洋人數典難忘祖，姓字猶談嗎喇呀。

凡所言三巴、貝多羅、獨名姑、焦姑連、巴菰、蘆卑、士擔、芥喱、嗎喇呀等，皆外文音譯而得，此其特色者也。

伍、結語

要之，粵東詩人，自昔富有開拓精神。自五嶺開闢以還，粵省向爲對外貿易之門戶，而粵人之遠涉重洋，移居創業者，自來又不在少數。以故華僑人口，亦以粵籍爲最多。而粵人之表現於文學與藝術之欣賞與創作，亦同具革新精神。故粵詩本源於中原，而能自成宗派，獨當一隊。論者謂中國詩歌之以地域能成宗派者，惟廣東、江蘇、浙江三省，三省皆接觸外洋，而以廣東爲較早，所受影響亦較大，故能融貫中西，開張視野，表現於詩歌者，不但爲前述所謂清談、雄直、勁峭，而題材亦似較廣，茲篇所錄，亦惟就其題材方面言之，則粵省號爲「南州遠徼」，然詩學成就，早與中原並駕齊驅，爲治詩學者所不宜忽視者也。

【註釋】

註一　見《陳垣史學論著選》頁第四三一，吳澤主編當國當代史學家叢書，上海人民出版社一九八一年五月第一版。

註二　見《方豪六十自定稿》上冊頁二五五，「明末清初旅華西人與士大夫之晉接」。

註三　此據祁頊撰《嶺海異聞錄》本，王有立主編中華文史論叢第十三輯，台灣華文書局據清光緒三年刊本影印。

註四　此據澳門萬有書局影印康熙間原刻本。

註五　《香山詩略》十二卷，黃紹昌等輯，民國二十六年刊行。

王夫之詩論體系試探

張雙英

一、問題的提出

明末、清初時期的王夫之（一六一九—一六九二）在詩歌論述上不但著作多，而且也甚有特色。其中，尤以兼括了詩歌理論和實際評論最讓人矚目。即以詩歌理論而言，他闡述了自孔子以來即被歷代詩論家所重視的「興、觀、群、怨」之內涵，嚴謹地批判了在明朝頗爲流行的模倣古代詩歌創作之「法」的問題，也提出了「意」與「勢」在創作與評述詩歌時的關鍵地位等。當然，在他對詩歌的論述中，受到後代討論最多的莫過於「情」和「景」兩者間的相生、相合之說法了。

近代學者對王夫之的詩歌理論雖然大都傾向於肯定與推崇，但在理解它的內涵上則並不一致。譬如，郭紹虞即以爲王夫之於論詩時頗偏重讀者，甚至可說是傾向站在讀者的立場出發的，所以王氏才會用「作者用一致之思，讀者各以其情而自得」來解釋孔子的「興、觀、群、怨」之含意。又如在談到王夫之的「情」、「景」理論之時，郭氏即將其解釋爲，因這兩者相融洽而產生「意」，故「意在言先」；但又因詩中有「情」、有「興」而且妙合無垠，故無字之處實皆含有「意」，所以「意也在言後」，而讓讀者能從容地自其中體會言外之意。換言之，王夫之的詩論是以「讀者」爲主的。（註一）。

然而，黃兆傑則指出，郭氏此說實對王夫之有所誤解，因爲王夫之雖然特別強調人人對詩都「可以」興、「可以」觀、「可以」群、「可以」怨，但所謂的人人，既可如郭氏所說，指的是「讀者」，但又何嘗不能兼括「作者」（詩人）？尤其王夫之所眞正關心的實爲詩的內涵，而詩的內涵則是詩人在自然而然中，讓自己內心的「情」和外在的「景」融合爲一，同時也渾然忘我地流露出來的。換言之，詩人和外在的景物在「情、景交融」之後，便可無所滯礙地把這個完美的合成體記錄下來。據此，黃先生乃認爲王夫之的詩論，尤其在「情景交融」說上，應屬詩人的創作行爲。（註二）。

事實上，蔡英俊在以「情景交融」爲題做專書式研究時，也曾在討論王夫之的詩論部分指出，王夫之的「情景交融」說是重在詩人的創作上；（註三）但在論及「興、觀、群、怨」時，則也肯定王夫之在強調讀者方面的作用。（註四）那麼，到底王夫之的詩論是從詩人的創作上立論？抑或是在強調讀者的欣賞上呢？

本文之作，即嘗試從探討王夫之詩論的完整體系出發，一方面希望能釐清前頭這個看似矛盾的問題，二方面也希望勾勒出王夫之詩論體系的特色。

二、王夫之的詩論體系

王夫之有關詩歌的論著很多，如：詩繹、夕堂永日緒論內外篇（以上兩者被丁福保輯入清詩話，合稱薑齋詩話）、楚辭通釋、古詩評選、唐詩評選、明詩評選、詩廣傳等，由於頗爲分散，故想描繪出其詩歌理論之體系並不十分容易，但幸好已有不少學者努力地奠定了頗爲紮實的基礎，故筆者乃可較輕鬆地自「體系」上著筆，以呈現王夫之詩論的特色。

底下就以此出發，論述王夫之的詩論體系。

㈠詩歌美學的基礎——哲學式的認知

王夫之的學問淵博，在我國傳統的經、史、子、集四部文獻上，都有可觀的著作。近代學者周世輔曾評他說：「他的心物同一論，雖然寥寥數語，在中國尚屬首創」。（註五）馮友蘭也曾自哲學的觀點說，王夫之的「哲學體系龐大而細密」，而且對中國的「古典哲學作了總結」。（註六）這兩位前輩學者的推論，都多有非常堅強的根據。而筆者在此特別強調馮氏對王夫之在哲學上的推崇，乃是因王夫之的詩學體系實即以他的哲學思想爲基礎。本部分即以此爲著眼點，試圖描繪出王夫之詩論的哲學性色彩。

1.人、情、詩的關係

要了解王夫之詩論體系的基礎，首先得明白他對「詩」、「人」和「情」三者間關係的看法。王夫之在「詩繹」說：

> 人情之遊也無涯，而各以其情遇，斯所貴於有詩。（註七）

人的生命至多不過數十年光景，因此他在一生中，身體所能歷覽的地方實屬有限；也因此，大多數人深覺無可奈何之事，便是受到時間和空間的拘束了。然而，人的「情」便有所不同。「情」可突破人所受到的時空限制，任意恣肆地遨遊於碧落發黃泉之間。而當「情」在遨遊之中遇到了形形色色的人、事、景、物、理等時，便在彼此交互激盪之下，創造出多彩多姿、深刻動人的詩歌。由此可見，詩、人、情三者的關係實在非常密切。首先讓我們來看看「人」和「情」的關係。王夫之在「尙書引義」有下面一段話：

心者，函性、情、才而統言之也。才不易循乎道，必貞其性；性之不存，無有能極其才者也。性隱而無從，必綏其情。情之已蕩，未有能定其性者也。情者，安危之樞紐，情安之而性乃不遷。（註八）

這是王夫之解釋「康誥」中的一段話，他把「性、情、才」三者視為「心」的要素，而在這三個要素中，以「情」最為重要，因為若「情」動盪不安，則「性」必不能穩定；而「性」如果不存在，則「才」便很難被發揮出來。因此，「情」乃佔有「安危之樞」的地位。

當然，王夫之說得很清楚，所謂的「心」，實兼括了「人心」與「道心」的，他說：

心，統性情者也。但言心而皆統性情，則人心亦統性，道心亦統情矣。……人心括於情，而情未有非其性者，故曰：人心統性。道心藏於性，性亦必有其情也，故曰：道心統情。……喜、怒、哀、樂，人心也；惻隱、羞惡、恭敬、是非，道心也。斯二者，互藏其宅而交發其用。（註九）

「人心」乃天生即擁有的天賦，如：喜、怒、哀、樂之類，而「道心」則是經過後天的文化道德之教化與陶冶而成的，如：惻隱、羞惡、恭敬、辭讓等。但這兩者其實乃互存於彼此之內而爲一的，因此，所謂的「心」，當然即指「人」的「心」；換言之，也就是「人」的心含有「性、情、才」的意思。

不過，王夫之在討論人「心」中的「性」與「情」時，曾說過：「性不可聞，而情可驗也」。（註一〇）這明白地說明了「性」雖難以讓人聞見或捉摸，但「情」則可經由檢驗來證明。然而，「情」是用什麼方法來證明呢？這就得談一談「情」與「詩」的關係了。在這一點上，王夫之以爲，對詩人而言，「詩」是用來「言情」的管道，同時，對大多數人（也就是讀者）來說，「情」便是「道（即「導」）情」的指標了。

(1)詩言情

王夫之說：

「……元韻之機，兆在人心，流連跌宕，一出一入，均此情之哀樂，必永於言者也」。（註一一）

人們內心中的哀、樂之情，若想讓其表現出來，必然的方式便是透過言語了；而由於這種情既充沛且深刻，所以採用的言語都是長吟（即「永」）的方式。這種長吟的語言，王夫之在「詩廣傳」指爲「詩」，他說：

> 夫詩以言情也，首天下之情於怨怒之中，而流不可反矣，奚其情哉！（註一二）

凡人們之心中都有怨、怒、哀、樂之情，而詩便是用來言這些情的。

據此，我們可以說，王夫之認爲「情」乃是天下人所共有的觀念，而這當是他何以如此重視「情」，進而重視「詩」、討論「詩」的動力了。不過，我們在此仍須注意到，王夫之曾指出「情」的抒發是不能沒有節制的，因爲若任人情隨意奔瀉，則將有讓人「濫情」之虞，自小處上看，人會因而傷害自己；但若擴大來看，它甚至會引起人與人相互傾軋、使社會動盪、國家不安的結果，所以他說：「愼於言情者，庶乎其情之不逾也」。(註一三) 又說：「情之不可恃，久矣；是以君子莫愼乎治情」。(註一四)

也正因爲如此，凡懂得其中道理者便會特別注意如何引導人民情感的抒發了。王夫之因而也專爲此提出「道情」之說。

(2)詩道情

王夫之說：

> 詩以道情；道之爲言路也。詩之所至，情無不至；情之所至，詩以之至。一遵路委蛇，一拔木通路。(註一五)

「詩」乃是引導（即「道」）人的情如何走的道路，它的引導方式有兩種：一是使「情」遵循其路形的婉轉曲折而徐步前進，將這種方式拿到詩上來比喻的話，便是婉約、含蓄地抒發情感。另一種方式則大不相同；當在前進的路途中，若碰到前面有樹木檔住道路的話，便強力地將它們拔除掉，直接往前走，絕不考慮轉彎或停頓，而這種方式，而詩來比喻的話，則可視爲無拘無束地盡情發抒情感。

這兩種感情的抒發方式固然不同，但因「情」乃人人所共有，而且也必須發抒才會滿足的，因此，自古以來即常成爲施政及施教者所重視的事項，而其方法最常用的便是「教化」，也就是運用「情」的特質來從事教育、感化人民、學生的工作。王夫之在這點上也有下面一段說法：

夏尚忠，忠以用性；殷尚質，質以用才；周尚文，文以用情。質、文者，忠之用；情、才者，性之撰也。夫無忠而以起文，猶夫無文而以將忠，聖人所不用也。是故文者，白也，聖人之自由而白天下也。(註一六)

王夫之以夏、商、周三代在忠、質、文上各有所重，因而顯現出重視性、才、情的不同爲例，認爲代表周代的文采，其內容即以「情」爲代表。這種以「情」爲主要內容特色的文采，則是聖王向天下百姓昭示己意、也同時是人民彰顯自我內心的東西。換言之，如果這種有「情」的文采是「詩歌」的話，那麼「詩歌」便是王夫之心中君臣百姓上下交互表白內心的溝通媒介了。也因此，我們了解王夫之爲何特別重視「詩」的實用功能。譬如，他說：

詩之教，導人於清貞而蠲其頑鄙，施及小人而廉隅未刓，亦其效矣。(註一七)

他又說：

聖人以詩教，以蕩滌其濁心，震其暮氣，納之於豪傑，而後期之以聖賢，此救人道於亂世之大權。(註一八)

據此二說，詩能使人捐棄本性中的頑劣部分，而保持清貞善潔，因此，如果能擴大詩的影響面，則詩便可經由淨化人心的路徑來挽救亂世了。

以上所述，乃王夫之對「人、情、詩」的看法，也可以說是王夫之詩論的哲學基礎。此基礎引發了他在討論論語中的「興、觀、群、怨」的特殊看法——亦即，他從詩的實用功能出發，特別重視「讀者」可以從詩中去領悟各種經驗和學識的一面。我們在下面一段即討論此點。

2.興、觀、群、怨

王夫之以「詩」的本質乃人人所共的「情」爲基本觀點，發展出詩有「言情」與「道情」的功用論，而這種認識則導出他對「興、觀、群、怨」的特殊解說。這四個詩學術語乃源自孔子論語的陽貨篇。孔子說：

> 小子！何莫學夫詩？詩可以興，可以觀，可以群，可以怨，邇之事父，遠之事君，多識鳥獸草木之名。(註一九)

孔子這段話的原意，顯然想用詩（其實指「詩經」）具有許多功能和效用，來勸戒其學生應好好學詩。一般說來，歷代注解家及學者在討論這段話時，大都將重點放在說明「興、觀、群、怨」的內涵上，譬如以「引譬連類、感發意志」解「興」、以「觀詩辭之美制、政治之得失」解「觀」、以「親親、仁民、和而不流」解「群」、以「依違諷諫、怨而不怒」解「怨」。(註二〇)不過，其中值得深究的問題當是孔子說的「學」，到底它指的是「讀詩」、「用詩」或「作詩」呢？如果以孔子所言的詩乃指「詩經」、以及孔子說自己「述而不作」的話來判斷，顯然孔子乃在強調學生們宜努力學習研讀詩經，才能深刻了解其中的「興、觀、群、怨」等眞義和用途。因此，王夫之在這點上並未悖離孔子的本意。他說：

『詩可以興、可以觀、可以群、可以怨』，盡矣。辨漢、魏、唐、宋之雅俗得失以此，讀三百篇者必此也。（註二一）

王夫之在此明白指出，孔子所討論的爲「詩三百」，因此，「興、觀、群、怨」當然是指讀詩者對詩經的體會。換言之，這些是讀者如何讀詩、以及如何用詩的方法。只不過，王夫之對於這些「方法」的闡述倒有值得商榷之處。他在上段引文之後，接著又說：

『可以』云者，隨所『以』而皆『可』也。於所興而可觀，其興也深；於所觀而可興，其觀又審。以其群者而怨，怨愈不忘；以其怨者而群，群乃益摯。出於四情之外，以生起四情；遊於四情之中，情無所窒。作者用一致之思，讀者各以其情而自得。……人情之遊也無涯，而各以其情遇，斯所以貴於有詩。（註二二）

王夫之先打破歷來註解對「興、觀、群、怨」的分別闡釋，而將它們合稱「四情」，結成整體，進而強調讀者於讀「詩三百」時宜「各以其情而自得」，也就是說讀者可依自己的「情」之所向去理解、體會詩便可。黃兆傑即據此批評王夫之此說，因它讓我們以爲讀者可不必理會詩的作者是誰？其創作背景如何？等（註二三）但事實上，黃氏似乎忽略了王夫之曾說過的「愼乎言情」、「愼乎治情」的話，故此評並不十分公允。換言之，王夫之雖然未曾特別強調讀者讀詩時宜了解作者（詩人）之思，而授予讀者很大的權力去各自體悟詩，甚至使讀者所體會的難免與該詩的主題有所區隔；但他這是建立在人人「愼於言情、愼於治情」上所衍生的理論，而

「情」則是人人所共有的。

綜合而言，王夫之討論詩歌的基本立場是從「人心」出發，建立以「人、情、詩」三者間關係爲基礎的哲學式詩觀，然後再引申出詩的實用功能，因此可說是層層相因，甚有系統的。也據此，王夫之在「興、觀、群、怨」上的主張雖然強調著自我領悟的重要性，但這並不致於造成和「創作詩」衝突的結果；相反的，它反而也可視爲創作詩的基本學識。

底下即從欣賞和創作詩的觀點來討論兩項王夫之的論詩要旨：「法、意、勢」與「情景融洽」。

㈡詩歌創作與欣賞的三層次——法、意、勢

王夫之以爲，一首詩的好壞可以從詩的語文形式和其與內容的關係如何來加以判斷，而這裏面則包含了三個層次：法、意、勢。我們可分別來看其內涵如何：

⑴法

王夫之說：

> 近體詩中二聯，一情一景，一法也。……夫景以情合，情以景生，初不相離，惟意所適，截分兩橛，則情不足興，而景非其景。（註二四）

又說：

> 起、承、轉、收，一法也。試取初、盛唐律驗之，誰必株守此法？法莫要成於章，立此四法，則不成章矣！（註二五）

王夫之所說的近體詩，實指律詩而言。在律詩的中間兩聯，有人主張宜用一聯寫景，一聯寫情的方「法」來安排；王夫之則以爲，這固然是創作詩的一種方法，然而總的來看，情與景兩者實爲相生而不可分離的，全詩或個別詩句都經常是情中有景或景中有情，故兩者豈能斬然區分爲二？同時，也有人主張一首詩的章法可用起、承、轉、收的方「法」來寫，這當然也是一種創作的方法，但卻不宜被視爲金科玉律，任何人皆非遵循不可。因爲以近體詩最高峰的初、盛唐時之佳句名篇來看，很少有依此法寫成的。好詩應成首尾連貫、一氣呵成、情景交融的現象。由此可見，這些「法」實不宜被當做必須緊守的方法，否則將成「陋人之法」，是一種「死法」，而「死法」乃「器量狹小」的作風，惟見識淺薄之人才恪守此法律。所以王夫之說：「情爲主、文次之、法爲下」。(註二六)

(2)意

王夫之說：

> 無論詩歌與長行文字，俱以意爲主。意猶帥也，無帥之兵，謂之烏合。李、杜所以稱大家者，無意之詩，十不一、二也。(註二七)

詩和文都以「意」爲主；以詩而言，李白、杜甫之所以被譽爲大家，即因爲他們的詩大多含有深廣的「意」。這個「意」，在整首詩中，就等於是所有文字的主帥一般，居於領導的地位。因此，王夫之把它放在「法」之上，他在「古詩評選」說：

> 景語之合：以詞相合者下，以意相次者較勝。(註二八)

一首只描述「景」的詩，如果只考究字與詞的組合方式，便只能算是講究「法」而已。(註二九）王夫之因此將它評爲「下」，認爲這並非佳作，因它所重視的只在如何設計、組合詞藻而已。這種作品的特色，對於它所描寫的對象，不論是人或景物，都只「于其上求形模、求比似、求詞藻、求故實」。(註三〇）這種作品，常會忽略作品中的「意」，而「意」就是字、詞欲表達的內涵。(註三一）當然，兩兩相較之下，重視「意」的詩要比重視「法」的詩接近本題，作品也因而較勝一籌。

不過，王夫之認爲，詩如果只重「意」，則將使作品產生偏狹、枯燥之弊，因此，它應配以動人魂魄之「聲光」詞采及勾人心目的動人「顏色」，(註三二）否則，詩將不足觀。同時，「意」也有「公」、「私」之分，如果詩中之「意」只屬個人之私，則「意」將受侷限而無法自由伸展，因此，必須擴大至「公意」乃佳，因爲也只有「公意」才能與「情」相通、相連。(註三三)

除此之外，王夫之常把「意」和「辭」合論，並主張「書」(即「尙書」)類的散行文字，宜要求「意盡而辭儉」，以簡明精準的文字將文意闡述淸楚、完全；但在「詩」類上，則應「辭盡而意儉」，此乃因好詩常有言外之意，故而文字宜婉轉曲折，才能表達出深刻的詩意。(註三四)

事實上，王夫之最欣賞和推崇的詩爲「有意無意之間」的作品，這類的境界乃情景合一，天物不分，王夫之稱之爲「勢」，地位當然更在「意」之上。

(3)勢

王夫之說：

> 勢者，意中之神理也。惟謝康樂爲能取勢，宛轉屈伸，以求盡其意，意止則止，殆無剩語。（註三五）

「詩」如果想婉轉地把「意」完全表達出來，必須做到「勢」才行，因「勢」乃是「意」裏面的神理。然而，「神理」是什麼呢？王夫之說：

> 以神理相取，在遠近之間，纔著手便煞，一放手又飄忽去，如『物在人亡無見期』，捉煞了也。如宋人詠河魨：『春洲生荻牙，春岸飛楊花』。饒它有理，終是與河魨沒交涉。『青青河畔草』與『綿綿思遠道』何以相因依？相含吐？神理湊合時，自然拾得」。（註三六）

「神理」存在於遠近之間，也就是無處不在、到處皆有的意思。它的特性雖然飄忽不定，難以掌握，但也並非無法達成，只要內心與外界能夠泯除界限、結合爲一，亦即「情景交融」時，「神理」便自然而然降臨。也因此，王夫之才會說：「神於詩，妙合無垠」。（註三七）又說：「情相若，理尤居勝也」。（註三八）換言之，詩須有思理才能令人了悟，須有神才能具有參化工之妙而得靈通之句。故所謂「神理」即「勢」，亦即爲內心與外在景物渾然合一的境界，它是詩歌所追求的最高理想。

(三)詩歌的最高境界——情景交融

王夫之論詩時，常以「情」和「景」合觀，譬如以下這些引文：

> 情、景名爲二，而實不可離；神於詩者，妙合無垠。巧者有情中景、景中情。（註三九）
>
> 含情而能達，會景而生心，體物而得神，則自有靈通之句，參造化之妙。（註四〇）
>
> 不能作景語，又何能作情語耶？古人絕唱句多景語，……而情寓其中矣。（註四一）

如果我們將「情」、「景」兩字稱爲王夫之詩歌理論的關鍵語當不爲過。事實上，「情景交融」的觀念在我國詩歌批評史上不但不絕如縷，而且，在各代均佔有頗大的比重。在創作方面，南北朝和唐朝的田園詩與山水詩即屬實踐之例；在理論上，文心雕龍物色篇即曾有「物有其容，情以物遷，辭以情發」。的說法，其中的「物」當然包含了「景」；約略同時的詩品之序中也有「五言（詩）居文詞之要，是衆作之有滋味者也。……窮情寫物，最爲詳切者也」。到了現代，不但有學者以王夫之爲「情景交融」詩論體系的完成者；（註四二）更有人將他譽爲我國古典詩歌美學的總結者。（註四三）因此，王夫之「情景交融」的內涵實在值得做專注的勾勒。

1. 情

雖然前面曾討論過王夫之所說的「情」，但重點乃在其與人的關係上，此處則將以闡明其內涵爲主。

王夫之之說：

> 情受於性，性其藏也；乃迨其爲情，而情亦自爲藏矣。藏者必性生，而情乃生欲。故情上受性，下授欲。受有所依，授有所放，上下背行而各親其生，東西流之勢也，喻諸心者，可一一數矣。（註四四）

性、情、欲三者的關係乃是性生情，而情再生欲的，用「樹」來比喻的話，那麼「性」是「情」的樹幹、「情」是「性」的樹枝，然而，「情」這個樹枝也生了葉子，也就是「欲」。換句話說，「情」乃介於「性」和「欲」之間，而使得三者環環相扣的樞紐。也因此，王夫之才會說：「情者，性之端也，循情而可定性也」。（註四五）然而，最根本的「性」到底是什麼呢？王夫之說：

> 詩以道性情，道性之情也。性中盡有天德、王道、事功、節義、禮樂、文章，卻分派易、書、禮、春秋去。彼不能代詩而言性之情，詩亦不能代彼也。（註四六）

王夫之以爲，舉凡人世間的一切，譬如天德、王道、事功、文章、……等都包含在「性」面。當我們想用語文等具體的形式來表現這些人世間的一切時，便分別以易、書、禮、春秋等各種經書的方式出現了。

此外，王夫之也談到「欲」和「志」的關係，他說：

> 詩言志，非言意也；詩達情，非達欲也。心之所期爲者，志也；念之所覬得者，意也；發乎其不自已者，情也；動焉而不自待者，欲也。意有公，欲有大，大欲通乎志，公意準乎情；但言意，則私而已；但言欲，則小而已。（註四〇）

因此，只談「欲」，則會成爲個人放縱恣肆的自私欲望，其結果將只有害而無益，這種乃是「小欲」。「大欲」則不同，大欲可通「志」，而「志」則是內心所期盼的理想境界，也是詩所要言的內涵。當然，詩除了言志以外，也達情，而這種情是發乎自然的眞感情、眞性情；不過，如果任情自行流露、甚至無所限制地讓其發洩的話，則會產生濫情的弊病，所以也應注意到「情有止」（註四八）的問題。

前已述及王夫之曾說：「心者，函性、情、才」，可見「性」、「情」皆在「心」中。而「心」中的「性」乃無所不包的，舉凡人世間的一切都在內。而由它生出「情」、再由「情」生出「欲」；由此可見，「情」與「欲」都在「心」中，也擁有了「性」所涵蓋的各種元素。其中，因「欲」又有大欲、小欲之別，小欲恣肆放縱，故不足取，但大欲則可通於「志」；而「情」雖出自天性，但亦宜防止濫無節制的情形。至於「詩」所言者爲「志」，而此志又與大欲相通；欲又產生於情，而詩所達者又是情，據此，當然「情」便是「詩」所言、所達的主要內涵了。

2.景

所謂「景」，就是詩人想描寫的外在對象。根據王夫之的說法，它大致可分爲有形可見與無形可見兩種。他說：

> 身之所歷、目之所見，是鐵門限。即極寫大景，如『陰晴衆壑殊』、『乾坤日夜浮』，亦不必踰此限。非按輿地圖便可云：『平野入青徐』也，抑登樓所得見者耳。隔垣聽演雜劇，可聞其歌，不見其舞，更遠則但聞鼓聲，而可云所演何齣乎？（註四九）

凡是親身所經歷的、親眼所看到的景物，都可成爲詩所描述的對象。它可以是讓人一覽無遺的山谷鳥獸，也可以是眼睛所無法看盡的龐大物體，如乾坤、天地之類。但也有一些是屬於看不見的對象，譬如聲音等。不過，這些詩所欲描述的對象在被化入詩中時，都有一項共同的特色，那就是它們都已不再是原來客觀存在的事物本身了。所以王夫之說：

> 『落日傍雲生』、『風來望葉回』，亦固然之景，道出得未曾有，所謂眼前光景者，此耳。所云眼者，亦問其何如眼？若俗子肉眼，大不出尋丈，粗欲如牛目，所取之景，亦何堪向人道出？（註五〇）

所謂眼前所見之景，實不應即爲俗人的肉眼所見到的東西，因俗人肉眼所能見到的，都只是外象表相，缺少深刻的內涵及意義。好詩所描寫的對象，即使是有形體可見的實物，當望入眼中後，到浮現心田之時，實已滲入許多詩人主觀的思想、感情、學識和目的在內，故已非原事物的形貌，而成爲具有另一層新意的景物了。換言之，詩已超越了所描述對象的外表而進入其內在世界了。

事實上，王夫之在討論「景」時，隱約間似有把它分成三個層次的意思：一是「天壤之景物」，即天地間所有的有形、無形之客觀人、景、事、物。二爲「用景寫意，景顯意微」，也就是內心的一種審美活動。第三是「情景合一，自得妙語」，亦即將心中所完成的審美活動，以絕妙的詩語抒發成爲文學作品之景。（註五一）

3. 情景交融

在他的「詩廣傳」上，王夫之說：

> 形于吾身以外者，化也；生于吾身以內者，心也。相値而相取，一俯一仰之際，凡與爲

通，而浡然興矣。（註五二）

在身體之外的萬事萬物與身體之內的心，兩者是可以相通的；這種通，即爲「興」，它是一種詩人的內心與身外的景物已融合成爲一體的境界。因此，王夫之才說：

興在有意無意之間，此亦不容雕刻。關情者景，自與情相爲珀芥也。情、景雖然有在心、在物之分，而景生情、情生景，哀樂之觸，榮悴之迎，互藏其宅。（註五三）

這種外在之景與內在之心相融洽的情形，王夫之將它分爲「情中景」和「景中情」兩類。所謂「景中情」，乃指詩人之心早已潛藏有深刻的情感，當由感官（如眼睛）接觸到可引發他情感的景物時，詩人的內心頓時和此景物合一，並自然而然地將它寫成詩。因此，此詩中文字所描述的固然是景物，但實際上卻爲詩人的情感；所以王夫之所舉的例子之一爲：「景中情者，如『長安一片月』，自然是孤棲憶遠之情」。（註五四）李白「子夜秋歌」中的這句詩於文字上所寫的固然是長安城上頭的月亮，然而在深層含義上，這個「月」已經在長安城內全數女子都望向它時，容納了她們對戍守邊塞的丈夫之「思念」了。

至於「情中景」，王夫之以爲更難描寫，他用來說明的例子之一爲杜甫的「登岳陽樓」詩。他說：

「親朋無一字，老病有孤舟」自然是登岳陽樓詩。嘗試設身作杜陵，憑軒遠觀，則心目中之語居然出現，此亦『情中景』也。（註五五）

換言之，詩人因身臨某地、或接觸某景物而引發了情懷，於是在將自己的情感抒發出來時，不乍把景物融入詩中，而且揣摩得情感眞摯、景物逼眞。同時，當我們旁人在親臨某地、目睹某景時，心中也刹時浮現詩人寫詩時有感而發的景況，這都是「情中景」。

雖然如此，王夫之眞正強調的則是「情」與「景」兩者的不可分離性，所以他說：

> 夫景以情合，情以景生，初不相離，惟意所適。截分兩橛，引情不足興，而景非其景。……情、景雙收，更從何處分析？（註五六）

據前述所論，「情景交融」不僅僅是心靈與外物結合爲一的心象，而且也已成爲一首詩，亦即已落實到語言文字上。至於有關把心中的活動與心象表達出來的方法上，王夫之雖也談到，但似不甚重視，譬如他說：

> 以神理相取，在遠近之間，……神理湊合時，自然拾得。（註五七）

又說：

> 天壤之景物，作者之心目，如是靈心巧手，磕著即湊，豈復煩其躊躇哉？（註五八）

又說：

> 筆授於心傳之際，殆天巧之偶發，豈數覯哉？（註五九）

據此，「情景交融」的詩之所以能完成，根本與寫作技巧無涉，只要「情」與「景」合一，便已包含「巧手」，而又毫不「躊躇」、「數覯」地「自然拾得」了。

三、結語

綜上所述，王夫之的詩論實從其哲學思想出發，把「人」、「情」、「詩」三者視爲不可分離的整體，或者說是緊密相聯的三個關係體。然後以其爲基，先說明三者的個別內涵，以及彼此之間的關係；再進而闡釋了人如何「言」詩、詩如何「導」人，於是乃兼括了作者的創作和讀者的領悟在內。接著闡明創作及評述詩的三層次觀念以及情和景的關係；最後則歸結到「情景交融」爲詩的最高境界。因此，他的詩論可說明層層相因，完整而周延的。

然而，當我們把注意力放「如何產生」符合「情景交融」的問題上時，不難發現王夫之的說法非但簡單，而且也頗神妙難解。他認爲，這種最高境界的詩是詩人於「神理湊合」時「自然拾得」的；也就是說，這種詩乃「天巧之偶發」的結果。若然，則我們應可推論王夫之有忽略「寫作技巧」的傾向，這一點可以從他在討論詩時，大力反對任何與寫作有關的「法」上來證明。因此，從詩歌美學的角度上看，王夫之由於在闡述「情景交融」的理論上比歷來的詩論家周延，其獲得近代學者的推崇實可理解。但若自文學批評的觀點來評論，則王夫之的詩論實有「忽略寫作技巧」的疏漏。

「美學」家主張藝術品的形式與內容不可分、或者認爲內容包含於形式之內。對他們而言，美的感覺乃一種心靈活動。但「文學」與此不同，因爲文學最不可或缺的乃文學作品；這種作品固然包含內容，但更具有人們可聽、可見的具體形象。換言之，它是一種以語言文字爲媒介，將內心的審美活動「表達」成一種人人能接觸到的形體。（註六〇）這其中，介於內心審美活動與外在文學作品之間的橋樑，便是「如何表達」，也就是「寫作技巧」的問題了。但王夫之在論及這一點時，卻極力批評與創作技巧最有關的「法」，並認為「情景交融」的詩及詩人於內心和外界合一時，不需躊躇即自然拾得的。因此，王夫之完整的詩論體系中實有忽略寫作技巧的特色。

【註　釋】

註　一　郭紹虞：「中國文學批評史」。文史哲出版社，民國七十一年再版，頁九六一、九八一。此說丁履譔於中外文學九卷十二期發表之『王船山的詩觀』裡也表示同意。

註　二　黃兆傑：『王夫之詩論中的情和景』，收於「香港地區中國文學評研究」。學生書局，民國八十年。頁五七四—五七八。

註　三　蔡英俊：「比興物色與情景交融」，大安出版社，民國七十九年，頁三一九—二三七。

註　四　同上，頁三〇五。

註　五　周世輔：「中國哲學史」，三民書局，民國六十年，頁四五四。

註　六　馮友蘭：「中國哲學史新編」，藍燈文化公司，民國八十年，第五冊，頁三二三。

註　七　王夫之：「薑齊詩話」，收於丁福保編的「清詩話」，明倫出版社，民國六十年，頁三。

註　八　王夫之：「尚書引義」，河洛圖書公司，民國六十四年，頁一一一—一一二。

註　九　同上，頁一一二。

註一〇　同上。

註一一　同註九，頁三。
註一二　王夫之：「詩廣傳」，卷一，王風三，河洛圖書公司，民國六十三年。
註一三　同上，卷三，小雅五。
註一四　同上，卷一，王風三。
註一五　王夫之：「古詩評選」，卷四，「船山全集」第十五，華聯出版社，頁六上、下。
註一六　同註一二，卷一，周南一。
註一七　同上，卷一，邶風九。
註一八　王夫之：「俟解」，第五則。廣文書局。頁六。
註一九　謝冰瑩等：「新譯四書讀本」，三民書局，民國七十七年，頁二七一。
註二〇　李曰綱：「中國詩歌流變史」，文津出版社，民國七十六年，上，頁三五。
註二一　同註七，頁三。
註二二　同上。
註二三　同註二，頁五七八。
註二四　同註七，頁一一。
註二五　同上，頁十。
註二六　同註一二，卷一，周南一。
註二七　同註七，頁八。

註二八　王夫之：「古詩評選」，卷四。太平洋書店，頁一二下。

註二九　肖馳：「中國詩歌美學」，北京大學出版社，一九八六年，頁八八。

註三〇　同註七，頁八。

註三一　姚一葦：「薑齊詩話中之主賓說」，『中外文學』十卷六期，頁十。

註三二　同註二八，卷四，頁二七上、二九上。

註三三　同註一二，卷一，邶風十。

註三四　同上，卷五，魯頌一。

註三五　同註七，頁八。

註三六　同上，頁十。

註三七　同上，頁十一。

註三八　同上，頁六。

註三九　同上，頁一一。

註四〇　同上，頁一四。

註四一　同上。

註四二　同註三，頁三三九。

註四三　同註二九，頁九六—一〇二。

註四四　同註一二，卷一，邶風十。

註四五　同上，卷二，齊風一。

註四六　王夫之：「明詩評選」，卷五，頁三六下。

註四七　同註一二，卷一，邶風十五。

註四八　同上，卷一，周南一。

註四九　同註七，頁九。

註五〇　同註二八，卷六，頁八下。

註五一　同註二九，頁六八。

註五二　同註一二，卷二，豳風三。

註五三　同註七，頁六。

註五四　同上，頁十。

註五五　同上，頁一一。

註五六　同上。

註五七　同上，頁十。

註五八　同註二八，卷五，頁三下。

註五九　同上，卷四，頁二八上。

註六〇　涂公遂：『文學概論』。

「正統論」的瓦解與重建

——以王船山人性史哲學為核心的理解與詮釋

林安梧

一、「正統論」之爭常與「王霸之辨」、「天理、人欲之分」及「華夏、夷狄之辨」綰結成一個整體，它們常常被認為是一個知識分子的大是大非所在，不容篡竊，但卻又充滿著被篡竊的可能。

「正統論」這樣的一個詞，一直在中國歷史上發生著奇特的作用。起先，它爲的是編年之任務，定要尋出個正統來。再者，它不只是做爲史書編年之所必要者，而且是做爲一個政權或一個朝代生存的理論基礎。我們或許可以換個方式來理解，如前者所謂的「正統論」偏在紀元上說，此可以視之爲史書編纂的方法，是屬於方法論層次的；而後者則涉及於整個生存的理論基礎，這可以視之爲存有論層次的。當然，這兩個層次並不是截然劃分的，它們有其互動的關聯，而且它們的問題一直衍伸到其他諸層次，頗值得我們注意。(註一)

大體說來，中國儒家型的知識分子在史學上常有所謂的正統論之爭，而在政權上則有王道、霸道之辨，在人性論上則有天理、人欲之分，在文化傳承上則有華夏、夷狄之辨。這些面向各有其獨立性，但卻又綰結成一個整體，它們常常被認爲是一個知識分子的大是大非所在，不容篡竊。更值得我們留意與關心的是既被認爲是一個知識分子的大是大非所在，不容篡竊，這並不就意味著在歷史上無所篡竊，相反的，它卻有著更多的篡竊可能。這裡我們可以發現到一個弔詭的事實，那就是當人們運用言說表達來分別所謂的道理時，一旦此言說表達的系統當它成長到某一個程度，極可能與現實的情形糾葛難分，而且極可能產生嚴重的篡竊情形。這時候，原先的那個表達的系統便逐漸失去其效力，而相待而生的則是一掃除此言說表達的瓦解性力量，這樣的瓦解性力量，乃是締造一嶄新的言說表達的起點。船山對於「正統論」的比判，正體現著這樣的精神，而且也爲中國文化的傳承扮演著一定的角色。

如同前面所說的，船山對於「正統論」的瓦解與批判，它是與其對於整個宋明理學的批判若合符節的。船山對於「天理、人欲」問題的理解與宋明理學家頗有異同，一樣的，對於王霸之辨，華夷之別，一樣都有不同的理解。（註二）本文將只著重於他對於「正統論」的批判，而其他的論點，則以隨文點示的方式，支援全文的論點。

二、船山深入歷史的史實去探索，瓦解了「正統論」的「論」與「統」，並由之而歸返於「正」，再由此「正」而重建一「正統」，再由是而締造一具有說服力的「正統論」。

船山之破斥正統論，這並非船山不重視「統」，不重視「統」之「正」「不正」；相反的，正因爲他極重視「統」，極在意「統」之「正」「不正」，因此，他要破斥歷來御用的正統說，破斥那些亂臣賊子自立的正統說。他說：

「論之不及正統者，何也？曰：正統之說，不知其所自昉也。自漢之亡，曹氏、司馬氏乘之以竊天下，而爲之名曰禪。於是爲之說曰：必有所承以爲統，而後可以爲天子。義不相授受，而強相綴繫以揜篡奪之跡；抑假鄒衍五德之邪說與劉歆歷家之緒論，文其誣辭；要豈事理之實然哉？」（註三）

顯然地，船山並未去追溯正統之說何自而來，只是籠統的說「正統之說，不知其所自昉也」，但他所關切的則是歷史上假借正統而篡竊的史實。（註四）他指出歷史上一般所謂正統論的實際狀況，依他看來，正統論的迷霧是這樣造成的——㈠義不相授受，而強相綴繫以揜篡奪之跡。㈡假鄒衍五德之邪說。㈢託劉歆曆家之緒論。這裡王夫之指斥了正統論的迷霧，同時他也隱約的說明一個更深切的問題——中國歷史傳統講求「正統」所代表的意義，他釐清如何是「統」，又進一步闡明其「正」與「不正」。船山說：

「統之爲言，合而併之之謂也，因而續之之謂也，而天下之不合與不續也多矣！蓋嘗上推數千年中國之治亂以迄於今，凡三變矣。當其未變，固不知後之變也奚若，雖聖人弗能知也。……夫統者，合而不離，續而不絕之謂也。離矣，而惡乎統之？絕矣，而固不相承以爲統，崛起一中夏者，奚用承彼不連之系乎？」（註五）

在此，船山對「統」做了清楚的定義——合而併之（合而不離），因而續之（續而不絕）。前者是空間性的定義，而後者是時間性的定義，換言之，所謂的「統」指的是整個民族其所據之疆域有一共同的向心力——卻俗稱的天下太平，還有歷史上是賡續不斷的。但經由船山的考察中國歷史上的治亂迄於今（明末）已有三大變化，而根本離矣絕矣，那來的「統」呢？換言之，一般所謂的正統之統，即使我們不論他們當溯自此「正統之正」，而不是此「正統之統」，我們就此統之為統，它仍然是不能成立的。其不能成立是一個事實的問題，此不能從人們之強加附會而欲構成一強大的言說結構（即所謂的「論」），而可以假造此「統」。船山更言中國歷史上的三大變化是這樣的——

「蓋嘗上推數千年中國之治亂以迄於今，凡三變矣。當其未變，固不知後之變也奚若，雖聖人弗能知也。商周以上，有不可考者，而據三代以言之，其時萬國各有其君，而天子特為之長，王畿之外刑賞不聽命，賦稅不上供，天下雖合而固未合也。王者以義正名而合之，此一變也。」（註六）

「湯之代夏，武之代殷，未嘗一日無共主焉。及乎春秋之世，齊晉秦楚各據所屬之從諸侯以刀裂天下，至戰國而強秦，六國交相為從衡，赧王朝秦，而天下並無共主之號，豈復有所謂統哉？此一合一離之始也。」（註七）

「漢亡而蜀漢、魏、吳三分；晉東渡，而十六國與跖跋、高氏、宇文裂土以自帝，唐亡，而汴、晉、江南、吳越、蜀、粵、楚、閩、荊南，河東各帝制以自崇。土其土，民起民，或跡示臣屬而終不相維繫也，無所統也。」（註八）

在船山的人性史哲學中，歷史是變化的、遷移的，而人性亦是變化的、遷移的，所謂「命日降、性日生日成」、「未成可成，已成可革」（註九），但這並不意味說歷史就沒有一個判準，人性就沒有一個判準。相反的，在船山的人性史哲學中，一方面注意及「相乘之機」，但另方面則又注意及「貞一之理」。(註一〇) 相同的，船山雖對於「正統論」有所駁斥，但他心中並不是沒有個「統」，他仍然關聯著《春秋》來談「大一統」，而這樣的統必得以正不正爲基礎。船山說：

「有離有絕，固無統也，而又何正不正耶？以天下論者必循天下之公，天下非夷狄盜逆之所可尸，而抑非一姓之私也。……若夫立乎百世之後，持百世以上大公之論，則五帝三王之大德，天命已改，不能強繫之以存。故杞不足以延夏，宋不足以延商……故昭烈亦自君其國於蜀，可爲漢之餘裔；而擬諸光武，爲九州兆姓之大君，不亦誣乎？充其義類，將欲使漢之今存而後快，……天下之大防已亂，何統之足云乎？無所承，無所統，正不正存乎其人而已矣。正不正，人也；一治一亂，天也。……」(註一一)

顯然地，船山清楚的知道：「統」若爲一空間廣袤、時間綿延的觀念來說，則歷史之統已不成爲統。但不談統，仍宜談個「正不正」的問題，所謂「無所承，無所統，正不正存乎其人而已矣。」換言之，假若有所統的話，緊立人之正不正，而不是在歷史系譜上找掛鉤，在歷史系譜上找掛鉤是沒有什麼意義的。或者，我們與其說船山瓦解了「正統論」，毋寧說他以一種瓦解的方式重建了「正統論」。因爲他著重點在於指出歷史的史實，去瓦解俗流之「論」，並指出「統」(合而不離、續而不絕) 是不合史實的，進而以這樣的瓦解的方式歸返於「正」，而再由此「正」去重建所謂的「統」，如斯始成爲一眞正的「正統」，亦因此才使得這樣的言說論述結構成爲一具有說服力的論述結構，正統論因之始得以成立。

三、船山以其獨特的「兩端而一致」思維方式，來重建他的正統論，因而擺脫了一元論思的維模式，而另立「道統說」與「治統說」來重建一較為恰當的正統論。

如上所說，可見船山之破斥「正統論」不祇在於瓦解，而是在於重建。值得注意的是，船山的重建並不囿限在原來的一元論的格局中，而是以其極爲獨特的「乾坤並建」，或者說是「兩端而一致」的思維方式，來重建他的正統論。（註一二）這時候的正統論就不再祇是以「正統論」一名稱之了，而是以「治統」與「道統」這兩端，而說其如何的兩端而一致，而來重建他心目中的「正統」。當然「正」與「不正」的分辨在整個論述過程中，仍然是首出的。船山他緊扣著正不正的觀念，另立治統說與道統說。他說：

「天下之極重而不可竊者二：天子之位也，是謂治統；聖人之教也，是謂道統。治統之亂，小人竊之，盜賊竊之，夷狄竊之，不可以永世而全身，其幸而數傳者，則必有日月失軌，五星逆行，冬雷夏雪……天地不能保其清寧，人民不能全其壽命，以應之不爽。道統之竊，沐猴而冠，教猱而升木，尸名以徼利，爲夷狄盜賊之羽翼，無文致之聖賢，而恣爲妖妄，方且施施然謂守先王之道以化成天下，而受罰於天，不旋踵而亡。」（註一三）

治統說指的是政治的統系，而道統說指的是文化的統系。依王夫之看來，所謂的「天子之位」和「聖人之教」都是不容小人、夷狄、盜賊篡竊的，即使篡竊到手也一定爲天地不容，會被人民推翻的。而就治統和道統兩者而言，道統更爲根本，因爲「帝王之興，以治相繼，奚必手相授受哉？道相承也」。（註一四）治統是要依準於道統的。治統由於一治一亂，故有斷有續，但終賴道統之綿延不墜。船山所謂的治統並不是將歷史上任何朝代的政治系絡聯綴起來就算數了，他建立了一套「治」的價值評準，在這樣的評準之下才有所謂的治統，他以爲「德足以君天下，功足以安黎民，統一天下，治安百年，復有賢子孫相繼以飾治，興禮樂，敷教化，存人道，遠禽獸，大造於天人者不可忘，則與天下尊之，而合乎人心之大順」（註一五）像這樣才可以稱得上「天子之位」的治統。依王船山看來，中國歷史上能被列入治統的則有商、周、漢、唐、宋、明六個朝代，這六個朝代大致說來，不但建立了全國統一的政權，政治開明，文教發達，社會亦安定，且普受百姓愛戴的朝代。他說：

「商周之德，萬世之所懷，百王之所師也。祚已訖而明禋不可廢，子孫不可替，大公之道也。……漢祖滅秦夷項，解法網，薄征徭，以與天下更始，略德論功不再湯武下矣！……唐掃群盜爲中國主，滌積重之暴政，予兆民以安，嗣漢而興，功亦與漢埒等矣！」（註一六）

「唯漢捨秦而崇殷周，獨得三代之遺意焉！……爲中國之主，嗣百王而大一統，前有所承，則後有所授。沛國之子孫若手授之隴西，隴西之子孫，若授之天水，天水之子孫若授之盱眙，所宜訪求其嫡系，肇封公侯，使修先祀，護其陵寢，以正中夏之大緒。」（註一七）

「帝王之受命，其上以德，商周是已；其次以功，漢唐是已。……宋無積累之仁，無撥亂之積，乃載考其臨御之方，則固宜為天下君矣！……是則宋之君天下也，皆天所旦夕陟降於宋祖之心而啓迪之者也。」（註一八）

從上述這些話，我們可知船山是從德、從功等角度關連起來說治統的。即如宋太祖之及不上這裡所說的「德」與「功」，但卻也因能以其惻徘不容自寧之心，怵然而不昧，故勃然而興，成為一世之君，開啓了太平基業。宋太祖以其能懼也，由此「懼以生慎，慎以生儉，儉以生慈，慈以生和，和以生文」（註一九）。不論是「德」、「功」或者是「懼」，這在在顯示船山極注重將所謂的歷史關聯於人性來做一深度的闡釋，他以為歷史乃是一人性的歷史，須得由人性的判準才能穩立所謂的「人性史」，而中國族群之為中國族群便應在此人性史的範疇之下開啓。因之，他排斥了秦和隋作為治統之一，因為如船山所見「秦起西戎，以詐力兼天下，蔑先王之道法，海內爭起，不相統一，殺掠相尋，人民無主」，而「隋氏始以中原族姓一天下，而天倫絕，民害滋」（註二〇）秦和隋在外表上雖亦大一統，但就德及功的角度來看，放到歷史脈絡中去理解，它們是當不起「治統」中的一員的。

連秦、隋都不能放入治統，其他夷狄的朝代，譬如元朝（事實上，船山常以宋元的對比來說明清，故一談元代，實暗指清代），船山當然將之列入亂世之中。在船山的史論中，一再的以一種對比的方式說出華夏夷狄是異類的，甚至用君子和小人，甚至是人和禽獸這樣的對比的方式來宣稱它。他的華夏夷狄論不僅從文化層面說，更從地理形勢、天文氣侯乃至產物經濟等層面來說出二者是迴不相侔的。這些話語令人覺得大部分是意氣之言，難成眞理，但問題是如果我們這樣批評船山那顯然忽略了他的時代背景。國族危亡，異族入侵，地坼天崩之時，船山強烈的實踐意識，使得他作出這麼深情的呼籲，筆者以爲意氣之言固是意氣之言，但卻有一種民族主義實踐的眞情在，船山所服膺的眞理，常以民族主義作爲基礎的。因此，他激情的呼喊著「可禪、可繼、可革，不可使夷類間之」（註二一）這難免有他的限制，但如恰當的理解，其眞理的光輝是不容滅殺的。

如上所說，「治統說」之於以前的「正統說」著實有許多啓蒙和進步的意義，但明顯的治統說的根本格局仍然是「家天下」的。相較於黃梨州的《明夷待訪錄》的〈原君〉，的確船山是保守的，他並沒有省察到權力根源的究極問題。筆者以爲這是因爲黃梨洲是經由一超越的追溯法，而一切回到所謂的源頭，因而得以省察權力根源的究極問題。當然，黃梨洲之超越的追溯法難免又帶有許多復古論的色彩。王夫之所用的不同於梨洲的超越的追溯法，而是較接近於一歷史的曠觀法，識其機微、察其理勢，他著重的是歷史的流變，而不是超越的根源。也因此，相較於黃梨洲，他更能免於復古論的色調。

四、「儒者之統」與「帝王之統」是「並行」的，他們是一對列之局下的存在，而不是一隸屬之局下的存在。「儒者之統」不但獨立於帝王之統以外，而且當成為「帝王之統」的超越指導原則。

我們說船山較能免於復古論的色調，但這並不是說船山完全沒有復古論的色調，因爲幾乎所有的中國傳統知識分子皆染有此「復古論」的色調。問題的關鍵點在於其復古論是否具有進步的氣氛，還是一味頑固的守舊。以王夫之來說，他是最能免除此復古論色調的，他嚴厲的批判歷史退化論，宣稱「聖人之心，於今爲烈」，這再再與其「習與性成」的人性論有密切的關係，所謂「未成可成，已成可革」，皆與此絲絲入扣，緊密結合。(註二二)

但是，値得我們注意的是，相較於船山對歷史退化論的批判在在顯示一種對於「道的錯置——時間性的錯置」的扭轉，但船山對於此道的錯置所做的扭轉並未徹底。他不但仍身陷另一類型的「道的錯置——結構性的錯置」之中，相信家天下這樣的專制有其合理性，而且他仍然透露出懷古的傾向，祇不過他不認爲今不如古，也不認爲越古越好。因爲把船山的懷古心態置入其人性史的源流中來看，他所懷的古乃是人性史的起始點罷了。他說：

「世其位者，習其道，法所便也；習其道者，任其事，理所宜也。法被於三王，道著於孔子，人得而習之，賢而秀者，皆可以獎之以君子之位而長民。聖人之心，於今爲烈。」(註二三)

船山這裡所謂「法備於三王，道著於孔子」可見他將古史中的三王和孔子更推進一層，使得他們從史實的層次，推進一層而到一理想的層次。換言次，三王之法不祇是制度的法，更是永恆的法體，而孔子之道不祇是自家一時的學說，更是足爲常經典要的道體。不過，既邁入人性史階段則「聖人之心，於今爲烈」，而不是什麼「世衰道微，人心不古」。船山又說：

「千聖同原者，其大綱則明倫也，察物也，其實政則敷教也，施仁也。其精意則祇臺也，

蹐敬也，不顯之臨，無射之保也，此則聖人之道也，非可竊也。」（註二四）

道統之所以爲道統的百王不易，千聖同源的。這裡呈現了王夫之「德化政治」的理想。這是船山終生護持與努力的理想目標，也是其人性史哲學的終極判準，亦即彼所謂的「貞一之理」。船山堅持了這點，使得他避免了歷史主義者常面臨的相對主義的困境。道統乃是對於治統的一個理想要求，亦是治統之所以能爲治統的存有論的根據。治統是浮於歷史洪流之上的統緒，而道統則是沉穩其中的統緒。治統或有斷絕，而賴道統之綿延不墜，使得治統仍可不絕如縷。船山說：

「儒者之統與帝王之統並行於天下，而互爲興替，其合也天下以道而治，道以天子而明；及其衰，而帝王之統絕。儒者猶保其道以孤行而無所待，以人存道，而道可不亡。」（註二五）

這是說「儒者之統」與「帝王之統」是「並行」的，他們是一對列之局下的存在，而不是一隸屬之局下的存在。這兩個互爲對列之局下的存在，彼此是獨立的，但卻有著極爲重要的關係。此即如船山所言「其合也，天下以道而治，道以天子而明；及其衰，而帝王之統絕」，換言之，儒者之統不但得以獨立於帝王之統以外，並且成爲帝王之統的超越指導原則。

又說：

「……是故儒者之統，孤行而無待者也；天下自無統，而儒者有統。道存乎人，而人不可以多得，有心者所重悲也。雖然，斯道亙天垂地而不可亡者，勿憂也。」（註二六）

對道永懷信心，絕無假借，祇是努力實踐，這便是以人存道之不二法門，亦唯如此，道方可不亡。道不亡，終有澄明大治的時候。船山又說：

「天下不可一日廢者，道也；天下廢之，而存之者在我。故君子一日不可廢者，學也；舜禹不以三苗爲憂而急於傳精一，……見之功業者，雖廣而短；存之人心風俗者，雖狹而長。一日行之習之，而天地之心昭垂於一日；一人聞之信之，而人禽之辨，立達於一人。其用之也隱，而摶挽清剛粹美於兩間，陰以爲功於造化。君子自竭其才以盡人道之極致者，唯此爲務焉。有明王起，而因之敷其大用。即其不然，而天下分崩，人心晦否之日，獨握天樞以爭剝復，功亦大矣！」（註二七）

如上所引述可知，船山仍然堅持著「道」、「學」、「政」三個層次，而又特以「道」、「學」爲尊的精神。（註二八）「天下」之成爲所謂的「天下」，是因爲天下間有個「道」在，即如全天下已有所廢，但所幸的是人會去存此「道」。人又如何能存此道呢？此即必須經由「學」，學者，學此道也。船山肯定「見之功業者，雖廣而短；存之人心風俗者，雖狹而長」，甚至是在「天下分崩，人心晦否之日」，能夠「獨握天樞以爭剝復」的就靠君子之學乎道也。船山深有體會於此，因此才能身處夷狄，必閉門著書四十年，而志行不改。再者，船山之能破俗流之「正統論」而另立「治統說」與「道統說」，亦正是這種體道及志行的表現。

「治統說」與「道統說」的分立，可見船山強調文化之統高於政治之統。就實踐上，船山則要求聖人之道與天子之道合一，亦即道統與治統的合而爲一（當然道統仍爲首出）。顯然，船山撤開了「正統論」的謬說，一方面穩立了文化之統，另方面又穩立了政治之統，並希望能以文化之統去批判政治之統，涵化政治之統，使得政治成爲提昇人性的恰當法門，使得政治成爲文化的政治，成爲人性的政治。一言以蔽之，我們從船山對於正統論的批判及其治統說與道統說的建立可清澈的看出此中隱含了——人性史的理想——道德教化的政治理想。

五、「無所承，無所統，正不正存乎其人」——這是說必須由政權本身的正當性做為基礎，如此才可能成為一具有賡續性及廣袤性的總體，這樣才能成為一真具有正當性的正統論。

如前所說，船山瓦解了「正統論」，他直接的指出

「有離有絕，固無統也，而又何正不正耶？……無所承，無所統，正不正存乎其人而已矣。正不正，人也；一治一亂，天也。」(註二九)

這顯然的將原來那種具有神魅般性質的「正統論」的「論」的言說系統瓦解掉了。再者，又將「正統」的「統」瓦解掉了。這樣的「瓦解」顯然又是一種「新生」，使得他那文化0教養與德化政治的理想得以發顯出來。換言之，「正統論」並不是由「論」而成「統」，再由此「統」而明其爲「正」也。這也就是說並不能曰於龐大的言說論述結構，而形成一統系，再由這樣所成的一個統系，而來說明其政權的正當性。相反的，這是由於「正」之爲「正」，再因之而形成一個「統」，再由此「正統」而構成一個「論」，如斯始爲「正統論」。這是說必須由政權本身的正當性做爲基礎，如此才可能成爲一具有賡續性及廣袤性的總體，這樣才能成爲一眞具有正當性的正統論。

「正」與「不正」存乎其「人」，換言之，「正統論」是立基於帝王（也就是政權）的正當性上面，而因此正當性之帝王而形成一帝王之統，此即船山所謂的「治統」。若直就此「正當性」本身而言，論其如何形成一個源流，則蓋稟乎「天下之至道」，由此至道因之而形成一統系，此即所謂的「道統」。船山一方面破解了俗流的「正統論」，而再繼之以「道統說」與「治統說」的重建；實則「道統說」與「治統說」的重建乃是要新建立一有本有源的正統論，是一依於「正」，而成「統」，再由之而成為「正統論」者。

或者，我們可以更進一步的指出「正統」之為「正統」必須要有一超越而恆定的基礎點始能成為正統，而船山所提出的「儒者之統」這樣的「道統說」便是此超越而恆定的基礎點。除此之外，仍得有一現實發展的歷史判準，這是經由歷史的曠觀而得的判準，而且是經由歷史的曠觀而深化於人性之中，而得一人性之判準所成的。船山所提出的「帝王之統」這樣的「治統說」便是經由此人性與歷史交互辯證而成的一個人性史的判準，落實而成的。顯然地，我們可以這樣說，船山所謂的「儒者之統」提供了一理想的恆定點，而「帝王之統」則提供了一現實的衡定點。由這兩個定點便能使得政權有其正當性，如此才能成就一眞正的「正統」。

（癸酉年（西元一九九三年）元月三十一日修訂稿）

【註釋】

註一　如饒宗頤教授在《中國史學上之正統論》一文中所說『中國史學觀念表現於史學史之上，以「正統」之論點，歷代討論，最爲熱烈。說者以爲起於宋，似是而實非也。治史之務，原本春秋，以事繫年，主賓昞分，而正閏之論遂起。歐公謂「正統之說始于春秋之作」是矣。正統之確定，爲編年之先務，故正統之義，與編年之書，息息相關，其故即在於此也」。請參見饒宗頤《中國史學上之正統論》，〈通論〉，頁一，宗青圖書公司印行，民國六十八年十月，台北。

註二　關於「天理」、「人欲」以及華夏、夷狄之辨等問題，筆者曾有所論略，請參閱林安梧《王船山人性史哲學之研究》一書，第二章、第三章。又本文所論亦多採自該書《附錄二》「船山對傳統史觀的批判」第二節「對『正統說』的批判及『治統說』、『道統說』的建立」。該書於一九八七年九月由台北東大圖書公司出版，一九九一年二月再版。

註三　見《讀通鑑論》卷末，〈敘論一〉，河洛版，頁一一〇六。

註四　饒宗頤以爲此正統之說當起於春秋，而趙令揚則以爲起於鄒衍五德之說。前者參見同註一，而後者則見之於趙令揚著《關於歷代正統問題之爭論》一書，頁四，臺灣影印版，出版處所不詳。

註五　見《讀通鑑論》卷末，〈敘論一〉，河洛版，頁一一〇七。

註六　同上註。

註七　同上註。

註八　同上註。

註九　關於此，船山於《尚書引義》，〈太甲〉二，論之甚詳，請參見該書頁五五—五六，河洛圖書出版社印行，一九七五年，五月。並請參閱林安梧，前揭書，第三章「人性史哲學的人性概念」。

註一〇　見王夫之《讀通鑑論》卷二，〈漢文帝〉，河洛版，頁五〇。

註一一　見王夫之，前揭書，卷末，〈敘論一〉，河洛版，頁一一〇八。

註一二　這裡所謂的「乾坤並建」是船山易學的主張，這樣的主張通貫其所有的著作中。「兩端而一致」則是更爲精確的一種宣示方式，我們在這裡可以把它理解成船山獨特的思維方式。這樣的思維方式雖不是一般所謂的一元論，但明顯的也不是一般所以爲的二元論，而是「對比而辯證形成一個具有發展能力的總體」這樣的一種思維方式。關於此，請參見林安梧《王船山人性史哲學之研究》一書，第四章「人性史哲學的方法論」，第四節「『兩端而一致』對比辯證的思維模式」，頁八七—九五，東大圖書公司印行，一九九一年二版。

註一三　見王夫之，前揭書，卷十三，〈東晉成帝〉，河洛版，頁四〇八—四〇九。

註一四　見王夫之，前揭書，卷二十二，〈唐玄宗〉，河洛版，頁七八〇。

註一五　同上註。

註一六　見王夫之，前揭書，卷二十二，〈唐玄宗〉，河洛版，頁七七九—七八〇。

註一七　見《噩夢》，收入《黎洲船山五書》，頁四四，世界書局印行。

註一八　見王夫之《宋論》，卷一，〈宋太祖〉，頁二〇，金楓出版社印行，一九八六年，十二月，台北。

註一九　見王夫之《宋論》，卷一，〈宋太祖〉，頁二二，金楓出版社印行，一九八六年，十二月，台北。

註二〇　見王夫之，前揭書，卷二十二，〈唐玄宗〉，河洛版，頁七七九—七八〇。

註二一　見《黃書》，世界書局版《梨洲船山五書》，頁三。

註二二　關於王夫之的「習與性成」的人性論，參見林安梧：前揭書，第三章，東大圖書公司印行，一九八七年九月，台北。

註二三　見《讀通鑑論》卷一，〈秦始皇〉，河洛版，頁二。

註二四　見《讀通鑑論》卷十三，〈東晉成帝〉，河洛版，頁四一〇。

註二五　見《讀通鑑論》卷十五，〈東晉成帝〉，河洛版，頁四九七。

註二六　見《讀通鑑論》卷十五，〈東晉成帝〉，河洛版，頁四九八。

註二七　見《讀通鑑論》卷九，〈東漢獻帝〉，河洛版，頁二七四—二七五。

註二八　關於儒學中有關「道、學、政」等問題，請參見杜維明〈孔子仁學中的道、學、政〉，收入《中國文文論集》卷三，頁六六—八四，幼獅出版社印行。

註二九　見王夫之，前揭書，卷末，〈敘論一〉，河洛版，頁一一〇八。

論「新刻陳眉公考正國朝七子詩集註解」並述對東瀛詩學之影響

阮廷瑜

國立中央圖書館善本書目：集部總集類：

新刻陳眉公考正國朝七子詩集註解七卷四册。下註：明陳繼儒編註，李士安補註，日本元祿己巳（二年）刊本。

按日本元祿己巳（二年），即康熙二十八年（一六八九）。中央圖書館列本書爲善本，是因爲書爲清代以來流傳稀少而具有學術價値之版本。在臺灣原也僅中央圖書館有此一部。民國七十一年，台北廣文書局亦自東瀛購得一部，同屬元祿己巳刊本，并予印行。從此國內可知者藏有兩部。

這兩部書，不但收藏者有異，天頭批註亦多不同。且中央圖書館所藏，其目錄後尙多出一篇三百餘字「題明七才子七律新刻」，未署姓名，殆是日人讀後所書，見影錄。

前面說的是善本藏書，現在簡介編選註解的陳眉公。陳繼儒（一五五八——一六三九）（註一）字仲醇，號眉公，亦稱眉道人，又號麋公，白石山樵。松江華亭人。諸生，隱居崑山之南，後居佘山。巧詩文。明史有傳（卷二九八隱逸傳）。此書開首的「七子詩集序」，在陳眉公的著作中找不到；七子的痕跡，在寶顏堂祕笈中也難發現，極可能是假託陳眉公。至於補證的李士安，生平未詳，待攷。

這本書選的盡是七律，從此可窺見七子七律，絕非前人譏評蠟監其外，敗絮其中，而對東瀛詩學還有極大的影響，理由俱詳下。

嘉靖七子簡介

明嘉靖年間的王愼中與唐順之，詩文學韓柳歐蘇，反對前七子李夢陽等的詩文，舉起了反復古的旗幟。李夢陽等前七子都在弘治年間，亦稱弘治詩學。就在弘治擬古詩風受摧抑的時候，又有李攀龍、王世貞等繼起，造成擬古主義的復興，人稱後七子。因爲李王七位都在嘉靖年間，人又稱嘉靖七子。其中也有幾位延到隆慶年間，人又稱嘉隆詩學。

後七子的領袖原來是謝榛，後來爲李攀龍、王世貞所奪（註二）。他們彼此唱和，聲勢極盛。茲簡介七人如下：

李攀龍（一五一四——一五七〇）字于鱗，號滄溟，濟南歷城人。嘉靖二十三年進士，官至河南按察使，著有【滄溟集】。

王世貞（一五二六——一五九〇）字元美，自號鳳洲，又號弇州山人，太倉（按太倉州屬蘇州府）人。嘉靖二十六年進士，官山東副使，以父難解官。後仕至南京兵部右侍郎。著有

【弇州山人四部稿】。

謝榛（一四九五——一五七五）字茂秦，號四溟山人，山東臨淸人。以救盧柟，北遊燕，刻意吟詠，遂成一家。著有【遊燕】、【入晉】等集稿。

徐中行（一五一七——一五七八）字子與，號龍灣，浙江長興人。嘉靖二十九年進士，官至江西布政使。著有【靑蘿館詩】。

吳國倫（一五二四——一五九三）（註三），字明卿，號川樓，湖廣興國州（按屬武昌府）人。嘉靖二十九年進士，授中書舍人，官至河南左參政。著有【甔甀洞稿】。

宗臣（一五二五——一五六〇）字子相，號方城，揚州興化人。嘉靖二十九年進士，官至福州提學副使。著有【宗子相集】。

梁有譽（一五一九——一五五四）（註四），字公實，號蘭汀居士，廣州順德人。嘉靖二十九年進士，官至刑部主事。著有【蘭汀存稿】。

七子聲名宏揚的原因

七子詩博大高華，聲名籍甚，其主要原因有二：一曰互相標榜，人人自負；二曰唱酬衆多，形成聲勢。

㈠互相標榜，人人自負

王元美【過德州不及訪李于鱗見寄】詩云：「我自可無衰鳳歎，君今仍作卧龍看」，以卧龍比李。李于鱗書徵王世貞徐中行爲文會于吳山，意氣豪甚。徐賦二律云：「龍門高倚浙江邊，海內賢豪大會年。詞賦有盟歸掌握，橐鞬何地不周旋。縱橫南紀星辰動，氣色中興日月懸。萬態盡銷吾黨在，狂歌還似薊門前。」「禹壇文會遠相同，不讓談天碣石宮。授簡中原高白雪，披襟大海起雄風。重來五嶽神逾王，老去千秋詩轉工。卻笑永和修禊者，虛將翰筆擅江東。」可見李于鱗是領袖群倫。于鱗【答王元美吳門邂逅見贈之作】云：「其向風雲論二子，誰知天地此徘徊。」其二云：「自憐滄海雙珠合，誰作青雲一鶚看。」雙珠，喻己與元美。于鱗又有王元美起家按察河南促之官詩：「猶作中原二子看。」而王元美【過吳明卿宅】詩：「海內聲名雙睥睨，郢中歌調一翻飛。」上句吳與王人已合寫；睥睨，謂側目相視也。下句贊吳，明卿湖廣興國州人，故以郢稱。李于鱗【送吳明卿給事謫江西】詩云：「詩篇已側當時目。」徐子與【和李于鱗贈王元美兄弟】詩云：「千秋二美擅江東。」總之，彼此稱多，贏得中原二子之譽；相互標榜，自言令人側目睥睨。再如李于鱗【懷宗子相】詩，其中間二聯云：「臥病山中生桂樹，懷人江上落梅花。春來鴻雁書千里，夜色樓臺雪萬家。」子相每誦而自歎不可及(註五)，這又是一種標榜方式。

(二)唱酬眾多，形成聲勢

七子不但彼此唱和。唱和之人，大致相同，亦視各人交往而定。如五子篇詩：李攀龍所詠爲謝榛、徐中行、梁有譽、宗臣、王世貞。徐中行所詠乃謝榛、李攀龍、梁有譽、宗臣、王世貞。梁有譽所詠乃謝榛、李攀龍、徐中行、宗臣、王世貞。王元美所詠乃謝榛（註六）、李攀龍、徐中行、梁有譽、宗臣。宗臣所詠爲謝榛、李攀龍、徐中行、梁有譽、王世貞。吳國倫所詠是李攀龍、王世貞、宗臣、徐中行、梁有譽。

又俞允文有五子述，乃李攀龍、王世貞、徐中行、吳國倫五子。而王世貞所詠，尚有：後五子，即余日德（德甫）、魏裳、汪道昆、、張佳允（肖甫）、張九一（助甫）。其德甫、肖甫、助甫三人，乃元美詩所謂「吾黨有三甫」也。廣五子，即俞允文、盧柟、李先芳、吳維岳、歐大任。續五子，即王道行、黎民表、朱多煃、趙用賢、石星。末五子，即李維禎、屠隆、魏允中、胡應麟、趙用賢。此外尚有十二子，爲吳國倫所詠，即謝茂秦、黎惟敬、李伯承（先芳）、余德甫（日德）、高伯宗、俞仲蔚（允文）、魏順甫、張肖甫（佳允）、張羽玉、張助甫（九一）、朱用晦、王敬一。

彼唱我和，篇什極富，聲譽自播矣。

七子詩之評價

七子之詩，同時之人，幾乎無不相互推崇，一則礙於情面，在所難免；一則時尚所趨，聲氣傳合，鍾愛亦必然之事。如王元美【詩評】云：

李于鱗如峨眉積雪，閬風蒸霞，高華氣色，罕見其比。又如大商舶，明珠異寶，貴堪敵國，下者亦木難火齊。宗子相如洭洼神駒，日可千里，未免嚙決之累。又如華山道士，語語煙霞，非人間事。梁公實如綠野山池，繁雅勻適。又如漢司隸衣冠，令人驚美，但非全盛儀物。……謝茂秦如太官舊庖，爲小邑設宴，雖事饌非奇，而飣餖不苟。

元美在【藝苑巵言】中也是一樣，推稱于鱗與子相之處，遠較其他諸子爲多。如：

吾友宗子相，天才奇秀。其詩以氣爲主，務於勝人，間有小瑕及遠本色者，弗恤也。吳明卿才不勝宗，而能求詣實境，務使首尾匀稱，宮商諧律，情實相配。子相自謂勝吳，然已不戰屈矣。徐子與斟酌二子，頗得其中，已是境地，精思便達。梁公實工力敵之，才亦稱之。

甚且摘子相佳句，如：

愁邊鴻雁中原去，眼底龍蛇畏路多。
袖中芳草寒相負，馬首梅花春自憐。
孤角千家滄海戍，故人雙鬢薊門煙。
銜泥匹馬時時立，入座寒雲片片孤。
絕壁書開風雨色，斷虹秋挂薜蘿長。

書之屏間，而尤欣賞其結句之吐屬，謂高處羽翼王孟，下亦追步錢劉。王世懋除特別頌贊其兄長外，亦認爲其他人之凝鍊處，居然唐音。【藝圃擷餘】云：

弇州……七言律高華整栗，沉著雄深，伸縮排蕩，如黃河溟渤，宇宙偉觀。又如龍宮海藏，萬怪惶惑。詩家集大成手，古惟子美，今則吾兄。汪司馬（伯玉）云：縱橫萬里，其斯一人而已。

又云：

弘正之後，繼以嘉隆，風雅大備，殆於無可著手。而敬美王公，特拔新標異於四家七子之外。……至七言律詩，即右丞不能脱穠艷，而獨以清空簡遠出之，詞直而意婉，語淡而致濃，此格古未睹也。

又云：

嘉隆並稱七子，要以一時制作聲氣傅合耳。然其才殊有逕庭。于鱗七言律絕高華傑起，一代宗風。明卿五七言律，整密沉雄，足可方駕。然于鱗則用字多同，明卿則用句多同，故十篇而外，不耐多讀，皆尺有所短也。子相爽朗，以才高；子與森嚴，以法勝。公實縝麗，茂秦融和，第所長俱近體耳。

七言律大篇，于鱗華山四首，元美詠物六十首，皆古今絕唱。然于鱗四首之内，軌轍已窘；元美百篇之外，變幻無窮。

徐子與七言律，閎大雄整，卓然名家，惜少深沉之致耳。品格在明卿左，子相右。公實於諸子最早成，律尤溫厚縝密，但氣格微弱。茂秦雖流暢，然自是中唐，與諸公大不同。

胡應麟是末五子之一，聲氣自然傅合，其【少室山房詩評】云：

于鱗七言律所以能奔走一代者，實源流早朝秋興，李頎祖詠等詩。大率句法得之老杜，篇法得之李頎。屬對多偏枯，屬詞多重犯，是其小疵，未妨大雅。

紫氣關臨天地闊，黃金臺貯俊賢多。萬里悲秋長作客，百年多病獨登臺。少陵句也。九天閶闔開宮殿，萬國衣冠拜晚旒。雲帝城雙鳳闕，雨中春樹萬人家。王維句也。秦地立春傳太史，漢宮題柱憶仙郎。南州秔稻花侵縣，西嶺煙霞色滿堂。李頎句也。三山半落青天外，二水中分白鷺洲。瑤臺含霧星辰滿，仙嶠浮空島嶼微。青蓮句也。萬里寒光生積雪，三邊曙色動危旌。沙場烽火侵胡月，海畔雲山擁薊城。祖詠句也。千門柳色連青瑣，三殿花香入紫微。花迎劍佩星初落，柳拂旌旗露未乾。岑參句也。凡于鱗七言律，大率本此數聯，而李頎四首（註七），尤是濟南篇法所自。

這段文字揭出了篇法所自，詩必盛唐，並沒有說剽竊剝奪，空洞無物。入清以後，評斥者起，沈德潛還能持客觀之論，其【說詩晬語】云：

李于鱗擬古詩，臨摹已甚，尺寸不離，固足招詆諆之口，而七言近體，高華矜貴，脫去凡庸，正使金沙並見，自足名家。過於回護，與過於掊擊，皆偏私之見耳。（【明詩別裁】略同）

弇州天分既高，學殖亦富，自珊瑚木難，以及牛溲馬勃，無所不有。樂府古體，卓爾成家；七言近體，亦規大方。而鍛鍊未純，且多酬應牽率之態。

謝茂秦古體局於規格，絕少生氣。五言律句烹字鍊，氣逸調高，集中雲出三邊外，風生萬馬間。人吹五更笛，月照萬家霜。絕漠兼天盡，交河蕩日寒。夜火分千樹，春星落萬家。高岑遇之，行當把臂。七言【送謝武選】一章，隨題轉摺，無跡有神，與高青丘

【送沈左司】詩，並推神來之作。

王李既興，輔翼之者，病在沿襲雷同；攻擊之者，又病在翻新弔詭。一變爲袁郎中兄弟之詼諧，再變爲鍾伯敬、譚友夏之僻澀，三變爲陳仲醇、程孟陽之纖佻。迴視嘉靖諸子，又古民之三疾矣。論者獨推孟陽、歸咎王李，而並刻論李何爲作俑之始，其然乎！豈其然乎！

此外洪稚存、吳騫、李調元等則是有抑有褒。洪稚存曰：

明李空同、李于鱗，一字一句，必規倣漢魏三唐，甚至有竄改詩文一二十字，即名爲己作者，此與蘇綽等何以異。【北江詩話】

王弇州長句得名，其老夫興發不可刪，大海迴風生紫瀾。皆屬歌行中傑作。【北江詩話】

吳騫云：

謝茂秦天橫落照明孤壘，地湧寒沙接亂山（按此【贈楊次和參軍】詩。七子詩集作天橫落照明千壘，地入窮荒接萬山）。地出三峰雄陝服，天分八水雜秦殽。天開鳥道千盤嶂，地入蠶叢萬嶺西。屢用天地字，氣象崢嶸。然較老杜他經灩澦雙蓬鬢，天入滄浪一釣舟，語雖精彩有餘，而神韻不及。蓋謝語景出而意盡，杜句景盡而意無窮也。【龍性堂詩話續編】

李調元云：

明詩一洗宋元纖腐之習，逼近唐人。高楊張徐四傑，始開其風，而季迪究爲有明冠冕。

> 前七子應之，空同景明，其唐之李杜乎！後七子王弇州、李于鱗輩，未免英雄欺人，而王尤甚。然集中樂府變可歌可謠，固足壓倒元白。【雨村詩話】

就在沈德潛、吳騫、李調元等同時，吳喬在他的【圍爐詩話】中極盡抨擊，如：

> 元美【贈楊武選】云：漢壁晨馳大將牀。武選不當用將帥事。且牀字用華元事也，可用晨字乎！高城雨過涼生袂，涼從雨來；殘夜花明月滿樓，月從花來乎？全失去句法。元美書庚戌秋事略不及嚴嵩縱敵，仇鸞欺君。只寫琱弓玉几等事，以爲盛唐子美諸詩如是乎！

> 弘嘉詩，只以唐人詩句爲樣子。元美以萬里悲秋常作客，百年多病獨登臺。風塵荏苒音書絕，關塞蕭條行路難爲句樣。

此外尚多，暫不引述。至於吳喬爲何抨擊最烈，當是詩路不對的緣故。王阮亭稱吳喬善學西崑。陳其年贈吳喬詩云：最愛玉峰禪老子，力追艷體鬥西崑。既是抨擊最烈，又爲何影響不大呢？那是因爲【圍爐詩話】一書流傳未廣。王應奎【柳南隨筆】曰：

> 趙秋谷【談龍錄】云：崑山吳脩齡論詩甚精，所著【圍爐詩話】，余三客吳門，求之不可得。余因秋谷之言，訪其書，一日得之於友人張君。所書凡六卷，議論果有爲前人所未發者。

復以乾嘉以來，詩家林立，篇籍浩富，且均遠勝於七子，遂亦不屑一顧，多不討論矣（註八）。

要之本集所選純是七律，共三百九十八首，內李于鱗五十六首，王世貞七十首，梁有譽四十六首，謝榛四十四首，徐中行六十六首，吳國倫六十八首，宗臣四十八首。較之每人的詩集中的七律，所選極少。其內容有贈貽、酬答、讌集、登眺、隱居、詠懷、懷古、詠物、旅思、哀挽、時令、唱和。而最多者爲贈貽、酬答、讌集、登眺四類。其寄贈宴眺對象，幾乎都在五子、七子、後五子、廣五子、續五子、末五子、十二子之中。

由於贈答要贊美對方，所以詩中常用「白雪」「郢曲」「睥睨」「青玉案」「千秋」等字。言隱居，故多用「桂樹」。言讌集款待殷勤，故用「投轄」「河朔飲」。感懷慨訴，則用「風塵」「傲吏」「彈冠」「抱璧心」「陵陽淚」。言及所往返處，在楚浙，用「南樓」「雄風」「赤城」；在西南，用「銅柱」「銅標」等以切地，亦前人之所抨擊句同字同也。

影響東瀛

東瀛自慶元長和之際（註九），文運特鍾。於是有藤原惺窩及林羅山（註一〇），應時輩出。羅山則受業於惺窩，師徒二人，道德之高，記覽之博，超越前古，講宋學者，無不宗羅山先生。後來朱舜水亦至日本（註一一），於是理學更盛。

羅山之子春齋，於萬治元年（西元一六五八年）撰「朝鮮物語」，並於寬文三年（西元一六六三年）獲賜弘文館學士。箕裘克紹，然仍偏於義理之學。其後伊藤仁齋（註一二）出，漢學之治漸開。惟仁齋早年，仍襲宋儒之舊，故所爲詩，亦多康節擊壤之餘音。至物茂卿（註一四），詞章義理，兼而攻之，則東國之漢學成矣，扶桑之文始雅矣。

物茂卿提倡古學，其弟子服南郭（註一五）又從而張之，於是詩學一變，家有滄溟之集，人抱弇州之書，愈唱愈高，洋洋乎盈耳矣（註一六）。當時有本選【新刻陳眉公攷正國朝七子詩集註解】，由宇遯菴的之門人加以訓點行世（註一七），其跋本選云：

> 自風雅頌以來，宋唐宗元，詩法變化不一。於其得失巧拙地，先輩多有評論，今何添蛇足。世有七才子詩集者，陳眉公所撰，而明人之詩也。夫明人之詩，比之元詩，優游卓越，非止相倍蓰，而其體製，又一變者也。七才子詩之於他明詩，猶四露之於羽毛鱗介，其格律鑒裁，自非具眼者不易知之，屬者有工人壽此集于梓，而請加訓點。予以日課無餘力，使門人某代予塞其望。嗟學詩者熟見此集，則詩道有進益，而生高一等之工夫。元祿己巳仲春壬申宇遯菴的跋。

亦足見七子於東瀛詩學之影響程度。其訓點行世之時，乃元祿己巳，即元祿二年（公元一六八九年），在我國是康熙二十八年，其時國內批判七子者亦不多。考本選首載陳眉公序，無論本選編註的人，是否假託陳眉公，按序文云：

> 七子爲王大司寇世貞、李攀龍觀察、徐比部中行、宗學臣憲、梁刑曹有譽、吳舍人國倫，而謝山人榛以豪俠韜光，翺遊吳越晉楚間，亦善鳴者，而並見旗鼓云。

可見本選對七子詩之評價，固無軒輊之分，故云並建旗鼓。序文中姓名先後，只是按官秩而敘。可是七子詩的評價，在東瀛，物徂徠的門生及私淑弟子們，各以其好尚不同，而崇擬亦有異，特別是對李王二人之詩。如：高野惟馨（註一八）極推崇李于鱗。兪曲園云：

東野論詩大旨，謂宋元之世，詩道衰息。明興，王李二公揭旗鼓於中原，詩道復盛。然王博而雜，李精而密，欲法唐人者，非修于鱗氏之業，復於何得之乎！其崇尚如此（註一九）。

餘承裕（註二〇）亦醉心于鱗，嘗取【滄溟集】手自謄寫，日日吟誦。服南郭稱之曰：

熊耳刻意滄溟，方今擬李者莫能及矣。（註二一）

而龍公美（註二二）卻推謝茂秦爲槐，李于鱗則居次，嘗著【謝李優劣論】以辨。讀公美之自笑詩：

自笑平生意氣豪，十年蹭蹬在蓬蒿。
虛名獨愧陶元亮（註二三），同姓誰呼龍伯高（註二四）。
多病乾坤憐伏枕，孤吟歲月事揮毫。
衡門日永無人到，唯有楊花照三毛。

其韻境又極似王元美。梁田邦美（註二五）之詩，始循王李一派，後則變其格調，又非徒摹七子風調者，如：

白髮幾人同甲子，青鐙此夕守庚申。

頗饒風趣。另谷友信（註二六）初學滄溟，後又悔之，乃偏覽唐宋諸大家集，以變其格律。如：

萬里秋風吹大壑，千峰鬱翠落江湖。

多病故人猶曩日，一時詞客此扁舟。

皆雄厚絕倫。國立中央圖書館藏有【日本名家詩選】七卷，藤元昺編，明和八年山金堂刊巾箱本。內選除伊藤維楨、物茂卿、服元喬、龍公美、梁田邦美等學七子者之詩外，其他所選諸人之詩，也都可見七子門徑。按，明和八年，為乾隆三十六年（西元一七七一年），由此可以推知：東國自享保（享保元年為西元一七一六年，時為康熙五十五年）以後，至明和、安永，約半世紀的詩人，其所為詩，詞藻高翔，幾乎全是有明七子一派。不過，人人承明七子餘習，以摹擬剽竊為工。乍讀之，高華典重，實則鑄形宿模，篇中多天地江湖、浮雲白日，臺閣莊雄，未嘗不令人厭倦。於是大田元貞（註二七）力排王李之體，而化唐宋，別為一家。然積習難返，除弊不易，信從者猶少。幸有詩聖大窪行（註二八）繼起，除革痛掃。其霜詩云：

鴻雁來時信始通，寒威凜冽五更風。
費將夜夜幾分白，染得山山一樣紅。
茅店雞聲殘月後，楓橋漁火亂鴉中。
莫言日照渾無跡，在吾鬢邊終不融。

頗有行雲流水之致。其友小栗光允等（註二九）羽翼之，東瀛風會，為之一變。故嘉永間（一八四八年至一八五三年）攝東七家（註三〇）與攝西六家（註三一）之詩，俱別開生面矣。

庚午中元後二日寫於輔仁大學理工學院

【註釋】

註一　據梁廷燦歷代名人生卒年表。商務印書館。

註二　明史卷二八七文苑傳。

註三　按明史卷二八七文苑傳云：「吳國倫……萬曆時猶無恙，最爲老壽。」

註四　按王元美等集中俱有哭公實詩。明史文苑傳云：「梁有譽……卒年三十六」。

註五　見淸方起英古今詩麈。廣文書局。

註六　此據弇州山人稿之附錄。明史卷二八七文苑傳王世貞傳謂五子，無謝榛而易以吳國倫。

註七　此云四首，上舉僅兩首，秦地立春傳太史，乃「寄司勳盧員外」詩，南川粳稻花侵縣，「寄綦毋三」詩。按另兩首，當是「戲魏萬之京」：鴻雁不堪愁裏聽，雲山況是客中過。「送李回」：千巖曙雪旌門上，十月寒花輦路中。

註八　王漁洋戲仿元遺山論詩絕句三十五首，最後僅及前七子，所謂「中州何李並登壇，弘治風流僅比肩。」

註九　時當明萬曆年間。

註一〇　日人原善（公道）著「先哲叢談」，首惺窩，次羅山。惺窩歿于元和五年（西元一六一九年），五十九歲。林忠字子信，號羅山，平安人。

註一一　朱舜水於天和二年（西元一六八二年）四月歿於日本。八十二歲。

註一二　伊藤仁齋名維楨，字原佐，平安人。私鑑古學，著有【古學齋先生詩文集】。歿於寶永二年（西元一七〇五年）三月。七十九歲。

註一三　物茂卿名雙松，號徂徠。三河荻生人。歿於享保十三年（西元一七二八年）正月。六十三歲。

註一四　服元喬，字子遷，號南郭。平安人。著有【南郭先生文集】。

註一五　見俞樾【東瀛詩紀】卷一。

註一六　宇都宮遯庵名的，字由的，號遯庵。周防人。師松永尺五，官周防岩國藩儒。致仕後，在江戶開塾教授。寶永六年（西元一七〇九年）歿，年七十六。著有【遯庵詩集】。

註一七　高野惟馨字子式，號東野，東都人。著有【蘭亭詩集】。

註一八　見東瀛詩記卷一。

註一九　餘承裕字子綽，號能耳，陸奧人。著有【熊耳先生集】。

註二〇　見俞樾【東瀛詩紀】卷一。

註二一　號公美字君玉，一字子明，號草廬，伏水人。與詩人孔文雄有管鮑交。著有【草廬集】。

註二二　龍公美嘗曰：窮達命也，不足計。出則爲諸葛武侯，處則爲陶靖節，如是足矣。

註二三　龍述字伯高，後漢京兆人。光武時爲山都長。馬援戒兄子嚴敦書云：「龍伯高敦厚周愼，口無擇言，謙約節儉，廉公有威。」

註二四　梁田邦美字景鸞，號蛻巖。武臧人。著有【蛻巖集】。

註二五　谷友信字文卿，號藍水。東都人。著有【藍水詩草】。

註二六　大田元貞字公幹，號錦城。加賀人。著有【錦城百律】。

註二七　大窪行字天民。常陸人。以詩佛自號，而以詩聖名堂，欲以一瓣香奉少陵也。著有【詩聖堂集】。

註二八　小栗光允字萬年，號十洲。若狹人。能書畫，工詩，與大窪行等有七友之目。著有【觀海樓小藁】。

註二九　攝東七家，俱在文政年間，即我國道光時。按七家即：菊池五山，名桐孫，字無弦。讚岐人。著有【五山堂詩稿】。安積艮齋，名信，字思順。陸奥人。著有【艮齋詩略】。清李伯元南亭詩話卷九贊安積信云：「其文勁拔豪放，在日人中，無能爲是者。」野田笛浦，名逸，字子明，丹後田邊人。著有【海紅園詩稿】。大槻磐溪，名清崇，字士廣。仙臺人。著有【磐溪詩鈔】。齋藤拙堂，名謙，又名正謙，字有終。伊勢人。著有【鐵硯齋存稿】。梁川星巖，名緯，字公圖。美濃人。著有【星巖集】。中島棕隱，名規，字景寬。平安人。著有【棕隱軒集】。

註三〇　攝西六家，時代與攝東七家同。按六家是：後藤春草，名機，字世張，又號松陰。美濃人。著有【松陰餘事】。筱崎畏堂，名弼，字承弼。大坂人。著有【小竹齋詩鈔】。廣瀨淡窗，名建，字子基，號淡窗。豐後日田人。著有【遠思樓詩鈔】。廣瀨旭莊，名謙，字吉甫，又號梅墩。豐後日田人。淡窗之弟。著有【梅墩詩鈔】。草場珮川，名韡，字棣芳。肥前人。著有【珮川詩鈔】。井虎山，名華，字公實，安藝人。著有【虎山詩稿】。

題明七才子律新刻

此集也世多有，亦未審何人所選，原本數列首簡，相考書同人異，亦皆假託知名之士，無取世。余初且謂注撥踈謬，率屬市井坐賈而已，然已疑其詩所采頗視精焉。本集如林，不無蕪穢，及於此敍視之，彼翹然者，固非盡於此，抄亦無害。其萃取擇嘉隆七子七律，海以騷仰雖鞶張諸人為行一時。哉尸視李王之至往往和錄其選，今其所錄雖或未足，想必作者所自可，乃從而親定。吾精之文精可知，尸視李王并及五子當時所列，其有焉。大抵明詩之選不勘。焉以余審之，然為左也，則然集也，疑亦同時之人所為，若失者，臣者未定，亦不投之。人後燬隨偽造家，半未可知也，不擬其真，即託其假，必有以也。既經偽造，或安意增減，蓋有之矣。詩苟可誦，不必論世乎？餘蓋西子蒙不潔，吉義失人矣，物不可以詢。取世如是，烏乎生所撰擢之哉，可謂美人士冶矣。芙蓉篤公好詩擬詠，以愛七子文曼，烏乎生乃詩之序。公既序矣，猶且以兆其所為道顧，不倦於蔥公義斷全之交久矣，則余心所同。公序既盡矣，尚何言哉。

、皇光言

新刻陳眉公攷正國朝七子詩集註解卷之一

雲間　眉公　陳繼儒　句解

嶺南　三水　李士安　補註

記字于鱗，號滄溟，山東歷城人，舉嘉靖甲辰進士，授刑部主事，遷員外郎、郎中，出為順德知府，擢陝西提學副使，未幾乞歸，丙薦起為浙江按察副使，視海道，遷布政司左參政，奉表入賀，遷河南按

殉義與變節間的餘地

——論洪承疇的降清

王成勉

一、前言

明亡清起，這兩個朝代的變更與轉接，在中國是一場巨變，對於中國士人而言，尤其具有重大的衝擊。雖然明末有諸多的政爭與敗政，但是對於正在衰亡的明朝（以及後來的南明）的盡忠問題，卻是士人的一大考驗——在當時迅速變動的局勢下，受傳統儒家洗禮的士人，對以殺掠起家入京的流寇和接著進關入主中國的滿人，必須對「忠」做出決定。

歷史上對於這些士人行為的記載，往往呈現出兩極化的描述。一方面是忠貞殉義的史可法、黃道周之輩，堅持職守，以迄為明犧牲為止；或是如顧炎武、黃宗羲等，隱逸不仕，保守志節於明亡之後，他們都成為文學口景頌謳歌的對象；另一方面是誤國變節的阮大鋮、馮銓之流，彼等不但溺於黨爭內鬥，更臨難苟且的轉事新朝，成為日後史家評論的貳臣。

然而，明末數以千計的士人行為與思想模式，能否用非忠即叛的二分法來概括？不事新朝是否就是盡忠於明？而轉仕新朝的是否就是貪圖富貴與貪生怕死？更進一步來說，在降清的明臣中，他們內心的掙扎與衝突到底為何？他們又是如何為自己的行為來辯解？存活在亂世之中，士人是否仍有堅持的理念？對於這些問題，過去史家並沒有深入的探討與分析，而在史學作品中也少有給與降清仕人一個客觀與跳脫傳統觀念的評價。

本文將以洪承疇做為個案，探討明末士人的「變節」與仕清。（註一）洪承疇是一個為當時所共認的貳臣，他在明清兩朝都扮演了重要的角色。在明末之時，他曾長期的承負剿撫流寇之責，不但極有成效的擊潰流寇，並且安定平撫了飽受侵擾的三秦百姓。也因為他的平賊有功，被朝廷派往對付日漸危害東北邊疆的滿清。然而洪承疇在一六四二年（崇禎十五年）松山戰敗被俘，日後降清。在清朝入關之後，成為深受清廷倚重的官員，不但協助清朝建立制度，更曾兩度奉派出京，成為清朝平定東南與西南的重要人物。

洪承疇在明清兩朝均極有宦績。無論在何時為官，均清廉正直，同時更以儒家仁政愛民的寬厚精神來施政。他在明朝平寇之時，與士卒同甘共苦，併力對賊，而在清朝時曾奉使東南、西南，日夜批閱軍事文書與處理地方行政以致雙目幾同失明。但這種盡責守分的表現益發凸顯他背明降清的動機費解。本文即是以其在降清前後的表現，來探討洪承疇對忠的考驗與做法。

二、洪承疇與遼東邊防

洪承疇在一六一六年（萬曆四十四年）考取進士，先在京師任官六年，而後轉至地方擔任過參議、僉事、副使、參政等職務。到一六二七年（天啓七年）時，他被調往陝西，出任督糧道參政之職。（註二）其時陝西正經年天災，再加上明末政府在欠餉、加稅、裁驛與疏忽地方行攻等因素之下，造成民變迭起並逐漸擴大，經過官兵的剿撫，彡成游走於西北幾省的流寇。（註三）此時西北之文官也多被賦予協助剿撫流寇之職，洪承疇此時展現其在剿撫兼用，安定地方的長才，一再受到政府的拔擢，幾年之內官歷延綏巡撫、陝西三邊總督、兵部尚書總督五省軍務之職。（註四）最後在一六三八年（崇禎十一年）洪承疇指揮明軍，大敗流寇主力李自成的部隊，造成流寇的潰散與降伏，使得西北情勢安定下來。

正當此時，明朝東北卻告危急。滿人不但建立清朝，攻佔東北城市，更屢次破邊掠奪中國內地人、畜、財產，幾次讓明廷發出調集各地兵馬入援京師的命令。而洪承疇也在一六三八年（崇禎十一年）秋於多爾袞入侵之時，奉命帶兵入援京師。雖然洪等抵達之時危機已過，但由於洪承疇過去對付流寇的卓越功勞，使他成為接替薊遼總督遺缺，主持東北防務的最佳人選。於是洪承疇在一六三九年（崇禎十二年）三月十三日被賦予兵部尚書兼副都御史總督薊遼軍務之職。（註五）

當洪承疇就任新職之時，他開始著手編纂厚達十二冊的「古今平定略」。（註六）該叢書名之「古今」是六僅編輯武經七篇，更收集明時各種行兵、佈陣、軍器、疆域鎮圖。而洪承疇驚人之處，是除了他費心收集了這大部頭的兵書外，還在兵書之中予以標圖重點及不時的評注。這可顯示其對兵略的嫻熟。

洪承疇在兵書的序言中更清楚的反映出他一向盡職守分與對國家效忠的觀念。洪承疇表示，文武原為殊途，其為文官本無干預武事之責，然「方今邊夷猖獗，小醜跳梁，天下亦多故矣」，故其願獻身武職以衛國家。因此，他矢言：「於是不得不竭生平之學，出死力以衛社稷，以扞牧圉，求報稱天子無忝厥職焉。」同時他更化此愛國之心於編輯之意。他進一步的表示，「然余老矣，余猶患失報國之日短而報國之心長」，是以他力籌古今兵略，加以增刪註解，並付印於世，盼明人能善用而爲天下帶來平定，此亦即爲其取名「平定」之意。

而洪承疇也如他在序言中所自述的竭盡心力來整頓薊遼邊防。當時東北在滿人掠奪之後，殘破不堪，兵潰、餉缺，軍器糧食亦需重新補給。（註七）洪承疇自就任起的幾年之中，奮力重建邊防，從練兵、佈防、整飭紀律，到裝備補給等事宜，他都一一親自指揮督促，並且詳報朝廷。

洪承疇抵達東北之後，即親自巡視前方據點，校閱部隊，計點官兵。在巡視完之後，他一面提出訓練一萬精兵之計劃，另一方面決定派遣部隊屯駐中後所與前屯兩地。據洪承疇的觀察，此兩地不但土地與形勢適合屯守，而且位於寧遠與山海關之間，正可做爲中繼救援，使明邊防首尾相顧。（註八）在訓練部隊的同時，他並設立「連營節制之法」，以注重軍令，專一事權。此即是將各部隊與諸官員的親隨部隊（如監標、撫標、道標、鎮標）之守城與出戰指揮權交予各總兵，使得部隊在戰守時能號令一致。（註九）洪承疇更重用軍法，以使軍士用命敢於作戰。明清兩軍曾在一六四〇年（崇禎十三年）七月初交戰於松山、杏山之際，一明軍副總兵臨陣而怯，洪承疇立命斬之。此種嚴持軍法的精神，使得明軍將士敢於作戰，造成雙方在幾次作戰中都互有殺傷，也使得清兵不再主控攻勢。（註一〇）。

另一項增進明軍作戰力量的是火器的運用。由於滿人馬戰強悍，非明兵所能對抗。所以洪承疇在得知滿人所懼為明方火器之後，即要明廷急送各式火器及西洋大砲，並調火器專家前往遼東擔任「火攻都司」。洪承疇並擔心火器消耗過大後方接運不及，尚在東北成立軍器局、火器局、火藥局，並採鉛造彈，以就近生產供給。（註一一）而這些火器的運用，也的確在對滿人的作戰上發揮功效。（註一二）

洪承疇對於遼東防務的親自主持，從糧食的補給和運送上也可看出。由於遼東地方廣闊，前鋒城守距山海關有數百里之遠，滿人常會出動搶掠補給的糧車。所以洪承疇每次在運糧上都特別用心。他自己親行察核地形，決定運糧路線，以使糧食順利送達前方城堡。（註一三）在一六四二年（崇禎十四年），他則利用正月過年滿人不備之時，趕送大批糧食入前方的錦州、杏山等城。（註一四）這些都顯示洪承疇在各方面的注意與盡心。

洪承疇不斷的將邊防事務巨細靡遺的向朝廷報告，每一戰役的勝負得失，都詳細的見諸於章奏之中。洪承疇也希望如此能做為屬下忠誠以待的榜樣。（註一五）而洪承疇這種盡心職守及忠心於國的表現，（註一六）不但使明朝邊防轉強，滿人失去優勢，更為他贏得崇禎皇帝的信任與支持。

三、洪承疇與松山之戰

在洪承疇的全力整頓之下，明朝遼東邊防日形鞏固，在此後雙方的交戰中，也多是互有勝負的局面。(註一七)這種情況也逼使滿人改變過去掠奪與突擊的戰略，而決定採取集中兵力圍攻城堡的方式，以期除去明方的前鋒重鎮。

而明清雙方在松山的決戰，實源自滿人派兵長期的圍困錦州。由於錦州在地勢上被認為是遼東最重要的據點，也是山海關的屏障，所以當時由名將祖大壽負責鎮守。雖然滿人屢次用兵，但均無法攻克。皇太極（清太宗）遂定下長期圍困之策。他在一六四〇年（崇禎十三年、崇德五年）五月初命濟爾哈朗和多鐸領軍築義州城守，駐兵屯田，以困寧遠和錦州，使兩地之明兵不得耕種。三個月後，再派多爾袞帶兵換守義州。從此由濟爾哈朗和多爾袞輪流負責圍守錦州。

對於錦州的被圍，明朝始終未能有一致的救援之策。在遼東的前方邊防官員認為應先堅守再逼驅；洪承疇則自請移駐中後所，主張調兵前移，採守而兼戰之法；但兵部則希望洪承疇駐在前屯，但反對調兵出關協防的策略。(註一八)最後，洪承疇奉令出關，前往寧遠禦敵。洪承疇到達寧遠之後，加強各邊防城堡之戰力，同時伺機運糧入前方松山、錦州城中，使得明方得以固守，並且在戰場上和滿人互有勝負。(註一九)

然而遠在北京的明廷卻極為擔心錦州的被圍。當皇帝詢問之際，兵部尚書陳新甲和廷臣提出「十可憂、十可議」的意見，認為關外兵多，政府有餉艱之難。(註二〇)於是在皇帝的同意下，派出兵部郎中張若麒向洪承疇陳述朝臣的意見。雖然有張若麒的反覆陳述，還有陳新甲四路進攻的提議，此時洪承疇仍堅持且戰且守的策略。因為他認為錦州防禦尚強，不易撼動，而分兵四路出擊，反易兵寡勢弱；同時秋天來臨，圍守錦州之滿人亦有糧乏困窮之難。（註二一）張若麒見明兵在戰場上獲有小勝，遂回報朝廷謂兵力可用，圍可立解。這報告在朝中造成影響，一方面使皇帝轉爲贊同出兵解圍的做法，另一方面也讓陳新甲決意逼使洪承疇即刻出兵。此時陳新甲致函洪承疇，函中用詞深刻，以刺激洪承疇早日出兵，其中云：

近接三協之報，云敵又欲入犯。果爾，則內外受困，勢莫可支。臺臺出關，用師年餘，費餉數十萬，而錦圍未解，內地又困。斯時臺臺不進山海，則三協虛單。若往遼西，則寶山空返，何以副聖明而謝中朝文武諸人之望乎？主憂臣辱，臺臺諒亦清夜有所不安者。（註二二）

洪承疇受此函之激，再加上皇帝密敕令他剋期出兵，遂不再堅持己意，揮師出發。此時洪承疇有步兵九萬，騎兵四萬，於一六四一年（崇禎十四年）九月初抵達距離錦州只有六里之遙的松山。

當皇太極接報，得知明兵大舉出動，立即傳檄各部，動員人丁趕往松錦。（註二三）皇太極在抵達松山一帶時，判斷明兵多，糧食必不足，故決定打擊明兵之糧食補給，以破壞明軍士氣，同時對明軍展開包圍的佈局。皇太極的這兩項策略非常成功。首先是派往塔山攻擊的清兵虜獲明軍在筆架山的積粟，使得明在松山大軍立陷困境，剩下糧食不足三日之用。存糧不足也使明軍喪失鬥志。雖洪承疇主張即與滿人一決死戰，但是由於總兵王樸率先夜遁，使得明軍紛紛各自逃生。結果在早先設伏的清兵攻擊之下，十餘萬的明軍大潰，最後只有萬餘人與洪承疇

退守松山城。(註二四)

洪承疇自此在松山困守一百七十三日。雖然在這段期間毫無救援信息，同時糧食極爲短缺，但是洪承疇絲毫沒有動搖過他對明朝的忠心。皇太極曾致函表示明朝氣數已盡，並謂滿人對降人一向採寬厚的待遇。(註二五)但是洪承疇回覆的卻是幾次的突擊。(註二六)洪承疇在被圍之初，所差人送出的信即表示松山之糧僅可支持三月之久。然而三個月後，洪再遣人冒死突圍傳訊，謂糧米極爲欠缺，自洪以下至士兵，每人日食一碗米而已，然而縱使如此，也不過再撐三、四個月之久。(註二七)洪承疇每次送信出來，猶不忘勸明方進兵與催戰。這均顯示洪承疇仍有奮戰力守的決心。

然而，松山城守在近六個月後，因副將夏承德的叛降，終於爲滿人攻入，洪承疇也因此被俘。由於洪承疇在整個松山之役是遵守朝命，忠心耿耿的支持到底，而在松山淪陷被俘之時亦未投降，故史家多未將松山之敗歸罪於他，亦未責其有不忠或不盡職守之處。

洪承疇於一六四二年(崇禎十五年、崇德七年)三月十八日被俘，一直到五月卅一日才降，即爲滿人剃髮，並於次日朝拜皇太極於瀋陽。(註二八)洪承疇從被俘監禁，到決定降清有七十餘日。他爲何在七十日後改變決定，以及他在此期間之考慮爲何，都一直未爲後人所知，而他日後也從未談論或書寫過他改變的意念爲何。後來雖有各種傳說，但是均缺乏有力的實據，也未提出一套令人信服的說法。(註二九)

雖然洪承疇降清的決定無法得知，但是可以確定的是皇太極對洪承疇極爲重視，且欲爭取他的順服。所以洪承疇在很多方面成爲特殊的例子。首先，洪承疇在當時是不降而又未被殺害的例外。當滿人攻下松山之後，拒降的文武官員多被殺害。所餘的明將有祖大樂、祖大成與白良弼四人，彼等之獲存留均是爲召降他們尚在明方擔任總兵之親人（祖大壽、吳三桂、白廣思）的原因。第二、從清實錄等主要清朝史料來看，對洪承疇的勸降工作一直在進行。（註三〇）第三、洪承疇等降清之時，正值皇太極宸妃的喪期，不准有宴樂之事。（註三一）但皇太極特爲他們破例，令多鐸代其在崇政殿宴請洪承疇等，且在事後再派大學士范文程、希福、剛林向彼等解釋，其未以朝服受降和躬親賜宴，乃宸妃喪期之故，並非有輕慢之心。（註三二）第四、皇太極除在殿中宴請洪承疇外，並令八旗分別宴請洪承疇等。（註三三）在清史稿中甚至有清將對皇太極如此厚待降人表示不悅的記載。（註三四）

更值得注意的事，是雖然洪承疇被編入漢軍鑲黃旗之中，然終皇太極之世，對洪承疇未有入旗盡職的要求，而他亦未如所有其他降人一樣被授予官銜。關於皇太極對其優渥的待遇，在史料中記載爲：「太宗文皇帝不令服官，凡大祭祀、宴會，必令親隨，賜房屋、莊田、男女有差，賜上御服，膳無虛日。」（註三五）在皇太極時期，史書中僅記載過洪承疇兩件事情。一爲松山戰後明方有求和之議，在與清往來之文書蓋有明帝之印，皇太極懷疑此印之眞僞，故要洪承疇驗認，並詢問其意見。洪承疇認爲該印爲眞，並且表示明帝眞有與清議和之意。（註三六）另一件事爲皇太極得秀才數十人，曾要求洪承疇主持考試以文章鑒別他們的高下。（註三七）

四、洪承疇的仕清

自流寇在一六四四年（崇禎十七年、順治元年）攻陷北京之後，洪承疇對清朝的入主中國一變而爲積極的參與。他在清朝的征服過程中，從策劃戰略、規劃政府，以迄後來的平定東南與西南，無不扮演極爲重要的角色。過去已有學者已對清朝征服做過探討，故此部份不再重述洪承疇在仕清上的各種作爲，而主要在強調其仕清的特色與堅持之處，以圖解釋其對降清與仕清的考慮。

清朝在聞知流寇日益擴大，危及明朝根本之際，決定展開南伐。在一六四四年（崇禎十七年、順治元年）五月十四日，由攝政王多爾袞率兵出征，而洪承疇亦在隨行之列。當清軍正朝向山海關進兵之時，突在五月廿日接到吳三桂來信，叙述流寇已攻下北京，且崇禎皇帝也已自縊，吳三桂在信中請清兵合力滅賊。此時多爾袞立即召開會議，並詢問洪承疇的意見。洪承疇在這個關頭，突然一改近兩年沉寂的態度，提出一套積極進兵，對付流寇並平定中國的方略。（註三八）

洪承疇的建議中有幾項特色。第一，他提議將清軍出師的名目宣示爲「掃除亂逆，期於滅賊」。這使得清兵出師從侵略一變而爲義師，要爲中國人民驅除流賊。此成爲吸引人心爭取支持的極好號召。第二、他從軍事的角度，提出對付流寇的戰略。由於他對付流寇多年，深了解其避強竄流的習性，故主張以精兵兼程而進，趁流寇據京未備之際，立行撲滅，賊走則行追剿。第三、他要求清兵一改擄掠之舊習，強調安民保民，同時號召地方官員的歸順，以鼓勵各地官民接受清朝的入主中國。

洪承疇的建議不但爲清政府所接受和大力推行，同時得到極好的效果。從多爾袞與吳三桂來往的信件中，就可看出多爾袞採用了洪承疇所提出的義師滅賊的說法。（註三九）而在清軍入山海關後，多爾袞更進一步的與清將誓曰：「此次出師，所以除暴救民，滅流寇以安天下也。今入關西征，勿殺無辜，勿掠財物，勿焚廬舍，不如約者罪之。」（註四〇）在范文程所擬的清政府檄文中亦明言：「義兵之來，爲爾等復君父之仇，所誅者惟闖賊。師律素嚴，必不害汝。」（註四一）在清政府的幾次聲明立場和約束部隊之後，很快的從中國官民方面得到很好的反應與支持。不但過去逃散各方的民衆回到鄉鎮，同時在清兵向北京進兵的過程中，地方官員與民衆多開城迎接。（註四二）許多史家在探討滿清能順利入京的原因，多歸功於洪承疇和范文程的策略。（註四三）

而此時洪承疇在仕清的作爲上也有重大的變化。如同他打破兩年沉寂發表平寇定國之策一樣，他開始積極的參與清朝平定中國的事業。由於滿人不夠了解中國的官僚體系與運作，也沒有足夠可信任又曾任明朝高官的漢人來應用，所以洪承疇在此時成爲滿人極需借重的對象。而洪承疇也自始在仕清上顯露出其卓越的行政能力及其對中國文化的觀點與堅持。

首先是洪承疇在一六四四年（順治元年）七月四日被封以「太子太保兵部尚書兼都察院右副都御史」之銜，與內院共理機務。當時洪承疇尙被授予秘書院大學士的身份。從現存洪承疇所上的奏摺來看，他在清朝入主北京建立政府的事務上，幾乎無所不預。而其所以爲本的，也多以明朝制度爲主，是以在內閣、票擬、翰林、甚至郊祭上，均是延襲中國或是明朝的制度與觀念，而滿人也均採納他的建議。（註四四）

洪承疇不僅在制度上引導滿人採納中國的架構，更進一步讓滿人接受中國的文化與思想。如他在一六四五年（順治二年）四月八日上奏，建議順治皇帝學習中國的文化和語言、文字。洪承疇在奏中提出了二個理由：第一是「上古皇帝奠安天下，必以修德勤學爲首務，故金世宗、元世祖均博綜典籍，勤於文字，至今猶稱頌不衰……帝王修身治人之道，盡備於六經。」第二是「（皇帝）一日之間，萬幾待理，必習漢文，曉漢語，始上意得達，而下情易通。」而基於這兩個考慮，洪承疇要求皇帝擇滿漢詞臣朝夕進講，則「聖德日進，而治化益光矣。」（註四五）雖然洪承疇此舉也可以從便利滿人統治的角度來討論，但是當時敢要求征服者去學習被征服者的語言與文化，也未嘗不是一種對中國文化強烈的信心與認同的表示。

而最足以反映洪承疇對中國文化的堅持之行動，則是他力勸順治皇帝維持「中國皇帝」的形象。清朝自立國以來，即思索馴服強悍蒙古人的方法。在皇太極的時代，常與達賴喇嘛聯絡，也就是希望藉由蒙古人普遍信仰的喇嘛教來收服蒙古。（註四六）在清朝入主中國之後，也數度邀請達賴喇嘛到北京，並在京師爲喇嘛教建塔，同時予以喇嘛教的僧人許多特權，可以在禁城騎馬，和直往皇帝寢宮等。（註四七）洪承疇認爲滿人的這些舉措有違儒家與中國傳統的觀點，遂提出奏摺加以反對。洪承疇的五點理由分別爲：第一，信僧佛者不過佔天下人中百千之

一、二，然何以未見喇嘛可以長生，而億兆人可以生生不絕。第二，聖天子爲神人之主，自能爲天下人造福，那自無理求福於僧佛。第三，歷閱史書，在堯舜禹湯以迄周朝文武諸聖王時代，何曾有佛教入中國，而後漢唐宋等開國之君亦未信佛。第四，建築寺塔，擾及民生，而喇嘛法術更會驚駭民衆。第五，遠迎達賴喇嘛及其隨從幾千人來中國，必會爲政府帶來沈重負擔。故洪承疇建議取消邀請計劃，停止寺塔的建築，並將在京城內的喇嘛送回他們自己的寺廟。（註四八）然而滿人基於喀爾喀蒙古尙未臣服之現實考慮，並未接受洪承疇的意見。

到了一六五一年（順治九年）達賴喇出發前來中國之時，清廷再次爲皇帝是否要到長城以外迎接之事會議。由於當時中國正値荒歉，如迎達賴喇嘛及三千從人入內地，則花費甚大，但如僅讓達賴等住邊外，而皇帝不去迎，則達賴喇嘛之怒可能更會導至蒙人的不服。當時朝廷分爲兩派意見，滿人謂皇帝應親迎，令達賴住邊外，如其欲入內地，則可令其帶隨臣入內。但漢官則謂皇上爲天下之主，不當親迎達賴，而中國荒歉，更不便讓其入內地。只要選派諸王大臣一人迎其於邊外即可。（註四九）幾天後，皇帝決定採用滿臣的看法，要親自前往邊外相迎。（註五〇）

就在皇帝已經做了決定之後，洪承疇和陳之遴仍在一週後再上奏摺，利用「太白星與日爭光，流星入紫微宮」的天象示警做爲前題，再勸皇帝不宜遠行，尤其「南方苦旱，北方苦澇，歲飢寇警，處處入告」，故遣派大臣迎接達賴喇嘛即可。（註五一）

洪承疇和陳之遴的這封奏摺最後感動了順治皇帝，使其決定以百姓疾苦爲優先考慮，故另派大臣前往迎接達賴喇嘛，同時更在上諭中讚揚洪承疇等這種爲國家機務直言無諱的精神。（註五二）在這個例子中，清楚的顯示洪承疇基於儒家思想和對「中國皇帝」形象的看法，敢一再的與皇帝和廷中滿官力爭。洪承疇並非是不了解達賴喇嘛來京的政治意義，但是在他眼中卻認爲更重要的是象徵中國文化的國家禮儀與對國事民生的重視。

而洪承疇對於儒家理念的堅定與實行，除幾個特殊事例可以突出彰顯外，更是普遍與一致的見於他的施政之中。在清兵入關後，洪承疇曾兩度被派出京擔負平定南方的重仕。一次是從一六四五年（順治二年）至一六四八年（順治五年）被賦以「總督軍務招撫江南各省」的職務，另一次則是自一六五三年（順治十年）至一六六〇年（順治十七年）以五省經略之銜來平定西南各省。這兩次職務對清朝均有重大的意義，前者是清剛佔領南京，東南尚在征戰之中，急需一個能坐鎮江南，穩定地方，支持東南戰場，又能號召南明官員來歸的大臣；而後者之任命，則是在當年流寇力量投向南明，使南明勢力再起，連挫清兵之時，清朝更需倚仗一位能對付流寇，建設因兵災殘破的地方，並能收拾人心的文武兼備的人物。洪承疇在這兩個職務上均有卓越的表現，不但安定地方，並且平定了各種反抗的力量，可以說整個南方的平服是以他爲首功。（註五三）

洪承疇在兩次治理南方之時，不但是勤於職守，廉潔負責，更是一本他過去照顧民生的觀念，在政策上極力強調安撫百姓，招恤流亡。例如他一上任即請求清廷減免田賦，以利民生。（註五四）同時對於長年受到災害的地方，更要依受害的程度來減少稅收。（註五五）在後來江西旱災時，洪承疇不但上奏要求免稅，同時請求將送京之漕米留下做爲救荒之用。（註五六）這些救濟民生的政策，雖然對清初立國的龐大開支會有影響，但在洪承疇的詳細陳述利害得失與地方情況下，都獲得朝廷的支持。

另外洪承疇更訂有積極安民的措施。他令各官在地方上宣佈朝廷德意，廣示招徠，開墾田畝，使四方逃散的居民回到原居重新開始生活。（註五七）他更幾次嚴飭軍紀，將軍民分離，以避免有擾民之行爲。（註五八）甚至有八旗下的漢軍將領因爲掠淫民婦而爲洪承疇處以斬首之例。（註五九）這些也可見其安民的決心。

至於洪承疇在招降和對付南明王室的行動上，的確讓他處於許多爲難的局面下，不少的南明義師領導人被俘不降，並藉機辱嘲諷洪承疇，也有許多明遺民的著作申斥其忘本賣國。（註六〇）但是洪承疇始終未改其招撫南明官員的措施，同時對於轄區內之反清活動也立予撲平，但是決不濫殺無辜。關於這一點或可視爲他認爲明清在天命上已經交替，而一個穩定的清朝或可爲中國人民帶來更和平的社會。但是如果南明義師一再活動，則不僅令讓清朝懷疑其寬待人民、招撫明官的政策是否值得再進行下去，更可能會帶來像在揚州、嘉定的屠殺，所以洪承疇對於南明的活動與再起均立即鎮壓，並詳細的向清廷報告。

洪承疇兩次出使南方，均是全力以赴的盡其職守，其日夜辛勞的工作使其健康和視力受到嚴重的傷害。在第一次出使南方時，由於重建江南的工作極爲艱鉅和複雜，故其每日殫精竭慮的處理事情，他的報告中曾謂「至酉時猶必親燈，伍更初復秉燭辦事。」（註六一）而由於其日夜用眼，在缺乏足夠休息之下，其右眼逐漸失明。（註六二）然而清廷對其倚重很深，對其病目和請守制的請求一再以難覓更代之人拖延，一直到三年後才讓其返回北京。（註六三）而洪承疇在第二次出使時，業已六十一歲，不但體力已弱，且眼力亦差，到一六五九年（順治十六年）時，其僅剩之左眼亦無法應付正常之閱讀、寫字。起先是需人將文書重謄大字，後來連大字亦不辨，且走路亦需扶持。（註六四）而清廷一直拖到雲貴平定，才同意洪承疇北返。洪回北京時順治皇帝業已過世，其亦即上奏請辭。從此洪不再問政，而於三年後逝世。

五、結論

對於洪承疇的降清與仕清，在明末清初的時代，是一個很難歸類的個案。如從對忠臣絕對的要求來看，洪承疇未能殉義死在松山，而後變節仕清，那的確是一個事奉兩朝的貳臣。但是如果把他與那些變節圖存，苟全以謀權位的士人放在一起，則似乎也有不合之處。若我們進一步思考他在降清前後的仕宦生涯，似乎也可歸納出貫徹在他一生之中的堅持，而他的仕清也可從另一個角度做解釋。

從本文的前面幾部份的討論中，首先可以看出的，是洪承疇在仕明、仕清時都盡職守份，無論是文職或是附帶武職，他都毫不保留的接受，同時在他接受職務之後，必定全力以赴、事必躬親的去做。而從他在遼東邊防以迄到後來的平撫東南與西南的任上，他都展現出清廉、正直、不結黨營私的做為。對於每一施政的成效、每一戰役的得失，都詳細回報朝廷，這也是為何他能一直深獲政府信任，並被委以重任的原因。

而同樣貫徹在他仕宦生涯的，是他對儒家文化與仁政愛民的堅持。無論是在京師或是出使在外，他對儒家文化的信念與持守從未中斷。尤其是在仕清之時，他在京師曾主張順治皇帝學習漢文和中國文化，或像韓愈一樣一再的以中國文化的觀點來反對皇帝親迎達賴喇嘛。這種甘冒得罪滿人的危險的提議與堅持，是貳臣中極爲難得的。洪承疇在任職地方之時，都是面臨戰後殘破百廢待舉的局面。而他在施政時所展現的，均一貫是儒家體恤民生、以民爲本的精神，在處處爲民著想的前題上，得到地方人士的支持，也解釋了他何以能安撫地方成功以及何以朝廷對他深爲倚重的道理。

至於松山之戰的失敗，並不應局限在勝負或生死的考慮。首先應注意到洪承疇力戰到底的精神。他當時在全軍連他自己都每日一碗米的情況下，猶要繼續抵抗下去。最後雖然因爲部將通敵致城陷被俘，但這與其它官員不戰而懼，開城迎降上有很大的不同。其次，洪承疇爲何在被俘後仍等了七十餘日才降？這原因是難以得知的。但其降後是所有降清之官中唯一沒有被再封以官銜的人物。他對清朝政治上的參與一直等到流寇攻下北京，崇禎帝自殺的消息傳來，才有突然的轉變，提出了一套對付流寇、征服中國的策略。接著滿清即授予他高官，讓他積極的參與平定中國的各項計劃。從這個角度來看，洪承疇從降清到仕清似乎在時間有些差距，即是明亡前他雖降未仕，這可能是他與皇太極有所默契，或是他內心中所存的最後底線。而他在明亡後的改變，更是一方面有爲明報仇，清剿流寇的意味，另一方面也有早日爲清平定中國，以達安撫中國百姓的目的。假如如此，那洪承疇不啻是從更大「中國」的角色來看待滿清問題，讓中國文化與中國人民在清朝入主下得以保全和延續。

洪承疇的降清很難說是一個特例或是具有某種代表性，但是對於明清轉接時期的研究工作上，至少提供我們一個新的角度或空間，來思考當時知識份子在降清選擇上的問題。或許對他們而言，在殉義與叛節之間尚有相當的餘地。

【註解】

註一　關於洪承疇在明清之間的角色，在近年逐漸有較多的討論，最新的二本專著為：李新達，洪承疇傳（四川：人民出版社，一九九二）及王宏志，洪承疇傳（北京：紅旗出版社，一九九一）。惟兩本書在其仕清的考慮上均未做深入的探討。

註二　關於洪承疇早年任職中央與地方之經過，可見Chen-main Wang, "The Life and Career of Hung Ch'eng-ch'ou (1593-1665): Public Service in a Time of Dynastic Change" (unpublished Ph.D. dissertation, University of Arizona, 1984), pp. 14-15。

註三　過去學術界對於流寇的興起已有許多深入的研究，主要專著可見：李文治，晚明流寇（台北：食貨出版社，一九八三年重印）；李光濤，明末流寇始末（台北：中研院史語所，一九六六）；顧誠，明末農民戰爭史（北京：中國社會科學出版社，一九八四）。

註四　明末文官在對付流寇時，鮮有成功的例子。洪承疇是極少數的例外。關於洪承疇剿撫流寇、安定地方的討論，可見Chen-main Wang, "From Wen to Wu-Hung Ch'eng-ch'ou's Accommodation to the Change of His Career in the Late Ming," Proceedings of the Conference on the History of Early Modern China (Nankang: The Institute of Modern History, Academia Sinica, 1938), Vol.1, pp. 261-282。

註五　此時在洪承疇所呈之章奏上所具其官銜全名爲「總督薊遼等處軍務兼理經略禦倭兵部尙書兼都察院右副都御史」。

註六　該書之封面所印名稱爲「洪尙書手訂武經七書參同平定略」。書中另有印「明崇禎間古泉洪氏刊本」，惟不知此書之確切出版時地與發行情形。

註七　在洪承疇到任初期的報告中曾言「兵悉勞疲，馬多病斃，城垣半圮，月餉久稽」，明清史料，甲編，22a；另一報告中也提到「虜過之後，所在丘墟，兵皆潰餘，什無六七，軍裝器械種種全無。」明清史料，亥編，848b。

註八　洪承疇的練兵計劃逐漸擴大，到了一六四〇年（崇禎十三年）時更提出訓練三萬戰兵之策。明清史料，甲編，944a-945a；乙編，頁291a-b。

註九　談遷，國榷（北京：古籍出版社重印，一九五八），97/5853（此後以此代表卷數與頁數）。張廷玉（等），明史（北京：中華書局，一九七四），272/6974。

註一〇　談遷，國榷，977/5865；崇禎實錄，13/5a；明清史料，癸編，207a-b。

註一一　明清史料，甲編，982a-b；辛編，744a。

註一二　明清史料，癸編，209b-210a。

註一三　明清史料，甲編，989a。

註一四　明清史料，乙編，292a-b。

註一五　明清史料，甲編，990b-991a。

註一六　崇禎皇帝對洪承疇的信任，可從對其請求均予應允看出。最突出的例子是在一六三九年（崇禎十二年）秋，洪承疇建議擢劉肇基爲總兵官以練寧遠士卒，當時兵部當書傅宗龍「稍持之」，崇禎帝竟怒下傳入獄，並擢劉肇基爲都督僉事。張廷玉，明史，263/6778，272/6982；談遷，國榷，97/5848,5853。

註一七　關於此時雙方交戰之情況，見「崇禎十三年遼東戰守明檔選」（續一），歷史檔案，廿三期（一九八六年八月），頁三—十二；「崇禎十三年遼東戰守明檔選」（續二），歷史檔案，廿四期（一九八六年十一月），頁三—七；談遷，國榷，57/5888-5892。

註一八　關於明朝官員的意見，見孫文良（等），明清戰爭史略（瀋陽：遼寧人民出版社，一九八六），頁三九〇—三九二。談遷，國榷，97/5864。

註一九　孫文良，上引書，頁三九四—三九六。明清史料，甲編，982a-b，989a-991b，己編，292a-b。

註二〇　國榷，97/5897；張廷玉，明史，272/6978。

註二一　關於張若麒和陳新甲的意見，見明清史料，癸編，258a；張廷玉，明史，257/6638；談遷，國榷，97/5898。而洪承疇之主張，見談遷，國榷，97/5898。

註二二　談遷，國榷，97/5898-5899；崇禎實錄，14/6a-b。

註二三　李湍，瀋陽日記（出版時地不詳），頁三二六—三二七，四〇〇，四〇五；清太宗實錄，57/18。

註二四　關於松山之戰的經過，過去已有許多作品加以介紹，如：任長正，「清太祖太宗時代明清和戰考」，大陸雜誌史學叢書，第一輯第七冊（一九六〇），頁二三—五九；李光濤，「洪承疇援遼始末」及「明季虜禍中之松錦戰役與壬午戰役」，均收於李光濤，明清史論集（台北：商務出版社，一九七一），頁五七—八四及五五五—五七二；孫文良，前引書，頁三九九—四一四；劉建新，「論明清之際的松錦之戰」，清史研究集，四（一九八六），頁一—四七；李鴻彬，「皇太極與松錦大戰」，史學集刊，一九八七第二期，頁三七—四五；Frederic Wakeman, Jr., The Great Enterprise：The Manchu Reconstruction of Imperial Order in Seventeenth-Century China（Berkeley：University of California Press, 1985）, Vol. 1, pp. 211-213。

註二五　Wakeman, The Great Enterprise, p. 215；清史列傳（上海：中華書局，一九二八年印），78/21b。

註二六　明清史料，乙編，321a。

註二七　明清史料，乙編，321a, 367a-b。

註二八　在當時滿人對於降人要求剃頭，故往往以剃頭的時間來推斷投降之日。根據當時朝鮮質子的記載，洪承疇一直到五月卅一日才剃頭。李湍，瀋館錄（出版時地不詳），3/27a。

註二九　對於洪氏爲何的投降說法甚多，對各種傳說的討論，可見Chen-main Wang, "Historical Revisionism in Ch'ing Times：The Case of Hung Ch'eng-ch'ou（1593-1665）," Bulletin of Chinese Historical Association 17（1985）：1-27。

註三〇　有關當時勸降洪承疇奏摺之討論，見李新達，洪承疇，頁一四二—一四三。

註三一　趙爾巽（等），清史稿（北京：中華書局，一九七七年印），241/8904。

註三二　清太宗實錄，60/23b-24a。

註三三　同上書，61/20b-21a。值得注意的是，此爲清實錄中所載唯一皇太極要八旗分別宴請降人之事。

註三四　該記載中表示，皇太極以盲人得到引路之人的說法，來比喻滿清自此得到指引攻佔中原之人。趙爾巽，清史稿，237/9467。

註三五　計六奇，明季南略（北京：中華書局，一九八四年印），頁五二〇。

註三六　清太宗實錄，61/18a。

註三七　蕭一山，清代通史（台北：商務印書館，一九八五年印），第一冊，頁一八四。

註三八　清世祖實錄，4/11b-13a。

註三九　同上書，4/14b-16a。

註四〇　同上書，4/17b。

註四一　清史列傳，5/2a。

註四二　清世祖實錄，4/17b-18a, 19b-20a。

註四三　有關此方面的討論很多，如蕭一山，清代通史，第一冊，頁二七五—二七六；孟森，清代史（台北：中正書局，一九七七年印），頁一一二；鄭克晟，「多爾袞對滿族封建化的貢獻」，明清史國際學術討論會論文集（天津：人民出版社，一九八二），頁九四〇—九四一；Wakeman, The Great

Enterprise, p. 73。

註四四 洪承疇所參與之事務極多，也散見於各種史料之中，如清世祖實錄，5/12b-13b。蔣良騏，東華錄（北京：中華書局，一九八〇年印），4/63；王先謙，十一朝東華錄（上海：圖書集成，一八八七），2/10a；明清史料，甲編，71a-72a；丙編，101a。

註四五 清世祖實錄，15/5b-6a。

註四六 關於滿人對蒙古之宗教政策，見何耀彰，滿清治蒙政策之研究（台北：國立師範大學，一九七八），第四章。

註四七 明清史料，甲編，524a。

註四八 同上註。

註四九 清世祖實錄，68/2a-3b。

註五〇 同上書，68/5a。

註五一 同上書，68/31b-32a。

註五二 同上書，68/32b-33a。

註五三 關於洪承疇在平定東南與西南的事業，可見：王宏志，洪承疇傳，第六、七、八、十章；李新達，洪承疇傳，第七、八、九章；李光濤，「論洪承疇之招撫江南」，收於明清史論集，頁四六八—四八七；李光濤，「洪承疇背明始末」，中央研究院歷史語言研究所集刊，十七（一九四八年四月），頁二二七—三〇一。在最後一篇著作中，李光濤特用「開清第一功」來叙述洪承疇的仕清。至於南明在當時的抗清活動，則可見謝國楨，南明史略（上海：人民出版，一九五七）與Lynn Struve, The Southern Ming, 1644-1662（New Haven：Yale University Press, 1984）。

註五四　洪承疇，洪承疇章奏文彙輯（台北：台灣銀行，一九六八年印），第一冊，頁二一四。

註五五　明清史料，甲編，503a-b。

註五六　洪承疇，洪承疇章奏文彙輯，第一冊，頁五七一六二。

註五七　明清史料，甲編，541a-b。

註五八　洪承疇，洪承疇章奏文彙輯，第一冊，頁三；明清史料，甲編，200a-b, 562b, 丙編，108a-109a。

註五九　明清史料，丙編，137a。

註六〇　關於這方面的著作與討論，見Chen-main Wang，“The Life and Career of Hung Ch'eng-ch'ou (1593-1665)，”pp. 200-207。

註六一　明清史料，丙編，111a。

註六二　同上書，甲編，181a。

註六三　洪承疇之請辭與請守制，可分別見「洪承疇病目本」及「洪承疇請守制本」，筆記小說大觀，十二編第九冊，頁五六〇二一五六〇六。洪承疇之父早於一六四三年（崇禎十六年）過逝，惟因洪已降清，消息不通，故一直不知。直到一六四七年（順治四年）清佔泉州，洪與家人接觸後才知其父早已過逝，遂上奏請求守制三年。

註六四　明清史料，甲編，598a-b。

明清閩浙畲族的發展

吳振漢

前言

秦漢以降，漢民族憑著高度生產技術和強勢文化，大舉向南、向西拓殖；而原居於華中、華南地區的諸少數民族，在這股強大移民潮的驅迫下，遂不得不被動的做同向遷徙，以至現代南中國的少數民族大多僻處西南一隅。然在近世史中卻有一支少數民族——畲族，在東南地區逆著這股民族移動潮流，於明清時期反向由閩而浙，再發展至皖南，此一特殊現象，實為明清社會史中極值得關注的一項課題。

因畲民性情溫和，所居地區周邊交通又甚便利，極適於做為田野調查的對象，故早在民國二十年代，便已有不少中外學者對該民族做實地研究。中共取得政權後，為配合政策需要，大陸民族學者對畲民的研究更為專業、深入。惟人類、民族學和歷史學的研究取向、方法均有所不同，民族學者往往偏重於探討該族的起源、特有文化，乃至欲設法「使他們完全向化於我們，同躋於『民族一律平等』的地位」；(註一) 而歷史學者則更關心此一民族與其發展時代背景間的互動關係，且只圖使史實重現，無意改變現狀或規劃未來。此外民族學研究以田野調查為主，文獻資料為輔；而歷史學研究則首重史料。因此從歷史學者的角度觀之，部分民族學者對史料的處理有過於輕忽之嫌，如其引用地方志通常不註明刊本年代、頁碼，徵引史料時不辨時間先後次序，甚至有時有竄改原文、扭曲史實的情事。（註二）所以史學方面對畬族的研究是極需要的。

本文第一節將透過對史料中畬民的定義，以及對明清時代該民族發展的探究，來界定本研究的範圍。第二節則將分析是那些社會經濟因素，使得畬族在明清時期的發展成為可能。第三節將探討閩浙漢民與畬民的互動關係及政府的立場，以期管窺明清社會融合力之一斑。其中第一節基本是利用現有研究成果，加以研判論斷；第二、三節則大都是根據一些尚未被引用過的史料，所做成的論證。

一、畬族的源流和遷徙

「畲」（音ㄕㄜˊ）與「畬」（音ㄩˊ）兩字在近世史料中常混用，事實上在明清方志裡，用「畬民」的情形遠較「畲民」為多，直至現代民族學研究，為標清畬民族，方專用「畲」字。「畲」字大致在宋代以後的文獻中才偶而出現，而「畬」字則早已頻現於上古典籍，二者均有刀耕火種之義，而許多學者也認為畬族之得名，與其行使這種生產方式很有關係。但我們不能據此反推論所有從事火種之民皆為畬族，所以本文為審慎起見，凡史料中有「畬丁」、「畬人」、「畬軍」之記載，若無其他有力旁證，決不擅自概以畬族史料處理。

比外尚有部分現代學者將明清東南山區流民資料，亮不加甄別的一律視爲畬民史料，因此「棚民」、「菁民」、「山民」等等都成了畬民的同義詞，相關史料雖然大增，歷史眞象卻更模糊了。事實上「棚民」、「菁民」、「山民」等名稱，只不過是泛以居住型態和生產作物來定義某一些山區人民，並不一定專指畬民。（註三）本文在徵引這類史料時，寧可從嚴處理，決不爲誇張某些現象，而犧牲史學方法的基本原則。

關於畬族的來源和遷徙，明清閩浙方志中大致有兩種說法，一說是明中葉王守仁治猺時，由廣西經廣東遷來；一說係順治十八年（一六六一）由浙江巡撫朱昌祚將之從交阯經瓊州遷來。惟此兩種傳統說法早已經現代學者舉證駁斥，而確定是錯誤的。但現今學界只是一致認爲以往之說爲非，至於何者爲是，則仍衆說紛紜，尚未能取得共識。（註四）其中主要說法大致有二，一說畬、猺同源於漢晉時代的「武陵蠻」，原活躍於江淮地區，後逐次遷往湘桂，其中一支即爲畬族，再輾轉經廣東，最後徙至閩浙地區；一說畬族乃漢晉時代的「山越」之後，很早便在東南地區活動，後在漢族南移的驅迫下，侷促於閩粵贛邊境山區，迄明清又重新向北遷徙至閩北浙南。

然畬族本無文字，其早期歷史端賴與其發生關係的漢人留下記錄。直至大約明清時期，才有部分漢化的畬民欲編族譜，於是「倩能書者書之，亦不著修纂年月」。（註五）而早期留有畬族記載的漢族典籍，大多屬筆記小說之流，語多荒誕不經或曖昧不清，所以學者對畬族源流和早期活動之討論，始終莫衷一是；且可能永難探明究竟。所幸學界對宋元以後畬族發展史具高度的共識，一般都認爲，宋元時代畬族多在閩粵贛交界山區活動，至明代逐漸推進至閩北，清初又向浙南、贛東進發，清中葉以後到達皖南。迄民國初年，畬民分佈區域，在福建約佔二十縣，在浙江約佔十六、七縣，光是浙畬總人數據估計便「有二十餘萬人。有的說十餘萬人」。（註六）此外江西的貴谿、鉛山，安徽的寧國，都有畬民存在。本文第二、三節的討論範圍，即是以較清楚的明清時期畬族發展史爲限，當不致有立論基礎不穩而全盤落空之虞。

另有不少學者企圖精確的標示出畬族遷徙路線，此恐亦難有圓滿結果，因畬族游耕營生，遷徙無常，又無統一的部族首領率領，各股移民路線相當龐雜曲折。譬如粵閩浙贛皖五省畬民族群，均有祖先起源於廣東潮州府海陽縣鳳凰山之傳說，但如今鳳凰山的畬民之祖墳碑文記載，卻說明這支畬民是於明代從福建遷來的。（註七）可見畬民視土壤腴瘠而遷，個別的來回返折都有可能。所以本文只從畬民在明清時期由閩粵邊區向閩北浙南發展的大趨勢上立論，至於是否有幾條精確的路線，則不在討論之列。

二、明清閩浙畬族發展的主要因素

明清時代的閩浙已是相當開化的地區，漢族既早在此之前，已憑藉優勢的生產工具和文化，將畬族驅迫在閩粵贛邊境山區，何以又在局部地區失去優勢，讓畬族得到發展機會？以下便試從經濟、社會兩方面探討此一問題。由於金屬生產工具的製造需複雜程序和高度技術，以畬民的整體文化發展水準，根本不可能與漢民在此方面競爭。可是農作物的突變或新品種的發現或引入，卻可能偶然發生。畲稻的產育便是一個實例，它使得畲民在山田生產上突然掌握到部分優勢，因而開啓了該族群拓展的契機。

畲民何時開始栽種畲稻已不可考，不過明中葉以後的福建方志〈物產〉門中對此已多所記載，可見其在閩省部分地區的產量已相當可觀，故引起編纂方志的地方仕紳之注意。嘉靖《惠安縣志》載：

> 畲稻種出獠蠻，必深山肥潤處，伐木焚之，以益其肥。不二、三年，地力耗薄，又易他處。近漳州人有業是者，常來賃山種之。（註八）

福建仕紳慣以獠蠻呼畲民，而畲民又是當地惟一少數民族，故畲稻種出於畲民毫無疑問，而部分漳州人後也漸習得此一稻種生產方式。因畲稻之培育首重地力肥腴，所以必須找樹木繁茂的「深山肥潤處」，再「伐木焚之」，以做爲廉價肥料。但一旦地力耗盡，勢必得另尋他處栽植，這也決定了畲民游徙不定的生活烈態。

畲稻雖極需肥沃土壤，但卻非常耐旱，不需水利灌溉，十分適合山地種植。嘉靖《安溪縣志》載：

> 又有一種畲稻，亦能耐旱地，肥則長，不一、二年又易他處，非農家所能也。（註九）

因種植畲稻必須一、二年，或二、三年一易他地，此種經濟營生方式，非一般漢族農家安土重遷的社會生活型態所能配合，所以大致成了畲民的專利事業。

畲稻又被稱爲稜，萬曆《興化府志》稱：「稜，畲田所種者。」（註一〇）其特色是顆粒旣大且長，崇禎《海澄縣志》載：「又有畲稻，顆粒最大」。（註一一）《猺民紀略》云：「畲客……所樹藝曰稜禾，實大且長，味甘香」。（註一二）可見畲稻顆粒既大且味美。此外在福建一些地區畲稻年可兩穫，萬曆《福安縣志》載：

> 又有一種山稻，畲人佈之山塢。又有分遲、早，一年兩獲。（註一三）

既可兩穫，產量自應倍增。畲稻既粒大味美，產量又高，自然就成了畲民開發閩浙山區的利器。

刀耕火種乃一種相當暴烈的墾殖方式，《猺民紀略》中記述畲民開墾方式：

> 糞田以火土，草木黃落，烈山澤雨，瀑灰瀏田，遂肥饒。播種布穀，不耘好獲。（註一四）

如此對大自然生態體系破壞必大，畲民若僅這般生產，則固然可繼續前進拓殖，但移新棄舊，總人數很難繁衍增加。所幸至少在清中葉以前，畲民已知維護生態均衡，乾隆《龍溪縣志》載：

> 窮山之內有藍、雷之族焉，（按：藍、雷即畲民最主要的兩大姓）……隨山遷徙而種穀，三年土瘠輒棄去，去則種竹償之。（註一五）

土瘠後再植竹，一面恢復地力，一面保持水土，以待他日重返利用，或留待後續遷徙而至的畲民耕作，如此畲族才能在明清時期得到長足的發展。

除在畲稻種植方面畲民佔有優勢外，在婦女勞動力的參與及勤奮刻苦方面，漢民也往往難望其項背。畬族婦女勞動量之大，素爲漢人所稱道。《猺民紀略》載：「畬客婦人……折薪荷畚，履層崖如平地。……種山爲業，夫婦偕作。」（註一六）同治《雲和縣志》載：「畬婦……負戴與男耦」。（註一七）民國《建陽縣志》載：「畬民風俗……女子不纏足，不施膏澤，……披簑戴笠，跣足負耒與男子同耕種，生子不逾月，服農事如常，日止哺兒一次」。（註一八）可見畬族婦女一貫參與農業勞動，其生產力約與男子相等。相較之下，理學盛行後的漢族社會，婦女大多以家內勞動爲主，生產力相形失色。

畬民的勤奮刻苦也令與之接觸的漢人印象深刻，光緒《龍泉縣志》載：「畬民……勤播植，旁山結茅，男女均事力穡」。（註一九）民國二十年代平陽縣畬民調查報告中也云：「無論男女，黎明即起，早飯後即攜其工具或背其嬰孩赴田間工作」，小孩則「五、六歲時，即隨其父母任摘茶、放牛、拔草、畜兔諸般工作」。（註二〇）而因其「旁山結茅」，所以居住環境十分惡劣，民國《麗水縣志》引徐望璋詩云：「耕不療飢歉歲仍，賑災休問宮倉陳。麻布單衣著兩層，朔風吹壁寒欲冰」。（註二一）畬民如此刻苦耐勞的工作倫理和充分投入的婦女勞動力，也是其能征服閩浙山區的要因之一。

然若僅有經濟競爭力，而無社會倫理、價值體系的維繫，以畬族的流徙、散居生活型態，實在很難長保族群的認同、延續。幾乎所有畬民皆有一大同小異的始祖傳說，言其始祖本係中國某君主之犬，後因有功，得娶公主，但因自嫌醜陋，恐遭人嘲弄，遂與公主遠避深山之中，繁衍子孫。這種相當自卑的傳說，可能是在畬族早期歷史中，混合其狗圖騰傳說和漢族杜撰的神話而成，不過其中也道出部分畲、漢往來不平等的現實辛酸。

這種傳說與現實的結合，更將多數畲民牢牢的限制在深山中，而且每次祭祖，便又再加深一次印象，並傳給下一代。民國《龍游縣志》載：

畲族最重祭祖，……至夜深人盡，始取出其紅布袋所儲之犬頭，羅拜之，惡爲他人見也。（註二二）

畲民之所以怕漢人見其祭祖儀式，便是自知其始祖傳說不雅，但這卻又是其宗族、價値的核心。他們一面爲傳說中狗王始祖的英勇感到驕傲；一面又在面對漢民時感到卑屈。就是這種共通的傳說、儀式，以及相同的自卑、矛盾情結，將拓展中的各支畲民維繫在一起。儘管無宗族以上的政治組織，（註二三）但即使散居漢人社區之中，他們亦始終不失民族的認同。

另外畲民社會倫理之佳，也是其他少數民族中少見的。《猺民紀略》云：「各食其力，亦無鬩牆禦侮之事」。（註二四）光緒《遂昌縣志》載：

畲民……，北門外井頭塢，建有藍、鍾二姓宗祠，亦聚族而居，咸知禮讓矣。……衆聽約束，自有紀律，悉聽尊長處分，從無庭質。（註二五）

可見其宗族內自有秩序，少有重大爭鬥，此與其他少數民族每以內鬥自損其力的情形，大相逕庭，故民國《建陽縣志》云：

畲民……性甚馴，不至如楚粵之獞猺好亂喜殺，以自戕其種類。（註二六）

畲族內部和平共處，使其避免了像部分少數民族自相殘殺而滅絕的命運，同時也使漢族能安心的讓他們存在其腹地之內，而無禍起蕭牆之虞。

除了其本身具備各項發展的潛能外，明清之際漢族社會的騷亂動盪，亦是畲民大舉向北遷徙、拓展的要因。明清政權交替、鄭成功的襲擾閩浙沿海、三藩之一耿精忠的起兵，都曾引發閩浙地區的大規模移民運動，畲族亦是移民潮中的一支，民國《龍游縣志》載：

清康熙間，吾縣遭耿精忠之亂，死亡甚衆。遷來者以汀州、處州兩處人爲多。畲族亦於是時遷來居住。（註二七）

而皖南寧國府的畲民，也是在太平天國之後，皖南受重創後才遷去的。（註二八）可知畲族是已具備各項社會經濟條件後，再在明清漢族社會發生動亂之際，始得到充分的發展。

三、畲、漢之間的互動關係

討論畲漢關係，必須要有清楚的時間序列和地理方位，否則若雜亂使用方志資料，必會造成混淆不清。一般而言，時間愈晚近、畲民愈向北發展，其受漢化影響愈大，而漢民也愈關心畲民的存在，兩者間互動關係遂越來越頻繁、密切。

元末明初時，畲族大致尙居於閩粵贛交界山區，已與土著略有往來。元末大亂，畲民避亂山中，與世隔絕，直至明永樂年間，天下初定，明政府方有意招撫之，《明太宗實錄》載：

（永樂）五年（一四〇七）冬十一月，……廣東畲蠻雷紋用等來朝。初潮州衛卒謝輔言，海陽縣鳳凰山諸處畲蠻遁入山谷中，不供徭賦，乞與耆老陳晚往招之。於是畲長雷紋用

等凡四十九户，俱願復業。至是輔卒，紋用等來朝，命各賜鈔三十錠、綵幣一、表紬絹衣一襲。賜輔、晚亦如之。（註二九）

然畲族因營生方式和所居環境關係，一直均是以「小集中、大分散」的型態散居山中，並無一統一的政治組織。故雷紋用部落雖受撫，但仍有其他部落與明政府爲敵，嘉靖《廣東通志》載：

永樂六年（一四〇八），百家畲恃險奔突，擾擾屬邑。命監察御史謝孚與都指揮趙德劉捕。孚乘傳至潮，先行招諭，復徵惠、潮官軍剿捕，畲盜遂平。（註三〇）

可能自此以後，明政府便仿西南地區土司例，在潮、漳一帶設土官管理畲民，同書又載：

潮州府畲傜……籍隸縣治，歲納皮張。舊志無所考，我朝設土官法之。（註三一）

可是後來土官又被廢，據崇禎《漳州府志》載：

畲客……國初設撫傜土官，令撫綏之。量納山賦，其賦論刀若干，出賦若干。或官府有征剿，悉聽調用。後撫者不得其人，或索取山獸皮革，遂失賦，官隨亦廢。（註三二）

可見明初曾一度將畲民納入治下，並徵其賦役，後因行政能力衰減，畲民才再度成爲化外之民。

英宗正統末年（一四四八——四九），閩中爆發鄧茂七之變亂，戰禍蔓延至閩東北，對漢族社會破壞極大，這極可能是畲民北徙的關鍵時期。嘉靖以後福建各地方志中，畲民、畲稻出現的頻率大增，顯然其在閩省各地的發展已到不容忽視的程度。

明中葉以後福建畲民，大都仍住在「山溪高深之處」，（註三三）與漢民保持相當的距離。其營生是「隨山種畲，去瘠就腴」，以種植畲稻爲主。此外並「善射獵，以毒藥塗弩矢，中獸立斃」，（註三四）「供賓客，悉山雉、野鹿、狐、兔、鼠、蚓以爲敬」（註三五），以狩獵爲輔。畲漢之間亦偶有貿易，互通有無，崇禎《汀州府志》載：

> 其入城貿易，多竹器、蜂蜜及野獸、山禽之類。（註三六）

此類物品並非只有畲民能提供，但畲民則非常仰賴漢人社會生產的布、絲，所以其「入市貿布易絲，率俯首不敢睥睨」。（註三七）貿易需求的不對等，已造成畲、漢間初步不平等關係。

另外，畲民自離開原住的閩粵贛邊界山區後，便需佃種漢民的山地，主客之勢遂亦形成。明自中葉以降，境外異族擾攘，國內行政能力大不如前，再加上畲民聚散無常，所以不再能將其納入治下，故畲民便「不輸官差，只食力、了山主稅賃耳」。（註三八）畲民既非國家編民，固可「無吏胥追呼之擾」，（註三九）但也因而失去政府的保護。漢民山主雖需借重畲民的畲稻種植技術，但究竟是土地的所有者，又有政府力量爲後盾，自然居於強勢地位。

綜觀畲族在明代的發展，已逐步從閩粵邊區擴展至福建全省各地。而畲、漢社會、文化因貿易、租佃等經濟關係，開始有了初步接觸。畲民中已「有辨華文者」，（註四〇），然與漢民的往來和對漢族文化的瞭解，仍相當有限。而一些漢民則借重刻苦耐勞的畲民種植山田，呼爲畲客，似無甚歧視之意。至於明政府方面，因鑑於畲民以往被逼而叛的歷史，及其仍善射獵的現實，所以僅略加縶縻之，誠如崇禎《漳州府志》所云：「今山首峒丁略受約束，但每山不過十

許人。鳥獸聚散無常，所漢網當寬之爾」。（註四一）

明清交替，閩浙社會動盪，遂誘發畬民的再次大舉遷徙。清初承戰後殘破，浙南諸府急缺勞動力，官紳地主乃向他省招募人力，畬民也「或招或附，所在多有」。（註四二）因接受招附的，原本即是與漢人接觸較多、訊息較靈通的畬民，而願長途跋涉遠赴他鄉的移民，又往往是較具冒險、創新能力的一群，所以進入浙江的畬民乃更加深入漢民社會。除有仍種植山田、茅居深山者外，也有一部分畬民開始佃種一般水田，如遂昌的藍、鍾二姓畬民，便聚族居於縣城北門外之井頭塢。（註四三）而新的生產方式也導致游耕生活的結束，如景寧鍾姓畬民，自遷至縣城北門外，便定居成為一般佃農。（註四四）定居之後，更有一些畬民深入漢民社區，從事幫傭勞力活動，畬、漢關係益發密切、糾結。

清初承平日久，閩浙兩省均有不少畬民定居下來，與一般佃農無異，再加上清政府對東南地區控制力日益增強，於是從乾隆時期開始，閩、浙地方政府乃針對畬民問題加以整頓、改革。先是重新將畬民納入政府的掌握，同治《福建通志》引《南平縣志》云：

> 里圖之外，有藍、雷之族，是謂畬民，……亦佃民田耕耨，間有一、二讀書者。乾隆五年（一七四〇），編圖入籍，亦有入庠者，烝烝然染華風矣。（註四五）

畬民既然已成國家編民，則盡納稅義務外，自該享受應有之權利。此際已有不少漢化較深的畬族子弟，已對科舉考試躍躍欲試。青田知縣吳楚椿便在乾隆四十一年（一七七六）受府憲之命，調查當地畬民參加科舉考試之可行性，結果吳氏報告「處屬各縣均查明，實係農民」，（註四六）請准予參考。

清政府的改革措施，似在閩浙山區府縣，畲、漢經濟、文化差距較小的地區，推行的較成功。如位於漳、汀邊境山區的龍巖州，其道光年間州志即載：

今畲客固安分，而漢網亦寬，許其編甲完糧，視土著之名一例。（註四七）

可知該州已貫澈政令，將畲民納入保甲、徵稅之列。且閩中山區州縣，除政治層面外，社會方面畲、漢也逐漸有融合之勢，如乾隆《永春州志》引《德化縣志》云：

邑有畲民，以鍾、藍、雷為姓，……今俱遵制編保甲、從力役，視平民無異。近又與土民聯婚，並改其焚屍浮葬之習，亦足見一道同風之化云。（註四八）

即連漢族菁英文化之門牆——科舉考試，亦有畲民子弟涉足，道光《順昌縣志》載：

今縣只藍、雷二姓，俗呼為畲容，飲食服物與世無異。今且有出應試者。（註四九）

可是在福建沿海較先進地區，同是清中葉刊本的地方志，卻顯示畲、漢交流相當有限，政府編民措施也難見效果，如乾隆《龍溪縣志》載：

窮山之內有藍、雷之族焉，……無徵稅、無服役、……不讀書，語言不通，不與世往來。（註五〇）

乾隆《傜遊縣志》亦載：

畲民……不得與齊民齒，倩舂佃山，率為服役。（註五一）

這可能是因在這些閩省沿海經濟較發達地區，畲、漢文化落差過大，故較不易交流互動。

浙江省似乎也有相同的情形，在內陸的處州府，各縣畲民在清中葉已陸續取得應試進學之權利，如同治《雲和縣志》載：

嘉慶八年（一八〇三），巡撫阮元會同學使文甯，咨准一體考試，雲邑畲民援例求考，近亦有列名黌序者矣。（註五二）

而瀕海的溫州府卻限制所屬畲民參考進學，民國《麗水縣志》載：

嘉慶八年巡撫阮元會同學使文甯，咨准一體考試。其散居溫州者，於道光六年（一八二六）援例求考。諸生稟於學使朱士彥云，照例身家不清白者，不准與考，泰邑（泰順）畲民皆作輿臺，爲人役，身家未爲清白，奉批不准與考。（註五三）

此蓋與山區畲民務農爲主，而平地畲民兼入漢民社會從事勞力工作有關。畲民向無專業工商人員，進入工商業較發達的漢民社區，只得從事體力相關工作，雖以此能增加產值，繼續擴大繁衍其族群，卻亦因而爲漢民社會所不齒。

至清末，閩省的畲民已與漢民社會交流甚密切，即連福建畲族發源地——汀州府，亦是如此，光緒《長汀縣志》載：

畲客……今則男子衣帽髮辮如鄉人，男女時爲人傭工、婢妾。未必皆三族自相匹偶不與鄉人通。其有田產者，亦必輸糧而給官差。（註五四）

可見社會方面，畲民服飾已與當地土民無異，並有通婚姻者。經濟方面，有人已擁有田產。政治方面，則與土民自耕農或地主一樣，有向國家納稅的義務。清末刊本的《侯官縣鄉土志》甚至有識：

近數十年來，漸與土人同化。雷、藍二氏間或僑居省域，且有捷鄉、會試，登科第者。（註五五）

顯然已有少數畲民子弟。直入漢民上層社會。

惟浙江畲民境遇似不如其福建同族那般幸運，直至民國二十年代，該省的人類學調查報告仍不時指出：「畲民到了今日，固然是衰敗極了」；「漢人對於畲民，以文明高貴的民族自居，以下賤人種待畲民」。（註五六）這種差別可能與畲族在閩發展歷史較久，以及浙江畲民甚多在漢民社區從事勞力工作有關。

綜而言之，明清時期畲民在向北移殖的過程中，逐次的接受漢化，其間以經濟層面轉變最多也最易。譬如明代福建方志中所見之畲民，幾乎均善射獵，並以此為重要營生方式。然在向閩北、浙南拓殖過程中，畲民漸以進入漢民社會從事幫傭工作為主要副業，所以至民國初年人類學者在浙江景寧縣做田野調查時，發現該地「畲民中竟無獵戶」。（註五七）此項變化由畲民嫁奩物品中亦可看出，明嘉靖福建《永春縣志》中云：「嫁女以刀、斧資送入」；（註五八）而清光緒浙江《龍泉縣志》則載：「稍贏者，奩以鋤、犢」。（註五九）不同的生產工具，自然也隱含著不同的營生方式。（註六〇）且因此畲民民性也由明代方志記載中的「強悍」，演變成民初人類學調查報告中的「懦弱」。其間之變化，不可謂之不大。

政治層面，明初曾設土官管理之，明末清初隨時局變化，畲民一度成為化外之民，但清中葉以後，又重新被納入編民。雖在某些地區，畲民行使一般國民權利義務之事暫時受阻，然至清末民初，其已大致皆能成爲正式國民。

惟社會文化層面，畲民漢化過程最爲緩慢，此當然與來自漢民社會的誤解、歧視有相當關係。其中尤以其文化核心的祖先傳說最爲持久不變，他們不雅、自卑的狗王始祖傳說，與其浪跡閩浙山區，時受漢民社會貶抑的歷史事實，相互結合，更強化了圖騰標識和族群認同，所以直到民國時期，祭祖仍是畲民社會最重要的儀式，其他周邊文化如族內倫理、語言、傳統禮俗服飾等，均依附著這畲族靈魂核心而繼續流傳。

至於漢民對畲民進入其勢力範圍的反應，亦可分三個層面來分析。一般老百姓因對畲民瞭解有限，反應多屬情緒化，最初是疑懼，後乃輕視之。因基於經濟互補需求，表面上漢民仍對畲民表示適度的客氣，「畲民不喜人稱爲畲，故相見必諱言之。俗呼畲民爲畲客，因並諱客字，而曰你邊人，我邊人，對畲婦通稱曰阿嫂」。（註六一）然私下閩浙風俗給小兒取賤名以助其順利長成時，除「狗兒」、「奴才」等外，也有稱「畲客」的，「將畲民和狗兒，奴才，一例看待，也就可見蔑視的程度了」。（註六二）這種發自文化深層的歧視，可能是畲、漢交流融合的最大障礙。

明清閩浙知識份子的反應則較爲理性。地方志幾乎皆是當地仕紳編纂而成的，所以其議論蓋可視爲知識份子的一般輿論。明清地方志編修者，只要意識到畲民的存在，大都抱持一著試圖瞭解其源流、生活、動向的理性態度，有時雖難免有以訛傳訛的情事，但所發議論大致尙溫和持平。尤其是淸中葉以降，或許是受考證學、實學的影響，他們更常以理性態度辨明前人之謬，如道光《順昌縣志》即云：

> 畲客……舊志所謂盤瓠之後，且木皮爲衣之說，皆不經之論也。（註六三）

且該書將畲民一節列入「僑寓」卷，完全予以平等之地位。

明淸官方的態度最爲超然、客觀，均將畲民視爲屬民之一類，只要行政能力所及，就希將之納入徵稅、保護之編民。而明淸地方官因有避諱本籍之規定，所以閩浙府縣首長對當地畲民多無成見，一般而言頗能貫徹中央的一視同仁政策。例如山東德州舉人吳楚椿於乾隆三十八年（一七七三）年冬知浙江靑田縣事，（註六四）三年後，受處州府令查辦是否准該地畲民應試進學一事，吳在報告中力陳，「土人輒攻之曰畲民係盤瓠遺種獸類也」，完全是無稽之談，實源於「今夫習俗之弊，莫甚於黨同伐異」，而力主「國家中外遐邇，一視同仁，導民爲善。」（註六五）處州府之畲民其後終取得應試上進的資格。

結論

民國以來學界對明淸畲民向北發展的傳統解釋大致是「漢人愈多，天產富源，多被漢人爭去，畲民爲生活所迫，不得不向他處求生，遂漸蔓延到廣東全省，及福建之一部；後來天啓以後，閩粵大亂，天災兵災，相繼而來，當地居民，流離遷徙，畲民就夾進其中，輾轉亡命，蔓延到福建各處，並及於浙江之一部」。（註六六）這類說法固已摒除大漢族沙文主義的觀點，以悲天憫人的心情揣測一支少數民族的遷徙史。惟這種將畬民拓殖行動渲染成一部悲慘逃難史的論點，雖可激發漢民的自省能力，卻與歷史事實脫離太遠。我們從明清方志史料中所見的實情，是畬民移入漢人勢力範圍，佃種山田或幫傭勞動，而畬民所居的山區中，實際上也並無太多「天產富源」，可以「被漢人爭去」。且畬民如果是「輾轉亡命」，則必是求生都有困難，又如何能「蔓延到福建各處，並及於浙江之一部」呢？

近來又有部分大陸學者，強附共產學說理論，硬將明清畬民拓殖史曲解成「主要是一個弱小的原始民族，在一個強大的封建民族的迫使下，逃避封建化的一種行動；是落後的原始生產力，一時無法適應封建生產關係而產生的自發抗拒」。（註六七）設若畬民果眞是爲「逃避封建化」，何以他們不向較原始的桂黔滇地區逃避，卻反向高度「封建化」的閩浙地區進發。又假使畬民全面「落後的原始生產力，一時無法適應封建生產關係」，那何以這支「弱小的原始民族」能從明代福建「每山不過十許人」，（註六八）發展到「今天，三十五萬畬族同胞，絕大多數散居閩北，浙南山區」，成爲「開發山區，實現四化的一支重要力量」？（註六九）

明清時期畬民已有逐步漢化的情形，民初的政府、學界，可能是受進化論影響，幾乎都以渴望中國能快速富強的意切心情，來促進畬族的漢化，所以有要求畬民加入農民協會，及取締畬婦傳統服飾等強制行爲。（註七〇）結果這些過激措施卻往往造成負面影響，民國十九年，部分參加農運的畬民，便行爲逐漸失控，而與地方保安部隊發生激戰，雙方均有傷亡。（註七一）而閩北地區也有畬民「欲與漢人爲婚，則先爲其幼女纏足」，（註七二）可謂未蒙漢化之利，反先受其害。縱觀明清畬民歷史，可發現他們是一個韌性十足、調適能力極強之民族，其漢化或現代化的取捨與遲速，是否需由他人代爲抉擇？值得斟酌。

【註釋】

註一　何子星，〈畬民問題〉，《東方雜誌》，三十卷十三號（一九三三），頁五七。

註二　例如鍾建安〈明清時期畬族對閩粵浙贛山區的開發〉（《中南民族學院學報》（哲學社會科學版》，一九九一年第四期）一文（以下簡稱「鍾文」，算是在大陸民族學期刊上對畬民研究論文中，使用史料較多且較有條理的一篇，但作者在引用光緒十年（一八八四）張景祁等纂修的《福安縣志》時，擅自將原文「邑土……其山田磽确不任畜畬者，悉種薯蕷，以佐粒食，貧民尤利賴焉」（卷七，〈物產〉，頁一），改爲「其山田磽确，畬者番種薯蕷，以佐糧食，貧民尤利賴焉」（見「鍾文」頁一二二），以證明其論點——蕃薯是「閩浙山區廣大貧苦畬民的主要雜糧」（「鍾文」頁一二一）。然原文本意應是：那些石多貧瘠而不堪開墾種植五穀的山田，都用來種植蕃薯，與畬民全然無關。至於作者在同段引文中，將「粒食」擅寫成「糧食」之類的錯誤，在「鐘文」裡更是屢見不鮮。

註三　例如光緒六年（一八八〇）刊本《青田縣志》卷四〈風俗〉「外民」條載：「青田舊日土曠人稀，外民多聚於此。種麻者多江西人，栽菁者多福建人，破柴者多廣東人，燒炭者多仙居人，……以其搭棚於此，名曰棚民。……又有畬民，佃種人田者多。」（頁六）顯然當時山區流民不只畬民一支而已。

註　四　參見施聯朱，〈關於畲族來源與遷徙〉，《中央民族學院學報》，一九八三年第二期，頁三四。

註　五　《龍游縣志》，民國八年（一九一九）刊本，卷四，〈氏族考下〉，頁四三。

註　六　何子星，〈畲民問題〉，頁六一。

註　七　施聯朱，〈關於畲族來源與遷徙〉，頁四十。

註　八　《惠安縣志》，嘉靖九年（一五三〇）刊本，卷五，〈物產〉，頁二。

註　九　《安溪縣志》，嘉靖三十一年（一五五二）刊本，卷一，〈土產〉，頁三一。光緒五年（一八七九）刊本《莆田縣志》亦載：「又有畲稻，不用水耕，高山皆可種」。（卷二，〈物產〉，頁八三）。

註一〇　《興化府志》，萬曆三年（一五七五）刊本，不分卷，〈輿地志·物產〉，頁五二。

註一一　《海澄縣志》，崇禎六年（一六三三）刊本，卷十一，〈物產〉，頁十。

註一二　范紹質，《猺民紀略》，轉引自《長汀縣志》，光緒五年（一八七九）刊本，卷三三，〈雜識〉，頁二。

註一三　《福安縣志》，萬曆二十五年（一五九七）刊本，卷一，〈土產〉，頁十九。

註一四　同註一三。

註一五　《龍溪縣志》，乾隆二十七年（一七六三）修、光緒五年（一八七九）補刊本，卷十，〈風俗〉，頁五一六。

註一六　同註一二。

註一七　《雲和縣志》，同治三年（一八五三）刊本，卷十五，〈風俗〉，頁十。

註一八　《建陽縣志》，民國十八年（一九二九）刊本，卷八，〈禮俗〉，頁三九。

註一九　《龍泉縣志》，光緒四年（一八七八）刊本，卷十一，〈風俗〉，頁三。

註二〇　王虞輔，《平陽畲民調查》，轉引自呂錫生，〈明清時期畲族對浙南山區的開發〉，《中央民族學院學報》，一九八二年第二期，頁九一。

註二一　《麗水縣志》，民國十五年（一九二六）刊本，卷十二，〈風俗〉，頁十五。

註二二　《龍游縣志》，民國十四年（一九二五）刊本，卷二，〈風俗〉，頁三一。

註二三　《猺民紀略》云：「其散處也，隨山遷徙，去瘠就腴，無定居，故無酋長統攝」。（同註一二）。

註二四　同註一二。

註二五　《遂昌縣志》，光緒二十二年（一八九六）刊本，卷十一，〈風俗〉，頁四。

註二六　《建陽縣志》，卷八，〈禮俗〉，頁四十。

註二七　《龍游縣志》，民國八年刊本，卷四，〈氏族考下〉，頁四三。

註二八　施聯朱，〈關於畲族來源與遷徙〉，頁四三。

註二九　《明實錄》（中研院史語所，台北，一九六六），卷七三，頁二。

註三〇　《廣東通志》，嘉靖四十年（一五六一）刊本，卷六七，〈外志四〉，頁四六。

註三一　《廣東通志》，卷六七，〈外志四〉，頁十四。

註三二　《漳州府志》，崇禎元年（一六二八）刊本，卷三八，〈外紀〉，頁二一。

註三三　同前註。

註三四　同前註。

註三五　同註一二。

註三六　《汀州府志》，崇禎十年（一六三七）刊本，卷二五，〈叢談〉，頁三。

註三七　同註一二。

註三八　同註三六。

註三九　同註一二。

註四〇　同註三二。

註四一　同註三二。

註四二　同註一九。

註四三　同註二五。

註四四　參見呂錫生，〈畲族移考略〉，《浙江師範學院學報》，一九八一年第二期，頁八七。

註四五　《福建通志》，同治十年（一八七一）重刊本，卷五七，〈風俗〉，頁二。

註四六　《青田縣志》，卷十三，〈藝文〉，頁三二。

註四七　《龍巖州志》，道光十五年（一八三五）修、光緒十六年（一八九〇）重刊本，卷二十，〈雜記〉，頁二十。

註四八　《永春州志》，乾隆五十二年（一七八七）刊本，卷七，〈風土〉，頁七。

註四九　《順昌縣志》，道光十二年（一八三三）修、光緒七年（一八八三）重刊本，卷十，〈僑寓〉，頁十。

註五〇　同註一五。

註五一　《羅遊縣志》，乾隆三十六年（一七七一）修、同治十二年（一八七三）重刊本，卷三三，〈摭遺下〉，頁十五。

註五二　同註一七。

註五三　同註二一。

註五四　《長汀縣志》，卷三三，〈雜識〉，頁二一一三。

註五五　《侯官縣鄉土志》，清末刊本，卷五，〈版籍略〉，頁一。

註五六　沈作乾，〈畬民調查記〉，《東方雜誌》，二一卷七號（一九二四），頁五六及六四。

註五七　史圖博（H. Stubel）、李化民合著，《景寧勅木山畬民調查記》，轉引自徐益棠，〈浙江畬民研究導言〉，《金陵學報》，三卷二期（一九三三），頁四三五。

註五八　《永春縣志》，嘉靖五年（一五二六）刊本，卷一，〈風俗〉，無頁碼。

註五九　同註一九。

註六〇　從紡織一事亦可看出畬民經濟生活的演變。明代畬民概不事蠶桑，貿布易絲，仰給於漢人市場。至清代漸有改進，浙江《遂昌縣志》載：「棉，畬民有種之者，僅以自製衣架，不諳紡織」。（卷十一，〈物產〉，頁二。）及至民國，人類學者畬民調查報告云：「其婦女亦間有從事蠶織的，……用色紗編成花帶，寬自半寸至寸餘不等，頗爲漢人所歡喜」。（沈作乾，〈畬民調查記〉，頁五八。）

註六一　同註二二。

註六二　沈作乾，〈畬民調查記〉，頁六五。

註六三　同註四九。

註六四　《青田縣志》，卷八，〈師官〉，頁三七。

註六五　同前書，卷十三，〈藝文〉，頁三一一—三一二。

註六六　沈作乾，〈畬民調查記〉，頁七十。

註六七　呂錫生，〈畬族遷移考略〉，頁八五。

註六八　同註三二。《猺民紀略》亦稱：「畬客……吾閩有之，然不甚蕃，三五七家而已」。（註一二）

註六九　呂錫生，〈畬族遷移考略〉，頁八七。

註七〇　史圖博、李化民合著，《景寧敕木山畬民調查記》，轉引自徐益棠，〈浙江畬民研究導言〉，頁四二九。

註七一　《景寧縣志》，民國二十二年（一九三三）刊本，卷九〈戎事〉，頁十二—十三。

註七二　同註二六。

利瑪竇與北京耶穌會公墓

查時傑

一、前 言

明代末期天主教神父利瑪竇（Fr. Matteo Racci）於萬曆十一年（公元一五八三年）由歐洲前來傳教（註一），並於萬曆廿九年（公元一六〇一年）順利進入首都北京傳教，到萬曆卅八年（公元一六一〇年）去逝，利瑪竇及其前後同時來華的神父，在大明王朝（公元一三六八—一六四四年）統治下的中國地區，成功地把天主教信仰再度傳揚開來，也爲中西文化的交流在幾度中斷後，又再次將之熱絡與頻繁起來，中西雙方互蒙因交流頻繁而來的好處，促進中西文明有更美好的發展。

自利瑪竇以後的來華耶穌會神父，除了極少數的幾位後來回返歐洲故土，老死於故鄉外，其餘大多數的來華耶蘇會神父，都把其寶貴的餘生，無條件地也毫無保留地奉獻在中國，爲中國同胞奉獻了一切，他們老死於中國，極少再歸葬故鄉，因此有耶穌會公墓的出現，其中又以第一個，也是最早出現的一個，亦即北京耶穌會公墓，最爲著名，利瑪竇以及其他許多位在歷史上享有盛名的神父，像湯若望（Adam Schall Von Bell 1592-1666）（註二）、南懷仁（Ferdinand

Verbiest 1623-1688）（註三）、郎世寧（Josephus Castiglione 1688-1766）（註四）等也都埋葬於此公；此一公墓當初得以設置，曾蒙萬曆皇帝賜地並贊助，是特別賜與利瑪竇之塋地，也開啓明朝賜塋地與外人之始者，今特收集有關史料，爬梳整理，叙說整個北京耶穌會公墓其建置之經過與其意義，也釐清前此流傳下來一些以訛傳訛的不實說法，俾便此一段歷史清晰的眞面目得以呈現眼前。

二、利瑪竇逝世與後事

萬曆卅八年（公元一六一〇年）的五月三日，在北京忙於傳教事務的耶穌會利瑪竇神父，因長期勞累於內外各項事務，不得休息，透支體力過多，加之天氣炎熱，身體忽感不適，由頭痛而變成體溫上升，發燒不退，雖經教友李之藻（1565-1630）（註五）延請醫生前來診治，但是服藥無效，病勢仍舊，並且有越發加劇的不良情況的發展；到五月九日，利瑪竇的病況越發沈重，開始神志不清，進入昏迷狀態；十日下午，一度清醒，利氏自知生命將終，要求領「臨終傅油」禮（註六），並立下了遺言，到五月十一日的下午六時左右，利氏闔上雙眼，安然離世，享年五十有八（1522-1610），而其在中國的服務傳教的年日則爲二十有七年（1583-1611）。

利瑪竇臨終前，在北京共有四位耶穌會會士隨侍在側，其中的二位爲龐我神父（Didace de Pantoja 1571-1618）（註七）與熊三拔神父（Sabbathin de Ursis 1575-1620）（註八），另外二位爲游文惠修士（Emmanuel Pereira 1575-1630）（註九）與倪一誠（Jacques Neva），兩位神父一爲西班牙籍，一爲義大利籍，而兩位修士則爲中國籍。

利瑪竇去逝後的後事，自然當由在北京的龐、熊兩位神父料理，國籍修士則在旁協助，首由游文惠修士爲利瑪竇繪其遺容油畫，（註一〇）龐、熊兩位神父負責檢查遺物，並執行利瑪竇兩份遺囑，一爲指定龍華民神父（Nicolas Longbardi 1559-1654）繼承耶穌會中國區區長，另一爲處理北京遺產的事務。

關於安葬事宜，龐·熊兩神父在處理上首先爲利瑪竇舉行追思彌撒，有關追思彌撒的情形，當時也在北京的熊三拔神父，曾將經過的情形，寫在致某神父的信函中，報導十分詳盡，信中言及：

「不言入殮的當兒，教友們的哭泣，如喪考妣，只談一談喪禮如何舉行！我們把利氏的棺木停放在一間大廳當中，棺木前設一祭台，上置蠟燭與香爐，祭台後桌上供有救主畫像，門上貼有喪聯，皆爲哀傷追悼之意。這天是週六，以後遵中國人的習慣一連三天舉哀，所有這一切中國禮俗，都是李之藻告訴我們，幫助我們一一實行。我們神父們也以中國習尚，皆穿白色孝衣，正如歐洲以黑色爲喪服一樣，腰間束著麻繩，鞋面也縫上白布，傭人們也佩麻帶孝，對來致哀的人還禮。在客廳另一邊專接待致哀的官宦貴客。當他們一到，立刻到上述地方，換上孝衣，我們也都穿有孝衣，在那接待他們。然後到棺材前行叩頭之禮四次，在他們叩首第二次後，在行第三叩首前，我們照例趨前，勸他們節哀，也要他們停止叩頭，但他們仍繼續再叩兩次，而後陪他們到客廳，脫下孝服，穿上自己的衣服，然後坐下，如爲高官大員，則需陪送他們至大門口，這是中國的習慣，尤其京都爲然。

對一般來客，有指定的教友負責招待，當在棺前行禮時，我們也同他們一起行禮，但不必陪送他們。」（註一一）

顯見喪禮已遵行接納中國的方式，而安葬則頗費周章，因爲自有來華傳教的耶穌會神父，在中國去逝者，都於追思彌撒後，運送棺木往澳門，埋於該地的耶穌會公墓（註一二），利瑪竇去逝之安葬，原本亦當遵此慣例，但在舉行完追思彌撒後，暫把棺木停放於北京天主教堂時，有當時尚在慕道的年青儒吏孫元化（1581-1632）（註一三），前來天主教堂建議龐、熊兩神父，上書萬曆皇帝，求皇帝御賜一塊墓地安葬利瑪竇，此項舉動的深意，不僅可免去運送棺木所帶來的種種不便，更有表明「天主教會及其信仰在中國合法存在的證明」（註一四）。孫元化的建議，龐、熊兩位神父表示接納，於是草擬了一封奏疏，再經李之藻在文筆上的潤飾，以龐、熊兩人名義上呈萬曆皇帝，該奏疏的內容，其中的大要有言：

「……，不意於萬曆三十八年閏三月十九日，利瑪竇以年老，患病身故。異域孤臣，情實可憐，道途險遠，海人多所忌諱，必不能將櫬返國。伏念臣等久霑聖化，即係輦轂臣民，堯仁德被於華夷，生既蒙豢養于升斗，西伯澤及於骨，死猶望掩覆於泉壤。

況臣利瑪竇，自入聖朝，漸習熙明之化，讀書通理，朝夕虔恭，焚香祝天，頌聖一念，犬馬報恩，忠赤之心，都城市民共知，非敢飾說。……。臣等外國微臣，豈敢希冀分外，所悲死無葬地，泣血祈懇天恩，查賜閑地畝餘或廢寺閑房數間，俾異域遺骸，得以埋瘞，而臣等見在四人，亦得生死相依，恪守教規，以朝夕瞻禮天主上帝，仰祝聖母聖躬萬萬歲壽，既享天朝樂土太平之福，亦華螻蟻外臣報效之誠，臣等不勝感激，屛營候命之至。」(註一五)

該份奏疏，是在五月十八日呈送皇帝者，上呈的管道，係由龐、熊兩神父將奏疏先送都御史，再由都御史處轉到通政司，再由通政司送呈皇帝批閱裁量；四日之後的五月二十二日，奉旨照准，並批交戶部議奏。(註一六)

龐迪我與熊三拔兩神父，對於所呈上的奏疏，雖蒙應允，但批交戶部議奏的裁奪，仍有不小的疑慮(註一七)，因爲他們在戶部的朋友不多，要落實下來，合於原來的理想，仍有不少的困難與險阻，因此龐迪我神父再與都察院的孫以貞御史研究洽商，認爲設法努力將之轉往禮部來處理較爲妥當，因爲他們在禮部的朋友較多，比較容易去達到原來所期望的目標，結果經過努力，成功地轉來禮部，由禮部來處理議奏。

禮部衙門既然成爲處理本事件的關鍵衙門，有其絕對的影響力，因此再透由教友李之藻專程拜訪禮部侍郎吳道南，請其成全，吳道南在全盤了解背景後，於六月十四日，以禮部右侍郎的身份，奏覆全案；吳道南的奏疏，其中的要旨淸楚道出是「爲異域微臣，叩恩沒齒，懇乞聖慈給地收葬，以廣皇恩，以風遠屬事」，（註一八）並說明是由其轄下的「主客清吏司」遁職責權限備案上呈者，奏疏中特別提及如下的關鍵問題解決之意見，說及：

「……，查得會典一款，凡夷使病故，如係陪臣未到者，所在布政司置地塋葬，立石封識。又一款，夷使在館未經領賞病故者，行順天府轉行宛大二縣，給與棺木銀，領賞之後，病故者，聽其自行埋葬。

凡夷使病故，如係陪臣，未到京者，本部題清翰林院撰祭文，所在布政使，備祭品遣本司堂上官致祭，仍置地營葬，立石封識。到京病故者，行順天府給棺，祠祭司諭祭，兵部應付車輛人夫，各該賞衣服綵段，俱付同來使臣領回頒給。……。

今利瑪竇，雖未經該國差遣，而向化遠來，久霑豢養之恩，茲以年老病故，道途險遠，勢難將櫬返國，孤魂暴露，不無可矜，合無查依龐迪峨所奏，參酌前例。覆題賜給葬地以廣聖澤。」（註一九）

上述由主客清吏司提呈的意見，禮部完全接納，故在奏疏中再強調此一解決問題的方法，請皇帝同意，疏中有云：

「案呈到部，看得我國家德化翔洽，雖遐荒絕域，上世所不賓之國，亦有嚮風慕義。如利瑪竇者，跋涉遠途，入京朝貢，在館廩餼十載于茲，而瑪竇漸染中華之教，勤學明理，著述有稱，一旦溘然物故，萬里孤魂，不堪歸櫬，情殊可憫。所據龐迪峨請給葬地一節，雖其自來中土，與外所遣陪臣不同，但久依輦轂既屬吾人，生既使之糊口於大宣，死且宜令其暴骨于淺土，且龐迪峨等四人，願以生死相依，亦當並議優恤，相應俯從。

伏乞較下本部，轉行順天府，查有空閑寺祝隙地畝餘，給與已故利瑪竇爲埋葬之所，見在龐迪峨等許就近居住，恪守教規，祝天頌聖。此聖朝澤枯之德，與柔遠之仁，所以風勵外夷，而永堅其向化之誠者也。」（註二〇）

上述這份由禮部署部事右侍郎兼翰林院侍讀學士吳道南領銜，主客清吏司郎中林茂槐，員外郎洪世俊、主事韓外象等官員一併具名的奏疏在呈送萬曆皇帝後的次日，就交由內閣大學士來處理，而內閣大學士中處理本案的閣老爲葉向高（一五六二—一六二七），（註二一）葉向高與利瑪竇爲舊識，兩人相識甚深，所以在票擬意見時，自然完全同意，請皇帝同意禮部所建議的方案，因此萬曆帝在六月十九日，發下「是」的御批，要禮部奉旨執行。至此，利瑪竇棺木遺體永埋於中國的這樁大事，方告塵埃落定，對天主教會而言，其所差派往遠方宣教的神父，能在死後得傳教所在國家的君王賜地埋葬，不僅意含其宣教事業的突破，也意念其與大明王朝之間關係，將更趨於正常化。

爲著感謝大力促成此次天主教耶穌會的願望，在事情有尾目之後，龐迪峨神父，也一如中國的習俗，備有以象牙雕刻的「白晷儀」，致送有關的官員，（註二二）而此種致贈禮物的舉動，還含有請有關的官員，在往後落實並執行此項目的時，能繼續給與協助，庶幾使北京耶穌會公墓的建立，能順利完成。

三、墓地之尋覓與取得

依據萬曆皇帝的御旨，利瑪竇墓地已允由皇帝賜與土地，並指定由順天府尹黃吉士（註二三）負責尋覓土地，因此龐、熊兩位神父開始與黃府尹積極接洽，而依中國官場的傳統，公事公辦之外，請求單位與負責執行單位之間也需先建立起良好的關係，如此才能使尋覓墓地的工作達到理想的地步；神父們與黃府尹原本還不認識，但在神父們積極與主動拜訪之下，（註二四）循由中國傳統方式來進行雙方的接觸，再加上有其他官員適時的推薦，因此在雙方關係的建立上，跨出了具關鍵的一大步，使尋覓墓地的工作，有了良好的起步。

但是好事多磨，許多意想不到的事情，使得看來原本單純並簡易不煩雜的尋覓墓地工作，常會有節外生枝的狀況發生，使得尋覓的過程中，常有挫折與險阻，幸好最後都能一一克服，把尋覓墓地的使命完成。

在尋覓的過程中，首先遇到的挫折，出於有關皇帝允准賜與土地的御旨上，並不是御旨的意思不明，而是御旨批示後，由宮廷發交到政府執行單位的公文傳遞的過程上，發生了問題，以公文流程的慣例，皇帝的御旨批示後，須由有關的官吏蓋上官印方爲有效（註二五），但是此位官吏雖已派任到職，但皇帝尚未批示，因此此位官吏尚無法履行用印的職權，如此一來御旨尚未生效，這就造成在尋覓土地一事上時間的耽擱與拖延，時間上之拖延，自必影響一切，使起步尋覓土地的工作，整個停頓下來，動彈不得，無法進行其他次一步的動作。

上述在公文流程上出現的耽擱，最後得葉向高內閣大學士之協助，有了完美的解決，使尋覓墓地的工作，得以順利推展開來。

直接負責此尋覓工作的順天府尹黃吉士，在職責之下，派了兩位官員，向北京城外打探可以做爲墳地的地方，府尹給了期限，因此兩位官員在執行上，顯得十分積極，他們還先問清楚神父們心目中所希望的墓地條件，然後再積極外出北京郊外地方尋找，幾天之後，就找到了四個地方，於是官員陪同龐與熊兩位神父往勘這幾個地方，最後兩位神父選定了北京西郊的「滕公柵欄」這塊地方。（註二六）

該座名叫「滕公柵欄」原本爲一別墅，爲一楊姓宦官所擁有，其後獲罪被判死刑，正等待執行，楊姓宦官爲保護此幢「別墅」產業不被沒收，乃將之改爲一座佛寺，並爲之取名爲「善導寺」（註二七），然而此一舉動，反而弄巧成拙，因爲既成爲佛寺，其管轄權歸禮部，禮部擁有處分佛寺的權力，因而宦官欲改爲佛寺而達保護財產的如意算盤，完全落了空。

皇帝有權可以徵用土地，禮部又有權處分佛寺之下，負責徵用的順天府當局，在徵用的方法上，可以採價購方式，或沒收方式來處理，因此政府的經辦人員，曾在順天府尹尚未決定採用價購或沒收方式之前，私下詢問價購的數目，此舉有藉機營私舞弊之意圖，因此消息走漏後，府尹在開會會商後，採取斷然措施，指令說：

「沒有需要支付『善導寺』任何金錢，因爲喜導寺屬於一位被判死罪的太監。寺裡的和尚應當搬出，把該寺廟產權交給龐迪我及其同伴。」（註二八）

萬曆卅八年（公元一六一〇年）的十月十九日，龐迪我與熊三拔兩位神父正式由原來管理該寺的和尚手中，取得產權，接收該座寺廟與其週邊的土地。

然而接著而來的，仍然是一些困擾與阻攔，先是有小太監們前來騷擾，取走了該寺的傢俱和園中的花草奇石，又在言語上嘲笑當時看守該地的修士（註二九），使修士們飽受虛驚。

再接著有原產業的持有人楊姓太監，在不甘損失之下，可是又因自己獲罪在監，不便具名力爭，乃私下將該產業讓與另一位在太后面前得寵的太監，期由此位太監，利用其在宮中的威勢，極力爭取回此座佛寺的產權。此位太監一方面再度派出小太監們前去騷擾，另一方面致書順天府尹，（註三〇）威脅政府官員收回成命，這些挑釁，順天府尹黃吉士不爲所動，反而促成政府當局更強硬的對抗行動，分別由順天府與禮部出具告示，貼示於該土地的大門上，禁止閒雜人等前來騷擾該地，否則將遭受逮捕控告及懲罰的處分。（註三一）

面對禮部與順天府尹的禁止騷擾的布告，太監仍不死心，再運動到總管太監（註三二）與皇太后的身上，透由書信，指責順天府尹，何以將此塊本屬太監的產業，奉送給外國人，辭句嚴厲，順天府尹只得從容應付，一方面將皇帝賜地的御批與禮部的奏疏副本，送呈此位總管太監，以作爲答辯，一方面也在總管太監態度回軟後，建議龐神父去禮貌上的拜訪，以疏解雙方的衝突，安撫他們的不滿。

許是順天府尹的處置得宜，因此在龐神父的拜訪之下，得著總管太監善意的回應保證，保證日後不再干涉騷擾，他會尊重服從皇帝的賜地決定。

而太監們運動到太后方面，思圖透由太后出面干涉，收回皇帝賜地的命令；但太后也尊重皇帝的決定，不願出面干涉（註三三），因此由太監們發動的種種干擾舉動，希望奪回土地產業的努力，至此全部失敗，以後太監們也死了這條心，不再有所動作了。

墓地的取得，在度過太監方面的多次干擾行動後，還面臨來自政府部門戶部的挑戰，該方面的挑戰，羅光總主教在其所著的「利瑪竇傳」中，引用史料，叙述如下：

「……，但戶部某官員，因都御史令以此事咨轉禮部，心中不服，當柵欄賜地將在戶部備案免稅時，他便行文兩縣縣令，責問為何勘定一所廣大佛寺作為墓地？龐迪我急往見戶部一相識的大員，央請出頭，平息是非，次日，戶部行文之某官，又收回文書，准予備案。」（註三四）

墓地之取得，至此方告塵埃落定，外在的一切干擾挑戰，在明朝部份有關的官員的協助與堅持之下，也在龐、熊等神父的大力奔走，虛心求教接納各方所獻之良策下，算是一一將阻礙破解，順利取得了安葬利瑪竇神父的墓地，雖然為此費力費神，龐、熊兩位神父在有了此項完美的結局後，專程進宮，參拜御座，遵從中國之禮俗，向萬曆皇帝謝恩。（註三五）

四、墓地之位置與建置

在萬曆卅八年（公元一六一〇年）由萬曆皇帝賜給耶穌會神父利瑪竇的墓地，其地理位置，早在利瑪竇、金尼閣（Nicola Trigault 1577-1628）合著的《利瑪竇中國傳教史》一書中，就提及是在北京郊外，該書之中譯本，提及說：

「…位於埠城門外一公里之遙，名柵欄的地方，屬於郊區，是太監們選擇墓地及別墅的地方，房子是用紅磚造的，非常結實，……。」（註三六）

待萬曆四十二年（公元一六一五年）三月廿九日，（註三七）由大京兆王應麟所撰的「欽敕大西洋國士葬地居舍碑文」中，亦清楚提及云：

「……，有籍沒楊内官私剏二里溝佛寺房屋卅八間，地基二十畝，牒大司徒，稟成而畀之居，覆奏，蒙允。……。欽賜房地共三十八間，週圍牆垣二十畝，南至官道，北至嘉興地，東至嘉興觀，西至會中牆。」（註三八）

而在明崇禎八年（公元一六三五年）成書，由于奕正、劉侗所著之明末京師地理名著《帝京景物略》一書中，也提及僅落成不及半世紀之利瑪竇之墓，在該書的卷五，有「利瑪竇墳」條目，記有如下的說明，有云：

「庚戌，瑪竇卒，詔以陪臣禮，葬阜成門外二里！嘉興觀之右，……。」（註三九）

而成書於清乾隆五十三年（公元一七八八年），由吳長元所編輯而成的《宸垣識略》一書中，誰有地圖，但未標出公墓所在位置，（見附圖一），僅在該書的卷十三，有記載云：

「嘉興觀在阜成門稍北，而西北通白石橋，歐邏巴修士利瑪竇墳在白石橋西。」（註四〇）

而成書於康熙七年（公元一六八八年），由韓霖、張賡兩人合撰的《聖教信證》一書中，其《利氏小傳》中，也云及：

「……，御賜祭葬，墓在北京阜城門外二里溝滕公柵欄。」（註四一）

從早期的有關描述，其地理位置即在北京城西邊兩個城門中的阜成門（又名平則門）外之西北側地區，沿官道西北走約四分之一英哩，俗稱叫二里溝的地方，而墓地之東爲道教觀院「嘉興觀」，南邊則爲官道，北邊則亦爲「嘉興觀」之土地，而墓地之北則通往白石橋；該墓地雖在二里溝，但二里溝爲該區域之通稱，若再縮小範圍，則墓地在二里溝屬下的「柵欄」地區，而「柵欄」之得名，當係因昔日該地有圍柵欄以區分各自土地的習慣，而墓地更被稱之爲「滕公柵欄」的原因，則當係昔日有位曾服務於明朝隆慶皇帝（一五六七—一五七二）的有力太監滕氏，曾經購有該地的土地房屋多年，是該地知名的地主，因而該地博得了「滕公柵欄」的地名了。（註四二）

早期有關此墓地的相關記載，每每語焉不詳，又少有地圖描繪。到了本世紀，則記載較多，都附有地圖，使其位置得著更周詳與明晰的記錄，如民國廿四年（公元一九三五年）出版的英文著作In Search of Old Peking中，就明確記載說：

「……出阜成門，過濠溝上之橋轉北，行約四分之一英哩，再轉往西之路，稱「六公墳斜街」（Liu Kung Fen Hsieh Chieh），在該街之南，會看到像是營區的成排的街道與成排的房舍，那就是紅旗營（Hung Ch'i Ying），而在街之北，座落有天主教會的房舍，而其入口則在最接近鐵道的高牆之下，這塊地區衆所週知，叫做「柵欄」（Ch'a La'rh），在昔日因在該地圍有柵欄而得名，而該處的天主教會，基本上都屬耶穌會，

有一所法國弟兄會學校，以及包含一個埋有許多知名傳教神父的天主教公墓。」（註四三）

該書還附有一張標出此塊公墓位置的簡略北京地區地圖。（見附圖二）

此外在Nigle Cameron教授所著的Barbarians and Mardarins-Thirteen Centuries of Western Travelers in China一書中，亦附有一張標有公墓位置的北京地圖。（註四四）（見附圖三）

晚近日本學者矢澤利彥教授（一九一四－）在其近作《北京四天主堂物語》一書中，於其封面後的圖片頁中，附有一幅揭示公墓位置的簡略地圖。（註四五）（見附圖四）

而晚近由天主教會方面出版的《中國天主教指南（Guide to the Catholic Church in China）》，無論是一九八六年與一九八九年的兩次版本中，雖詳於各地天主教堂位置圖，但獨缺本北京耶穌會公墓之地圖。（註四六）

再由北京市文物事業管理局編，取名《北京名勝古跡辭典》，以及由任寶根、楊光文編著之《中國宗教名勝》兩書中，雖有專項條目的相關介紹，但亦缺詳細的地圖，唯《北京名勝古蹟辭典》中，詳細記有其位置，記載說：

「在西城區馬尾溝（今車公莊大街路南六號內）。」（註四七）

墓地的建置，從最初房屋土地取得後之闢建，到日後因種種因素，如增建，遷建，動亂破壞後的再建，其過程亦多有變化，今擇要敘說最初時期的建置情形如下：

在最初的有關記載中，都引述到該塊從楊姓太監手中沒收過來，再由萬曆皇帝所賜的墓地，其土地與房產共爲「房屋三十八間，地基二十畝」（註四八），而其詳盡的記錄，則以義大利國立皇家學院出版之《利學資料》(Fontii Racciane)中之附圖(註四九)，應爲代表，該幅平面圖(見附圖五)，十分清楚詳盡，但《利學資料》中有關的文字說明，則不見豐富，(註五〇)，而羅光在其所著的《利瑪竇傳》中，所提及的文字說明，則最爲詳細，參照該墓地之平面圖，可以了然其建築的全貌，傳中有言：

「柵欄賜地廣二十畝，房屋卅八間，原名「滕公柵欄」，位於阜城門外半里的二里溝。房屋分四進，大門外兩石橙，爲上馬石。大門內一橫廊，廊中房屋五間，由橫廊下石級，到第一進庭院。兩傍，七間廂房。在第一第二庭院之間，有一高牆，中有一門，兩旁有石級，第二進庭院兩傍，各有廂房四間。由第二進庭院拾級進第三院，院的中心原爲寺院正殿，供奉地藏王，龐迪我改佛殿爲聖堂，堂中祭壇供救世主聖像。堂之兩側原爲兩便殿，供奉閻王，龐神父撤去閻王塑像，改爲客廳，出聖堂，下石級進第四進庭院，兩側各有廂房三間。過第四進庭院入一橫廊，橫廊中心，又有一佛殿，殿不甚大，乃改憩息室，兩側有房間各一。橫廊左角，新設一小聖母堂，供羅瑪聖母大殿的聖母像。利子生前曾許願建堂供羅瑪聖母像以謝定居中國的大恩。」(註五一)

以上爲房屋方面的描寫，而其房舍西向，則爲坐北朝南，房屋之外還有庭園，《利瑪竇傳》中，再描寫爲：

「橫廊右角開門，進入花園，花園盡頭有一牆，高逾一人，出牆門，乃抵墓園，墓園爲方形，圍牆四角各有石墩一座，園中心有古柏四棵，樹之中央爲利子墓。出墓園，又一

小園，園中修蓋園墓小堂。」（註五二）

依據上段的敘述，再從平面圖來看，整個墓地加上房舍，所呈現的是東西狹，而南北長的地形建築，再墓地之北側旁鄰，仍爲空地一片，爲日後此耶穌會公墓之擴充，取得最有利的空間。（註五三）

由於原址的地上房屋爲佛寺，而天主教耶穌會對此塊首度取得自中國皇帝之御賜墓地，在利用上，他們的計劃打算，不僅只是墓地之使用而已，有意善用原有的房舍，稍作修建後，作爲教堂與修道院之用，而該房屋的花園空地，才供作埋葬來華傳教神父之地，所以是多元的使用此塊得來不易的土地。（見附圖六）

對於將原爲佛寺而如今改爲教堂、修院以及墓地的情形，《利學資料》中的透露，頗爲詳盡，不僅提到將供奉「地藏王」的大廳改爲「耶穌救世主聖堂」，還專門提到處理廟中神像的情形說：

「把神像從祭台上挪開之後，那些用泥造的就砸爛了，而木造的就放到火裡燒了，……。牆上的壁畫也塗掉，再建了一座祭台，祭台上方畫了一幅耶穌救世主的聖像，聖像是倪一誠修士所畫，非常美麗……。」（註五四）

而墓地的修築情形，則爲接任耶穌會中國區區長的龍華民神父所設計指導的，《利學資料》中提及如下：

「……設計了中國天主教第一公墓，在花園的一端，蓋了一所六角形的圓頂的小聖堂。

> 聖堂的兩邊，造了三圓形的牆壁，好像兩隻手臂一樣，……，在花園當中有四棵柏樹像徵哀悼的意思，地點非常適合，好像栽種這些樹的時候，就是爲利瑪竇墳墓遮蔭的，……。」（註五五）

而利瑪竇墳墓的形狀，中國的典籍中，亦特別因其形狀有別於中國一般之情狀，而特記曰：

> 「其坎封地，異中國，封下方而上圜，方若台圯，圜若斷木，後虛堂六角，所供縱橫十字文，後垣不琱篆而旋紋脊紋，螭之歧其尾，肩紋，蝶之矯其鬚，旁紋，象之卷其鼻也，垣之四隅，石也，杵若塔若焉。」（註五六）

此外在墓地的週圍及其相關之佈置，還有「欽錫」兩個石刻字，懸於此柵欄墓地的正門上，這是神父們所書寫刻上的，而積極參與並促成墓地頒賜成功的順天府尹黃吉士也贈有匾額一方，上書「慕義之言」四字，上款爲「泰西利瑪竇」，下款爲「少京兆黃吉士立」（註五七）。此匾額當置於屋舍中。

而萬曆四十三年（公元一六一五年），時任京兆尹的王應麟，於公於私，亦於是年，特撰「欽敕大西洋國土葬地居舍碑文」送與耶穌會，該碑文文字頗長，共約八百八十餘字，詳述利瑪竇行宜，王應麟與利瑪竇爲舊識，相知甚深，故撰寫內容，並非泛泛空疏之作，而碑文中所透露之利氏交往史實，也彌足珍貴，該碑文當立於墓地某處，唯日後已毀，而究毀於何時，亦未見記載，今幸而仍能見其碑文之全文，亦屬萬幸，最早錄有全文者，應在黃伯錄所輯的《正教奉褒》一書之中。（註五八）

至於今仍見之保存尙稱良好的墓碑，其上鐫有中文與拉丁文之墓誌銘文，當非明萬曆年間利瑪竇逝世後不久所立之墓碑，一則有關之記載都未言及有此兩種文體的墓碑，只言及墓前有碑；二則已有史料，說及因庚子年（公元一九〇〇年）的義和團動亂，利氏之墓遭破壞，墓碑亦毀，乃於庚子之後，重鐫新墓碑（註五九）；三則新墓碑上的中文銘文，有「明萬曆壬午年」字，依立碑慣例，明朝當朝所立之碑，記載年代時，不該自稱爲「明」者，顯然現存之碑，其碑不僅是塊新碑，而且碑文內容文字，恐亦非舊有之碑文。

又墓碑前，有些相關的記載，記有石製供桌置放於前，而石製供桌之前，尙有香爐，唯是項此類的設置，在最原始的史料，如《利學資料》中，不見有所記載，僅見於較晚期，約在光緒末年出版的《燕京開教錄》中，並且是在該書所附之圖片上（註六〇），故是否當初就已置放，仍有待考證。

總之，整個墓地之建置完備啓用，當在明萬曆卅九年（公元一六一一年）的十一月一日之後，該日爲利瑪竇遺體棺木放入墓穴之日（註六一），而其遺體棺木則早於當年的四月，已由京師宣武門天主教堂移來柵欄墓地。（註六二）

再就利瑪竇所長眠的柵欄墓地的整個空間景觀情形，有關記載不多，唯有在《西泰子來華記》一書中，說及：

「向東望去，紫禁城內黃瓦映日發亮，京城的擾攘，到了這僅僅乎是聽不清楚的微微聲響罷了，花園塝玫瑰色的紅牆高聳著，裏面的廟已經改爲天主堂的房屋和小堂了。墓的

每一隻角上，植了一株蒜柏，和同衛兵一般，毫無動靜地立在那，這是中國人誌哀的標記。」（註六三）

從相關的記載來看，雖然利瑪竇墓地的最初形式，今因種種因素之衝擊下，全已不存，但從相關的記載來看，它的特色，應是一個帶有中國式墓地建築的第一個天主教墓地了。

五、小結

利瑪竇最終長眠之地的北京阜成門外的柵欄墓地，自萬曆卅九年（公元一六一一年）年底安葬利瑪竇之後，以後因為又陸續安葬耶穌會來華的其他位神父（註六六），因此就正式成為北京耶穌會公墓了，到清朝中期時，其中所安葬並立有墓碑者，曾高達六十八位（註六七）之衆，自然原來的墓地是容納不下如此衆多的棺木，因此後來墓地曾往北擴充了一倍的土地。

北京耶穌會公墓自明末建置以來，歷經清朝的二百六十八年歷史，大致而言，都主控於天主教耶穌會之手，只有一段時期，因禁教的緣故，曾委由俄羅斯東正教會代為管理，以後到民國時代，亦始終操之於耶穌會之手中，要到民國卅八年（公元一九四九年），大陸易幟之後，才遭中共當局徵收，成為北京市黨校的校址，耶穌會才失去控制之權。（註六八）

北京耶穌會公墓在長達四個世紀之中，自安葬首位在明朝時於北京逝世的利瑪竇神父後，其公墓的建置規模雖日益龐大增建，越發有了規模與名聲，但在歷經日後無數來自人為的強烈挑戰與衝擊之下，加之歲月無情的滄桑，今已完全失去原來公墓內外形式與景觀了，原有的建置，幾乎都已蕩然無有，而殘存之物，無論安葬位置，以及所豎立的墓碑，幾乎都非昔日之位置與原物了，早與當初的境況全然有別了，故而只能求之於文獻資料，方能一窺昔日風貌，然以有限資料，要求描繪出昔日舊有的全貌，實已不可得，也只能求得大致的輪廓而已了。

總之，在大致上言，其墓地座落的位置，透由有關的地理方面資料，已能了然，而地名「滕公柵欄」一詞之由來，亦探得係來自明隆慶帝時代一位宦官地主之姓，而墓地之取得沿革，其時天主教會能由明朝皇帝手中，透由「御賜」而順利取得，亦見當時天主教會在政教關係上的突破與進境，至於整個墓地建置的形式，則探索到在接受舊有的建築之基礎上，其將舊有之佛寺改為天主教堂的格局，亦非整個折毀後的重建，而是在大格局不變之下，改走溶合中西的路線，這種嘗試與努力，連相隨而來的安葬儀式，墓碑的形制，墓碑文字上之採用，都可看出其改走溶合路線的一貫性，絕非「耶」與「儒」之間兩極化的一再對立與對決，對於天主教會在這一方面的用心，或許方是來看此已成歷史古蹟的耶穌會公墓之眞正意義之所在了，至於日後此座耶穌會公墓在清朝以及民國後的演變治革及意義，就有待另篇論文來探究了。

【註　釋】

註　一　顧保鵠著《中國天主教史大事年表》，頁十二，台中，光啓出版社，民國五十九年十二月。

註　二　湯若望的事蹟，相關著作頗多，可參考⑴費賴之（Aloys Pfister）著，馮承鈞譯《入華耶穌會士列傳》，頁一九二—二一〇，台北，台灣商務印書館，民國四十九年，臺一版。⑵方豪著《中國天主教史人物傳—第二冊》，頁一一五。香港，公教眞理學會，一九六七年，初版本。(3)魏特（Alfons Vath）著，楊丙辰譯《湯若望傳》，台北，台灣商務印書館，民國三十八年。

註三　南懷仁的事蹟，相關著作頗多，可參考(1)方豪著《中國天主教史人物—第二冊》，頁一六三—一七九。(2)輔仁大學主編《南懷仁逝世三百週年國際學術討論會論文集》，台北，一九八七年。

註四　郎世寧的事蹟，相關史料頗多，可參考(1)方豪著《中國天主教史人物—第三冊》，頁八六—九五。(2)輔仁大學主編《郎世寧之藝術—宗教與藝術研討會論文集》，台北，幼獅文化事業出版社，民國八十年。

註五　李之藻事蹟，相關著作頗多，可參考(1)方豪著《中國天主教史人物傳—第一冊》，頁一一二—一一四，香港，公教眞理學會，一九六七年，初版本。(2)方豪著《李之藻研究》，台北，台灣商務印書館，民國五十五年。

註六　費賴之（Aloys Pfister）著，馮承鈞譯《入華耶穌會士列傳》，頁四九，台北，台灣商務印書館，民國四十九年，台一版。又見艾儒略（Jules Aleni）著《大西利先生行蹟》，頁一〇，北平，刻本，民國八年。

註七　龐迪我神父事蹟，可參考(1)費賴之（Aloys Pfister）著，馮承鈞譯《入華耶穌會士列傳》，頁八六—八九，台北，台灣商務印書館，民國四十九年，台一版，(2)方豪著《中國天主教史人物傳—第一冊》，頁一二五—一三八，香港，公教眞理學會，一九六七年，初版本。(3)張鎧著《從沙勿略到龐迪我—晚明西班牙來華傳教士紀略》，北京，世界宗教研究，總第四六期，一九九一年十二月。

註 八 熊三拔神父事蹟，可參考注二所提之⑴費著《入華耶穌會士列傳》，頁一一三－一一六。⑵方著《中國天主教史人物傳－第一冊》，頁一六九－一七二。

註 九 游文惠、倪一成修士事蹟，可參考注二所提⑴費著《入華耶穌會士列傳》，頁一一一與頁一五〇。⑵方著《中國天主教史人物傳－第一冊》，頁一六六－一六八。

註一〇 同註九。

註一一 羅漁譯《利瑪竇全集⑷－利瑪竇書信集（下）》，頁五三八，台北，輔仁、光啓聯合出版，民國七十五年。

註一二 利瑪竇、金尼閣著，劉俊餘，王玉川譯《利瑪竇全集⑵－利瑪竇中國傳教史（下）》，頁五五二；台北，輔仁、光啓聯合出版，民國七十五年。

註一三 方豪著《中國天主教史人物傳－第一冊》，頁二三四－二三九，香港，公教眞理學會，一九六七年初版本。

註一四 同註一一，頁五五二。

註一五 轉引自張奉箴著《利瑪竇在中國》，頁二〇一－二，台南，聞道出版社，一九八三。

註一六 羅光著《利瑪竇傳》，頁二二七，台北，光啓出版社，一九七二。

註一七 利瑪竇、金尼閣著，劉俊餘、王玉川譯《利瑪竇全集⑵》，頁五五七，台北，輔仁、光啓聯合出版，民國七十五年初版。

註一八 同註一五。

註一九　同註一五。

註二〇　同註一五。

註二一　葉向高個人生平，明史有傳，在二百四十卷；又可見明代名人傳（Dictonaary of Ming Biography 1368-1644），第二卷，頁一五六七—一五七〇，New York & London，Columbia Univ. Press. 一九七六。

註二二　利瑪竇、金尼閣著、劉俊餘、王玉川譯《利瑪竇全集(2)》，頁五六〇。

註二三　字叔醇，大名府內黃人。

註二四　利瑪竇、金尼閣著，柯高濟、王遵仲、李申合譯，何兆武校《利瑪竇中國札記》下，頁六二九，北京，中華書局，一九八三年三月。

註二五　同註一二，頁五六二，但本譯本中言及的「照磨」之官一詞顯然有誤；另一譯本，即註二四所提及的譯本，在頁六三〇，譯成「正好那時有一位大臣剛在數月之前被任命爲他現在的官職」，又矢澤利彥著《北京四天主堂物語》一書，頁三一，亦不譯成「照磨」，「照磨」一詞另有其意。

註二六　同註一二，頁五七二。

註二七　同註一二，頁五六四。但註二四，北京中華書局之譯本，頁六三二，則譯爲「仁恩寺」；而註一六，台北，羅光著之「利瑪竇傳」中頁二二九，則沒提及佛寺之名稱；又思果譯，雲先·克魯寧（Vincent Cronin）著之《西泰子來華記》（The Wise Man From the West）頁二四三，則譯成「仁教寺」，本文暫用「善導寺」一詞。

註二八　同註一二，頁五六五。

註二九　同註一二，頁五六七—五六八；又同註二四，頁六三五—六三六。

註三〇　同註一二，頁五六九；又同註二四，頁六三七。

註三一　同註三〇。

註三二　同註二四，北京，中華書局譯本，譯成總管太監，而同註一二之台北輔仁，光啓聯合譯本，則譯爲「司禮監太監」，見頁五六八；又羅光著《利瑪竇傳》，頁二二九，亦譯成司禮監太監。

註三三　同註一二，頁五七〇，又同註二四，頁六三九。

註三四　同註一六，頁二三〇。而《利瑪竇全集(2)—利瑪竇中國傳教史（下）》亦有提及，唯叙述過繁。

註三五　同註一二，頁五七二；又同註二四，頁六四一。

註三六　同註一二，頁五七二。唯文中「…埠城門」之「埠」字有誤，應爲「阜」字。

註三七　德理賢（Pasquale D'Elia）著，方豪譯《利瑪竇年譜》，文收《方豪六十自訂稿》，頁一五八五，台北，學生書局，民國五十八年。

註三八　黃伯祿著《正教奉褒》，頁七A—七B，上海，慈母堂重印本，一八九四年。

註三九　于奕正，劉侗著《帝京景物略》，卷五，頁三十上，利瑪竇墳，北京出版社鉛印本，一九六三。唯本文中，在「二里」兩字之後，漏印「溝」字。

註四〇　吳長元著《宸垣識略》，卷十三，頁二十六，乾隆五十三年戊申池北堂堂刊本，台北，文海出版社影印本。

註四一　韓霖、張賡等公述《聖教信証》，文收吳湘相主編《天主教東傳文獻三編》，頁，台北，學生書局，民國五十五年五月。

註四二　那玻利貞著《北京阜城門外欄兒の耶穌會墓地（上）》，文收《燕吳載筆》，頁三五，東京，同文館。

註四三　L.C.Arlinton & William Lewisohn著《In Search of Old Peking》頁二五一—二五二，H.K. Oxford Univ. Press,1987年。

註四四　Nigel Carmeron《Barbarians and Mardarins—Thirteen Centuries of Western Travelers in China》頁二八○，Chicago and Londen. The Univ. of Chicago Press,1970。

註四五　矢澤利彥著《北京四天主堂物語》，封面後的附圖，東京，東河出版社，一九八七。

註四六　沙百里（Fr.Jean Charbonnier）主編《中國天主教指南》，新加坡，中華公教聯絡社，一九八六，一九八九。

註四七　北京市文物事業管理局編《北京名勝古跡辭典》，頁一五○—一五一，北京，燕山出版社，一九八九年。

註四八　同註三八。

註四九　同註一六，頁二三一。羅光指稱在《利學資料》的第二卷，頁六一九，有插圖。

註五○　同註一二，頁五七二，曾對該墓地之描寫，著者說：「我們不必詳細描寫」。

註五一　同註一六，頁二三○。

註五二　同註一六，頁二三一。

註五三　日後往北邊擴充，幾近三倍的土地，事見《湯若望傳》與《燕京開教錄》兩書之記載。

註五四　同註一二，頁五七六。

註五五　同註一二，頁五七三。

註五六　同註三九，卷五，頁三十下。

註五七　同註一二，頁五七二。

註五八　同註三八，頁七a—七b。

註五九　同註一五，頁二九〇—二九一。

註六〇　樊國樑（Alphonse－Marie Favier）著《燕京開教錄》，中篇，北京，又亦見於註四三所引用之書，頁二五四—二五五。

註六一　同註三七，頁一五八五。

註六二　有關安葬前後情形，《利學資料》、《利瑪竇傳》、《利瑪竇年譜》幾本著作中，都記載甚詳，可供參考。

註六三　同註二七，《西泰子來華記—利瑪竇傳》，頁二四三。

註六六　第二位葬於柵欄墓地的來華神父爲鄧玉函神父（Fr. Terrenz Schreck 1576-1630），事見《帝京景物略》一書之卷五，頁三十下。

註六七　同註六〇。

註六八　同註四七。

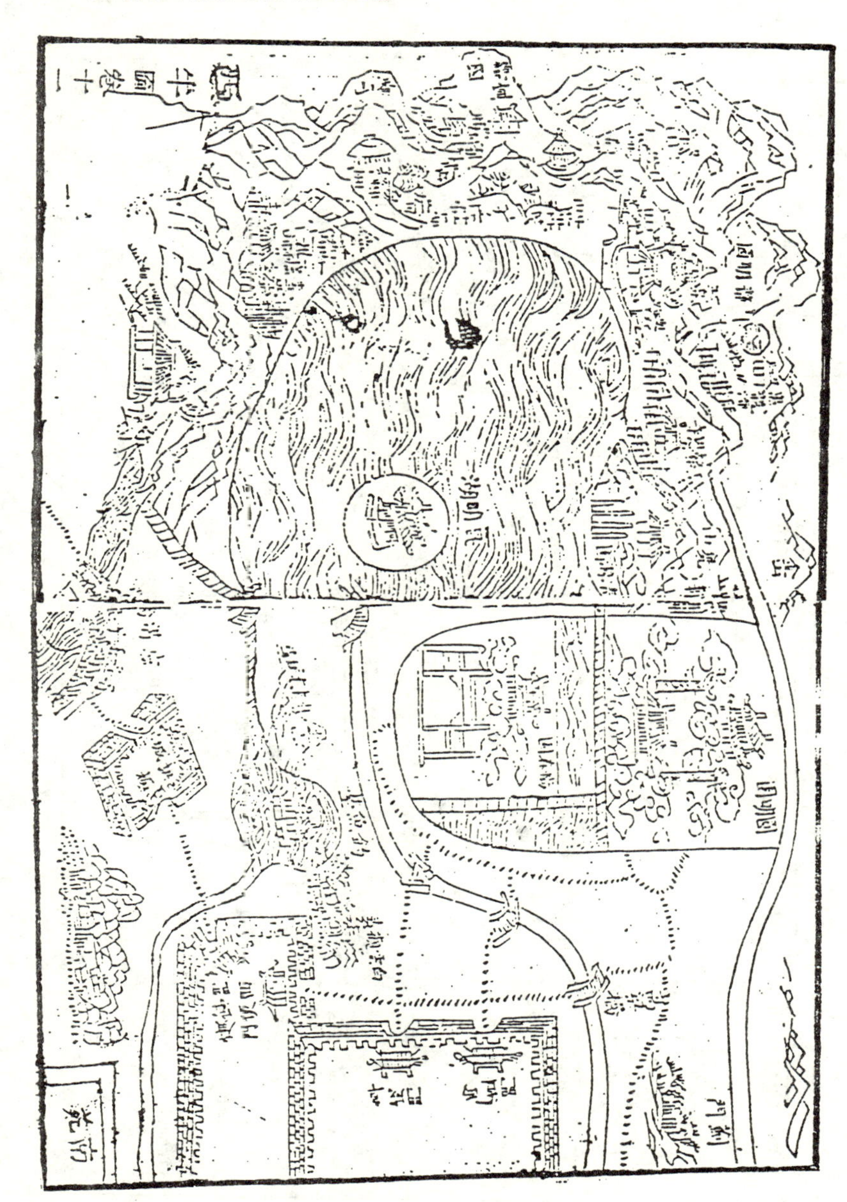

附圖一：霞恆灑略可附北京西郊地圖

附圖二：耶穌會公墓位置圖

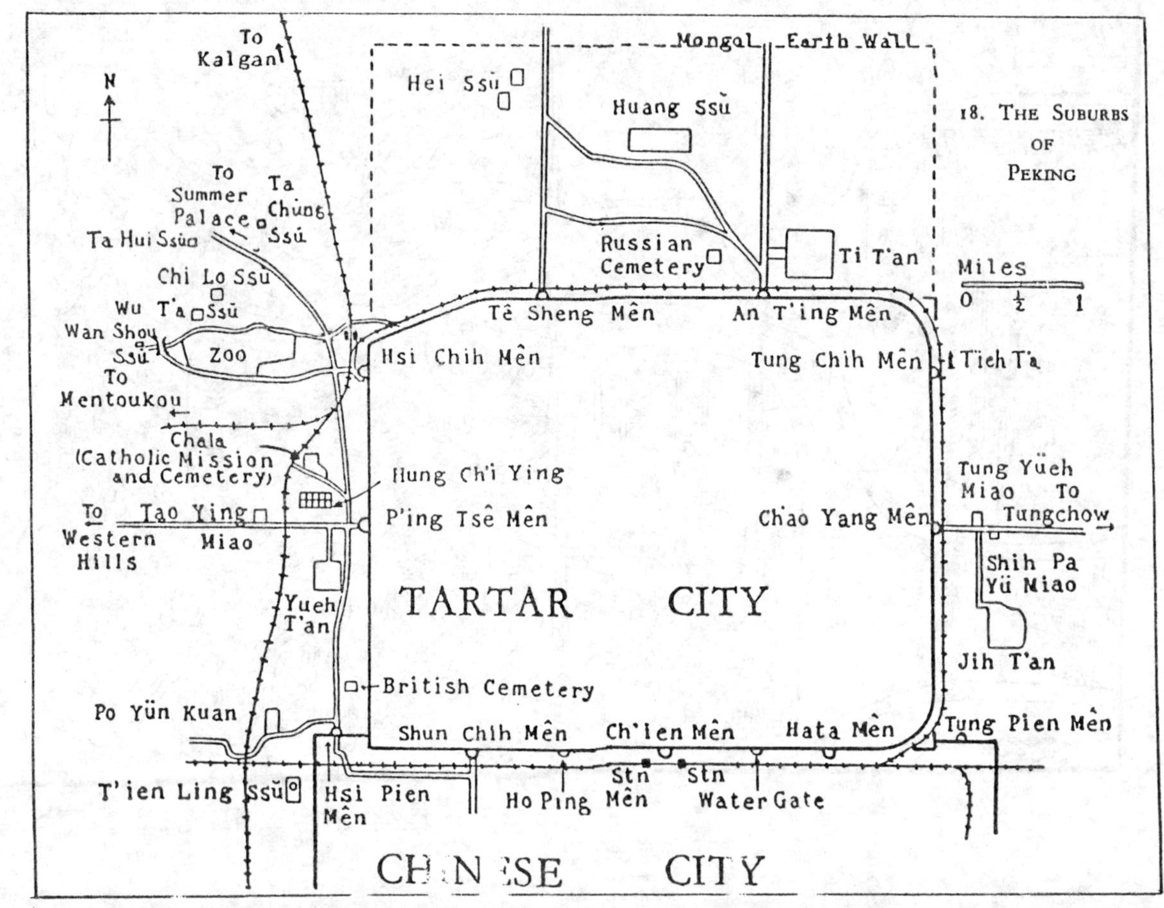

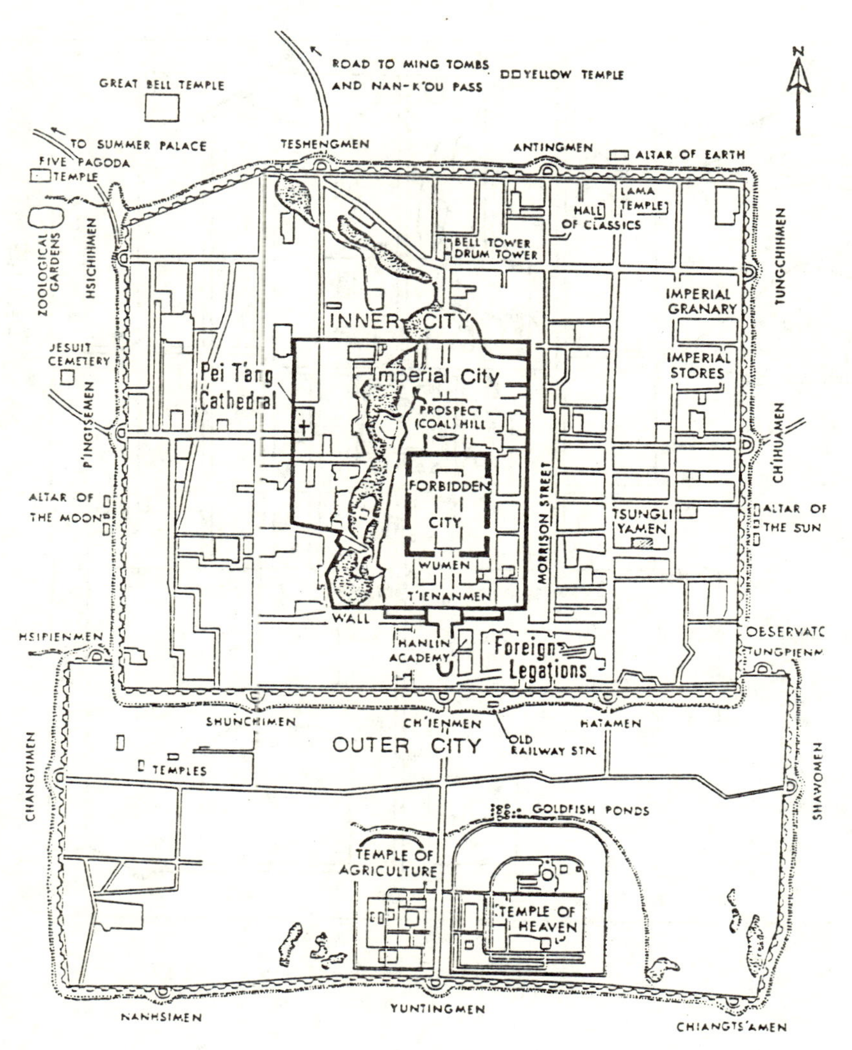

附圖三：耶穌會公墓位置圖

附圖四：柵欄墓地位置圖

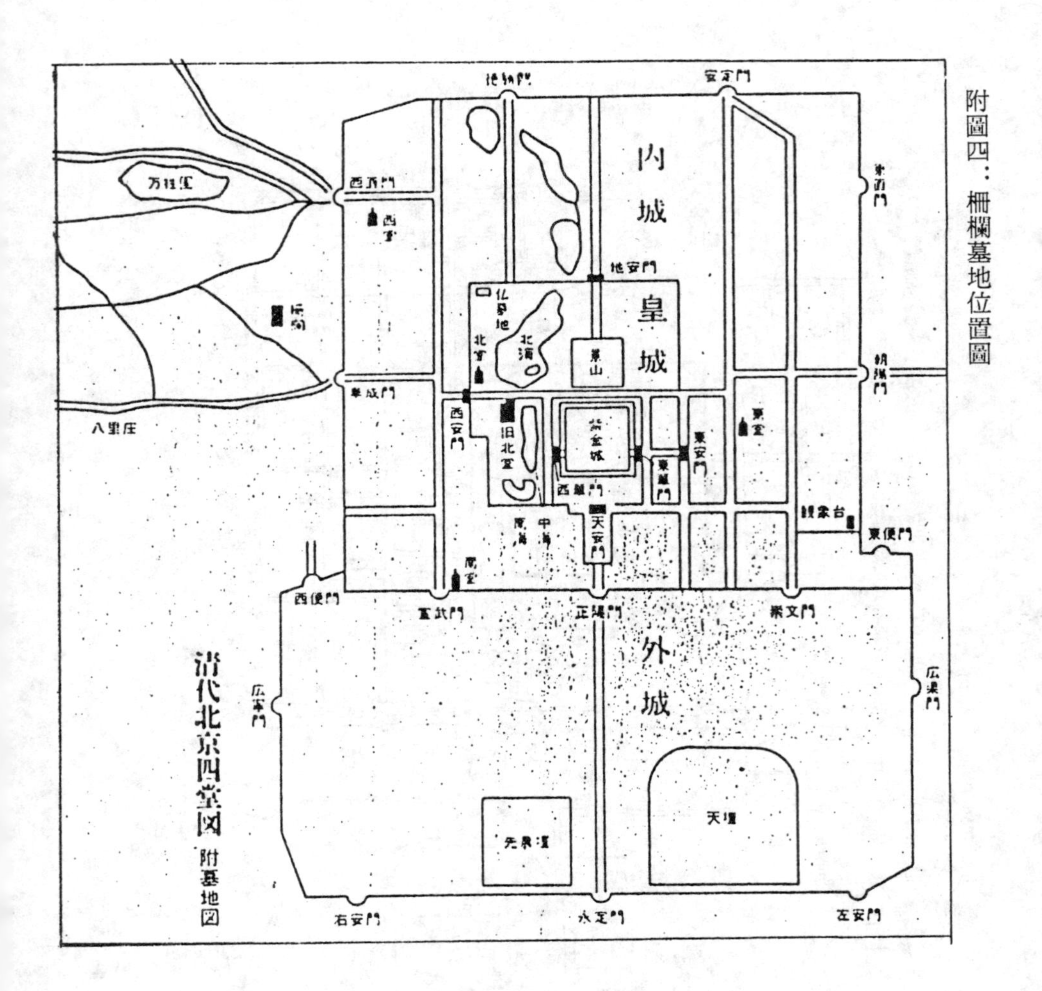
內
城
皇
城
外
城
安定門
西直門
阜成門
地安門
景山
北海
紫禁城
西安門
東安門
天安門
正陽門
宣武門
崇文門
西便門
東便門
朝陽門
右安門
永定門
左安門
天壇
先農壇
八里庄
觀象台
東堂
西堂
北堂
南堂
旧北堂
中海
南海
清代北京四堂図
附墓地図

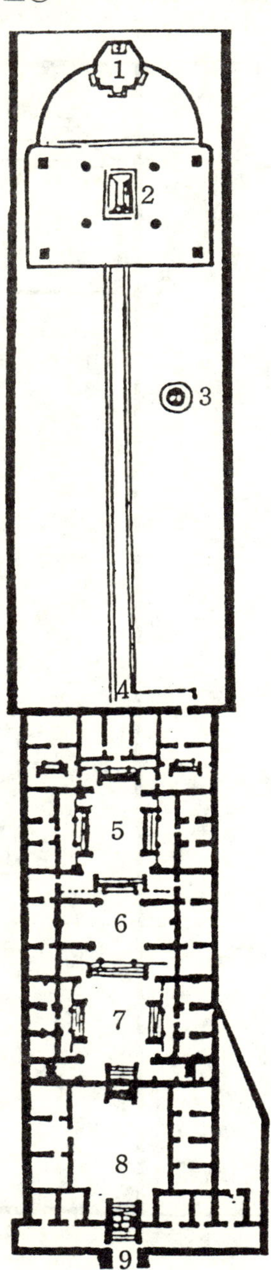

附圖五：原利瑪竇墓之平面圖

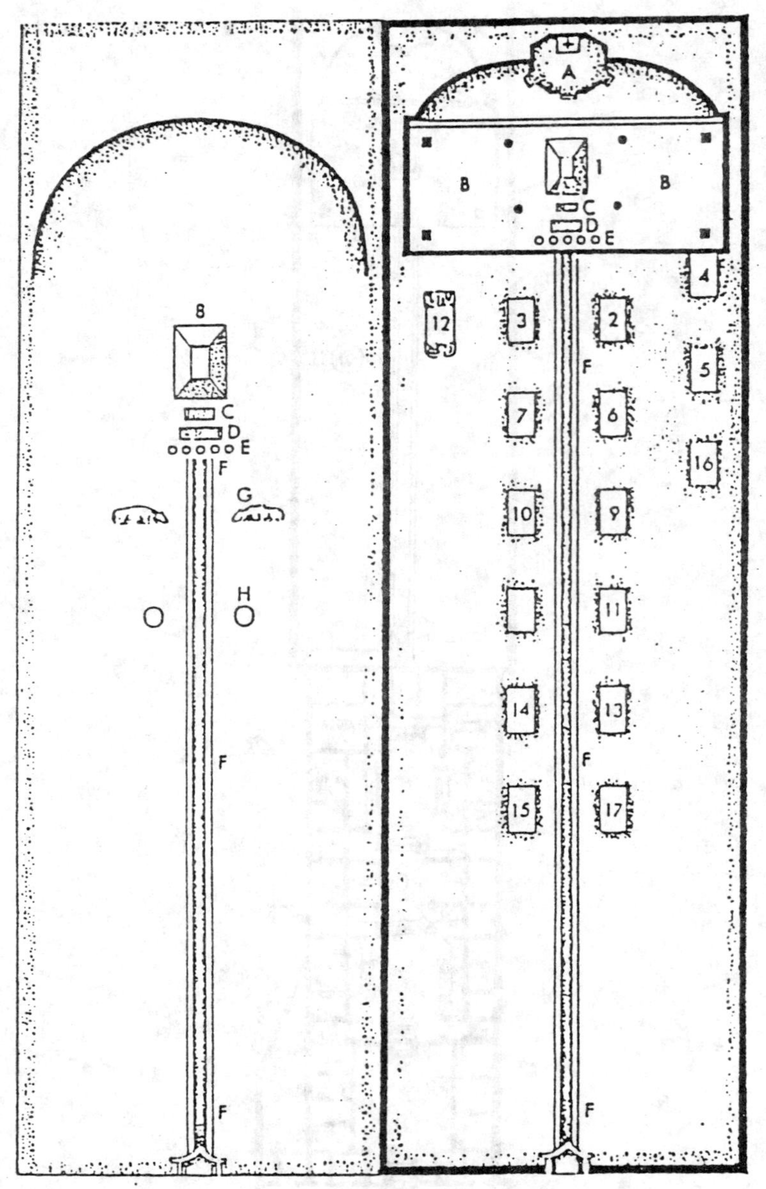

附圖六：耶穌會北京公墓擴張圖

清末北京人口死亡原因之研究

康文林

我們為甚麼對清末北京人口死亡原因該感興趣？有很多原因，如北京人口死亡原因模型可能說明別的資料（像傢譜，戶口冊，皇族家譜等）上的死亡率模型。死亡原因資料可能也說明清末北京的公共衛生與私人健康條件。

最近一種很有可能性的死亡原因資料顯露了，發現了在清末北京有一個很簡單的死亡原因記錄制度。在城門口記錄從城內運到城外的屍體的姓名，住址，性別，年齡，是否結婚與死亡原因。此資料出現了以前，祇有一些歐洲人寫的報告說明清末北京人口死亡原因模式。

我們對這個新的資料的了解還不太深。因此這篇文章祇包括簡要介紹及初步分析。第一部分說明我們現在對記錄制度的了解。在第二部分我們拿間接的方法來估計資料的全面性。在第三部分我們計算一些簡單統計說明這個資料的可能性，優點與缺點。偶爾我們拿別的人口的經驗來比較。

一、死亡原因記錄制度

我們的一九〇九—一九一〇北京人口死亡原因資料是被一個十九世紀中旬創立的制度創造的。當時，在城內死亡的人一般說是埋葬在城外的。因爲訴訟的關係，人們常常找驗屍官，要求他把已經埋葬的屍體再挖出來，做調查。終於讓屍官挖膩了。爲了省了把已經埋葬的屍體挖出來的麻煩，他創立死亡原因記錄制度。從此，如果埋藏屍體以後還有人提問題，不必把屍體再挖出來。查屍體的死亡記錄就夠了。

根據規則，誰把屍體運到城外就得在城門登記屍體。記錄包括屍體的姓名，年齡，住址，及包括城門的名字與門吏的姓名。既然北京當時還有市城牆，這個制度大概記錄所有運到城外的屍體。

死亡原因是怎麼決定的還很模糊。基層官員（門吏）負責把消息記錄下來。我們不知道死亡原因是不是由他們決定的。門吏當然沒有什麼西醫科學訓練。大概也沒什麼中醫訓練。有可能他們雖然負責調查屍體，可是是靠運屍體的人的報告。

若是屍體是於城內焚燒的，或是用另外一個方法處理的，我們大概缺少它們的記錄。如果屍體是暗中的運到城外的，也大概沒留下什麼記錄。然而，因爲我們沒甚麼關於此方面的消息，我們現在得假定這樣的缺點很少，等我們有比較詳細的資料再當心。

二、記錄的全面性

我們做分析以前還需要估計資料的全面性。現在，我們祇能夠用「間接的人口估計方法。」

於**第一統計表**我們拿我們資料的死亡記錄數量與當時北京人口數量假定來估計一些有可能的死亡率。於**第二統計表**我們拿人口數量假定，年齡分配假定與年齡組死亡率假定來估計有可能的死亡率。如果我們比較這兩張統計表的死亡率，我們會猜一猜我們的資料的全面性。

根據我們的比較，我們現在缺少一九〇九—一九一〇北京的死亡的大部分，於第一統計表，資料的死亡數量導致的死亡率很低：千分之二，三。按照第二統計表的估計，死亡率應該是千分之四十，五十。如果我們缺少所五歲以下的死亡，死亡率起碼千分之二十。

誤差太大。我們祇有該記錄的死亡的十分之一。我們如果拿別的假定來估計，誤差會減少一點點，可是沒有用。不管我們用什麼假定，我們還會有誤差。

仍然，我們要進一步繼續我們的分析。我們很樂觀得假定雖然我們的資料的死亡記錄不夠，可是代表性沒有問題。若是發現資料的代表性不足，祇有詳細的分析能夠說明我們缺少什麼。我們如果相繼續找清末死亡原因資料，分析能夠警告我們該注意什麼樣的缺點。

三、資　料

這部分包括一些簡單的統計表：死亡的時期分配，年齡分配與原因分配。我們偶爾拿皇族家譜分析效果來比較，因爲皇族家譜的全面性與可能性比較不模糊（註一）。這樣的統計表與比較很有用，因爲能夠說明我們剛談的全面性問題是否跟時期，年齡或是死亡原因有關係。我們可能會有一些關於清末北京的人口死亡模型的實在的及具體的效果。

第一統計表

用死亡記錄的數量與不同的人口數量假定估計1909—1910北京人口死亡率

假定的人口數量	死亡率※
600,000	3.2
700,000※※	2.7
800,000	2.4
900,000	2.1
1,000,000	1.9

※我們用的樣本一共記錄 2720 死亡，包括十七個月的資料。我們假定死亡分配很平坦，十二個月有 1920.71 死亡。因此我們拿 1920.71 來作這個計算的分子。

※根據韓光輝〃民國時期北平市人口初析〃（人口研究1986（6）：41—46）北京 1912 的人口是 725135。感謝賴惠敏教授給我介紹這篇文章。

第二統計表

用不同的成長率，平均壽命與資料全面性假定估計死亡率

Coale & Demeny Model Life Table (North)	女人平均壽命	人口成長率	死亡率	(如果沒有五歲以下的死亡記錄) 死亡率
1	20.0	0.0%	51.8	23.5
		1.0%	55.1	20.2
		2.0%	59.4	17.7
4	27.5	0.0%	56.9	21.3
		1.0%	61.5	18.0
		2.0%	66.9	15.5
7	35.0	0.0%	36.9	20.6
		1.0%	38.0	17.3
		2.0%	40.2	14.7

※ Coale, Ansley and Paul Demeny, Model Life Tables and Stable Populations, Princeton University Press, 1975.

㈠時期

第三個統計表是農曆死亡月份分配。雖然這樣的計算對實在的死亡研究沒有用，可是還是對我們的分析很有用，因爲能夠說明記錄制度的缺點。畢竟，資料的日期原來都不是西曆的，而是農曆的。記錄制度大概順從了農曆。因此，想找記錄制度缺點的話，西曆分配不如農曆分配。

根據**第三統計表**，我們缺少幾個月的死亡記錄。於第一年四七九和十二月，死亡數量都是又大又胖的零。而且，五月和十一月的死亡太少。此缺點的原因現在不太清楚。不過，包含很清楚。第一：我們於第二部分談的缺少死亡記錄的一個原因就是我們缺少幾個月的資料。第二：我們談季節分配和原因分配的時候，要注意缺少的死亡記錄對死亡模式有什麼影響。缺少的資料可能把實在的分配弄歪。因爲死亡原因跟季節有關係，可能把死亡原因分配弄歪（註二）。

根據唯一日期數量，死亡日期記錄好像有一些模糊的地方。根據第三統計表，一般說每個月祇有十幾個日期。比方說，雖然由於第一年閏二月死亡很多因此每天都該有一些死亡，可是祇有十五天有死亡記錄。

我們可能在每個月缺少幾天的資料。可是如果是這樣，某一些月份的缺少的資料好像比其他月份缺少的資料多。不過，北京一九〇九—一九一〇的死亡季節分配類似皇族家譜上的死亡季節分配。若是北京一九〇九—一九一〇季節分配都是因爲缺少資料的關係，兩個資料的分配

第三統計表

農曆死亡月分配（1909—1910 北京）

宣統年	農曆月	死亡記錄數量	%	不同的日期
1	2（閏月）	495	18.2%	15
	3	219	8.1	6
	4	—	—	4
	5	94	3.4	11
	6	313	11.5	10
	7	—	—	—
	8	167	6.1	9
	9	—	—	—
	10	205	7.5	2
	11	29	1.1	5
	12	—	—	—
2	1	143	5.3	—
	2	121	4.5	3
	3	458	16.8	15
	4	156	5.7	6
	5	321	11.8	14
總　數		2721	100.0	100

第四統計表

西曆死亡月分配（1909—1910 北京）

西曆年	月	死亡記錄數量	%
1909	3	234	8.6%
	4	290	10.7
	5	190	7.0
	6	23	0.9
	7	265	9.7
	8	119	4.4
	9	116	4.3
	10	51	1.9
	11	140	5.2
	12	94	3.5
1910	1	—	0.0
	2	111	4.1
	3	83	3.1
	4	495	18.2
	5	189	7.0
	6	292	10.7
	7	29	1.1
總　數		2721	100.0

有這樣的類似眞是很大的巧合。兩個分配很類似，原因完全不一樣：這樣的巧合不太有可能。其實，大概不是我們缺少幾天的資料，就是記錄的日期不是死亡日期。我們可能有屍體穿過城門的日期。如果家人查黃曆來選埋葬屍體的日期，會使得日期分配不平衡。另外，於資料記錄的日期可能是門吏的報告的日期。報告的頻率可能跟死亡數量有關係：死亡少可能使得報告少。

因爲以前談的缺月關係，日曆死亡分配（於**第四統計表**）有一些不平常的地方（註三）。比如說，由於農業一年十二月沒記錄死亡，因此一九一〇年一月沒有死亡。因爲我們的資料於農曆第二年五月結束，所以一九一〇年七月的死亡很少。因此，我們做季節模型分析，非區分眞實的模式和缺少資料的影響不可。

除了樣本的缺點以外，如果我們拿別的歷史人口的模式來比較，第四統計表的日曆日期分配還是不平常的。雖然一般說歷史人口死亡率的季節高峰都在冬天或夏天，可是在我們的樣本，春季高峰在春天，於一九〇九和一九一〇這兩年，四月的死亡都最多。除了春節高峰以外，夏天也有小高峰：於一九〇九年，七月的死亡是四月之後最多的。於一九一〇年，六月的死亡是四月之後最多的。

這個季節模型（春節高峰）可能是封建北京的一個特點。皇族家譜的男人死亡季節分配（於**統計表五**）也有春節高峰，在夏天有第二高峰。晚秋，早冬的死亡最少。月分配沒有北京一九〇九—一九一〇的那麼不平均，大概是因爲北京一九〇九—一九一〇的分配缺少資料的關

第五統計表

清代皇族家譜的男人西曆死亡月分配（1644—1910）

西曆月	1644 年之後 死亡記錄數量	%	1910 年之後 死亡記錄數量	%
1	2097	9.0%	135	7.7%
2	2014	8.6	138	7.9
3	2255	9.6	186	10.6
4	2242	9.6	160	9.1
5	2053	8.8	123	7.0
6	1974	8.4	137	7.8
7	1998	8.5	113	6.5
8	1912	8.2	187	10.7
9	1725	7.4	157	9.0
10	1615	6.9	140	8.0
11	1757	7.5	145	8.3
12	1775	7.6	132	7.5
總　數	23417	100.0	1753	100.0

這個計算祇包括二歲以上的死亡。

第六統計表

性別與年齡組死亡記錄分配（1909—1910 北京）

年齡組 （歲）	女人 死亡記錄 分配	%	男人 死亡記錄 分配	%	總和 死亡記錄 分配	%
1	15	0.6%	25	0.9%	40	1.5%
2	8	0.3	21	0.8	29	1.1
3	15	0.6	16	0.6	31	1.1
4	13	0.5	14	0.5	27	1.0
5	11	0.4	9	0.3	20	0.7
6－10	53	2.0	39	1.4	92	3.4
11－20	135	5.0	128	4.7	263	9.6
21－30	258	9.5	126	4.6	384	14.1
31－40	166	6.1	155	5.7	321	11.8
41－50	133	4.9	204	7.5	337	12.4
51－60	122	4.5	262	9.6	385	14.2
61－70	222	8.2	206	7.6	428	15.7
71－80	131	4.8	86	3.2	217	8.0
81 以上	43	1.6	10	0.4	53	2.0
沒有年齡	13	0.5	80	2.9	93	3.4
總　數	1338	49.2	1381	50.8	2720	100.0

係。我們如找到辦法補充第四統計表的缺失，大概會比較類似第五統計表的分配。

㈡年齡

根據統計表六上的死亡年齡與性別分配，若是資料的缺少性有模式，模式似乎跟年齡，性別沒什麼關係。雖然很多中國歷史人口資料祇記錄男人，可是於**第六統計表**，女人死亡數量跟男人死亡數量差不多。還有，雖然很多中國歷史人口資料忽略兒童和嬰兒，尤其是女嬰，可是從第六統計表來看，我們的樣本也包括兒童和嬰兒。

雖然男人總合跟女人總合差不多，可是於某一些年齡組，死亡性別分配不平均。最嚴重的差別都在成人組。比方說，由二十一歲至三十歲女人死亡數量比男人的大一倍。反過來看，由四十一歲至六十歲，男人死亡數量比女人的多一倍。然後，女人的死亡又比男人的多。

死亡分配的年齡組性別差別可能是因爲北京人口年齡組性別分配的關係。清末北京不是封閉性的城市。人可以隨便進出。北京當時是世界上人口最大的首都，大概有臨時與長期移民不斷的進出。可能因爲有經濟或別的原因的關係，北京居民的性別分配在某一些年齡組有差別。

不過，根據皇族家譜死亡率分析的結果，第六統計表上的模式可能是因爲眞實的死亡率差別的關係。李中清等人（一九九二）計算皇族家譜一七四〇以前生的族人的年齡組Cohort 死亡率。族人的年齡組性別死亡率的模型類似北京一九〇九－一九一〇的年齡組性別死亡分配模式(註四)。根據李中清等人（一九九二），由二十歲至二十九歲，女族人的死亡率比男族人的高一倍。反過來，由四十至六十歲，男人的比率比女人的高一倍。然後，女人的死亡率又比男人的高。

㈢年齡與原因

我們輸入的樣本一共有七十七個原因。一般說，記錄的原因都是「近的」原因。似乎都是根據外行明顯的症狀來選的。詳細的中醫說明很少，因此老人死因多半不是氣不平衡，而居然是「老病」。

1. 兒童與嬰兒

記錄的兒童嬰兒死亡原因分配在第七統計表。類似別的歷史人口的經驗，痧疹與疹子是殺死很多孩子的凶手。男孩兒死亡的三分之一，女孩兒死亡的四分之一是因爲痧疹的關係。瘟症是男人死因的五分之一，女人死因的四分之一。抽瘋也很嚴重，殺死三十三個孩子。

原因的年齡分配不一樣。痧疹，瘟症的分配很平均。三十三個抽瘋死亡多半是在五歲以下，尤其是一歲。消化系統死亡的三分

第七統計表

性別死亡原因分配（十歲以下的死亡）

（1909—1910 北京）

死之原因	女孩	男孩	總和
痧疹	28	44	72
瘟症	34	23	57
抽瘋	15	18	33
消化系統	5	12	17
痘痧	6	5	11
癆症	8	3	11
呼吸器官	7	3	10
霍亂	1	1	2
老病	1	0	1
其它的	10	15	25
總　數	115	124	239

之二是於三或四歲。癆症死亡多半是八，九或十歲的孩子。十一個天花死亡的嬰兒其中有四個是一歲。

2. 成　人

爲了把成人死亡分析簡化一點，我們把七十七個以前談的死亡原因分組成七個大組：㈠症症，㈡瘟症，㈢痧疹，㈣吸吸器官，㈤老病，㈥消化系統，㈦其他。這個分組都是按照我自己的翻譯，一定有錯誤。歡迎對醫科中文名詞比較有研究的學者提出建議。

似乎在清末北京，癆症是最重要的死亡原因。根據年齡原因分配（於**第八，九統計表**）女人死亡的二分之一都跟癆症關係。男人的死亡的五分之二都跟癆症有關係。這些統計大概誇大眞實的癆症率。由於癆症當時是很普遍的，所以死者的多半都有癆症的症狀。雖然眞實的原因不一定是癆症，如果死者的眞實的死因很含糊，負責人大概會記錄癆症，因爲癆症的症狀最明顯。

於中年組，瘟症是第二死亡原因。我們現在還不太明白，瘟症包括什麼。坦白說，我們不知道瘟症包括的病是不是眞實的傳染病。當時當然沒有實驗室，因此診斷大概靠很明顯的症狀。可是因爲現在沒有別的辦法翻譯瘟症，所以我們樂觀的假定瘟症類似現代的死因「傳染與寄生蟲」。

於老年，「老病」是最常見的死因。我們不太清楚老病包括什麼。雖然我們把老病翻譯成

第八統計表

女人年齡組與性別死亡原因分配

(1909—1910 北京)

年齡組	癆症		瘟症		痧疹		呼吸器官		老病		消化系統		其它的		總和	
	N	%	N	%	N	%	N	%	N	%	N	%	N	%	N	%
1－10	8	7%	34	30%	28	24%	7	6%	1	1%	5	4%	32	28%	115	100%
11－20	60	44	33	24	23	17	8	6	1	1	0	0	10	7	135	100
21－30	160	62	26	10	7	3	3	1	0	0	0	0	62	24	258	100
31－40	117	71	16	10	3	2	2	1	0	0	1	1	27	16	166	100
41－50	80	60	16	12	3	2	10	8	5	4	2	2	17	13	133	100
51－60	64	53	15	12	2	2	18	15	14	12	1	1	8	7	122	100
61－70	85	38	9	4	0	0	15	7	101	46	3	1	9	4	222	100
71－80	43	33	1	1	0	0	13	10	73	56	0	0	1	1	131	100
81 以上	12	28	2	5	0	0	6	14	23	54	0	0	0	0	43	100
沒有年齡	0	0	0	0	0	0	0	0	0	0	0	0	13	100	13	100
總　數	629	47%	152	11%	66	5%	82	6%	218	16%	12	1%	179	13%	1338	100%

第九統計表

男人年齡組與性別死亡原因分配

(1909—1910 北京)

年齡組	癆症		瘟症		痧疹		呼吸器官		老病		消化系統		其它的		總和	
	N	%	N	%	N	%	N	%	N	%	N	%	N	%	N	%
1－10	3	2%	23	19%	44	36%	3	2%	0	0%	12	10%	39	31%	124	100
11－20	32	25	51	40	25	20	3	2	0	0	0	0	17	13	128	100
21－30	69	55	31	25	10	8	1	1	0	0	1	1	14	11	126	100
31－40	80	52	42	27	2	1	2	1	2	1	0	0	27	17	155	100
41－50	122	60	41	20	4	2	7	3	1	31	3	2	26	13	204	100
51－60	142	54	36	14	1	0	25	10	29	11	4	2	25	10	262	100
61－70	65	32	16	8	1	0	20	10	87	42	3	2	14	7	206	100
71－80	26	30	2	2	0	0	13	15	42	49	0	0	3	4	86	100
81 以上	2	20	0	0	0	0	1	10	7	70	0	0	0	0	10	100
沒有年齡	0	0	0	0	1	1	0	0	0	0	0	0	79	99	80	100
總　數	541	39%	242	18%	88	6%	75	5%	168	12%	23	2%	244	13%	1381	100%

「慢性病」，可是大概也包括很多急性病。當時，一般的老年人大概都有慢性病的症狀，所以不論眞實的原因是慢性病或是急性病，如果死者的死亡原因不清楚，負責人就記錄「老病」。

男人的原因分配跟女人的不一樣。在所年齡組，女人的癆症率都比男人的高。反過來，在所有年齡組，男人的瘟症率比女人的高。這些差別大概是因爲封建社會性別角色差別的關係。因爲女人限制在家裡，他們比較會得癆症。因爲男人常常在戶外，所以他們比較會得傳染病。

性別差別的一個大部分也是因爲婦女病的關係。由二十至四十歲的「別的」組八十九個女人死亡的最大部分都是「女病」：三十六（四三·五％）是產後，三十九（四三·八％）是月季病或月經病。當然，不論一位女子的眞實的死因是什麼，她如果剛生孩子或有不平常的流血，負責人大概會概錄「產後」或「月經病」。

不過，第八，九的統計表的最有意思的方面可能是消化系統方面病很少，清末北京是一個擁擠的前現代城市。好久以前，水供給可能是一個奇迹，可是因爲幾百年忽視的關係，當時不特別好。雖然這樣的情形一般說會創造很高的消化系統病率，可是在我們的樣本裏，祇有三十五個（一·三％）死亡跟消化系統有關係。二分之一是十歲以下的孩子。

痧疹與呼吸器官病比較普遍。痧疹限制在最年輕的年齡組。在中年組，老年組，呼吸器官病（喉症，肺壅，嗓子，喘症，咳嗽，痰症）比較普遍。這些死亡的情形大部分都是痰症（126／157）。二十個死亡是因爲喉症的關係。

「其他」組包括很多少數的死亡。除了我們以前談的產後病和月經病以外，「別的」還包括很多病像痘疹與天花（15死亡），霍亂（11死亡）。還包括一些「社會」死因像自殺（八男，三女），鴉片（八男，三女）。（這個對稱可能表示社會認可的自殺方法性別差別。）

㈢跟別的人口比較

統計表拿一些別的人口的經驗來比較。爲了把比較簡化一下，這張統計表祇包括「標準化」的原因分配。這些「標準化」的原因分配是這樣創造的：如果有某一個人口，死亡年齡分配跟一九〇九－一九一〇北京一樣，年齡組死亡原因分配按照原來的人口的，我們估計這樣的假定會創造什麼樣的總合原因分配。目的是提出一個簡單的指數，可以幫助我們看北京的原因分配跟別的人口有什麼方面不同。

根據**第十統計表**，北京的癆病死亡比「標準的」人口的癆症死亡多三，四分之一。這個結果大概是因爲北京資料誇大癆症的關係。很多呼吸器官死亡大概記錄成癆症。還有一個可能，就是北京離赤道比「標準」的人口住的地方離赤道遠。

這些人口的「傳染與寄生蟲」數量差不多。不過，這個結果得靠我們很樂觀的假定，老北京的瘟症死亡等於別的人口的「傳染與寄生蟲」死亡。祇有我們肯定這個假定我們才能肯定這個結果。

似乎北京的消化系統死亡比「標準」的人口的還要少。因爲消化系統病的症狀比較明顯，這個結果大概不是因爲記錄制度缺點的關係。雖然清末北京缺少良好維修的水供給或處理垃圾系統，好像消化系統方面的病還非常少。

第十統計表

用不同的"標準"年齡組死亡原因分配假定計算總和死亡原因分配
(十一歲以上)

標準人口	年	平均壽命	痨症死亡	瘟症死亡	呼吸器官死亡	消化系統死亡	其它死亡	總和
女人								
北京	1909		621	118	75	7	389	1210
Italy	1891	38.8	153.2	176.7	144.4	60.4	675.3	1210
台灣	1920	29.2	93.7	131.1	397.3	46.1	541.7	1210
Chile	1909	32.5	209.0	147.3	277.7	38.6	538.7	1210
男人								
北京	1909		538	219	72	11	337	1177
Italy	1891	38.5	114.0	171.1	213.7	55.9	621.4	1177
台灣	1920	26.7	135.7	122.8	378.2	46.6	493.7	1177
Chile	1909	29.4	172.2	150.3	277.5	34.4	542.6	1177

Each entry in the table represents the number of deaths attributable to the specified cause that would have occured in Beijing if the distribution of ages at death in Beijing had been the same, but the proportion of death in each age group attributable to the specified cause was the same as in the specified model population.

Source of cause of death distributions for Italy, Taiwan and Chile: Preston, Samuel H. Causes of Death in National Populations. Washington: NationalAcademy Press, 1975.

四、解 決

根據由歐洲來的北京住的居民的報告，清末北京的公共衛生條件是一個謎。在一方面，北京不但缺少良好維修的水供給，而且也沒有現代的處理垃圾系統。在另一方面，根據歐洲人的標準，北京居民的身體很健康。起碼一位歐洲人（John Dudgeon 1877）說，北京的情形讓他懷疑最近在歐洲發現的衛生與健康的因果關係（註五）。

根據我們的分析的結果，若是我們談消化系統的方面，這些歐洲人的觀念好像有道理。雖然北京是當時世界上最大的城市之一，可是祇有死亡的一個小部分是有消化系統的關係。連在孩子中，痧疹與瘟症的病都比消化系統病多。

對我們出席會議的人來說比較有意思的結果大概是北京一九〇九－一九一〇模式與皇族家譜模型的類似。雖然別的歷史人口死亡的季節高峰一般說都在冬天或是夏天，可是在北京一九〇九－一九一〇及皇族家譜，季節高峰在春天。還有，北京一九〇九－一九一〇成人年齡性別死亡數量與皇族家譜的年齡性別死亡率相關類似。這些結果應該可以改善我們對皇族家譜代表性的看法，讓我們比較樂觀。

當然，還有很多問題還要解決。我們還要發現爲甚麼我們缺少很多死亡的記錄。如果別的死亡記錄還在還檔案館，我們該找到辦法輸入電腦。除了補充一九〇九－一九一〇的資料以外我們也該找別的時期的資料輸入，研究人口死亡原因的潮流與傾向。

【附　註】

註　一　李中清等人（一九九二）介紹他們的皇族家譜研究，報告他們的研究的一些初步結果。

註　二　因此這篇沒有死亡原因的季節分配。

註　三　Chris Meyers 原來設計了我這裡用的農曆／西曆轉變軟件，Bang Dan 以後改了這個軟件。這個軟件原來是在皇族家譜研究計劃用的。

註　四　請看那篇的第八張圖片。

註　五　感謝李中清給我介紹Dudgeon 的文章。

明代制度文化對越南黎朝的影響

呂士朋

一、緒言

中國與越南的關係，自古即非常密切。秦始皇三十三年（二一四B.C），派兵略取「陸梁地」，設南海、桂林、象郡，其中象郡即在今越南境內，包括北圻至中圻廣南一帶之地（南至北緯十六度）。秦亡，秦吏趙佗建南越王國，一度獨立於中國之外。漢武帝元鼎六年（一一一B.C.）平趙氏南越，設九郡，其中交趾、九眞、日南三郡即在今越南境內。此後歷兩漢、吳、兩晉、南朝、隋、唐、南漢，越南之爲中國郡縣，將近一千一百年之久。越南獨立的形成，始於五代南漢的治下，土豪曲氏開割據之端，楊、矯、吳諸氏相繼更替，至丁部領而統一建國。宋代開國之初，國勢衰弱，宋太祖於開寶八年（九七五）冊封丁部領爲交趾郡王，自此以後，中越關係成爲兄弟之邦。宋、元兩代，越南均向我國朝貢，接受冊封，成爲我國的藩屬。明太祖洪武元年（一三六八）陳日煃受封爲安南國王，宗藩關係因以確立。建文二年（一四〇〇），越南權臣黎季犛篡陳氏自立，自持強武，南征占城，北侵廣西思明府所屬祿州、西平州、永平寨諸地，不久，陳氏故臣來明告難，季犛篡陳眞相大白，永樂四年（一四〇六），明成祖遣張輔率兵討平黎季犛父子，俘送南京，以安南本爲中國之地，遂設交趾布政使司，安南重入中國版圖。

明成祖收安南入版圖，雖其施政力尚寬厚，但因越人獨立建國已四百年，對此措置極爲驚恐。且明廷原有輔立陳氏之言，今竟謊稱謂陳氏後人爲黎氏殺盡，無可繼者，逕行改爲郡縣，實施直接統治。安南豪傑之士，爲此心有不服，反抗運動前仆後繼。自永樂五年（一四〇七）十月以至十二年（一四一四）八月，陳頠（簡定帝），陳季擴（重光帝）先後起兵抗明，雖最終爲張輔大軍平定，但抗明之義民領袖黎利，則因勢大而無法消滅。明成祖去世後，仁宗（一四二五）、宣宗（一四二六～一四三五），一反乃父乃祖之作爲，致力於內治，對安南政策轉爲消極，且明軍在越，征戰亦常失利，大學士楊士奇力主放棄，而黎利於擊敗明軍後，隨即遣使奉表請降。宣德二年（一四二七），明廷遂撤官吏軍民北返，計安南再入中國版圖，凡二十一年。宣德三年（一四二八）黎利正式稱帝，國號大越，六年（一四三一）受明廷冊封（宣宗詔命黎利權署安南國事），至英宗正統元年（一四三六）正式受封爲安南國王，安南恢復獨立，惟仍尊奉中國爲其宗主國，終明一代，中越宗藩關係始終友好。

二、明代政法制度對黎朝的影響

安南自恢復獨立後，一切建制多仿效中國。黎朝盛世諸主，黎太祖爲開國之君，其施爲政事，藹有可觀，如定律令，制禮樂，設科目，置警衛，設官職，立府縣，取圖籍，創學校，均具創業宏謨，（註一）無一不仍「彬彬有華風」。（註二）及黎太宗繼立，重道崇儒，設科取士，定制度，頒經籍，制禮作樂，明政愼刑，典章文物，粲然大備。（註三）黎仁宗在位，尊禮大臣，崇尙儒術，察邇言，納忠諫，勤政事，謹賞罰，每朝暇，親詣經筵講學，日西乃輟。（註四）黎聖宗爲黎朝最偉大之君主，在位三十八年，英明果斷，有雄才大略，緯武經文，而聖學尤勤，手不釋卷，經史篇集，曆數算章，莫不貫精。（註五）

黎朝官制，最爲摹仿明制。黎初於中央官制，尙未備設，以左、右相國、平章軍國重事，爲文武大臣要職。次有吏、禮二部，部置尙書，官屬有郎中、員外郎、主事。又有內密院，以知院事爲首，僉知院事、同知院事次之。又沿陳朝舊制置中書、黃門、門下三省；中書省以中書令爲首，侍郎爲次；黃門省以侍郎爲首，官屬有著作、舍人等職；門下省分爲左、右司，以知司事爲首，侍郎爲次，下有郎中、起居、舍人。聖宗光順初，改中央官制，置六院（可考者有儀禮院、司兵院、欽刑院，餘三院不詳），六院以尙書爲首，左、右侍郎爲次，下有郎中、員外郎、司務等職；六科以都給事中爲首，給事中爲次。（註六）光順七年（一四六六），聖宗罷六院，仿明制置吏、戶、禮、兵、刑、工六部，部置尙書，左、右侍郎，官屬有郎中、員外郎、司務；又置大理、太常、光祿、太僕、鴻臚、尙寶六寺，寺置寺卿、少卿、寺丞。（註七）關於御史官，黎初沿陳制，臺職官有中丞、副中丞、侍御史、監察御史。（註八）聖宗改制，仍存臺職，唯職稱則仿明制，改爲都御史、副都御史、僉都御史、十三道監察御史。（註九）

黎初於地方官制，建東、西二都，旋改為東、西二京，東京在昇龍（今河內），西京在藍山（今清化省永祿縣）。分全國為東、西、南、北、海西五道，各道分置行遣，掌軍民簿籍。道下設路、鎮官，路置安撫使及副使，鎮置宣撫使（或稱鎮撫使），文有安撫，武有鎮撫，分知民事、軍事。（註一〇）路下有州，州置防禦使；州下有縣，縣置轉運使、巡察使。（註一一）聖宗光順七年（一四六六），仿明制，分全國為承宣十二道（清化、乂安、順化、天長、南策、國威、北江、安邦、興化、宣光、太原、諒山。洪德二年增廣南道，共為承宣十三道），各置都、承二司，都司置總兵、副總兵，承政使司置承政使、承政副使。罷諸路鎮，併設為府，改安撫使為知府，鎮撫使為同知府。州、縣仍舊，改防禦使為知州，轉運使為知縣，巡察使為縣丞。又以京畿二縣，置為中都府，設府尹、少尹、治中等官（洪德年間中都府改名為奉天府）。（註一二）

聖宗洪德二年（一四七一）九月，又以太師、太尉、太傅、太保、少師、少尉、少傅、少保，為大臣重職。以吏、戶、禮、兵、刑、工為六部。六部之外，又有六科，以及大理、太常、光祿、太僕、鴻臚、尚寶六寺。又置十三道監察御吏，五府軍都督府。金吾、錦衣，謂之二衛，中前左右衛，謂之效力四衛，前後左右衛，謂之神武四衛，羽林、宣忠、天威、水軍、神策、應天，謂之殿前六衛。（註一三）於十三道各添設清刑憲察使司，置憲察使、憲察副使，於是都司、承政使司合清刑憲察使司成為三司，總兵職掌兵政，承政使職掌軍民簿籍，憲察使職掌陳言糾劾審讞獄訟，（註一四）與明制各省之都布按三司，職掌完全相同。

黎朝法制，折衷於我國唐、宋、元、明諸律，極爲縝密。刑法採用五刑：笞刑五，自一十至五十；杖刑五，自六十至一百；徒刑三，徒役丁、徒象方兵，徒屯田兵；流刑三，流近州、流外州、流遠州；死刑三，絞、斬、凌遲。又有「十惡」、「八議」諸條，詳黎律名例首篇。其他民、刑法條，計有禁衛、軍政九十條，戶婚、田產一百五十條，盜賊、奸淫六十四條，毆訟、詐僞八十八條，違制、雜犯三十八條，捕亡、斷獄七十八條，勘訟事例二十條。考安南歷朝刑章，李朝失於寬，陳朝流於刻，未爲善制，黎朝洪德（聖宗年號，一四七〇～一四九七）參考大明律，訂洪德律例，刊定律令七百餘條，輕重有上下之準，歷代遵行，用爲成憲，按文者準據而有定，持平者酌應而不濫，足爲禦世之防也。（註一五）

三、明代科舉學校儒學對黎朝的影響

黎朝於科舉學校的制度，受明朝的影響尤爲深刻，明成祖於收安南爲中國郡縣時期，即廣設學校，提倡儒學，一時程朱之學遍爲傳佈。大越史記全書本紀實錄卷一、黎紀一太祖：

> 己亥、明永樂十七年（一四一九）春二月，明遣監生唐義，頒賜五經、四書、性理大全、爲善陰隲、孝順事實等書於府、州、縣儒學。

黎利（太祖）於開國之初，即留意作育人才，仿明制在京城設國子監，選官員子孫及凡民俊秀充之；於地方設路學（府學），選民間良家子弟充路校生（府學生），立師儒教訓之。此外又詔舉賢良方正，試明經科。黎太宗紹平元年（一四三四），定取士科。詔曰：

得人之效，取士爲先，取士之方，科目爲首。我國家自經兵燹，英才秋葉，俊士晨星。太祖立國之初，首興學校，祠孔子以大牢，其崇重至矣。而草昧云始，科目未置。朕纂承先志，思得賢才之士，以副側席之求，今定爲試場科目，其以紹平五年（一四三八）各道鄉試，六年（一四三九）會試都省堂。自此以後，三年一大比，率以爲常，中選者並賜進士出身。所有試場科目，具列於後：第一場經義一道、四書各一道，並限三百字以上；第二場制詔表；第三場詩賦；第四場策一道，一千字以上。（註一六）

按明制科舉三年一大比，太宗仿行之，遂成定制。黎聖宗洪德三年，即明成化八年（一四七三）三月，會試天下舉人，取黎俊彥等二十六人。其試法：第一場，四書八題，舉子自擇四題以作文，論四題，孟四題，五經每經三題，舉子自擇一題作文，惟春秋二題，併爲一題作一文；第二場，則制、詔、表各三題；第三場，詩賦各二，賦用李白體；第四場，策問一道，其策題，以經書旨意之異同，歷代政事之得失爲問。（註一七）

洪德六年，即明成化十一年（一四七五）三月，再度會試天下舉人，時應舉者二千二百人，取高烱等四十三人。是科試法：第一場，四書論（論語）三題、孟（孟子）四題，中庸一題，總八題，士人自擇四題，作文不可缺；五經每經各三題，獨春秋二題。第二場詩、賦各一，詩用唐律，賦用李白。第三場，詔、制、表各一。第四場，策問，其策題，則以經史同異之旨、將帥韜鈐之蘊爲問。（註一八）由於科舉學校對儒學的重視，故對孔子亦非常禮敬，黎太宗紹平二年，即明宣德十年（一四三五），命官釋奠先師孔子於文廟，嗣後每歲仲春、仲秋丁

日皆有祭孔大典，而孔子像由司寇冕服，改用袞冕之服，而文廟用王者服自此始。（註一九）

越南黎朝（或稱後黎朝）在文化方面的最大特色，在於對儒學的獨尊，蓋其前李、陳兩朝，佛教、道教與儒並重。黎太祖順天元年，即明宣德三年（一四二八），採納儒臣阮薦的建議，在京城設國子監，置祭酒、直講學士、教授，諸路縣設學校，置教授。太宗紹平元年（一四三四），始定取士科，會試中選者賜進士出身（註二〇）。自此或五年一科，或六年一舉，並新刊四書大全，經學日趨興隆。黎聖宗獎勵經學尤不遺餘力，光順八年，即明成化三年（一四六七）三月，初置五經博士，時監生治詩書者多，習禮記周易春秋者少，故置五經博士，專治一經，以授諸生。……夏四月，頒五經官板於國子監，黎聖宗從書監學士武永禎之言，故有此舉。（註二一）聖宗又仿照大明會典，定三年一大比，以子午卯酉鄉試，辰戌丑未會試，考試方法，全部仿照明制。

黎朝自聖宗死後，國勢漸衰，但尊經重道，則始終如一。如黎帝維祊時，鑒於讀經者搜尋小註，而多闕正文，曾申飭諸生悉熟經文。越史通鑑綱目卷三十七：

永慶四年（一七三二）二月，議崇經學。府僚議以文章之祖，出於聖賢書籍，邇來記誦之學，讀經者蒐尋小註，而多闕正文，讀史者涉獵外編而卻遺綱目。學術疏鹵，宜加釐正，以變士習。乃申飭諸學生悉熟經史，餘如集註小註擇其粹者讀之，至左氏、通鑑綱目，要宜精熟，俾學者知所向方。然習俗已久，終不能改。

黎純宗時，曾刻五經大全及四書諸史頒於各處學官。同書卷三十七：

龍德三年（一七三四）春正月，頒五經大全於各處學官。先是遣官校閱五經北板，刊刻書成頒佈，令學者傳授，禁買北書。又令阮儆、范謙益等分刻四書、諸史、詩林、字彙諸本刊行。

在儒學教育普遍薰陶下，黎朝名儒輩出，其中以阮薦、阮秉謙、潘孚先、吳士連、申仁忠、黎貴惇爲最著名。阮薦爲黎初之碩學通儒開國元勳，舉凡太祖之檄文、詔誥以及與明將之往來書信，泰半出其手筆，太宗時拜相，曾刪定律書六卷。阮秉謙精通易經，號白雲先生，越南四字經云：「白雲先生，博學窮理，遇事前知，堯夫媲美」。潘孚先、吳士連是史學家兼經學家，先後參加大越史記編撰工作，仿司馬溫公史筆，發揚儒學精神，潘孚先且有越音詩集遺世。申仁宗兼有經史文學長才，曾奉聖宗敕撰天南餘暇集一百卷，備載制度、律例、文翰、典誥，又撰親征紀事，繪述聖宗親征占城、老撾、諸蠻等役之勝利（該書聖宗親爲題序）。黎貴惇爲經學大師，著有群書考辨、易經層說、春秋略論、聖賢模範錄；於史學亦堪稱名家，撰有大越通史藝文志、見聞錄，而於文學亦有湛深修養，曾輯「全越詩錄」傳世。

四、明代衣冠與物質文明對黎朝的影響

明成祖征服安南後，即厲行華化政策，永樂十二年（一四一四）九月，明廷令交趾男女不准剪髮，婦女長衣穿裙，化成北俗（指中國風俗）（註二二）。

黎利（太祖）建立「大越」新王朝後，即命阮薦定冠服制，未及施行。黎太宗時又重定，

於是安南於衣冠制度粲然大備。

大越史記本紀實錄卷二：

> 紹平四年（一四三七）五月，初太祖時，命阮薦定冠服制，未及施行。至是，梁登上書略陳曰：夫禮有大朝常朝，如郊天、告廟、聖節、正旦，則行大朝禮；皇帝服袞冕，升寶座，百官具朝服朝冠，如初一日十五日，則皇帝御黃袍衝天冠，升寶座，百官具公服幞頭。常朝：皇帝御黃袍衝天冠，升金台，百官著常服圓領烏紗帽。……書奏，帝又命登定之，登因進冠服，制樂器。大抵登與薦（阮薦）所定多不合，帝從登議，卒行之。

同年十一月戊午聖節，新制實施。同書記其事曰：「是日早，帝謁太廟，行四拜禮還宮。鹵簿司盛設鹵簿儀，伏於丹墀。帝御袞冕朝服，御會英殿，大都督黎銀，率百官，著朝服，行進慶賀表禮。御冠冕，百官著朝服，自此始。」黎聖宗洪德二年（一四七一），又定衣服補子制度，詔曰：「朝廷乃禮樂之地，衣服爲章彩之文，名分截然，詎宜爽越？故舜觀古人，以章施其五采，禹惡衣服，而致美乎黼冕。舜禹聖人，不以衣服爲末節，必於此乎存心，後世爲人君、爲人臣者，可不於此致謹乎！我國撫安區夏，稽古禮文，上下章服，文禽武獸，古有制矣。貴賤等儀，不可踰僭，舊有禁矣。夫何有僚莫辨，視國家制度爲虛文，庶民犯法，以紵絲織金爲常服，爾官員百姓等，其聽朕言，文武職官章服，胸背一循定制。百日之內，不依制者，降級治罪。」（註二三）

當時爲了維持國家體面，黎帝對於歡迎明國使節的衣服也有嚴格的規定。同書卷四：「洪德十九年八月，定接明國使衣服：公侯伯駙馬文武百官，預制青色紵絲紗羅領衣，長去地寸，袖寬一尺二寸；若議官用製衣，長去地九寸，袖小依舊樣，並用補子。穿靴務要鮮明，不得用舊醜，候接明國使。」

自黎朝獨立後，文化生活亦均模仿明人。黎仁宗時（十五世紀中葉），安南紅蓼人梁如鵠使明，學得雕印之法回國，以其術傳同縣子弟，刻書之風始盛，所以越人為了紀梁氏的功勞，至今祀為先師。越史載：「梁如鵠……兩度奉使，覩北人鋟梓，使回，教鄉人，以剖物鏤刻經史名本印行於世，同縣柳幢亦學此藝，至今祀為先師。」（註二四）

就建築技術而言，越人住宅建築原很簡陋，自李仁宗英武昭勝元年（一〇八四）「詔令天下造瓦蓋屋」（註二五），此後中國樣式住宅漸多。寺院建築，隨著越南禪宗的傳佈，便輸入了中國禪剎式樣。宮殿建築，也是模仿中國宮殿樣式。儘管越南全面接受中國的文化生活與物質建設，但同時也受到中國重道輕器的思想，如禮記月令說「毋或作為淫巧以蕩上心」，王制說「作奇技奇器以疑眾者殺」一類思想的影響，譬如黎太宗時就發生過下面的故事：「匠人高烈進草帽二頂，並取民人求充本局，侍御史阮永錫諫曰：古者人君不以奇技誇巧為貴，故舜造□□（缺二字）而諫者十七人，今有進帽者，願殿下思□□□（缺三字）櫛風沐雨，未嘗有此。朝罷，帝以帽示大臣及台官，仍問之曰：此帽何足為奇，而台官見諫？永錫對曰：臣欲致君於堯舜之上，故先諫其未萌爾。帝又欲充十二人於冠作局，裴擒虎上疏爭之。」（註二六）

而明代所推行的重農思想，亦為黎朝君主所效法，尤以黎聖宗最為重視和提倡。欽定越史通鑑綱目正編卷十九：「光順二年（一四六一）三月，敕府縣社官等，勸課軍民各勤生業，以足衣食，毋得棄本逐末，及托以技藝遊惰，其有田業不勤耕植者抵罪。」洪德四年（一四七三），聖宗率群臣耕籍田。不久，又置先農壇及觀耕臺。同書卷二十三載：「洪德十五年（一四八四）冬十月，初置先農壇及觀耕臺。初帝躬耕籍田，臨辰（時）構作行殿，規制未備。至是於籍田右上建先農壇，壇高七尺，闊三十六尺，中作觀耕臺，高五尺，闊四十尺，臺後又建行殿五間，廚房一連三間。」黎憲宗亦頗留心農政，景統元年（一四九八），敕府縣勸課農桑，二年春，耕籍田，六年（一五〇三）春正月旱，敕備水車以衛農。同書卷二十五：「景統六年春正月，旱，敕備水車以衛農。敕諭清化承政使司參議楊靜等：朕於農務尤所留心，卿等當盡心民事，思惟善政，暵潦靡常，須當預備隄防，以辰（時）耕稼。朕每遣人往探，或田疇卑濕，或阡陌荒蕪，旱未數日，殆甚告乾，皆由州縣不得其人，卿等宜飭部內，緊行修築江關水車，小澳大路，親自檢閱，完好者爲上考，疏漏者爲不稱職，具實以聞，定行黜陟。」這是越南王朝推廣中國水車之制見於史乘之始。

五、結　論

兩千多年的中越關係，由於中越兩大民族，有一半略多的時間，在同一政治組織之下共處，有一半略少的時間，維持密切的宗藩關係，故在政治關係上，前一千餘年已無法分開，後一千多年也息息相關。宋代初年，安南脫離中國而獨立，然丁、黎、李、陳諸朝，在制度文化方面始終以中國為師，竭力模仿。元代蒙古人統治中國百年，安南因懼其武力，奉表稱藩入貢，但制度文化物質生活仍保持中國傳統，絲毫不受蒙古人影響。

明成祖征越，安南一度重隸中國版圖（一四〇七～一四二七），但越人民族主義高漲，以武力抗拒，終有明宣宗之放棄安南，然明人被拘及留越不返者甚多，故越南境內有所謂「明鄉人」，其與越人之相互嫁娶，文化融合，至深且遠。獨立後之黎朝，其制度文化、物質生活幾全都「明化」，而黎朝諸帝之獨尊儒學，排抑佛道，尤屬特殊。有明一代二百七十餘年，中越關係之密切，已使中國與安南形成儒家的本支與分支。及明清鼎革，黎朝雖不得不向清帝稱臣入貢，然制度文化、物質生活、衣冠服飾，一仍明代舊貫，未曾稍改也。

本文之撰寫，不過係從制度文化、科舉學校與儒學、衣冠與物質生活諸方面，說明其影響過程而已。惟疏漏之處，勢所難免，容待他日補充，敬請學者先進，多所指教，則幸甚矣。

【註釋】

註一　大越史記全書，本紀實錄卷一、黎紀一、太祖。

註二　明史卷三百二十一，安南傳。

註三　大越史記全書，本紀實錄卷二、黎紀二、太宗。

註四　同上，仁宗。

註五　同上，卷四，聖宗下。

註 六 越史通鑑綱目，正編卷十九，黎聖宗光順六年。
註 七 同上，卷二十，黎聖宗光順七年。
註 八 同上，卷十五，黎太祖順天二年。
註 九 潘輝注：歷朝憲章類誌卷十四。
註一〇 越史通鑑綱目，正編卷十五，黎太祖順天元年。
註一一 同上，卷二十，黎聖宗光順七年。
註一二 同上。
註一三 同註一，卷三，黎紀三、聖宗。
註一四 同註六，卷二十二，黎聖宗洪德二年。
註一五 吳甲豆：中學越史撮要、秋集。
註一六 同註一，卷二，黎紀二、太宗。
註一七 同註一，卷三，黎紀三、聖宗。
註一八 同上。
註一九 同註六，卷四十一，顯宗景興十六年。
註二〇 同註一，卷二，黎紀二、太宗。
註二一 同註一，卷三，黎紀三、聖宗。
註二二 黎崱，安南志略卷九，爲明紀。

註二三　同註一，卷三，黎紀三，聖宗。

註二四　昌彼得：中越書緣，載中越文化論集㈠，頁一八四～一八五。

註二五　大越史記全書，本紀卷三，李紀二。

註二六　同註一，卷二，黎紀二、太宗。

清代皇族的封爵與任官研究

賴惠敏

一、前言

近年來由於中國第一歷史檔案館開放清朝宗人府的檔案，使得中外學者研究清代皇族蔚成風氣。研究的方向大致上可分爲人口統計，和制度沿革兩方面。大陸學者有鞠德源教授（註一）介紹皇族呈報制度的變化和各種登記皇族人口的冊籍，如紅名冊、孀婦冊、俸餉冊等等。他也對皇氏人口做了初步統計，但未借助電腦統計，難免有若干遺漏。晏子有教授（註二）亦曾對皇室封爵的制度做了初步研究。李中清、劉素芬教授寫過關於皇族玉牒的介紹，並初步分析其內容。（註三）

對皇族人口的統計分析研究，有幾篇論文發表。第一篇論文是James Lee, Wang Feng, Cameron Campbell, "Infant and Child Mortality Among the Qing Nobility: Social Structure and Parental Strategies in Late Imperial China."（註四）分析皇族的上、中、下社會階層，父母各採取不同策略來控制出生兒的數目和性別。第二篇論文是Wang Feng, "Two Kinds of Preventive

Checks：Marial Fertiliy Control in China's Historical Population.”（註五）分析皇族人口的婚姻不是控制人口發展的一個可選擇的機制。但在婚內對性生活、生育進行節制，甚至對新生兒進行節制（溺嬰），此爲預防性得限制機制。此限制機制是導致現代人口轉變的重要文化因素。第三篇論文是個人所提”Male Adoption in the Qing Imperial Lineage,”（註六）分析皇族的收養制度不只爲無後者立嗣，還兼具救恤撫孤之特點。

目前皇族人口的電腦輸入工作已增加到七萬八千人，男子人數有四萬餘，女子數約三萬八千餘人。男子有詳細的個人資料，包括生卒年、世代、爵位、官職、升遷、父親爵位、父親官職、母親地位、過繼、過繼日期、妻妾數、居住地等。此外，每位皇族成員的詳細仕宦履歷也都輸入電腦中，包括每一次更動爵位和官位的職稱及時間。在玉牒四萬餘位皇族男性中，共有四二七九人住北京城且有封爵或任官，由這些人數可分析皇族各等身份獲得職銜的機會及年齡，並可分析皇族官宦階層的再婚率、生育率，及生育間隔等。最近在北京第一歷史檔案館中找到說堂稿的檔案，有關皇族每年的教育經費、俸餉冊、薪餉冊等，從這些史料中可具體瞭解皇族各等爵秩和任官的實際收入，配合人口資料，便能分析皇族的仕宦生涯與人口行爲的關係。

本文的主要重點，一方面對皇族的封爵與任官制度做初步的探討；另方面由統計資料分析官宦階層的社會流動。首先討論皇族封爵位的各種；其次是皇族的教育與科舉辦法；第三是探討皇族的任官途徑，大致上分爲爵位、科舉、恩蔭、捐納四種方式；最後探討皇族的社會流動，基本上各朝皇帝爲防止宗室王公攝政攬權，所給予的官職無實權，如宗人府當差，或中央機構之郎中、員外郎等文職，或城守尉、侍衛等武官職，或倉場衙門、庫使等官。再者，清末皇族人口多達二、三萬人，官缺不敷所需，仕途壅塞，欲入仕途者一再捐納，其弊端與清末官僚體制頗爲相似。

二、皇族的封爵制度

清代皇族封爵始於崇德元年，皇太極定宗室爵位分九等，一等和碩親王、二等多羅郡王、三等多羅貝勒、四等固山貝子、五等鎭國公、六等輔國公、七等鎭國將軍、八等輔國將軍、九等奉國將軍，其餘俱爲宗室。（註七）

順治十年以後，題准宗室分爵十等，按嫡子、庶子分封。十七年又題准親王等妻女封爵名稱，併見於表一。

表一　順治十七年親王等妻女封爵名稱

封爵表	嫡子	餘子	嫡女	正室
親王	親王、世子	郡王	郡主	親王妃
郡王	郡王、長子	貝勒	縣主	郡王妃
貝勒	貝勒	奉恩將軍	郡君	夫人
貝子	鎭國公	奉恩將軍	縣君	夫人

鎮國公	輔國公		鄉君	夫人
輔國公	三等鎮國將軍		鄉君	夫人
鎮國將軍	三等輔國將軍		宗女	夫人
輔國將軍	三等奉國將軍		宗女	夫人
奉國將軍	奉恩將軍			淑人
奉恩將軍	奉恩將軍			恭人

資料來源：康熙會典，卷一，頁二—三。

宗人府則例記載：「凡軍功立爵之王公，並恩封奉有世襲罔替之旨者，均應世襲罔替。」(註八) 軍功或恩封而世襲罔替者，只一子襲封原爵，其餘諸子必須按例考封。若是恩封和襲封之爵位，亦一子降一等承襲，餘子需考封。

大清會典明定宗室爵位封賜的四種方式：功封、恩封、襲封、考封，各有詳細規定。

第一、功封，即宗室王公有勳績而受封者。大清會典事例記載：「王公等應襲封爵，原當視其祖宗功績，分別定制，方合酬庸之義。祖先竭誠宣力，懋著勳勞，或多立戰功，或歿於王事，國家錫爵報功，承襲罔替。令伊子孫世世膺受朝廷渥澤，傳之無窮，此斷不可降等者也。」(註九)

乾隆朝爲酬賞開國厥功宗室，加恩世襲罔替。乾隆四十二年頒布上諭條例：復還睿親王多爾衮等封諡。睿親王多爾衮統衆入關，分遣諸王追殲流寇，創制一切開國規模，厥功最著。身故後以斂服僭用明黃龍袞，指爲覬覦之證，被追削三爵。豫親王多鐸率師西平流寇，南定江浙，爲開國諸王戰功之最。以睿親王之獄株連，降其親王爵位，後又改封信郡王。又諸王中拓土開疆共成統一之業者，禮親王代善改封康親王、鄭親王濟爾哈朗後改封簡親王、肅親王豪格後改封顯親王、克勤郡王岳託改封平郡王，其子孫所襲均非始封之名。而功臣世封俱以本號相傳，子孫承襲者各能溯勛閥。故應復親王世冑原號，再配享太廟。（註一〇）軍機大臣遵旨議定：復還睿親王等原爵，並復其宗支仍令襲爵，其親王應設佐領、護衛、白甲等項交該管衙門議辦。（註一一）

次年又加恩封賞饒餘親王阿巴泰及其子安親王岳洛，其子孫輔國公一人；敬謹親王尼堪子孫晉封鎮國公；謙郡王瓦克達子孫賞給一等鎮國將軍；巽親王滿達海子孫賞給一等輔國將軍；鎮國公屯濟子孫賞給一等奉國將軍。此項加恩之公爵世職，俱係世襲罔替。（註一二）

因功封世襲罔替者有兩個特點，第一、封爵者若無親子可承襲，准親兄弟或兄弟之子承襲，有異於一般宗室無親子應不准承襲之例。第二、若子孫襲爵中有人獲罪，就一代暫降，再有應承襲時，仍襲原爵。例如平郡王慶恆獲罪，降爲貝子，伊子再承襲時，仍當襲封郡王。（註一三）

第二、恩封，宗室王公因天潢近支得封，如皇子年滿十五歲，由宗人府奏請封爵。恩封襲爵與功封最大不同是以次遞降。因此親王郡王以下，不過六七代即降至奉恩將軍。乾隆四十一年下旨：凡親王以次遞降者，至鎮國公止。郡王以次遞降者，至輔國公止，其公爵均著世襲罔

替。（註一四）

第三、襲封，自親王以下奉恩將軍以上出缺，由宗人府選其子嗣內善清語騎射者數人，引見後由皇帝決定承襲之人。襲封的人選依次以嫡子孫爲優先，如無嫡子孫，方准庶子孫承襲。若無庶子孫，准以親兄弟及兄弟之子承襲。至若大宗子孫因罪降革爵位，其爵位係祖先以軍功得封者，准以旁支子孫承襲。（註一五）

第四、考封，親王以下除一子襲封外，其餘諸子至二十歲，依例得推封。考封辦法王貝勒以下，奉恩將軍以上之子，年滿二十歲由宗人府匯集題奏，欽命大臣進行考試。內容爲國語及馬步，即翻譯，及馬上射箭、步行射箭等。考試三項皆優，封以應得品級；兩優一平者，降一等；一優兩平或兩優一劣者，降兩等；三項皆平，或一優、一平、一劣者，降三等封授。一優兩劣、兩平一劣、一平兩劣，及全部爲劣等者，停止封授，並令下次考試。通過考試者各依其嫡庶身份封爵。依照乾隆十三年頒布欽定爵表，規定宗室爵位十四等：一、親王；二、世子；三、郡王；四、長子；五、貝勒；六、貝子；七、鎭國公；八、輔國公；九、不入八分鎭國公；十、不入八分輔國公；十一、鎭國將軍；十二、輔國將軍；十三、奉國將軍；十四、奉恩將軍。其中鎭國將軍、輔國將軍、奉國將軍又各分一、二、三等。詳細情形見表二封爵表。（註一六）

表二　乾隆朝所定封爵表

封爵表	嫡子	餘子	側福晉側室子	別室所居妾媵子
親王	親王	不入八分公	二等鎮國將軍	三等輔國將軍
世子	不入八分公	一等鎮國將軍	三等鎮國將軍	三等奉國將軍
郡王	郡王	一等鎮國將軍	三等鎮國將軍	三等奉國將軍
長子	一等鎮國將軍	二等鎮國將軍	一等輔國將軍	奉恩將軍
貝勒	貝子	二等鎮國將軍	一等輔國將軍	奉恩將軍
貝子	鎮國公	三等鎮國將軍	二等輔國將軍	奉恩將軍
鎮國公	輔國公	一等輔國將軍	三等輔國將軍	
輔國公	輔國公	二等輔國將軍	一等奉國將軍	
不入八分鎮國公	不入八分輔國公	三等輔國將軍		
不入八分輔國公	三等鎮國將軍	三等輔國將軍		
一二三等輔國將軍	同等輔國將軍	三等輔國將軍		
一二三等鎮國將軍	同等奉國將軍	三等奉國將軍		
一二三等奉國將軍	奉恩將軍	奉恩將軍		
奉恩將軍	奉恩將軍	閒散宗室		

資料來源：光緒朝宗人府則例，卷三，頁二—四。

玉牒上記載封爵的人數，輔國公以上的人數有五一九位，封奉國將軍以上人數有一五八〇人，共二〇九九人，約占皇族人數的百分之五。可見授封爵位者，在整個皇族中占少數，必須與各朝皇帝血緣相近者才有機會獲得爵位。

三、清皇族的教養與科考

順治九年宗人府奏每旗設宗學，每學用學行兼優滿漢官各一員，凡未封宗室之子，年十歲以上者俱入宗學。(註一七) 次年，每旗皆設立宗學。雍正初年改爲左、右翼宗學，於左右兩翼官房，每翼各立一滿學一漢學。其入學資格爲王貝勒貝子公將軍閒散之十八歲以下子弟，入官學讀清書或漢書，隨其志願。十九歲以上已曾讀書之宗室，有願讀書者亦聽其入學。至嘉慶初年，左右兩翼共有百餘位學生。皇帝欽選宗學教席，以宗室四人爲正教長、宗人府選十六人爲副教長。二十人輪流值日，不時勸勉，教習禮義。上由王公等專管，每年欽派大臣，考其殿最，以爲王公獎罰。值日教長月給銀三兩，米三斗。讀書子弟月給銀米亦同，更按月給紙筆墨。自十一月至正月各給炭一百八十觔。自五月至七月每日給冰一塊。(註一八)

吳振棫所著養吉齋叢錄也提到：「我朝家法，皇子皇孫六歲即就外傅讀書。寅刻至書房，先習滿洲、蒙古文畢，然後習漢書。師傅入直，率以卯時。幼穉課簡，午前即退直。」(註一九)

在宗學讀書優異者可參加科考，分爲兩種，有㈠鄉會試；㈡翻譯鄉會試。宗室會試，始於康熙三十六年，皇帝下諭宗室弟子有能力學屬文，應令一體應試編號取中，康熙三十八年舉行己卯科鄉試一次，三十九年旋即停止。乾隆九年，又命左右翼學生，凡本年考試取入一、二等，及往年考取一等者，以會試中式註冊，由宗人府引見、授官，不由鄉舉也。但乾隆十七年復停。在這期間中進士的人數只有三名。

鄉試自嘉慶六年始。九年，復命於三場畢後，於三月十七日舉行宗室鄉、會試。十八日舉繙譯鄉、會試。(註二〇) 應試舉人資格者以閒散宗室爲主，先由該族族長等出巨圖結呈報。其他如王公子弟應戴一二三品頂戴、丁憂未經服滿、曾經革職、曾犯枷杖以上等罪者，均不准參加考試。(註二一) 鄉試日期爲八月十七日入場，考試題目爲四書文一篇，八韻詩一首。嘉慶六年參加鄉試人數共六十三人，每九名錄取一名，共七名中鄉試。(註二二)

翻譯鄉會試，報考翻譯舉人之閒散宗室若滿二十人，會試人數足九人，則由宗人府行文順天府禮部，令其入場考試。鄉試內容爲滿文四書論題一道，欽命翻譯題一道。會試爲滿文四書文題一道，欽命翻譯題一道。(註二三) 嘉慶二十四年宗室參加會試人數只有九人，錄取兩位，比例相當高。宗室平日專習八股文，不學習翻譯。雖然清朝皇帝再三諭令清語騎射爲我滿洲要務，但宗室平日多專習八股文，學習翻譯者少。甚至應試之人，往往請人鎗替，而通曉翻譯者因此牟利，考中翻譯舉人的竟然不懂清語。後來嘉慶皇帝下令中試者當一律會試，結果原遞名參加翻譯鄉試有八人，臨考前有七人懼考報病，可見宗室平素不勤學，央人代考，希圖舞弊僥倖。(註二四) 咸豐年間，參加鄉會試人數過少，便併入八旗一起考試，原本宗室翻譯會試只考一場，歸併八旗同題考試後改爲兩場考試。(註二五) 既使是錄取比例高於旗人，宗室參加翻譯鄉會試的意願仍然偏低。

凡宗室進士、翻譯進士，由吏部籤分本府及各部，以主事額外行走者。三年期滿，應由該管堂官出具考語，奏留照例補用。嘉慶五年吏部奏定宗室進士除奉旨以翰林改用及以部屬錄用，歸於宗人府及各部額外主事上學習行走外，其歸班者不選外任知縣。應以科甲小京官用。（註二六）滿洲庶子、侍講、洗馬、司業、中允、贊善缺出，應用外班事，一律仍循舊例，俱按科分甲第名次，擬定正陪帶領引見。仍先儘庶吉士出身，次儘進士出身，再用舉人出身。（註二七）

從玉牒所統計中舉人共二二八位；中進士人數有一〇四位；中翻譯舉人有四四人；中翻譯進士人數有一四位。中試者大多是一八〇〇年至一八五〇年之間，共有一五九位舉人及六五位進士，一八五〇年以後迄清末中試人數約百餘位。一八五〇年以後不但錄取舉人、進士的名額減少一半以上，且從宗室貢舉備考一書上可看出，在十九世紀上半葉的舉人、進士，任官禮部侍郎等職位，到十九世紀下半葉即使進士出身，只得到庶吉士的頭銜。或許是出路的問題影響參加科舉的意願。中舉人、進士的人數大約占皇族總人數的千分之六。以清朝對宗室教育之用心與花費程度，中科舉比例顯然偏低，其主要原因可能是皇族養尊處優，平日領取俸餉、俸米，衣食無匱所致。

四、清皇族的任官途徑

清代宗室除了享有授封爵位的特權外，政府還特別在各種機構中額設宗室官缺，以確保宗室任官的機會。額設宗室額缺的機關有侍衛處、上虞備用處、鑾儀衛、宗人府、六部、理藩院、都察院、內閣、盛京各部等機構。其宗室額缺的數目及挑補錄用方法，在宗人府則例中有詳細的規定。

㈠有爵位者

從玉牒中所統計的任官人數，以有爵位者當官人數最多，共一〇九五位，占所有任官人數的三分之一以上。所任的官職大約可分：一、管理皇族事務及宮廷事務的差事，掌管宗人府、內務府、鑾儀衛等機構之事務。二、中央機關各單位，屬九品官制之職務。三、未入流的官職，如筆帖式、後補主事、額外員外郎等職。清朝規定王公兼職定在二品官以上，奉國將軍以上需任五品以上官職。從玉牒的任官統計發現有百分之八十五左右的王公，任官三品以上；百分之七十五以上的將軍任官六品以上，其餘是在七品至不入流的後補官職。

清代設置宗人府機構來管理皇族的事務，其官員主要是由王公及宗室擔任。如設宗令一人，以親王、郡王任之；左、右宗正各一人，以貝勒、貝子兼攝；左、右宗人各一人，以鎭國公、輔國公或將軍兼攝。其地位列於內閣、六部之上。乾隆年間又設宗室佐領缺，奉恩將軍並五品以上之宗室文武官員，若遇正紅等五旗（共十七缺）添設之宗室佐領缺出，由府按照旗分，分別支派於本佐領下各族內有分人員揀選。乾隆三十三年設盛京宗室佐領，由該省將軍於所屬奉恩將軍內揀選。（註二八）宗室分有左右翼，及近支遠支之別，各設有總族長、佐領、族長、學長額數，見表三、表四。

表三　左右翼近支宗室佐領額設人員

	佐領數
左翼宗室	2
右翼宗室	4

表四　左右翼遠支宗室各旗分額設人員

		族分	總族長	佐領數	族長數	學長數
左翼四旗宗室	鑲黃旗	1	1	1	1	1
	正白旗	3	2	2	3	5
	鑲白旗	3	2	2	3	7
	正藍旗	13	4	3	13	26
右翼四旗宗室	正黃旗	2	1	3	2	2
	正紅旗	5	2	2	5	5
	鑲紅旗	6	2	5	6	11
	鑲藍旗	7	2	5	7	10

資料來源：光緒朝宗人府則例卷十八，頁一。

雍正年間規定宗室王公兼差宗人府理事官等缺，鎮國、輔國、奉國將軍，以理事官用。奉恩將軍以副理事官用。（註二九）

由玉牒所見王公兼差有大部份是掌管鑾儀衛和侍衛處的事務，鑾儀衛是掌皇帝和皇后的車駕儀仗的機構，侍衛處是隨侍警衛皇帝的機構。凡領侍衛內大臣、散秩大臣、善射大臣、御前大臣、前引大臣、管理值年期大臣等，多屬侍衛處等機關。侍衛處設有領侍衛內大臣（正一品），於滿洲都統內大臣、散秩大臣及各省滿將軍內題請欽定，統領侍衛處一切政令。又設內大臣六人從一品，由散秩大臣、都統、前鋒統領、護軍統領內特簡。散秩大臣從二品官，由特恩補授，掌率侍衛親軍以宿衛扈從。

御前大臣職稱是由王大臣內特簡，掌翊衛近御，並兼管奏事處事務。御前大臣統領之下，有御前侍衛、御前行走、乾清門侍衛、乾清門行走等。嘉慶十九年又增設後扈大臣二人，二十一年又設前引大臣十人，及豹尾班侍衛十人，掌供先後導從之事。（註三〇）

乾隆十六年，皇帝特簡數人值年的制度，因稱之爲值年旗。由特簡之值年旗大臣統領，掌八旗會理之事。值年期大臣辦理揀選公中佐領之擬補官員；駐蹕熱河時帶領各旗營官員引見，驗放六品以下官員；兼管事之大臣請簡時，咨取各旗大臣銜名請簡；請襲世職，查辦事件限期辦法；會各旗大臣定議特交事件；匯奏八旗年例之事等等。（註三一）

二、蔭生

順治八年皇帝親政，恩詔文武官員蔭子的官階，文職在京四品以上，在外三品以上。武職則爲在內在外二品以上。（註三二）十八年正月規定：護軍都統、副都統、阿思阿尼哈番、侍郎、學士以上之子俱爲蔭生。其餘各官之子俱爲監生。雍正元年又規定三品官以上官員子弟爲蔭生，四品官子弟爲恩蔭監生。（註三三）蔭生入監讀書的時間爲二十四個月。期滿時，由國子監出題考試，合格者咨文吏部候銓。康熙十二年御史孟熊飛提到：「今蔭監生年滿十八歲者，國子監亦止令其翻譯滿漢數字，便謂文理優通，咨部錄用。」（註三四）

康熙五十二年題准不入八分公以下，鎮國輔國將軍，及宗室內爲一、二品大員者，俱給蔭生。其廕生入監讀書之後，即令隨旗行走，宗室廕生及歲時（年屆二十以上）由吏部帶領引見，分別錄用。（註三五）一品大員廕子，作爲五品廕生；二品大員廕子，作爲六品廕生；在京文職三品、不入八分鎭國公、不入八分輔國公、鎭國將軍，各廕一子作爲七品廕生；在京文職四品、輔國將軍，各廕一子作爲八品廕生。宗室一品廕生，以文職用者，由吏部籤掣各部院衙門，以理事官、宗室員外郎，額外行走，兩年期滿。由本管堂官甄別奏留、補用者，帶領引見。二品廕生以主事用者，掣分各部行走。以七品筆帖式用者，即補宗人府七品筆帖式。以八品筆帖式用者，授爲八品筆帖式。（註三六）

清代皇族獲得蔭生資格的人數約有二七二人，由於父祖的庇蔭，蔭生的任官機會約在百分之七十五以上，其中有半數者第一次僅得到額外或候補的官職，但以後卻能晉升爲四至六品的官職。

㈢由捐納任官者

雍正二年於宗人府設筆帖式額缺，最初是任用考取一、二等的閒散宗室。（註三七）乾隆年間因宗室生齒浩繁，增加二十個七品筆帖式的額缺。嘉慶年間爲了疏通候補人員，於十六年的補用班次爲六缺一週，其順序是先用效力筆帖式，次用保留廕生，再用效力筆帖式，次用文舉人，再用效力筆帖式，次用繙譯舉人，再用效力筆帖式。由效力比帖式、廕生、舉人三項輪用。（註三八）

光緒末年，七品筆帖式缺以十一缺爲一輪，其中的第二、五、八缺留給捐納人員，其餘仍由原來三項人員輪用，而最後一缺給各處保獎人員。換句話說，捐納得官的機會大於辛苦任職的勞績保舉人員。雖人各項勞績保舉人數倍增。而且，廕生、舉人的人數逐增，要獲得七品筆帖式的實缺需另行捐納，如載卓係廕生報捐銀二百二十兩後，援照捐輸補用；阿查本係文舉人，捐銀四十六兩才得七品筆帖式候補。(註三九)

乾隆四十年設效力筆帖式二十四名，由兩翼宗學學生考取謄錄官，按照議叙名次挨補。(註四〇)道光八年，定宗人府效力筆帖式缺，先用新議叙班二人，次用考中班一人，又用舊議叙班一人。俟新議叙班用至前二十名，以後仍歸三班，每班各用一人。三十年報在各班後補人員尚有六十位之多，於是又創優叙。即自備資斧赴館投效者，考取數名以便繕寫清書，擇其字畫端楷功課優者，列爲一等，在新舊議叙及考中各班前，儘先補用。到光緒二十五年這些優叙前二十名者，十年間補用的人數及半數。況且又增加八十餘位勞績人員未補缺者，可見候補人員之壅滯。(註四一)候補效力筆帖式得在官署行走，食本身錢糧，甚至有人在官署行走數十年，不得輪補升用。(註四二)因此欲得儘先補用，仍須加捐。咸豐三年，四品宗室桂端等十人捐銀一百至二百兩不等，才另列捐輸班次，列於舊議叙班之後，挨次補用。(註四三)在舊議叙班等候的人，也加捐五十兩，希望儘早補缺。

光緒二十五年宗人府奏准六部兩陵之筆帖式十缺輪補班次係廕生、文舉、繙譯舉三班輪用，後因開辦海防以來，奏准如有報捐筆帖式，未指明宗人府者，專以兩陵六部筆帖式補用，添設兩班新班。其輪用之法係廕生、新班、文舉、新班、繙譯舉五缺一週。後來又添設勞績一

班，凡各處尋常勞績保獎各員統歸勞績班。（註四四）

光緒三十三年宗人府奏：各部宗室員缺無多，從前補缺本屬不易，兼以近年勞績、捐輸、候補、候選人員較前倍增，遇有缺出紛紛截補，而正途資深各項人員轉致無期升選。（註四五）光緒五年御史戈靖奏：宗支生計維艱，仕途未廣。閒散宗室錢糧限以歲時，仕進亦定以專缺。既不如覺羅、滿、蒙、漢道路甚寬，並不如士農工商得以自謀生理。請於常例之外，量為條濟。因此增設筆帖式缺於刑部、理藩院、東西陵之滿洲左右翼公缺，共十缺。（註四六）

捐納不僅在筆帖式一職，連理事官等都得報捐，而且是捐納次數愈多者，才有機會獲得官職。宗人府則例記載：「宗室報捐理事官、副理事官、郎中、員外郎、經歷、主事補用班次，自議覆奉旨之日計，報捐以名次在前之人先補，其次之人俟再過三選之後，乃為到班以次遞推用竣為止。如尚未用竣又有續捐者即列入先捐者名次之後，挨班補用。」（註四七）缺補後均令試俸三年方准一體陞選。

捐納既成當官的重要途徑，可想見擁有蔭生或有科舉功名者，依例得報捐才能獲取官職。光緒十九年，例載滿漢世職均許報捐文官，輕車都尉比照一品廕生，騎都尉比照二品廕生，雲騎尉比照三品廕生，各按應廕官職銀數加三成報捐。恩騎尉比照四品廕生、監生報捐。查宗室人員先有文職，而後襲世職者准其兼任；若先襲世職終身在旗當差，別無上進之路，其世職人員仿照滿漢世襲報捐文職一例，一律辦理以晝一。至所捐官階花樣按照鄭工新海防事例辦理。（註四八）

(四)四品宗室　閒散宗室

順治九年題准，考敘宗室軍功，考察見任衙門功過，派撥圍獵出征，補授衙門員缺。康熙三十五年題准，宗室補授武職者，放諸王護衛者，由兵部啓奏。（註四九）三十七年上諭：有品秩之宗室俱爲王府護衛官職，既嫻禮法，且陞遷有階。閒散宗室雖有幹練之員，無路上進。應將宗室中材力矯健，而長於騎射者，詳查奏聞。朕將授爲闕廷侍衛官。（註五〇）雍正二年議准宗人府官員定額，郎中六員，員外郎四員，主事六員，筆帖式二十四員，於此定額內，分出一半補用宗室。鎮國將軍、輔國將軍、奉國將軍以郎中用。奉恩將軍、宗室佐領以員外用。蔭生之五品官，以主事用。至閒散宗室內有考選學優材長之人，一等以主事用，二等以筆帖式用。（註五一）

光緒三十三年，法部添設宗室八九品錄事各兩缺，由宗人府於四品宗室內遴選文理通順、字畫端楷者，考取咨送法部當差。（註五二）

名義上四品宗室或閒散宗室有固定員缺，如保送族長、三等侍衛、贊禮郎及宗學副總管等官，不過從玉牒的任官背景分析，所有族長，三等侍衛諸官職都由王公將軍身份來擔任。贊禮郎及宗學副管等官則是由舉人出身者擔任，因此四品宗室雖有選任官吏的機會，但必須透過科舉考試，才能與現任官員同具有揀選資格。玉牒記載的中舉人以上的名額爲二七二人，扣除七一位是蔭生身份，眞正四品宗室或閒散宗室考上科舉有二〇一人，佔整個階層的五·五%，由此可見清代皇族屬平民身份要晉升爲官宦並不容易。

五、從封爵和任官看皇族的社會流動

清皇族封爵與任官的變化大約可分三期，第一期由太祖努爾哈齊到雍正初。努爾哈齊的子孫受封王公者比比皆是，且參與朝廷軍政事務。然隨著王權的提高，王公貝勒的軍政大權逐漸縮減，到雍正即位後軍政大權幾乎由皇帝所獨攬。第二期由雍正到嘉慶年間，朝廷爲宗室額設宗室官缺，以確保宗室任官的機會。額設宗室額缺的機關有侍衛處、上虞備用處、鑾儀衛、宗人府、六部、理藩院、都察院、內閣等機構。其任官性質多屬儀衛、侍從性質。第三期光緒年間，宗室生齒日繁，朝廷爲解決其生計問題，於盛京、東西陵寢、太常寺等事務甚簡機構，設宗室額缺，但官缺有限不敷人口繁衍之需，仕途依舊甕塞。

(1)太祖努爾哈齊到雍正初年

清太祖努爾哈齊在位時，制定八位和碩貝勒共議國政的政治體制。不過，到皇太極時，廢除四大貝勒輪流執政，並於每旗設總管旗務大臣一員、佐管旗務大臣二員，調遣大臣二員，分掌旗務，削弱諸王貝勒獨掌一旗的權利。在行政事務方面，天聰五年（一六三一）初設六部，每部以貝勒一人領部院事，至崇得三年停王貝勒領部院事。（註五三）改設議政王貝勒大臣會議，成爲王大臣輔政的形式。多爾袞以近支宗室親王，又是幼帝長輩身份攝政，被尊爲皇父攝政王，位高權重，代天攝政，賞罰擬於朝廷，每入朝滿洲諸臣皆下跪，享有皇帝的權威。（註五四）在這段時期，親王貝勒大臣議政的制度僅僅有名無實。

攝政王死後，順治帝極力限制宗室王公的權力。第一、順治九年下諭取消諸王、貝勒管理六部、理藩院、都察院的制度。第二、順治帝將多爾袞所掌的正白旗收爲自己掌管，合原有之兩黃旗爲上三旗，其餘諸王貝勒所掌爲下五旗。諸王貝勒經世襲、遞降、分封，旗主專持之權漸被削弱。第三、又廢除親王攝政制，一反祖制「幼帝即位，國家政務，惟宗室辦理。」，遺詔決定由四大臣佐理政務，更張近支親王攝政，以免皇權旁落。(註五五) 不過議政王大臣在三藩之亂時，曾發揮功能，不但參與議定一切籌謀剿撫事宜；凡軍隊進止、指授軍機，皆由議政王大臣傳諭乃行。至台灣收復後，統一大業告成，議政王大臣會議之事，相對減少。

雍正即位後，進一步削弱王公權勢，雍正三年年下諭：撤去王府所屬下五旗佐領。據印鸞章的看法：當時八旗子弟皆已變爲諸王爪牙，不從帝室命令。而諸王恃此權力以與帝室抗行。故雍正既欲禁抑諸王，不得不先撤八旗佐領。殆八旗佐領既撤，等於解散諸王兵柄，其羽翼盡失。(註五六)

雍正六年十月，世宗下諭宗室諸王辦理旗下事務，與該旗大臣不甚相安，令康親王崇安、順承郡王錫保、信郡王德昭俱不必辦旗下事，並革退公塞爾巨、伊爾登所管都統事務。王公所有職掌，除宗人府外，其餘兼管皆停止。(註五七) 革去王公任宗人府以外的官職後，雍正有也不授與王公大將軍的職務。朱彭壽在舊典備徵上說：「本朝開國之初，凡興大師，輒授王公大臣爲大將軍，以任征伐。殆以雍正一朝，如年羹堯、馬爾賽輩，或功成驕恣，或貽誤戎機，朝廷鑑於用人之難，故不得不慎其選歟。」(註五八) 自皇太極始至康熙末年，王公宗室任大將軍者有三十四位，擔任將軍者有四位，其主要戰功是滿洲入關後，一統天下。至雍正迄清末僅任四位王公爲大將軍，顯然是雍正帝與輔遠大將軍允題爭奪王位後，爲防微杜漸王公掌管兵權，並不輕易授予大將軍職位，殆至清末皆如此。

(2)由雍正到嘉慶年間

雍正五年首先設立宗室監察御史二人，由宗人府在宗室司員內揀選引見。乾隆四十六年上諭：向來宗室人員既不用各部院司員，又不便簡放外任道府。現在宗室蕃衍，其中不少可用之才，所有宗室御史著於原定二缺之外，俟有滿洲御史缺出時，再行漆用宗室二員。簡放御史缺，咨取各部院宗室郎中、員外郎各一人，該堂官擇其當差出色人品端方者，出其切實考語保送。(註五九)

乾隆會典中始見侍衛處，設有領侍衛內大臣（正一品），於滿洲都統內大臣、散秩大臣及各省滿將軍內題請欽定，統領侍衛處一切政令。又設內大臣六人從一品，由散秩大臣、都統、前鋒統領、護軍統領內特簡。散秩大臣從二品官，由特恩補授，掌率侍衛親軍以宿衛扈從。宗室侍衛一等九人，二等十八人，三等六十三人，四等無定額。掌環衛周廬，凡扈從則戒其執事。此外，還設有侍衛班領十二人，署班領二十四人，侍衛什長六十人。宗室侍衛什長九人，掌分轄各等侍衛。(註六〇) 侍衛處親軍營是由上三旗佐領中選出二名，共親軍校七十七人，署親軍校七十七人分別管轄。(註六一)

盛京宗室生齒日繁，武職人員升途較隘，酌擬變通。新設盛京協領、翼長、防禦各一缺，

作爲宗室專缺。(註六二)

乾隆四十年設效力筆帖式二十四名，由兩翼宗學學生考取謄錄官，按照議敘名次挨補。(註六三)

戶部三庫：即銀庫、緞匹庫、顏料庫。銀庫設郎中一人，員外郎二人，司庫一人，大使二人，筆帖式六人，庫使六人，經承二人。緞匹設郎中一人，員外郎二人，司庫二人，大使一人，筆帖式三人，庫使九人，經承二人。顏料庫設郎中一人，員外郎二人，司庫二人，大使一人，筆帖式四人，庫使十一人，經承二人。(註六四)

各倉場衙門，即管理京倉、通倉積儲漕糧及北運河運糧事務的機構。轄有坐糧廳、大通橋監督、京通十三倉監督（京城十一倉祿米倉、南新倉、舊太倉、海運倉、北新倉、富新倉、興平倉、太平倉、儲濟倉、本裕倉、豐益倉，通州二倉中倉、西倉）等官。(註六五)戶部各稅關之屬有二十六：京城崇文門、左翼、右翼、通州坐糧廳、天津關、山海關、張家口、殺虎口、歸化城、臨清關、東海關、江海關、滸墅關、淮安關、揚州關、西新關、鳳陽關、蕪湖關、九江關、贛關、閩海關、浙海關、北新關、粵海關、北海關、太平關。(註六六)乾隆四十五年上諭：向來各部院司員保送三庫、稅差、錢局、坐糧廳等項，每有將曾經得差人員未隔數年復行保送者，不知在京滿漢司員人數本多，此等得項較優之差自應令其均霑普及。若出差未久復予保送，則從未得差者未免向隅。嗣後保送此等差使之司員其已經派過者，著於十年後方准再送。(註六七)

嘉慶帝額設官缺始於嘉慶四年，上諭：「向來宗室人員止在宗人府供職陞轉，科道其途亦屬稍隘。議定宗人府額設理事官四員、副理事官四員、主事六員、經歷二員，計十六缺。今議於六部理藩院滿洲司員選缺內，照宗人府司員額缺之數，共撥十六缺，作爲宗室額缺。擬撥郎中四缺、員外郎八缺、主事四缺。」(註六八)

(3)光緒年間

光緒初年御史戈靖奏：宗支生計維艱，仕途未廣。閒散宗室錢糧限以歲時，仕進亦定以專缺。既不如覺羅、滿、蒙、漢道路甚寬，並不如士農工商得以自謀生理。請於常例之外，量爲條濟。

光緒四年，盛京五部增設宗室郎中、員外郎、主事額缺。光緒五年御史戈靖奏：宗支生計維艱，仕途未廣。閒散宗室錢糧限以歲時，仕進亦定以專缺．既不如覺羅、滿、蒙、漢道路甚寬，並不如士農工商得以自謀生理。請於常例之外，量爲條濟。(註六九)光緒六年又於戶、刑、工三部添設宗室郎中、員外郎、主事專缺。光緒六年添設東陵、西陵贊禮郎各二員，東陵讀祝官一員。(註七〇)按八旗各陵贊禮郎讀祝官，歷俸十年以上准揀選防禦。歷俸三十年以上，以應升六品官選用。(註七一)惟自來宗室人員原無入選防禦之條，而家屬戶口更無出京之例，所有升途與八旗不同。

光緒三十二年，中央官制做了若干更動，將太常、光祿、鴻臚三寺併入禮部。巡警部改爲民政部，轄內外巡警總廳；兵部改稱陸軍部；刑部改爲法部；大理寺改稱大理院。另增設郵傳部，專司鐵路、輪船、電線、郵政等事務。這些機構中設了許多宗室專缺，如民政部左侍郎、吏部、禮部宗室部丞、參議、郎中各一缺。陸軍部、理藩部宗室主事各一缺。郎中、員外郎各歲支正俸銀八十兩、恩縫銀八十兩、主事歲支正俸銀六十兩，恩俸銀六十兩。分別按照現放章程折減支給。（註七二）光緒三十三年添設宗室七品小京官二缺，嗣後遇有缺出仍由宗人府照銓補。其餘一缺作爲法部添設宗室八九品錄事應升之階。（註七四）

光緒末年至宣統初，皇族王公議定實行君主立憲，草擬憲法大綱，行政、立法、司法、軍事、理財、外交等一切大權均操諸君上，皇族勢力趁機擴及各重要衙門，當起部院大臣，共有修訂法律大臣、編纂官制大臣、纂擬憲法大臣、資政院總裁、弼德院院長、顧問大臣、叙官局局長、練兵大臣、專司訓練禁衛軍大臣、軍諮大臣、海軍衙門大臣、籌辦海軍大臣、財務處大臣、禁煙大臣、鹽政大臣等。（註七五）同時，光緒三十二年由宗室載澤等人籌備資政院，兩百位資政院議員中，宗室王公世爵就佔了十六位。宣統三年制定新內閣，其成員有十三人，內閣總理大臣爲慶親王奕劻、度支大臣載澤、海軍大臣載洵、農工商大臣溥倫都是宗室身份，因此所謂的新內閣又稱之爲「皇族內閣」。（註七六）皇族貴冑自雍正年間以後幾乎不曾參與國家重要職務，其辦事經驗不足，如何承擔岌岌可危的政權，引起各省咨議局議員的反對，上書聲稱：「皇族內閣不合君主立憲公例，失臣民立憲之希望。」，需另行組織。但組閣大臣不同意，就在兩者爭論不休之際，武昌起義成功，衆人驚慌失措下，授袁世凱爲內閣總理大臣，結束皇族內閣組織。

除了從官制的變遷來分析皇族的社會階層流動外，還由玉牒中所記載爵位和官位的個人檔案，分析皇族各等身份獲得職銜的機會及年齡，其結果大致歸納成以下幾點。

第一、從玉牒四萬餘位皇族中，統計封爵或任官人數共四二七九位，有官職的封爵和任官人數大約占皇族總人數的百分之十，這比例似乎比張仲禮估計漢人社會的士紳占總人口比例百分之一高。但是，皇族授封爵位的主要條件是皇帝的近支，只有和皇帝血緣相近者才能得到爵位。蔭生的條件也相類似，即王公所恩蔭的子孫，若扣除這些特權身份，眞正由科舉中試出身的人數只有兩百七十二人，約占總人數千分之五，可見皇族中稱四品宗室或閒散宗室的晉升機會並不大。

第二、封爵或任官人數共四二七九位，只有爵位無官職者九五四人，有官職無爵位的共八二三人，二五〇二人可擁有爵位和官職。根據統計，有四二%的人只有爵位或官位；二〇%的人會同時擁有爵位和官職；其餘三八%的人先後擁有幾個爵位和官職。就受封爵位和擔任官職的次數來說，只受封一次的人佔八一%，受封兩次以上的佔一九%；任官一回者大約佔四四%；兩次的佔二二%；三次的佔一一%；三次以上的佔二三%，官職升遷次數趨近於等比級數遞減，可見官場上的升遷比改封爵位容易。

第三、受封爵位者可分王公和將軍兩種階層，就王公的階層流動來說，第一次受封王公爵位者有五一九人，這些人中有二三〇位會得到第二次的封爵，結果有三七%的王公降為將軍以下或廢為庶民。王公被遞降的理由表面上都是因觸犯法律，實際上大部份是政治鬥爭下的犧牲品，尤其涉及到王位繼承問題。有一〇九位王公會得到第三次的封爵，仍有三八%的人是爵位下降的，顯示王公要保住爵位並非易事。擔任官職的王公，有五三%的人是任三品以上的大官；三一%就任臨時性、任期短的差事，如管理內務府、宗人府、警蹕護衛，及其它宮廷等職務，其餘一六%任官在三品以下。進一步分析他們所獲得的第二個或第三個官職，其官職性職和比例變化不大。

第四、將軍在爵位與任官的階層流動方面，第一次受封將軍爵位者有一五八〇人，這些人中有三一三位可得到第二次的封爵，結果有四〇%的人升爲王公階層，降等的機會只八%。有九三位將軍會得到第三次的封爵，上升至王公階層者仍有三七%，降等的機會是一〇%。有五八%的將軍第一個官職是四到六品官，三品官以上人數僅一七%；第二個官職任官四到六品有五〇%，三品以上增爲三二%；第三個官職有五二%的人任官三品以上，四到六品有四〇%。擁有將軍爵位者因初授予的職等較低，在仕途有晉升的機會。

從王公和將軍的爵位與任官機會的比較，可發現王公往下遞降的比例比將軍大，由欽定王公處份則例一書，(註七八)可看出清代對王公的控制相當嚴格，除本身的公罪、私罪外，連部屬、奴婢犯罪都連帶處份，以致王公動輒得咎，顯示清代君主獨裁的政治性格。

第五、比較蔭生和科舉出身的仕途發展，二七二位蔭生中，任六品官以上的人數佔二二%，任六品官以下的人數爲十分之一，候補官缺和筆帖式的比例佔四六%；第二次授官時任六品官以上的比例達六五%，六品官以下的比例仍爲十分之一，有四分之一的比例是候補及筆帖式等。科舉出身者共二八四位，第一次授六品官以上的比例爲二〇%，七至九品官的比例是四五%，三五%是候補或不入流的官職。第二次授六品官以上的比例約八〇%，七至九品的比例是六%，候補或不入流的官職佔一六%。第三次授六品官以上的比例約九六%，六品官以下的比例僅四%。由此可見科舉出身的仕宦機會比蔭生大，晉升的比例也高。

第六、由捐納或四品宗室、閒散宗室身份取得候補官職和筆帖式資格者共有四一三人，只有一三七人獲得正式的官職，授與六品官以上人數佔六七%，六品官以下佔三三%。第二次改授官職時有一六一人，居然九五%以上的人獲得六品官以上，大概都是捐納得官。由此可見前述各種任官的途徑中，捐納升官確實比其他蔭生、文舉、勞績等辦法優先，所以捐納是最直接且有效的辦法，此亦顯示捐納制度腐化清代的官僚體系之程度。

第七、從玉牒中記載有關封爵、授官的時間，可以計算出封爵、授官、中試科舉、蔭生的年齡分佈，在此利用一千兩百位有生卒年記載和官爵升遷的時間，由升遷時間減他的生年做年齡平均，所得結果即表三所列。

從表三可看出，第一次獲得封爵的平均年齡約二十二歲，符合則例上規定封爵自二十歲後請旨始封。(註七七)第一次封爵位到第二次封爵的間距隔了七年以上，二次與三次之間隔也在五年左右。自三次以後的間隔雖縮短爲三、四年，不過多次受封人數也相當少。而授官方面，第一次授官的時間比封爵晚三年左右，第一次到第二次授官的間隔七年，二次與三次之間隔在三年左右。往後次數間隔則縮短爲一兩年。從標準差來看它的分佈趨勢，顯然是授官的年齡分佈較平均。中科舉的年齡平均值約在二四歲，蔭生的年齡一一·五歲。比一般中舉或進士的年齡三十、三十六歲低得多。

表五　皇族封爵、授官、科舉、蔭生的年齡分佈

	平均年齡	標準差	人數
第一次封爵	22.04	12.14	1286
第二次封爵	29.81	13.65	445
第三次封爵	34.69	15.16	150
第四次封爵	37.91	17.49	74
第五次封爵	41.15	16.76	40
第一次授官	25.17	10.14	1286
第二次授官	32.29	10.37	362
第三次授官	36.09	10.50	620
第四次授官	38.29	10.40	502
第五次授官	39.31	10.49	417
第六次授官	40.02	10.42	357
科舉	23.98	5.76	203
蔭生	11.45	8.19	80

六、結 論

過去，研究清代官制問題都由文獻著手，結果偏向定性分析。在本文中試圖利用文獻記載和玉牒的資料做定量統計，其結果可以探討出清代皇族在封爵和任官的發展趨勢。

清宗室受封爵位及任官從長期趨勢看來，其封爵的機會由寬變窄；仕宦一途，宗室官缺愈多權位卻愈輕，使皇族的社會地位逐漸降低。以往的清代宗室王公受封爵位的方式有四種，不過自入關後因政治衝突，宗室王公軍功封爵的機會大為減少，封爵大多憑藉皇帝兄弟或子侄等關係。任官雖為宗室求取進仕之道，但所設官職多半在事務甚簡的機構，並無實權。清中葉以後，為解決宗室人口增加的問題，歷朝皇帝努力擴充宗室官缺，尤其在光緒朝所增官缺最多。但官缺與人口繁衍不成比例，仕途依然壅塞，捐納變成獲得官位的重要手段。

從爵位和官職來看皇族的社會流動，王公授封爵位有遞降的趨勢，可能是涉及到王位繼承或行為不法諸問題；至於擔任官職的王公，其官職性職和比例變化不大。將軍在爵位的升降方面上升機會遠大於下降，在仕途上晉升的機會也較大，其因是開始封授的等第較低之故。再者，比較蔭生、科舉出身、捐納的仕途發展，科舉出身的仕宦機會比蔭生大，但比不上捐納買官者。

從本文的研究中發現清朝相當重視宗學教育，不但欽選正教長、副教長，勸勉宗室讀書，教習禮義。讀書子弟更賞給每月銀三兩、米三斗、紙筆墨，及冬炭夏冰等，無微不至的照顧。

可是中試人數僅佔總人數的千分之六，大概宗室們紈褲的習氣，平素不勤學，甚至有人央人代考，希圖舞弊僥倖。因此，皇族由科舉晉升官宦的比例約只有千分之五左右，機會並不比漢人高。

【註　釋】

註　一　鞠德源，「清代皇族人口呈報制度」，歷史檔案，一九八八年，二期，頁八〇—八九；「清代皇族宗譜與皇族人口初探」，收入明清檔案與歷史研究（中國第一歷史檔案館編，中華書局，一九八八年），頁四〇八—四四〇。

註　二　晏子有，「清朝宗室封爵制度初探」，河北學刊，一九九一年，五期，頁六七—七四。

註　三　李中清、劉素芬，「末代皇帝：清代皇族人口介紹」，第六屆亞洲族譜學術研討會宣讀論文）出版中，頁一—三七。

註　四　James Lee，Wang Feng，Cameron Campbell，『Infant and Child Mortality Among the Qing Nobilty：Social Struture and Parental Strategies in Late Imperial China，』（in ,93 International Worskhop on Historical Demography Session：Population of East Asia）

註　五　Wang Feng，『Two Kinds of Preventive Checks：Marial Fertiliy Control in Chin,s Historial Population，』（in,93 International Worskhop on Historical Demography Session：Population of East Asia）

註　六　Lai Hui－min『Male Adoption in the Qing Imperial Lineage，』（in ,93 International Worskhop on Historical Demography Session：Population of East Asia）

註　七　康熙朝大清會典（北京，北京圖書館藏），卷一，頁一。
註　八　光緒朝宗人府則例（臺北，中研院傅斯年圖書館藏線裝書），卷四，頁一。
註　九　欽定大清會典事例（臺北，新文豐出版社，一九七六年）卷二，頁六。
註一〇　乾隆，上諭條例（江蘇布政使司遞刊本，中研院傅斯年圖書館藏線裝書），「睿親王等復還封謚補入玉牒並另補繼襲封春秋致祭」，四十二年冬，頁一一四。
註一一　乾隆，上諭條例，「睿親王等復還封謚補入玉牒並另補繼襲封春秋致祭」，四十二年冬，頁六—九。
註一二　乾隆，上諭條例，「饒餘親王等子孫加恩賞封公爵將軍」，四十三年春，頁一。
註一三　欽定大清會典事例，卷二，頁六。
註一四　欽定大清會典事例，卷二，頁七。
註一五　欽定大清會典事例，卷二，頁五。
註一六　欽定大清會典事例，卷二，頁八—九。
註一七　順治朝東華錄（臺北，文海書局，一九六三年），卷四，頁一四。
註一八　雍正朝大清會典，卷一，頁一四—一五。
註一九　吳振棫，養吉齋叢錄（北京，古籍出版社，一九八三），卷之四，頁四九。
註二〇　吳振棫，養吉齋叢錄，卷之九，頁九七。
註二一　光緒朝宗人府則例，卷一〇，頁一五。
註二二　光緒朝宗人府則例，卷一〇，頁一九—二〇。

註二三　光緒朝宗人府則例，卷一〇，頁二一。
註二四　光緒朝宗人府則例，卷一〇，頁二二—二三；光緒朝宗人府則例，卷一〇，頁二四。
註二五　光緒朝宗人府則例，卷一〇，頁二六。
註二六　光緒朝宗人府則例，卷一七，頁一；光緒朝宗人府則例，卷一七，頁三—四。
註二七　光緒朝宗人府則例，卷一七，頁六。
註二八　光緒朝宗人府則例，卷一七，頁三四；光緒朝宗人府則例，卷一七，頁三六。
註二九　欽定大清會典事例，卷五，頁一。
註三〇　李鵬年等編，清代中央國家機關概述（北京，紫禁城出版社，一九八九），頁一三一。
註三一　李鵬年等編，清代中央國家機關概述，頁三四八。
註三二　光緒朝宗人府則例，卷一三，頁一。
註三三　欽定大清會典事例，卷一四四，頁；欽定大清會典事例，卷七四，頁。
註三四　清代檔案史料叢編，第十輯，頁一三一—一三七。
註三五　光緒朝宗人府則例，卷一三，頁二。
註三六　光緒朝宗人府則例，卷一三，頁二四；光緒朝宗人府則例，卷一三，頁一二。
註三七　欽定大清會典事例，卷五，頁一。
註三八　光緒朝宗人府則例，卷一二，頁三。
註三九　光緒朝宗人府則例，卷一二，頁一—二；光緒朝宗人府則例，卷一二，頁六；光緒朝宗人府則例，

註四〇　光緒朝宗人府則例，卷一二，頁一九。

註四一　光緒朝宗人府則例，卷一二，頁一七；光緒朝宗人府則例，卷一二，頁二一；光緒朝宗人府則例，卷一二，頁一二—一三。

註四二　光緒朝宗人府則例，卷一二，頁二六。

註四三　光緒朝宗人府則例，卷一二，頁二九—三〇。

註四四　光緒朝宗人府則例，卷一二，頁五二；光緒朝宗人府則例，卷一二，頁四六—四七。

註四五　光緒朝宗人府則例，卷一二，頁三七。

註四六　光緒朝宗人府則例，卷一二，頁四三；光緒朝宗人府則例，卷一二，頁四六—四七。

註四七　光緒朝宗人府則例，卷一二，頁五八。

註四八　光緒朝宗人府則例，卷一二，頁六四。

註四九　雍正朝大清會典，卷一，頁一七。

註五〇　雍正朝大清會典，卷一。頁一七—一八。

註五一　雍正朝大清會典，卷一，頁一八—一九。

註五二　光緒朝宗人府則例，卷一二，頁五六。

註五三　孫文良、李治亭、清太宗全傳（長春，吉林人民出版社，一九八三年），頁二八五。

註五四　王思治，「多爾袞攝政後滿洲貴族之間的矛盾與衝突」，中國史研究，一九八五年，四期，頁一一七一一二六。

註五五　王思治，「康熙帝繼位與四大臣輔政的由來」，史學月刊，一九八六年，六期，頁三五—四二。

註五六　印鸞章，清鑒綱目（長沙，岳麓書店，一九八七），卷之六，頁二七五。

註五七　八旗中每旗有三個都統和六個副都統，都統爲武職正一品，副都統正二品。都統的職位高權重，多由王公大臣兼任。正副都統可以越旗挑選充任，均由皇帝親自圈定。參見傅克東、陳佳華，「八旗制度中的滿漢關係」，民族研究，一九八〇年，六期，頁三二。

註五八　朱彭壽，舊典備徵（北京，中華書局，一九八二），卷一，頁一五—二〇。

註五九　光緒朝宗人府則例，卷一六，頁一九；光緒朝宗人府則例，卷一六，頁三〇—三一。

註六〇　李鵬年等編，清代中央國家機關概述，頁一三〇—三一。

註六一　李鵬年等編，清代中央國家機關概述，頁一三一。

註六二　光緒朝宗人府則例，卷一七，頁三七。

註六三　光緒朝宗人府則例，卷一二，頁一九。

註六四　李鵬年等編，清代中央國家機關概述，頁一五。

註六五　李鵬年等編，清代中央國家機關概述，頁一五四。

註六六　李鵬年等編，清代中央國家機關概述，頁一五五—一五六。

註六七　光緒朝宗人府則例，卷一六，頁二。

註六八　光緒朝宗人府則例，卷一二，頁三五—三六。

註六九　光緒朝宗人府則例，卷一六，頁三三；光緒朝宗人府則例，卷一六，頁四六—四七；光緒朝宗人府則例，卷一二，頁四三。

註七〇　光緒朝宗人府則例，卷一六，頁三三。

註七一　光緒朝宗人府則例，卷一六，頁三六。

註七二　參見錢實甫，清代職官年表（北京，中華書局，一九八〇年）；魏秀梅，清季職官表（臺北，中研院近史所史料叢刊五，一九七七年）。

註七三　光緒朝宗人府則例，卷一二，頁三七—三八；光緒朝宗人府則例，卷一二，頁五一。

註七四　光緒朝宗人府則例，卷一二，頁五四。

註七五　光緒朝宗人府則例，卷一七，頁二四。

註七六　光緒朝宗人府則例，卷一七，頁二〇。

註七七　崇德九年定和碩親王之子以下，奉國將軍之子以上，男至二十歲，女至十五歲列名具題請旨授封。參見雍正朝大清會典，卷一，頁八。由封爵位年齡與人數的次數分配，可發現有些幼年者獲得爵位，其因是崇德年間規定親王以下，奉國將軍以上，有薨故者，其子弟即准承襲，不必俟其歲滿。參見雍正朝大清會典，卷一，頁八—九。

註七八　欽定王公處份則例（清刊本，中研院傅斯年圖書館藏線裝書）。

清康熙時代台灣知縣制度之研究

張勝彥

壹、前言

清朝康熙時代，知縣是統治台灣之基層文職機構，因此研究清康熙時代台灣之知縣制度，乃是了解滿清治台史的重要手段之一。爲此，清康熙時代台灣之知縣制度有研究之必要。本文擬透過知縣轄區之劃定、縣及其附屬官署之組織與職掌、縣之經費分配、知縣及其附屬官員與差役之待遇、知縣之任用與出身等各層面去研究清康熙時代台灣知縣制度的面貌。

貳、知縣之建置及其轄區範圍

西元十七世紀初葉，漸有大量漢人移民到台灣，但到明永曆十五年（清順治十八年、西元一六六一年）以後才開始有漢人在此建立政權。自是而後，漢人逐漸成爲此一島嶼的主宰者，並發展爲全台灣的主要成員。

明季滿人入關，明延平郡王鄭成功以金門和廈門爲根據地，勤王抗清。永曆十四年，鄭氏北伐失敗，乃採何斌之建議，計劃東征台灣。次年四月，鄭氏率軍登陸台灣，準備以台灣做爲反清復明之基地。同年五月，鄭氏在台設置一府二縣。府為承天府，縣為天興縣和萬年縣（註一），是為台灣郡縣制度之開始。未幾鄭成功去逝，其子鄭經平定其反對勢力之後繼為延平郡王。鄭經繼王位之後，改台灣之縣為州，並設南路、北路和澎湖三安撫司（註二）。

清康熙二十二年（西元一六八三年）滿清政府派靖海將軍施琅率兵攻打台灣，鄭成功之孫鄭克塽乃向滿清投降，延平郡王國告亡。

滿清消滅鄭氏政權之初，其時有些人對台灣的看法，或說：

> 東緣，高邱之阻以作屏，臨廣洋之險以面勢；無仙蹤神跡之奇，無樓台觀宇之勝。有山則頑翳於蔓草，有水則鹵浸於洪濤；鹿豕貍鼠之所蟠，龍蛇黿鼉之所游。夫既限之荒裔，而求天作地成之景，皆無所得（註三）。

或說：

> 此一塊荒壞，無用之地耳，去之可也。……得其地不足以耕，得其人不足以臣（註四）。

或說：

> 海外丸泥，不足為中國加廣；裸體文身之番，不足與共守；日費天府金錢於無益，不若徙其人而空其地（註五）。

滿清康熙皇也說：

> 台灣僅彈丸之地，得之無所加不得無所損（註六）。

由是足見其時從皇帝以下不少人認為台灣是野蠻人住其間之未闢彈丸般小荒島，對中國而言無甚價值，才會有棄地遷民回中國大陸的論調。魏源「聖武紀略」之「康熙戡定台灣記」記說：

方鄭氏之初平也，廷議以其孤懸海外，易藪賊，欲棄之，專守澎湖（註七）。

說明當時朝廷有人主張放棄台灣，僅守澎湖。

正當滿清中央針對台灣「棄留」問題舉棋不定之際，施琅於清康熙二十二年十二月二十二日上疏給康熙皇帝說明台灣「棄留」的利弊得失，在其「恭陳台灣棄留疏」中如是說：

台灣地方北連吳會，南接粵嶠，延袤數千里。山川峻峭，港道紆迴，乃江、浙、閩、粵四省之左護；……奉旨征討，親歷其地，備見沃野土膏，物產利溥，耕桑並稱，魚鹽滋生。滿山皆屬茂樹，遍處俱植修竹。硫磺、水藤、糖蔗、鹿皮，以及一切日用之需，無所不有。……實肥饒之區，險阻之域。……此地若棄爲荒陬，復置度外，則今台灣人居稠密……農工商賈各遂其生，一行徙棄，安土重遷，失業流離，殊費經營，實非長策。況以有限之船，渡無限之民，非閱數年難以報竣。使渡載不盡，……則該地之深山窮谷，竄伏潛匿者，實繁有徒，和同土番，從而潚聚，假以內地之逃軍閃民，急者走險，剽掠濱海；……此地原爲紅毛住處，無時不在涎貪，……一爲紅毛所有……沿海諸省斷難晏然無慮。……如僅守澎湖，而棄台灣，則澎湖孤懸汪洋之中，土地單薄，界於台灣，遠隔金廈，豈不受制於彼而能一朝居哉？是守台灣則所以固澎湖。……海氛既靖，內地溢設之官兵，盡可陸續汰減，以之分防台灣、澎湖兩處。台灣……澎湖……通計共兵一萬名，足以固守。又無添兵增餉之費。……蓋籌天下之形勢，必求萬全。台灣一地雖屬外島，實關四省之要。……即爲不毛荒壤，必藉內輓運，亦斷斷乎其不可棄。……臣思棄之必釀成大禍，留之誠永固邊圉（註八）。

施氏顯然強烈反對放棄台灣。上述疏中雖然提到棄地遷民將造成人民流離失所，並就經濟的角度提到台灣土地肥沃物產豐，但是主要是從戰略的觀點，一再強調台灣在國防上的重要性，基於此曾於疏中指出遷民的實際困難，認爲放棄台灣，則台灣或成爲海盜聚集地，或將落入外人之手，如此將嚴重威脅到中國東南沿海的國防安全和地方治安。他最後強調台灣地位之重要已到即使是不毛之地，也需藉中國大陸之接濟來保住它。康熙二十三年正月二十一日，康熙帝曾對大學士李霨等說：

台灣棄取所關甚大，鎭守之官三年一易，亦非至當之策。若徙其人民，又恐失所；棄而不守尤爲不可。爾等可會議政王大臣、九卿、詹事、科道再行確議具奏（註九）。

可知康熙皇帝看過施琅奏疏後，對台態度已由先前的不重視轉爲重視，並已明白指示不放棄台灣，下令大學士等與議政王以下諸要員確實商議。淸廷議政王等尋飭福建督、撫、提、鎭等要員，就如何統治台灣一事詳加商議（註一〇）。

「大淸聖祖實錄」康熙二十三年四月十四日記說：

差往福建料理錢糧侍郎蘇拜會同福建督、撫、提督疏言：「台灣地方千餘里，應設一府三縣，設巡道一員分轄。應設總兵一員、副將二員、兵八千，分爲水陸八營。澎湖應設副將一員、兵二千，分爲二營。每營各設遊、守、千、把等官。」從之（註一一）。

清廷終將台灣劃歸福建省管轄，於台灣設一府三縣，並設分巡道和總兵官鎮守之。

綜而言之，滿清政府是基於鞏固東南沿海國防和地方治安的考量，在不增加中央政府之財政負擔和不增加兵員人力的前提下，才將台灣納入版圖，至於台灣地區人民之福祉，並非決定台灣棄留之關鍵所在。

滿清既將台灣納入版圖，於全台設一台灣府，府下劃爲台灣、鳳山、諸羅三縣，係將延平郡王國時代的天興州改爲諸羅縣，萬年州分爲台灣縣（府治附郭）和鳳山縣而成（註一二）。此三縣之轄境範圍大小不一致，所管轄之坊、里、庄、鎮和社數多寡不等，即台灣縣轄四坊十五里，其縣境範圍由縣治東至咬狗溪大腳山五十里，西至澎湖轄三十六嶼，大洋水程四更，除水程外，東西廣五十里；南至鳳山縣安平鎮交界十里，北至新港溪（按今之鹽水溪）與諸羅縣交界，南北延袤四十里。鳳山縣轄七里二庄十二社一鎮，其縣境範圍，由縣治東至淡水溪二十五里，西至打狗仔港二十五里，東西廣五十里；南至沙馬磯頭（按在今屏東縣貓鼻頭）三百七十四，北至台灣縣文賢里二層行溪一百二十五里，南北延袤四百九十五里。諸羅縣轄四里三十四社，其縣境範圍，由縣治東至大居佛（按今之嘉義縣番路鄉）二十一里，西至大海三十里，東西廣五十一里；南至新港溪與台灣縣交界一百四十里，北至雞籠城（按今之基隆和平島）二千一百七十五里，南北延袤二千三百一十五里（註一三）。當時各縣境內人口衆寡也並不相同：台灣縣境內約有八千三百五十九戶一萬六千三百九十八人（全爲漢人）；鳳縣境內約有漢人兩千四百五十五戶六千九百一十人，土著（非漢人，當時被漢人稱爲「番」）三千五百九十二人

（並無編戶）漢人和土著合計一萬零五百零二人；諸羅縣境內約有漢人兩千四百三十六戶七千八百五十三人；土著兩千三百二十四戶四千五百一十六人，漢人和土著合計一萬兩千三百六十九人（註一四）。另從上面南北長度和東西廣度的數據看來，吾等亦可知當時滿清政府對台灣之了解頗爲有限，否則不會出現台灣「南北延袤二千三百一十五里」之極不正數數據。其實也難怪滿清政府對台灣的了解有限，高拱乾「台灣府志」記說：

台自建置以來，設府一，其府治，東至保大里大腳山五十里爲界，是爲中路，人皆漢人，西至澎湖大海洋爲界，亦漢居之，除澎湖水程四更……外，廣五十里；南至沙馬磯頭六百三十里爲界，是曰南路，磯內諸社，漢番雜處，耕種是事，餘諸里庄多屬漢人，北至雞籠山二千三百一十五里爲界，是曰北路，土番居多，惟近府治者，漢番參半。至于東方山外青山，迤南亙北，皆不奉教生番出沒其中，人跡不經之地，延袤廣狹，莫可測識（註一五）。

可見康熙三十年代，漢人的主要活動空間在台灣府治、澎湖、鳳山縣的諸里庄，至於沙馬磯以北諸社和諸羅縣轄境之近府治地方則爲漢土雜居，其餘皆爲土著的活動空間，漢人當時在台灣的地盤不大，其對台灣的了解就受到限制了。

自康熙二十三年台灣劃定三縣之後，截至雍正元年（西元一七二三年）爲止，縣級機構轄區未曾作過調整，惟縣轄下之里、保、庄和社等有所變動。根據高拱乾「台灣府志」規制志之記載，則知最遲在康熙三十三年時，除台灣縣仍維持原轄的四坊、十五里外，鳳山縣增加爲十里、三保（包括安平鎮保）五庄、一二社，諸羅縣仍轄四里，但增十四庄，社增為四十（註一六）。自是至康熙末年，各縣所轄之坊、里、保、庄、社數仍無變動（註一七）。

參、縣之組織與職掌

如前一章所述，滿清領有台灣之次年，將台灣置於福建省管轄之下，於全台除設一台灣府外，尚在府下設台灣、鳳山和諸羅三個縣。依清代之制度，縣皆設知縣一名，其官秩為正七品，乃各該縣之最高文職長官（註一八）。「欽定大清會典則例」卷三載說：

> 國初定每縣設知縣一人，縣丞、主簿因事增革無定員，典史一人，儒學教諭一人、訓導一人，倉庫大使、副使、巡檢、驛丞、所官因事設定無定員。康熙三年定大縣儒學裁訓導一人，小縣儒學裁教諭一人。十五年大縣復設訓導，小縣復設教諭（註一九）。

則知康熙時代一縣除設知縣一名外，可能尚設有縣丞、主簿、典史、教諭、訓導、倉庫大使、副使、巡檢、驛丞、所官等輔助官。

據蔣毓英「台灣府志」載說：

> 台灣縣：知縣一員、縣丞一員、典史一、新港巡檢司巡檢一員、澎湖巡檢司巡檢一員。鳳山縣：知縣一員、典史一員、下淡水巡檢司巡檢一員。諸羅縣：知縣一員、典史一員、佳里興巡檢司巡檢一員。……台灣縣儒學教諭一員，鳳山縣儒學教諭一員，諸羅縣儒學教諭一員（註二〇）。

可見清領台灣之初於台灣、鳳山和諸羅各縣除皆設知縣一名外，並皆設有教諭、巡檢和典史，台灣縣尚設有縣丞。由此顯見台灣當時之官治組織比中國大陸其他地方來得簡單，除未設主簿、倉庫大使等官外，亦未設訓導。

知縣爲一縣之最高文職官員，台灣亦是如此。根據「台灣史料」一書的記載，在康熙時代舉凡台、鳳、諸各該縣之司法裁判、租稅征收、科舉試務、禮教祀典、公共工程、地方治安、社會福祉等事項皆爲各該知縣之職責。詳細的說知縣之職掌包括下列諸事項：一、司法裁判：負責管內之民事與刑事裁判。一、財政事務：負責管內租稅之徵收與管理。一、行政事務：接受上級指揮監督，執行上級交辦事項。並向上級反映民情。一、禮教祀典事務：負責科舉試務、書院設置與管理、春秋祭典等事項。一、人事管理：負責管內簽首、總理、保甲和差役之舉充、任命與監督。一、地方治安：協助知府道台辦理保甲團練冬防以維護地方治安。一、公共事務：協助知府道台辦理有關救恤事項（註二一）。上述這些繁雜的事務，勢非知縣一人所能獨立完成，因此一方面需設如前述所提及的縣丞、教諭、巡檢、典史等佐貳雜職官員協助辦理，一方面在知縣衙門內設幕友、書吏和差役以協助知縣處理縣務。

現先就知縣衙門內的組織和個別的職掌加以說明。依據「新竹廳志」的記載，推測康熙時代台、鳳、諸三知縣衙門內，各設幕友若干人，分別擔任錢糧、刑名、徵比、書記等工作，此等幕友係知縣私聘爲知縣之顧問幕僚人員，非官制內之官員。

書吏是知縣衙門內實際執行縣務之人員，係知縣私僱者，一般通稱之爲胥吏。彼等分別於知縣衙門内之各房中執行其業務。康熙時代台、鳳、諸三知縣衙門分爲吏、戶、禮、兵、刑、工六房，各房皆設總書一名，幫書若干人，其職掌爲：

一、吏房：負責辦理官吏之任免黜陟、丁憂起服、公文收發等事項。

一、戶房：負責辦理租稅之徵收減免及會計等事務。

一、禮房：負責辦理有關考試、祭祀及鄉賢節孝之旌表等事務。

一、兵房：承辦兵差、武舉、驛傳、兵站和海防等事務。

一、刑房：負責辦理刑事及監獄等相關事務。

一、工房：負責官舍及道路、橋樑、港灣、河堤等之修築事項（註二二一）。

至於知縣衙門內差役的配置情形，據蔣毓英「台灣府志」載說：

台灣縣：本縣知縣一員，……門子、皂隸、馬快、燈夫、轎傘扇夫、禁卒、庫子、倉斗級、民壯等役共一百零三名。……鋪司兵十二名。……鳳山縣：本縣知縣一員，……門子、皂隸、馬快、燈夫、禁卒、轎傘扇夫、庫子、斗級、民壯共一百零三名。……鋪司兵二十八名。……諸羅縣：本縣知縣一員，……門子、皂隸、馬快、燈夫、轎傘扇夫、禁卒、庫子、斗級、民壯等役共一百零三名。……鋪司兵六十七名（註二二三）。

由此則知滿清領有台灣之初，台灣、鳳山、諸羅各知縣衙門內皆設有門子、皂隸、馬快、燈夫、轎傘扇夫、禁卒、庫子、斗級和民壯等差役共一百零三名。各縣皆設鋪司兵，台灣縣爲十二名，鳳山縣爲二十八名，諸羅縣爲六十七名。在高拱乾「台灣府志」中更詳載了各知縣衙門內各種差役之編制名額，視此則知台灣、鳳山、諸羅各縣自設縣以來，各知縣衙門內皆設門子兩名、皂隸十六名、馬快八名、燈夫四名、禁卒八名、轎傘扇夫七名、庫子四名、斗級四名和民壯五十名，共各設差役一百零三名（註二四）。

康熙時代台灣之台、鳳、諸三縣僅台灣縣設有縣丞一員，縣丞署在縣治內。縣丞官秩為正八品，係該縣之佐貳官（註二五），負責掌理糧馬、征稅、戶籍和緝捕等事項（註二六）。該縣丞署內設門子一名、皂隸四名、馬夫一名供縣丞差遣（註二七）。前面曾提過，台、鳳、諸三縣之下皆設有教諭、典史各一員。教諭為正八品負責各該縣之學務（註二八），同時各縣儒學內皆設齋夫三名、門斗三名、膳夫二名供教諭差遣（註二九）。典史官秩未入流，受知縣指揮監督，負責掌理捕務和獄務。鳳山和諸羅縣未設縣丞、主簿，因此該兩縣之典史兼理原屬縣丞和主簿之業務（註三〇）。同樣的，各縣典史署亦設有門子一名、皂隸四名、馬夫一名供典史差遣（註三一）。前面也曾提過，台、鳳、諸三縣之下皆設有巡檢司，即台灣縣下設新港巡檢司和澎湖巡檢司，鳳山縣下設淡水巡檢司，諸羅縣下設佳里興巡檢司，上述各巡檢司皆設巡檢一員，官秩為從九品（註三二）。巡檢負責稽察地方，即捕拏盜賊，盤詰奸宄，皆其職責所在（註三三）。然新港巡檢和澎湖巡檢尚需分別負責稽察鹿耳門和澎湖地方來往之船隻（註三四）。為便於巡檢執行其職務，於上述各該巡檢司皆設有皂隸二名、弓兵十八名供巡檢差遣（註三五）。上列各種差役，以從事與治安工作相關之皂隸、馬快、禁卒、弓兵、民壯等類差役人數居多，即此類差役佔各該縣全部差役（舖司兵未列入計算）之百分比：台灣縣為百分之七九點七五，鳳山縣為百分之七七點三二，諸羅縣之百分為七七點三七（參見後列表三—二）。

自康熙二十三年設置台灣、鳳山、諸羅三縣以來，截至康熙末年為止，台灣未見多增設一縣，而於上述諸縣內外亦未見增減任何機關，連各該機關之編制員額亦未見變動（註三六）。茲將康熙時代台、鳳、諸三縣官員及其差役之編列情形列表如下以供讀者參考。

表三—一：康熙年間台灣、鳳山、諸羅三縣官員編制表

縣別	職官	官秩	員額	合計
台灣	知縣	正七品	1	6
	典史	未入流	1	
	縣丞	正八品	1	
	教諭	正八品	1	
	巡檢	從九品	2	
鳳山	知縣	正七品	1	4
	典史	未入流	1	
	教諭	正八品	1	
	巡檢	從九品	1	
諸羅	知縣	正七品	1	4
	典史	未入流	1	
	教諭	正八品	1	
	巡檢	從九品	1	

資料來源：蔣毓英「台灣府志」，頁一九三—一九四；高拱乾「台灣府志」，頁五四；周元文「重修台灣府志」，頁六二一。

表三－二：康熙年間台鳳諸三縣各文官衙門及其差役之編制員額表

縣別	臺灣縣						鳳山縣				諸羅縣				差役別合計
差役別 ＼ 署別 ＼ 人數	知縣署	典史署	縣丞署	儒學署	新港巡檢	澎湖巡檢	知縣署	典史署	儒學署	下淡水巡檢	知縣署	典史署	儒學署	佳里興巡檢	
門子	2	1	1				2	1			2	1			10
皂隸	16	4	4		2	2	16	4		2	16	4		2	72
馬快	8						8				8				24
禁卒	8						8				8				24
弓兵	8				18	18				18				18	72
民壯	50						50				50				150
斗級	4						4				4				12
庫子	4						4				4				12
轎傘扇夫	7						7				7				21
燈夫	4						4				4				12
馬夫		1	1					1				1			4
舖司兵	12						28				67				107
齊夫				3					3				3		9
門斗				3					3				3		9
膳夫				2					2				2	20	6
小計	115	6	6	8	20	20	131	6	8	20	170	6	8		
總計	175						165				204				544
皂隸、馬快、禁卒、弓兵、民壯所佔百分比	80	67	67	0	100	100	80	67	0	100	80	67	0	100	七八·二六（舖兵未計）
	79. 75（舖司兵未計）						77. 37（舖司兵未計）				77. 37（舖司兵未計）				

資料來源：高拱乾「台灣府志」，頁一四九－一六〇；周元文「重修台灣府志」，頁一九七－二〇九。

肆、縣之經費分配與官役待遇

滿清消滅延平郡王國後，即在台設一台灣府，府下轄台灣、鳳山和諸羅三縣。爲推行各縣之業務，必需存留經費於各縣以供各項措施之用。據蔣毓英「台灣府志」載說：

> 台灣縣：本縣知縣一員俸銀二十七兩四錢九分……薪銀三十六兩（照例歲扣充餉銀一十八兩四錢九分）實給湊薪銀一十七兩五錢一分，……門子、皂隸、馬快、燈夫、轎傘扇夫、禁卒、庫子、倉斗級、民壯等役共一百零三名，總計實給工食銀六百三十八兩六錢；縣丞一員俸銀二十四兩三錢一厘……薪銀二十四兩（奉歲扣充餉銀八兩三錢二厘）實給湊俸銀一十五兩六錢九分八厘，……門子、皂隸、馬夫等役共六名，總計實給工食銀三十七兩二錢；典史一員俸銀一十九兩五錢二分……薪銀一十二兩，……門子、皂隸、馬夫等役共六名，總計實給工食銀三十七兩二錢；新港巡檢司巡檢一員俸銀一十九兩五錢二分……薪銀一十二兩……，澎湖巡檢司巡檢一員俸銀一十九兩五錢二分……薪銀一十二兩……；皂隸、弓兵共四十名總計實給工食銀九十兩五錢二分；舖司兵十二名，共計實給工食銀一百零八兩三錢二分三厘三毫二絲四忽八微（註三七）。

則知滿清領台之初，台灣縣存留經費中官員俸薪銀爲一百七十九兩五錢六分，差役工食銀爲九百一十一兩八錢五分三厘二毫四絲，合計爲一千零九十一兩四錢一分三厘二毫。此外台灣縣存留經費尚有：進表紙張銀三兩，新官到任祭品銀一兩九錢二分，府學聖廟香燈銀二兩五錢二分，縣學聖廟香燈銀二兩五錢二分，府縣二學、各廟壇春秋二祭銀二百三十二兩，拜賀救護香燭銀六錢，修理兩學（台灣府學和台灣縣學）文廟及各廟壇銀四十兩，修理倉監銀二十兩，迎春禮銀九兩，鄉飲銀十五兩三分，祈禱晴雨銀三兩，恤孤老衣布銀一百兩，濟孤貧糧銀一百七十四兩五錢八分一厘九毫七絲二忽，囚犯口糧銀三十兩，以上合計爲六百三十四兩一錢七分一厘九毫七絲三忽（註三八）。質言之，台灣縣設縣之初，存留經費共有一千七百二十五兩五錢八分五厘一毫，其間人事費佔六三·二五%，其餘各項共佔三六·七五%。當時台灣縣官役之待遇爲：每年知縣俸薪銀四十五兩、縣丞俸薪銀四十兩、典史、巡檢薪銀皆爲三十一兩五錢二分，差役之門子、皂隸、馬快、燈夫、轎傘扇夫、禁卒、庫子、倉斗級、民壯皆每名每年支給工食銀六兩二錢，弓兵每名每年支給工食銀一兩八錢二分五厘五毫五絲（註三九），舖司兵每名每年支給工食銀九兩零二分七厘七毫七絲。

清康熙年間，鳳山縣設縣之初，存留經費中，官員俸薪銀爲一百零八兩零四分，差役工良銀爲九百一十八兩九錢六分二厘九毫，合計一千零二十七兩零二厘九毫，其餘各項存留經費合計爲四百七十七兩四錢三分二厘零八絲六忽（註四〇），全縣各項存留經費總共爲一千五百零四兩四錢三分四厘九毫，其中人事費佔存留經費總額的六八·二七%，其餘各項存留經費共佔三一·七三%。此時鳳山縣官役之待遇，除舖司兵每名每年支給工食銀七兩零六錢七厘九毫六絲，低於台灣縣外，其餘皆與台灣縣相同。

諸羅縣設縣之初，存留經費中，官員俸薪銀爲一百零八兩零四分，差役工食銀爲一千一百九十四兩六錢一分三厘三毫，合計爲一千三百零二兩六錢五分三厘三毫，其餘各項存留經費合計爲三百九十七兩六錢一分四厘零三絲（註四一），共計全縣各項存留經費總額爲一千七百兩二錢六分七厘二毫，其中官員俸薪和差役工食銀之類的人事費，合佔存留經費總額的七六·六一%，其餘各項存留經費共佔二三·三九。至於諸羅縣此時官役之待遇，則與鳳山縣相同。

由前述的探討，可知滿清在台所設之台灣、鳳山、諸羅三縣，在其設縣之初，各縣之人事費佔各該縣存留經費總額中的比率，顯然比其他各項經費都來得高。上述三縣在滿清初領台時的存留經費，其分配情形，詳如下兩表。

表四～一滿清初領台時台鳳諸三縣存留經費各項分配情形表

		諸羅縣			鳳山縣			臺灣縣		
官員薪俸	知縣俸薪銀	45	2.65%		45	2.99%		45	2.61%	
	縣丞俸薪銀							40	2.32%	
	典史俸薪銀	31.52	1.85%		31.52	2.1%		31.52	1.83%	
	新港巡檢俸薪							31.52	1.83%	
	下淡水巡檢俸薪				31.52	2.1%				
	佳里興巡檢俸薪	31.52	1.85%							
	澎湖巡檢俸薪			6.35%			7.18%	31.52	1.83%	10.41%
差役工食銀	知縣署差役工食銀	638.6	37.56		638.6	42.45		638.6	37.01%	
	縣丞署差役工食銀							37.2	2.16%	
	典史署差役工食銀	37.2	2.19%		37.2	2.47%		37.2	2.16%	
	巡檢司差役工食銀	45.26	2.66%		45.26	3.01%		90.52	5.25%	
	舖司兵	473.55332	27.85%	70.26%	197.9029	13.15%	61.08%	108.33324	6.28%	52.84%
行政庶務	進表紙張銀	2.5289821	0.15%		2.5289821	0.17%		3	0.17%	
	新官到任祭品銀	1.92	0.11%		1.92	0.13%		1.92	0.11%	
	囚犯口糧	20	1.18%	1.44%	20	1.33%	1.63%	30	1.74%	2.02%
文教祀典銀	府學聖廟香燈銀							2.52	0.15%	
	縣學聖廟香燈銀	2.52	0.15%		2.52	0.17%		2.52	0.15%	
	府縣學廟壇春秋祭	148	8.7%		148	9.84%		232	13.44%	
	拜賀救護香燭銀	0.6	0.04%		0.6	0.04%		0.6	0.03%	
	迎春禮銀	2	0.12%		2	0.13%		9	0.52%	
	祈禱晴雨銀	1.2	0.07%		1	0.07%		3	0.17%	
	鄉飲銀	6	0.35%	9.43%	6	0.4%	10.64%	15.03	0.87%	15.34%
建設	修理府縣學廟壇	12.357	0.73%		11.357	0.75%		40	2.32%	
	修理倉監銀	20	1.18%	1.9%	20	1.33%	2.08%	20	1.16%	3.48%
救濟	恤孤貧衣布銀	73.0158	4.29%		95.238	6.33%		100	5.8%	
	濟孤貧月糧銀	127.472256	7.5%	11.79%	166.268106	11.05%	17.38%	174.581973	10.12%	15.91%
	合計	1700.2672	100%	100%	1504.4349	100%	100%	1725.5851	100%	100%
備註	1.經費額單位爲兩 2.每名差役之年待遇爲：舖司兵台灣縣爲 9.0278 兩，鳳山諸羅縣皆爲 7.068 兩，三縣弓兵皆爲 1.825 兩，其餘各種差役三縣皆爲 6.2 兩									

資料來源：蔣毓英「台灣府志」，中華書局影印，「台灣府志三種」，上冊，頁一七二——八八。

表四～二滿清初領台時台鳳諸三縣存留經費分類分配情形表

經費別＼經費額＼百分比＼縣別	諸羅縣		鳳山縣		台灣縣	
官員俸薪銀	108.04	6.35%	108.04	7.18%	179.56	10.41%
差役工食銀	1194.6133	70.26%	918.9629	61.08%	911.85324	52.84%
行政庶務費	24.44898	1.44%	24.44898	1.63%	34.92	2.02%
文教祀典費	160.32	9.43%	160.12	10.64%	264.67	13.34%
公共建設費	32.357	1.9%	31.357	2.08%	60	3.48%
社會救濟費	200.48805	11.79%	261.5061	17.38%	274.58197	15.91%
合　　計	1700.2672	100%	1504.4349	100%	1725.5851	100%
備　　註	1.經費單位爲兩。 2.資料來源：同表四～一。					

由上列表四—一和表四—二，看得出滿清領台之初，台灣雖爲尙未充分開發的新領地，但清廷並未存留大筆建設經費給各縣，各縣存留經費，均是官員俸薪和差役工食之類的人事費佔最高比率，其次爲社會救濟費，再次爲文教祀典費，未爲建設費。其實當時所存留的建設費是屬消極的維修既有的公共建築，如府學、縣學、廟壇、倉監等的修理，並非存留做爲積極的公共建設之用。

康熙二十六年（西元一六八七年），台灣各縣教諭到任（註四二），此後台灣、鳳山、諸羅三縣將會增加存留經費，乃自然之事。根據高拱乾「台灣府志」的記載，不僅可知台鳳諸三縣有儒學之存留經費，且知，截至康熙三十五年，台鳳諸三縣每年存留經費的分配情形和官役的待遇狀況。即在這期間台灣縣知縣、縣丞、典史、巡檢的俸薪與以前相同，教諭一員每年之俸薪爲三十一兩五錢二分，合計全縣每年需存留官員俸薪銀二百一十一兩零八分；差役之門子、皂隸、馬快、燈夫、轎傘扇夫、禁卒、庫子、斗級、馬夫、民社每名每年支給之工食銀與以前相同，皆爲六兩二錢，弓兵與以前相同皆爲一兩八錢二分五厘五毫五絲，舖司兵每名每年支給工食銀，也與以前幾乎完全相同爲九兩零二分七厘八毫（最初爲九兩零二分七厘七毫七絲），儒學齋夫、門斗每名每年支給工食銀六兩二錢，膳夫六兩六錢六分六厘六毫六絲五忽，合計全縣每年存留差役工食銀九百六十二兩三錢八分六厘九毫八絲；廩生一十名，每名每年支給廩糧銀二兩八錢九分三厘三毫三絲，共支二十八兩九錢三分三厘三毫；進表用紙張銀三兩，台灣府聖廟香燈銀二兩五錢二分，台灣縣聖廟香燈銀二兩五錢二分，府縣學各廟壇祠春秋二祭銀二百三十二兩，鄉飲酒銀一十五兩零三分，慶賀救護銀香燭銀六錢，祈禱晴雨香燭銀三兩，修理府縣學文廟壇祠銀四十兩，恤孤貧衣布銀一百兩，支給孤貧月糧銀一百七十四銀五錢八分一厘九毫七絲三忽，囚犯銀三十兩，新中進士、舉人、貢生旗匾銀四兩五錢八分三厘三毫三絲，會試舉人盤費三十兩，上列各費自進表用紙張銀以下共計存留經費六百三十七兩八錢三分五厘三毫（註四三）。於此總計康熙二十六年以後截至三十五年止，台灣縣每年存留經費爲一千八百四十兩二錢三分五厘四毫，比設縣之初時增加一百一十四兩六錢五分零三毫，即增加了六·六四%。在此存留經費中，官員俸薪和差役工食銀佔存留經費總額的六二·七七%，廩糧銀佔一·五七%，其餘各項存留經費佔三四·六六%。如將官員俸薪差役工食銀歸爲人事費，進表用紙張費、囚犯銀歸爲行政庶務費；府縣學聖廟香燭銀、各廟壇春秋二祭銀、進士舉人貢生旗匾銀、會試舉人盤費、廩生廩糧銀、鄉飲酒銀、祈禱晴雨香燭銀、慶賀救護香燭銀、歸爲文教祀典費；修理府縣學文廟壇祠銀歸爲建設費；恤孤貧衣布月糧銀歸爲社會救齊類，則其各類所佔之百分比分別爲：人事費六三·二七%、行政庶務一·七九%、文教祀典一七·三四%、建設二一·一七%、社會救濟一四·九二%。

鳳山縣在康熙二十六年起截至康熙三十五年時，其知縣、典史、巡檢之俸薪與設縣之初時相同，即知縣年支給四十五兩，典史、巡檢皆年各支給三十一兩五錢二分，於康熙二十六年到任之教諭每年俸薪銀三十一兩五錢二分，合計全縣每年需存留官員俸薪銀一百三十九兩五錢六分；差役之工食銀，弓兵每名每年之工食銀爲一兩八錢二分五厘五毫五絲，舖司兵每名每年支給之金額與設縣之初時幾乎相同，每名爲七兩零六錢八厘，儒學膳夫每名每年支給六兩六錢六分六厘六毫六絲，其餘各種差役每名每年支給工食銀也與以前同爲六兩二錢，合計全縣每年存留差役工食銀九百六十九兩四錢九分七厘三毫三絲（註四四）；其餘各項存留經費合計爲五百一十七兩二錢二分八厘七毫一絲（註四五）。鳳山縣總計全年存留經費有一千六百二十六兩二錢八分六厘，比設縣之初增加一百二十一兩八錢五分一厘一毫，增加了八·一%。在比存留經費中，人事費、行政庶務費、文教祀典費、建設費、救濟費所佔百分比，分別爲六八·二%、一·三九%、一三·六四%、〇·七%、一六·〇八%。

諸羅縣在康熙二十六年以後，也增加了儒學方面的存留經費，對整個存留經費的分配比例也起了變化。根據高拱乾「台灣府志」的記載，截至康熙三十五年，知縣、典史、巡檢之年俸與設縣之初時相同，即知縣每年支給四十五兩，典史、巡檢皆每年各支給三十一兩五錢二分，於康熙二十六年到任之教諭，其俸薪銀爲每年三十一兩五錢二分，合計全縣每年需存留官員俸薪銀一百三十九兩五錢六分；差役之工食銀每名支給金額皆與鳳山縣同，合計全縣每年存留差役工食銀一千二百四十五兩一錢四分九厘三毫（註四六）；其餘各項存留經費爲四百五十六兩二錢一分零六毫六絲（註四七）。諸羅縣全年總共存留經費一千八百四十兩九錢一分九厘九毫，比設縣之初增加一百四十兩六錢五分二厘七毫，增加了八·二七%。在此存留經費中，人事費、行政庶務費、文教祀典費、建設費、救濟費所佔百分比，分別爲七五·二二%、一·二二%、一二·〇五%、〇·六二%、一〇·八九%。

以上所述台灣、鳳山、諸羅三縣之官役待遇和存留經費使用分配之項目和金額，一直持續到康熙末年都幾乎完全無所改變（註四八）。於茲將康熙二十六年至康熙末年台灣、鳳山、諸羅三縣之存留經費分配情形列如下表。

表四-三 康熙二十六年至康熙末年台灣鳳山諸羅縣存留經費之分配情形表

縣別 / 經費別 / 經費數 / 百分比		台灣縣			鳳山縣			諸羅縣		
官員薪俸	知縣俸薪銀	45	2.45%		45	2.77%		45	2.44%	
	縣丞俸薪銀	40	2.17%							
	教諭俸薪	31.52	1.71%		31.52	1.94%		31.52	1.71%	
	新港巡檢俸薪	31.52	1.71%							
	下淡水巡檢俸薪				31.52	1.94%				
	佳里興巡檢俸薪							31.52	1.71%	
	澎湖巡檢俸薪	31.52	1.71%							
	典史俸薪	31.52	1.71%	11.47%	31.52	1.94%	8.58%	31.52	1.71%	7.58%
差役工食銀	知縣署差役工食銀	638.6	34.7%		638.6	39.27		638.6	34.69%	
	縣丞署差役工食銀	37.2	2.02%							
	儒學差役工食	50.53333	2.75%		50.53333	3.11%		50.53333	2.75%	
	巡檢司差役工食銀	90.52	4.92%		45.26	2.78%		45.26	2.46%	
	典史署差役工食	37.2	2.02%		37.2	2.29%		37.2	2.02%	
	舖司兵工食	108.3336589	5.89%	52.3%	197.904	12.17%	59.61%	473.556	25.72%	67.64%
行政庶務	進表紙張銀	3	0.16%	1.79%	2.5289821	0.16%	1.39%	2.5289821	0.14%	1.22%
	囚犯月糧銀	30	1.63%		20	1.23%		20	1.09%	
文教祀典銀	府學聖廟香燈銀	2.52	0.14%							
	縣學聖廟香燈銀	1.52	0.14%		2.52	0.15%		2.52	0.14%	
	府縣學廟壇春秋祭	232	12.61%		148	9.1%		148	8.04%	
	鄉飲銀	15.03	0.82%		6	0.37%		6	0.33%	
	慶賀救護銀	0.6	0.03%		0.6	0.04%		0.6	0.03%	
	祈晴禱雨銀	3	0.16%		1.2	0.07%		1.2	0.07%	
	廩糧銀	28.93333	1.57%		28.9333	1.78%		28.9333	1.57%	
	進士舉人貢生旗匾	4.58333	0.25%		4.58333	0.28%		4.58333	0.25%	
	會試舉人盤費	30	1.63%	17.34%	30	1.84%	13.64%	30	1.63%	12.05%
建設	修理府縣學廟壇祠	40	2.17%	2.17%	11.357	0.7%	0.7%	11.357	0.62%	0.62%
救濟	恤孤貧衣布銀	100	5.43%	14.92%	95.238	5.86%	16.08%	73.0158	3.97%	10.89%
	濟孤貧月糧銀	174.581973	9.49%		166.268106	10.22%		127.472256	6.93%	
	合計	1840.2354	100%	100%	1626.286	100%	100%	1840.9199	100%	100%
備註	1.經費額單位爲兩 2.每名差役之年待遇爲：舖司兵台灣縣爲 9.0278 兩，鳳山諸羅縣皆爲 7.068 兩，三縣弓兵皆爲 1.825 兩，膳夫三縣皆爲 6.66666 兩，其餘各種差役三縣皆爲 6.2 兩									

資料來源：高拱乾「台灣府志」，中華書局影印，「台灣府志三種」，上冊，頁七四四～七八七；周元文「重修台灣府志」，「台文叢」，頁一九五～二〇九；陳文達「台灣縣志」，「台文叢」，頁一八九～一九三；陳文達「鳳山縣志」，「台文叢」頁七五～七八；周鍾瑄「諸羅縣志」，「台文叢」，頁一〇五～一〇八。

伍、知縣之任用與出身

清代地方官道府之首長，其任用時任命之方式有請旨、揀補、題補、調補、留補和部選（即由吏部銓選）等方式，至於廳州縣首長出缺時，其任命方式，一般而言，除不適用請旨外，其他各種方式都與道府首長的任命方式相同（註四九）。康熙時代的台灣是否也如此，探討如下。

康熙二十三年（西元一六八四年），台灣初設台灣、鳳山、諸羅三縣，其知縣任命方式，據「署理閩浙總督宜兆熊殘題本」載說：

台灣應設官兵，於閩省水陸經制官兵內抽調遣防；台灣澎湖文職，聽吏部補授具題；文武官員到任三年後，該部陞轉內地等因具題，奉旨依議，欽遵在案（註五〇）。

另據周鍾瑄「諸羅縣志」載說：

諸羅縣，設自康熙二十三年。知縣一員、典史一員佳里興巡檢一員、儒學教諭一員，初由部選（註五一）。

再據陳文達「台灣縣志」載說：

知縣一員、縣丞一員、儒學教諭一員、巡檢司巡檢二員。康熙二十三年開闢以後，各官初由部選（註五二）。

則知康熙二十三年台灣設縣之初，各縣知縣之任用係由吏部負責銓選，即當時知縣任命方式屬部選，知縣之任期爲三年。

台灣各知縣任命由吏部銓選的辦法施行不久，在康熙三十年就有所改變。根據「諸羅縣志」載說：

> 康熙三十年奉旨：台灣各官，自道員以下，教諭以上，俱照廣西南寧等府之例，將品級相當現任官員內揀選調補，三年滿即陞。如無品級相當堪調之員，仍歸部選(註五三)。

陳文選「台灣縣志」也載說：

> 至康熙三十年，奉旨：台灣各官，自道員以下，教職以上，俱照南寧等府之例，將品級相當現任官員內揀選調補；三年俸滿即陞。如無品級相當堪調之員，仍歸部選(註五四)。

足見康熙三十年時，清廷允許台灣各知縣之任命方式，由原先完全由吏部全權負責的部選方式(註五五)，改為比照廣西南寧等府的例子，由督府調補，也就是說台灣各知縣出缺時，可以由閩浙總督和福建巡撫就福建省內品級相當之現任官員中調補，而任期仍為三年，任滿即陞。不過福建省內如無品級相當的現任官員可調補，就仍歸吏部負責銓選。但是根據康熙四十七年十月十三日，閩浙總督梁鼐的奏摺說：

> 所有台灣一郡，遠隔重洋，其大小各官概從內地調補，然非真知灼見之員，未敢輕以題補，而自同知、知縣等官，向係撫臣會疏保題。今現有……諸羅縣知縣李鏞降調一缺，例應遴員題調。……查有福州府閩清縣知縣李兆齡，才猷敏練，辦事勤慎，操守廉潔，汀州府武平縣知縣時惟豫，居官才守亦好，俱堪以調補諸羅縣員缺。但……有處分之案，保題復格於例。臣思台灣重地，需才……如知縣李兆齡時惟豫，臣所真知灼見，……李兆齡時惟豫各有議處之案，巡撫

未便保題，臣亦礙例，不敢擅便，謹具摺奏請。……李兆齡、時惟豫應否准以一員調補諸羅縣，出自皇上特恩，懸乞或應男賜揀補，統惟聖主天裁（註五六）。

則知台灣知縣出缺時，其任命方式，雖然原則上是遴選內地未受過行政處分之官員以「調補」方式為之，但題補亦無不可，甚至有特殊情形時也可由督撫以專摺奏薦方式為之。綜觀康熙年間台灣知縣之任命方式，起初是由吏部銓選，其後在康熙三十年清廷諭令以調補為原則，但並不因此而禁用銓選、題補或專摺奏薦等方式。如就實際運作狀況而言，康熙年間，台灣知縣之任命方式，以調補最為普遍（註五七）。

康熙三十年清廷指令台灣各知縣出缺時，可由督撫調補的同時，也將知縣任期定為三年，其後直至康熙末年未見對知縣任期做過調整。然而根據「大清聖祖實錄」康熙六十一年正月庚戌條載說：

吏部議覆：福建浙江總督覺羅滿保疏言：「嗣後台灣道、府、廳、縣在任三年，果於地方有益，俱照陞銜再留三年陞轉。」應如所請。從之（註五八）。

可見康熙末年開始，台灣知縣在任三年時，如眞的對地方有所助益的，除照陞銜外，並續留任知縣三年之後再陞轉，也就是說對地方眞有貢獻的知縣，其實際任期可達六年之久，展延知縣任期似乎一方面是在鼓勵有為知縣的作為，另一方面則表示清廷重視台疆，愼重考慮知縣的才能的意象。

康熙年間除了前述銓選或調補的方式任命知縣外，有時由督撫派員兼攝或署理或護理。從康熙二十三年至康熙六十一年的三十八年間，台灣縣知縣包括兼攝者四任在內，則有十六任，平均任期爲二點三八年(註五九),鳳山知縣包括兼攝和署理者二任在內,則有十三任,平均任期爲二點九二年(註六〇),諸羅縣知縣包括兼攝和署理者五任在內,則有十八任,平均任期爲二點一一年(註六一),因此康熙年間台灣之知縣平均任期爲二點四三年。如將任期分成若干組來觀察的話,則發現只有台灣縣知縣之任期現象比較接近清廷所定三年一任的理想,該縣知縣任期在滿二年未滿三年的佔該縣知縣的百分之三一點二五,其餘之鳳山和諸羅兩縣,其知縣任期在滿二年至三年之間者,佔各該縣的七·六九%和二七·七八%。知縣任期一年以下至未滿三年,佔各縣(指、台、鳳、諸三縣)的六八·七五%、四六·一五%、七七·七八%,由此等數據可知康熙年間各縣知縣之實際任期有一大部分不符法定三年的任期。如將全台灣視爲一整體而進一步統計,則知縣任期未滿一年至未滿二年者佔四二·五五%,未滿一年至未滿三年者佔六五·九五%。而康熙年間台灣之知縣任期最長者有二位,其任期也不過七年而已。以上諸現象詳見後列表五—一。

於此改以知縣之出身來了解台灣清代康熙年間縣此一制度的另一層面。一般而言,清代知縣之出身分爲兩途,一爲正途,包括進士、舉人、貢生、監生和廕生等之出身者,一爲雜途,包括舉薦、吏員和捐納等之出身者(註六二)。爲更清楚認識台灣康熙時代之知縣制度,擬將雜途中之捐納抽離出來做爲分析的一項,即將台灣各縣首長之出身分成正途、雜途和捐納三部分來探討。

根據吾等之探討,康熙年間,台灣、鳳山、諸羅三縣之知縣僅一員是捐納出身者,雜途出身者也僅一名,七成六以上是正途出身者。更進一步的說,各縣知縣出身情形爲:台灣縣,正途出身者十名、雜途一名、出身不詳者五名,鳳山縣十三名,十名爲正途出身者,三名出身不詳,諸羅縣正途出身者十六名、捐納和出身不詳的各一名，依此統計全台知縣正途出身的三十六名、雜途捐納者各一名、出身不詳者九名，正途佔知縣總數的七六・六%、雜途捐納各佔二・一三%、不詳者佔一九・一五%。上述諸現象，詳見表五—一和表五—二。

表五～一台灣康熙年間知縣出身及任期分組統計表

		1年以內				1至2年				2至3年				3至4年				4至5年				5至6年				6至7年				合計
		正	雜	捐	不詳	正	雜	捐	不詳	正	雜	捐	不詳	正	雜	捐	不詳	正	雜	捐	不詳	正	雜	捐	不詳	正	雜	捐	不詳	
台灣縣	人	3			1	2				1	1		3	3								1			1					16
	百分比	18.75			6.25	12.5				6.25	6.25		18.75	18.75								6.25			6.25					100
		25				12.5				31.25				18.75								12.5								100
鳳山縣	人	2			2	1				1				1				3				1			1	1				13
	百分比	15.38			15.38	7.69				7.69				7.69				23.08				7.69			7.69	7.69				100
		30.77				7.69				7.69				7.69				23.08				15.38				7.69				100
諸羅縣	人	4		1		3			1	5				1				2				1								18
	百分比	22.22		5.56		16.67			5.56	27.78				5.56				11.11				5.56								100
		27.78				22.22				27.78				5.56				11.11				5.56								100
全台灣	人	9		1	3	6			1	7	1		3	5				5				3			2	1				47
	百分比	19.15	2.13	6.38		12.77			2.13	14.89	2.13		6.38	10.64				10.64				6.38			4.26	2.13				100
		27.66				14.89				23.4				10.64				10.64				10.64				2.13				100
備註	1.台灣縣知縣實授 12 人、兼攝 4 人，鳳山縣知縣實授 8 人、兼攝 4 人、署理 1 人，諸羅縣知縣實授 13 人、兼攝 2 人、署理 3 人，合計全台知縣實授 33 人、兼攝 10 人署理 4 人。凡科甲(進士、舉人)、貢生(拔、優、副、恩、歲貢生)、監生(優、恩、廢監生)出身者列爲雜途，而曾以捐輸獲取功名者列爲捐途。																													

資料來源：陳文達「台灣縣志」，頁九八；陳文達「鳳山縣志」，頁四七—四八；「諸羅縣志」，頁四八—四九；「劉志」，頁三六〇—三六一、二六七、三七二—三七三；「台灣史地文職表」，頁一二九—一三〇、一三九、一四九—一五一。

表五～二台灣康熙年間知縣出身統計表

縣 出身別 \ 人數 \ 百分比 \ 別	台灣縣		鳳山縣		諸羅縣		全台灣	
正　途	10	62.5	10	76.92	16	88.89	36	76.6
雜　途	1	6.25					1	2.13
捐　納					1	5.56	1	2.13
不　詳	5	31.25	3	23.08	1	5.56	9	19.15
合　計	16	100	13	100	18	100	47	100
備　註	資料來源:同表五～一。							

由前述知縣出身背景分析得知，康熙年間台灣各地知縣水準相當高，尤其是諸羅縣，正途出身者佔八八·八九%，全台灣之知縣正途佔七六·六%。知縣正途出身者比率如此之高，這也許是清廷初領台時，對新領地的統治具某種程度的謹慎的一種跡象吧！

滿清王朝是一個以極少數的滿族來統治佔絕對多數的漢族之政權，因此滿人在清朝各級政府人數而言所佔的比重如何，就成爲了解其政權的方法之一，如是則台灣清代各知縣首長的族別和漢人的籍貫，自然也是了解清代台灣知縣制度的途徑之一。

根據分析，康熙年間台灣各地知縣在族別上皆爲漢人，但漢人中旗籍所佔比重相當大，台灣縣佔該縣的二五%，鳳山縣佔該縣的四六·一五%，諸羅縣佔該縣的三八·四六%由此可見滿清初治台灣時，似乎相當依重漢軍八族籍人士。非旗籍之漢人知縣，以華北(包括直隸、山東、河南、山西、陝西和甘肅等省)、華中(包括江蘇、浙江、安徽、江西、湖南、湖北和四川等省)、華南(包括福建、廣東、廣西、貴州和雲南等省)來區分，則台灣縣華北人佔一二·五%、華中人佔五〇%、華南人佔一二·五%，鳳山縣華北人佔三〇·七七%、華中人佔二三·〇八%、無一人爲華南人，諸羅縣華北人佔一六·六七%、華中人佔二七·七八%、華南人佔一一·一一%。就整個台灣而言，康熙年間知縣的族別和籍貫別的情形是：漢軍八族籍佔三八·三%、華北籍佔一九·一五%、華中籍佔三四·〇四%、華南籍佔八·五一%，顯然當時全台知縣以漢軍八旗籍人爲最多，其次是華中人，再次是華北人，而以華南人爲最少。茲將台灣康熙年間知縣之族別和籍貫別列表如下：

表五～三台灣康熙年間知縣族別籍貫別統計表

		旗人				漢人																				總計
		滿旗	漢旗	不詳	小計	直隸	山東	河南	山西	陝西	甘肅	江蘇	浙江	安徽	江西	湖南	湖北	四川	福建	廣東	廣西	貴州	雲南	不詳	小計	
台灣縣	人		4		4	1		1				2	2	1		1	2			1		1			12	16
	百分比		25		25	6.25		6.25				12.5	12.5	6.25		6.25	12.5			6.25		6.25			75	100
		25				12.5(華北)						50(華中)							12.5(華南)							100
鳳山縣	人		5	1	6	1	1		1	1					1		2								7	13
	百分比		38.46	7.69	46.15	7.69	7.69		7.69	7.69					7.69		15.38								53.85	100
		46.15				30.77						23.08														100
諸羅縣	人		8		8			1	2			1	1	2	1					1		1			10	18
	百分比		44.44		44.44			5.56	11.11			5.56	5.56	11.11	5.56					5.56		5.56			55.56	100
		44.44				16.67						27.78							11.11							100
全台灣	人		17	1	18	2	1	2	3	1		3	3	3	2	1	4			2		2			29	47
	百分比		36.17	2.13	38.3	4.26	2.13	4.26	6.38	2.13		6.38	6.38	6.38	4.26	2.13	8.51			4.26		4.26			61.7	100
		38.3				19.15						34.04							8.51							100

資料來源：同表5－1。

陸、結語

由前述各章的探討，首先吾等了解到滿清將臺灣納入版圖的關鍵性理由在於國防。正由於清廷初無保有臺灣之強烈慾望，將臺灣收入版圖之後，對臺灣基層文職機關之設置，基本上是承襲鄭氏時代的規模，即經清廷調整後所建置之臺灣、鳳山和諸羅三縣，在建置和轄區範圍的劃定上看不到有何新意。臺灣自清康熙二十三年建縣後，一直至康熙末年，其州廳縣之類的職官無所變動，始終僅設臺灣、鳳山和諸羅三縣，該三縣之轄區範圍雖有些許的變動，但調整幅度極小，可以說幾乎接近沒有調整。

清康熙時代，臺灣、鳳山和諸羅三縣，皆設知縣、教諭、典史各一員，鳳山和諸羅縣各設一巡檢，臺灣縣設兩巡檢，此外臺灣縣另設一縣丞，由是足見當時臺灣之官治組織，比中國大陸內地的來得簡單。前述諸職官之職掌，及其所屬差役之編制員額，在整個康熙時代沒有變動。上述各級官員及差役之待遇都極微薄，且終康熙一朝都未曾增減。就各知縣之經費分配言，皆以人事費所佔比率爲最高，此一現象也自滿清領臺之初一直持續至康熙末年。

知縣之任命方式，清廷在領臺之初採部選方式，康熙三十年以後以調補爲普遍的原則，但題補、部選或專摺奏荐亦偶爾爲之。當時知縣在臺之法定任期爲三年，但實際任期未滿三年者近六成六，此等現象也持續到康熙末年。至於知縣之出身以正途出身者爲最多，佔七成六有餘；從籍貫言，漢軍八旗人爲最多，將近四成，其次爲華中人，佔二成四，再次爲華北人，近兩成，華南人爲最少，僅佔一成一有餘而已。

經此番分析，康熙時代臺灣知縣制度實具制度層面的變動性極小，知縣受正規教肓出身者居大多數，知縣任期短即調動相當頻繁，官員和差役待遇低，知縣各籍人士所佔比率不均衡等的特色。前述諸特色在康熙朝之後是否仍持續存在，如有變化，其變化情形又如何，實值得進一步之探討。

【附　註】

註　一　楊英「從征實錄」，台灣銀行經濟研究室編，「台灣文獻叢刊」（以下簡稱「台文叢」）（台北，台灣銀行經濟研究室）第三二種，頁一八九。

註　二　蔣毓英「台灣府志」（下簡稱「蔣志」），中華書局影印「台灣府志三種」（下簡稱「府志三種」），（北京，一九八五年）上，頁八。

註　三　黃叔璥「台海使槎錄」，「台文叢」，第四種，頁四。

註　四　施琅「靖海紀事」，「台文叢」，第十三種，頁六二—六三。

註　五　郁永河「裨海紀遊」，「台文叢」，第四四種，頁三一。都永河來台時，發現台灣富裕，貿易通四海，並認為當年主張放棄台灣論者實無見地。

註　六　「大清聖祖仁（康熙）皇帝實錄」（下簡稱「聖祖實錄」）華文書局影印本（台北，民國五十三年卷一一二，十月丁未條。

註　七　魏源「聖武記」，沈雲龍主編，「近代中國史料叢刊」（下簡稱「近代史料」）（台北，文海出版庄，民國五十五年）第十一輯，第一〇二種，頁六四一。

註　八　高拱乾「台灣府志」（下簡稱「高志」），「府志三種」，上，頁九八五—九九六；前引「靖海紀事」，頁五九—六二。

註　九　前引「聖祖實錄，卷一一四，正月丁亥條。

註一〇　同前。

註一一　前引「聖祖實錄」，卷一一五，四月己酉條。

註一二　前引「裨海紀遊」，頁十一。

註一三　前引「蔣志」，「府志三種」，上，頁二一—二八。按新港溪爲今之鹽水溪(盧嘉興等書「輿地纂要」，台南縣政府民政局編印「南瀛文獻業刊」，台南，民國七十年，第二輯，頁六)；沙馬磯頭爲今屏東縣貓鼻頭(安倍明義「台灣地名研究」，台北，蕃語研究會，日本昭和十三年，頁二八〇)；雞籠城爲今基隆和平島(安倍明義「台灣地名研究」，頁一一〇；洪敏麟「台灣舊地名之沿革」，台中市，台灣省文獻委員會，民國六十九年，第一，頁二四四)。

註一四　前引「蔣志」，「府志三種」，上，頁一三九—一四二。

註一五　前引「高志」，「府志三種」，上，三九九—四〇一。按台灣南北究竟有多長，位在經緯度幾度，這要到清康熙五十三年雷孝思、馮秉正、德瑪諾三位西洋傳教士來台測繪後，才得到較正確的数據(參見方豪「康熙五三年測繪台灣地圖考」，「方豪六十自訂稿」，上，頁五五七—六〇四)。

註一六　前引「高志」，「府志三種」，上，頁四七二—四八六。

註一七　前引「高志」所載台灣、鳳山、諸羅三縣所轄坊、里庄和社與康熙末年周元文「重修台灣府志」(下稱稱「周志」)規制志所載相同(「台文叢」，第六六種，頁四一—四四)。此外「高志」和「周志」所載台、鳳、諸三縣的疆界也都一樣。茲將三縣疆界之東、西、南、北界錄如下：台灣縣治，東至保大里大腳山五十里；西至澎湖水程四更，除水程外，廣五十里；南至鳳山縣依仁里交界十里；北至新港與諸羅縣交界四十里。南北延袤五十里。鳳山縣治，在台灣府南一百二十五里。東至淡水溪二十五里，西至打鼓山港二十五里，東西廣五十里。南至沙馬磯頭三百七十里，北至台灣縣文賢里二贊行溪一百二十五里，南北延袤四百九十五里。諸羅縣治，在台灣府北一百五十里。東至大龜佛山二十一里，西至大海三十里，東西廣五十里。南至新港溪與台灣縣交界一百四十里，北至雞籠城二千一百七十五里；南北延袤二千三百一十五里（前引「高志」，「府志三種」，上，頁四〇一—四〇二；「周志」，頁七十八）。

註一八　允裪「欽定大清會典」，台灣商務印書館影印「景文淵閣四庫全書」（下簡稱「文淵全書」）（台北市，民國七十五年）第六一九種，卷四，頁一五，總頁六一九之六一。

註一九　「欽定大清會典則例」，「文淵全書」，第六二〇種，卷三，頁四一，總頁六二〇之九五。

註二〇　前引「蔣志」「府志三種」，上，頁一九三—一九四。

註二一　台灣守備混成第一旅團司令部編「台灣史料」，成文出版社影印「中國方志叢書，台灣地區」（下簡稱「方志台灣」）台北市，民國七十四年，第一二〇號，第一，頁七三—七五。

註二二　波越重之「新竹廳志」，「方志台灣」，第二二七號，第一，頁七三—七四。康熙時代台灣、鳳山、諸羅三知縣衙門所配置之差役人數相同（參見「蔣志」，「府志三種」，上，頁一七二—一七八；「周志」，頁一九二）因此推測該三知縣衙門之組織和職掌理應相司。

註二三　前引「蔣志」，「府志三種」，上，頁一七二—一七八。

註二四　前引「高志」，頁一四三—一四五、一四七。

註二五　同前，頁二九；前引「周志」，頁六二；縣丞不一定設在縣治裡，也有設在一縣之衝難地點以鎮攝其他的。臨時台灣舊慣調查會「淸國行政法」，南天書局，台北市，民國七十九年複刻版，第一卷下，頁五四、一八九。

註二六　清史編纂委員會「清史」，國防研究院，台北市，民國五十年，第二，頁一三九四。

註二七　前引「高志」，「台文叢」，頁一四五。；陳文達「台灣縣志」，「台文叢」，第一〇三種，頁一九〇。

註二八　同註二六，頁一三九五。

註二九　前引「高志」「台文叢」，頁一四五、一五〇、一五五、一五九。

註三〇　同註二六。

註三一　同註二九，頁一五一、一五四－一五五、一五九。

註三二　前引「清國行政法」，第一卷下，頁一八九。

註三三　前引「清史」，第二冊，頁一三九五。

註三四　前引陳文達「台灣縣志」，頁七一－七二。

註三五　前引「蔣志」，「府志三種」，上冊，頁一七四－一七五、一七六、一七八。；前引「高志」「台文叢」，頁一四五。

註三六　此一事實可從「蔣志」，「府志三種」，上冊，頁一九三－一九四。；「高志」，「台文叢」，頁五四、一四九－一六〇。；「周志」，頁六二、一九七－二〇九。；周鍾瑄之「諸羅縣志」，「台文叢」，第一四一種，頁四七、一〇五－一〇七。；陳文達之「鳳山縣志」，「台文叢」，第一二四種，頁七五、七六、七八。；陳文達之「台灣縣志」，頁九七、一八九－一九一等處的記載加以比對而得知。

註三七　前引「蔣志」、「府志三種」，上冊，頁一七二－一七五。

註三八　同前，頁一八一－一八三。該書，頁一八一載「聖廟香燈銀一兩五錢二分」中「一兩」乃「二兩」之誤，此比對同書，第一七九第八、九行即可查知。

註三九　以前引「蔣志」，「府志三種」上冊，頁一七四—一七五與康熙三十五年之「高志」，「府志三種」，上冊，頁七五六—七五八、七六○—七六一相比對，推算出弓兵每名每年支給之工食銀額。

註四○　同前，引「蔣志」，頁一七五—一七七、一八三—一八五。

註四一　同前，頁一七七—一七九、一八六—一八八。

註四二　前引「高志」，「府志三種」，上冊，頁五四一。在康熙二十六年以前可能尚未存留儒學教諭及其差役和廩生等所需費用，否則首任台灣知府蔣毓英所編之「台灣知府」內理應會記載儒學等各項相關存留經費。

註四三　同前，頁七五○—七六二。原文教諭俸銀三十一兩二錢五分乃誤，將同書頁七三八、七四九加以比對即可查出應為三十一兩五錢二分才對。

註四四　同前，頁七六二—七七○、七七三—七七四。

註四五　官員俸薪銀和差役工食銀以外的存留經費包括：進表用紙張銀二兩五錢二分八厘九毫八絲二忽一微、聖廟香燭銀二兩五錢二分、各廟壇祠春秋二祭銀一百四十八兩、鄉飲酒銀六兩、慶賀救護銀六錢、祈晴禱雨銀一兩二錢、修理文廟及各廟壇祠銀一十兩三錢五分七厘、進士舉人貢生旗匾銀四兩五錢八分三厘三毫三絲、會試舉人盤費銀三十兩、廩糧銀二十八兩九錢三分三厘三毫、恤孤貧衣布銀九十五兩二錢三分八厘、孤貧月糧銀一百六十六兩二錢六分八厘一毫零六忽、囚犯月糧銀二十兩等項（前引「高志」，「府志三種」，上冊，頁七七○—七七三）。上文中「廟壇祠一十兩三錢五分七厘」乃誤，如將同書頁七四一、七五九、七八四之修理壇祠銀條相比對就可查出應是十一兩三錢五分七厘才對。

註四六　同前，頁七七四—七八三、七八六—七八七。

註四七　諸羅縣之官員俸薪和差役工食銀以外的存留經費，除恤孤貧衣布銀七十三兩零一分五厘八毫和孤貧月糧一百二十七兩四錢七分二厘二毫五絲六忽二者與鳳山縣不同外，其餘各項不論是內容或是金額，皆與鳳山縣的相同（前引「高志」，「府志三種」，上冊，頁七八三—七八五）。又「高志」諸羅縣存留經費中漏列「鄉飲酒銀六兩」，此從其原書總額和各分項統計恰好差六兩，及與其他文獻相比對即可查知。

註四八　將前引「高志」，「府志三種」，上冊，頁七四四—七八七，與康熙五十一年之「周志」（按此書內容記載至康熙五十七年），頁一九五—二〇九，康熙五十九年陳文達纂「台灣縣志」，頁一八九—一九二，康熙五十九年刊，陳文達纂「鳳山縣志」，頁七五—七八，康熙五十六年完稿，周鍾瑄主修、陳夢林纂「諸羅縣志」，頁一〇五—一〇八，相比對，其間內容幾乎完全一致，唯一不同的僅是「高志」記：「鳳山縣……修理文廟城隍社稷無祀等壇祠，銀一十兩三錢五分七釐」（該書，頁七七一—七七二）與「周志」（該書，頁二〇四），陳文達「鳳山縣志」（該書，頁七七）皆記：「鳳山縣……修理文廟壇祠，銀一十一兩三錢五分七釐」，其間「有一兩」之異。然而以「高志」爲誤刻，參見前註四五。

註四九　前引「清國行政法」，第一卷下，頁二三六。

註五〇　李光濤編，「明清史料」，台北市，中央研究院歷史語言研究所，民國四十三年，己編第七本，頁六三〇。

註五一　前引周鍾瑄「諸羅縣志」，頁四七。

註五二　前引陳文達「台灣縣志」，頁九七。

註五三　同註五一。

註五四　同註五二。

註五五　雖然康熙三十年以前，台灣各縣知縣係由部選，但首任鳳山縣知縣楊芳聲例外，楊氏係由福建省同安縣知縣調補的(陳文達「鳳山縣志」，頁四七)。

註五六　故宮博物院編「宮中檔康熙朝奏摺」，台北市，故宮博物院。民國六十五年，第一輯，頁九三三—九三六。

註五七　此一事實從前引「台灣縣志」秩官志，頁九八，前引「鳳山縣志」秩官志，頁四七—四八，前引「諸羅縣志」秩官志，頁四八—四九，即可看出。不過其中諸羅知縣劉作楫係銓選。

註五八　「聖祖實錄」，卷二九六，正月庚戌條。

註五九　前引陳文達「台灣縣志」，頁九八，；前引劉良璧「重修福建台灣府志」(下簡稱「劉志」)，「台文叢」，第七四種，頁三六〇—三六一，；鄭喜夫纂「台灣地理及歷史卷九官師志第一冊文職表」(下簡稱「台灣史地文職表」)，台中市，台灣省文獻委員會，民國六十九年，頁一二九—一三〇。

註六〇　前引陳文達「鳳山縣志」，頁四七—四八，；前引「劉志」，頁三六七，；前引「台灣史地文職表」，頁一三九。

註六一　前引「諸羅縣志」，頁四八—四九，；前引「劉志」，頁三七二—三七三，；前引「台灣史地文職表」，頁一四九—一五一。

註六二　前引「清國行政法」，第一卷下，頁一七五—一八七。

清代州縣衙役制度初探

古鴻廷
王志宇

一、前言

衙役亦名差役，爲奔走於公家，執雜役之人。（註一）由於州縣衙役執行牧民之官及其僚屬所指派的差務，直接與一般人民接觸，其執行職務時手段之有無偏差，以及衙役本身之良窳，攸關平民之生息，在清代地方制度中的地位實不容忽視。

衙役因地位卑微，受人輕視，又掌執行公務之權，得以假公濟私，甚至仗勢欺民，頗受人詬病。然而清代地方政治之運作，不僅只有官方的力量，尚有賴於地方士紳之合作，政令之執行實有一複雜之過程。清代地方上常有所謂「官逼民反」，處於官民之間、執行官方職務的衙役，與此類事件有何種關係？受人詬病的衙役其危害究竟有多深遠？其範圍有多廣？這都需要釐清衙役在地方官僚體系中的角色及地位才得以明白。有關衙役制度之探討已有瞿同祖、戴炎輝等人爲之，對衙役之組織有所論述。然而因有關衙役之資料零散，研究尚未周延，可供發展的空間仍大。本文僅以衙役中之皀班及快班爲主體，分析衙役制度之形成以及在地方衙門中所扮演的角色等。

二、衙役組織及其勢力的形成

清代之地方行政制度，以縣為最基層之單位。有由府領縣者，稱為府縣，有由直隸州領縣者，稱為州縣，有由直隸廳領縣者，稱為廳縣。由於直隸州所領之縣數目最多，故通稱州縣。若大之縣決無法僅賴知縣一人治理，必有佐史等屬吏協助推行公務，差役則是地方郡縣中地位最低的公務執行者，如陳宏謀所言：「有官則必有役，周官有府史胥徒之名，漢唐以後，名稱不一，職掌則同」，(註二)衙役是傳統地方政治中不可或缺的成員。

清代的衙役制度受明代之影響甚巨，其體制大多延襲自明代而稍有變革。易應昌於「清吏治奠民生疏」中，將明代的役類分為兩種，(一)在官之民，為吏、書、門、皂、壯、捕兵及獄卒；(二)亦在官亦在民之民，為老人、總甲、小甲、黨正、黨付、保長及甲長。(註三)此為其針對差役之官民性質而論，實則明清的役類可以三班六房概稱之。如聶崇岐論宋役法言：「官署胥吏，如曹司、押錄、散從、虞候之類，即明清以來六房書吏及三班衙役之前身」。(註四)三班六房的六房指吏、戶、禮、兵、刑、工各房之典吏，俗稱胥吏或吏。如大清會典稱：「設在官之人以治其房科之事，曰吏。」(註五)

三班指皂班、快班及民壯等差役，(註六)此是以其職務不同而分別之。據戴炎輝之研究則指出皂快非以職務而分，乃分區任職，所執行之職務相同；而三班之稱謂乃因皂班及快班之下皆各有三個班而通稱之。（註七）戴氏所謂皀快非以職務而分，並以臺灣的情形爲例，學者或可以清時臺灣開發的情形而論，認爲皀快職務之不分，可能是因地制宜的一種變革。在徐炳憲及瞿同祖的研究中，都將衙役分爲四類：㈠皀班、㈡快班、㈢民壯、㈣其他：包括門子、斗級、禁卒、仵作、茶夫、燈夫、伙夫、庫子、轎傘扇夫、馬夫、舖兵、門斗、齋夫、膳夫、更夫、吹手、鐘鼓夫、鳴鑼夫等。（註八）以上四類人等皆各有所司，乍看似與戴氏所言的臺灣情形不同。但進一步觀察，徐與瞿所言之四類衙役，因前三類與治安有關，一般人較易注意，故論及衙役者，多半以皀、快、民壯爲範疇，並以衙役因所負職責不同而分類。戴文則以臺灣之衙役爲例，認爲衙役乃分區任職，非依職務而分。事實上，皀、快、民壯及其它衙役確有職務之不同，但負責治安事務之衙役，除身負不同職務外，平日也確領有管轄區，負責轄區內之治安，（註九）三班頭役更需輪差，每次差期爲五日。（註一〇）

衙役因其所負職責之不同，其地位亦輕重各異，其中實以皀班及快班爲核心。（註一一）皀班主供知縣使役，衙內值堂，衙外跟隨主官出巡，儀衛看守，出庭行杖，均由皀班行之。（註一二）快班則設有快三，三供奔走驅使，偵緝密探，類似今之警察，其乘馬者稱爲馬快，步行者稱爲捕快，擇精神機警，手足便捷者充之。其主管緝捕盜賊者，又稱健快或應捕。（註一三）有關衙役的職務，以清末小說中的叙述相印證，當可更加明瞭。清末小說「歧路燈」對皀快之職務便有一段淋漓盡緻的描寫。話說書中主角譚紹聞因受不肖之徒引誘，漸廢家業，致受奸人之誣，進了公堂：

> 那個談皂役帶夏逢若上堂……荊縣尊道：「你撮弄他供戲，是明犯了；你還至於引誘他賭博，鬧土娼，是還沒犯的。」夏鼎：「小的並不會賭博，如何能引誘別人？」……荊縣尊叫衙役道：「向夏鼎身上搜的一搜。」皂役走近身旁，搜了一件汗巾兒，上綁著銀挑牙、銀揑子一付，一個時樣繡花順袋兒，呈上公案……（縣尊）把籤筒籤擲下四根，門役喝了一聲：「皂役打人！」只見四個如狼似虎的皂役，上來扯翻，便撕褲子。……不說譚紹聞在旁看著已魂飛天外，只說皂役、壯丁抬的箱來，快手押的茅拔茹也回來。（茅拔茹因受之縣質詢情急大叫）荊堂尊道：「一派胡言，先問你個咆哮公堂，打嘴！」皂役過來，打了十個耳括子。打得滿口流紅，須臾紫腫起來。（註一四）

此段對皂役之著墨頗多，對皂役供知縣使用以及在衙內執役的情形亦有相當詳細的說明。另外在吳趼人的「二十年目睹之怪現狀」，亦有快班職務之描述。吳書中描述一個賊人因偸錢捐了個知縣，到省當差後連捐帶保昇上臬臺，然而賊性不改，爲了籌錢替兒子捐官，竟然到藩庫裡偸錢出來。庫吏知道後，立刻通知藩臺，傳了知縣，飭令通班捕役嚴查拿辦。捕役爲拿捕賊人乃埋伏於藩庫，暗中追查，發現竟是臬臺，而請藩臺親自拿人的故事。（註一五）其中對快班執行類似現今警察之職務，有生動有趣的描述。

由於皂班和快班之職務包括治安之維護和刑罰之執行等，與一般庶民有直接之接觸，得以趁機漁利，利之所趨自能形成一股勢力，而此勢力之形成實與以下幾個因素有關。第一是衙役之投充制度。衙役之投充，目前所知的例子是在皂快頭役出缺時，由主官命令皂快各總頭役等選舉後任，或由總頭役向官稟舉，再經驗充手續，然後發給諭帖及戳記，最後還要經過正堂牌示，告知閤衙書役及有關庶民。(註一六) 一般正身衙役之投充，可能皆需經此過程。衙役之投充不算不嚴謹，況且在律例上還有任期三年的限制，(註一七) 三年期滿，不得更改姓名，復爲差役，亦不得由其親友子孫代替，違者即受杖刑一百之處分。(註一八) 雖然有此種種之限制，然而此投充制度仍有其漏洞。就頭役之選舉而言，其推舉權在各總頭役，決定權在知縣，然而總頭役所推舉之人難逃其親朋故舊之範圍，知縣從中挑選，選任範圍已受限制。另外，從上面所言不得由親友子孫代爲衙役的刑律看來，事實上可能已有正身衙役推舉繼任者的情形發生，此其缺失之一。

第二是驗充手續不全及冒僞問題。清代吏役之投充皆需經驗充手續，然而因衙役地位低微，知縣時而提驗，時而不提，(註一九) 在手續上已有漏洞出現，加上身份辨認困難，亦是問題癥結之一。各縣衙役之數目不一，多者至數百人不等，知縣一人想要熟記此數百人自是不易。而衙役之投充雖有人作保，但仍無法保證投充者身份之確實無誤，此又與古代不具現代精密的身份辨認制度有關。爲防冒名頂替，方大湜於「平平言」中曾提出一套辦法，以供知縣參考。方大湜所提的點卯方法乃是在卯簿上記載書役之卯名與眞名，並塡寫年齡、像貌、籍貫、住址、入卯時間，及家庭狀況，以供對照。(註二〇) 然而這種憑藉年齡、像貌特徵等聊聊數語的記載，很難杜絕冒僞，解決衙役久任的問題。更何況清代地方官之任期在理論上是三年一任，而實際上的任期卻比三年短得多，尤其清代有將近一半之知縣，任期在一年以內。(註二一二）以如此短之任期，想要遏止冒僞問題，實非易事。

第三是白役及掛名衙役之問題。正身衙役常私帶幫夥，稱爲白役，白役之數額有時相當龐大，形成不少問題。掛名衙役，即冊上有名，卻不到衙辦事的衙役。（註二二）掛名衙役的存在，使衙門內應執役的人數減少，更加重了冒僞的問題。不管是選舉頭役時私人的援引，亦或冒僞、白役等問題都必須與衙內原有之老衙役熟稔才能爲之，而這種靠私人關係形成的人際網絡，正是衙役勢力擴展的泉源。白役的存在是衙役勢力得以擴張的重要條件。白役之存在雖爲法律所不許，（註二三）然而清代地方衙役私帶白役之情形卻非常普遍，其數目從數百人至千人不等。（註二四）白役既是正身衙役所私帶，必然聽命於正身衙役。換言之，正身衙役以其私人關係爲基礎，發展成一個小集團。因衙役之社會地位極其低微，又無升遷之途徑，如非爲環境所迫的貧寒之家，則泰半爲覬覦不法利益的刁民惡棍，少有良民願意投身衙役之門。這種地位卑賤，又無前途可言之衙役，不少便以利爲出發點，貪瀆枉法在地方上形成一股惡勢力，影響地方行政的運作。

三、衙役的舞弊

衙役對地方的傷害性，可由其舞弊的方法及情形加以理解。從現存的文獻以及清代律例對衙役權力的限制及舞弊的處分等，配合清代小說中對衙役的描述，我們可以清楚的勾勒出衙役所爲人詬病的一面。

衙役之蜒弊大多利用州縣訴訟之案，尤其命、盜兩種案件，因與其職務相關，可伺機漁利，其方法可謂五花八門。清田翰墀指出衙役的四大弊端：一、買票。州縣出票傳案照例按衙役名冊輪流遞派，不肖蠹役擇其殷實者，勾結門丁，夤緣買票，蠹役得票之後，乃取償於小民，訴訟因之成利藪。二、車錢。向來衙役下鄉傳案向被告者索費謂之鞋錢，後來變本加厲，改乘高車大馬，氣勢炎炎，小民畏差人如虎狼，不敢不厚給車錢。三、差帳。兩造傳齊，未經過堂，先講使費，名之曰差帳，如不能滿衙役之欲，則多方留難，小民欲見官而不能，欲回家而不准，必至如願以償而後止，過堂之權實由衙役操之。四、合息錢。小民控告到官，如不願涉訟可遞罷詞，或經人調處合好，共同遞呈，謂之和息。愛民之官遇有面遞和息者大多立予開釋，然而不肖縣官一味拖延，遂予門丁漁利之機，從中刁難，不准面遞和息，必從兩造取足和息錢而後代遞。(註二五) 此四害已是一般小民之心腹大患，庶民只要一涉官司，難保不傾家蕩產，然而四害僅是衙役制度弊端中的一部份而已。(註二六) 曾任知縣的方大湜針對捕役的弊端，提出衙役的八種非法手段：(註二七)

一、豢賊分肥　捕役與賊沆瀣一氣，捕以賊爲養身之具，賊以捕爲護身之符。

二、縱賊害民　走漏消息，縱賊逃脫，或得贓賣放，而永無破案之日。

三、需索事主　向事主需索盤費，需索購線費，費未到手則包管破案，費已到手則支吾拖延。

四、妄拏平民　妄指平民爲窩家，或捏稱素行不良，妄加逮捕，任意訛詐。

五、私刑弔考　於深林僻地，古廟空房內私刑拷問疑犯，勒逼親供。

六、囑賊誣板　令賊誣板彼所欲加害之人，以濫拿充数，或魚肉之。

七、私起贓物　私自起贓，或借起贓爲名，挨戶誅求。

八、侵剝盜贓　起有原贓，繳官者少，私自乾沒者多。

另外，衙役和衙門內的胥吏大多相熟，遇有不法情事也都互相掩護，甚者勾結地方土棍藉訟擾害。曾任知縣的劉衡在「庸吏庸言」中指出此類衙役與土棍舞弊的方法，茲叙述如下：(註二八)

一、勾控　一些小事原本無告狀之必要，經此類衙蠹挑撥，一經告狀，即遭百般剝敲。

二、歧控　小民爲此輩衙蠹引誘，四處告狀，導致四五處衙門差役一起承票捉人，鬧的雞犬不寧，此處結案彼處未結，小民因而破家者不少。

三、串合　衙蠹見差役承票喚人，便插入替差人說合，取得錢財之後，從中抽分，另外又向出錢人自稱幫忙，強取酬謝錢。

四、冒證　某種匪類專以作僞證謀取錢財，致有冒認爲人祖父母或兄弟妻子者。

五、放惡債　有種匪類手握餘財，見某案某人被差人鎖押，急需銀兩解急，便以高利允借銀兩若干，小民饑不擇食，忍淚寫約，此後此債便成附骨之疽，小民因而破家者不少。

除了上面所羅列的數種方法，從清代小說的描述，可以得到更多有關衙役舞弊以及小民受擾的資料。如清李綠園之「歧路燈」中，對衙役之種種不法行爲，有不少叙述，依其所言，衙役對人民之需索尚有二項，一爲解索錢，一爲見面錢，解索錢爲求差人免用鐵鍊牽頸之費用，

「……那差人也不言語，把一條鐵鏈子，早放在桌上。王中心內著慌，袖內急塞上銀子，還承許下事後補情的話，差人方才把鐵鏈收訖」。（註二九）見面錢，即買通班房以便探視獄中犯人的錢。（註三〇）李伯元的「文明小史」有一段描述知府派衙役拿人，衙役互相商量如何應付，其中或者認爲「趁這個擋裡，弄他兩個」就好，另一個則認爲「人也要拿，錢財也要。倘若一個人不拿，本府大人前如何交代？一個錢不要，我們出力當差，爲的是那項？」似可顯現出一般衙役的心態。這個衙役準備壓榨一般百姓的風聲一傳出去，「直嚇得那些人家，走的走，逃的逃，雖非十室九空，卻已去其大半」。（註三一）衙役之所以如此膽大妄爲，能逃過地方官之監督，與門丁之居間代爲迴護有關。劉衡認爲門丁助役爲虐，「有大過則爲之緩頰而通信焉，令其巧爲彌縫，役有微勞則爲之張大而粉飾之，令其長邀恩寵」。（註三二）門丁之所以神通廣大因其接近地方官，知曉地方官之言行，或因聰慧而深爲地方官依倚爲辦事之具，因而大權在握，甚至可盤撥本官。（註三三）其他衙役賴此輩陰之爲助，而可肆行無忌，濫用權力。

上述衙役之各項非法行爲，抖露了捕役營私舞弊、殘商害民的方法，甚者與盜賊勾結形成地方治安的一大隱憂，不管對商對民都是極大的傷害，影響地方之秩序與安定。就資料上看來，衙役似乎爲地方上的毒瘤，對地方的傷害應使人民終日不安，甚至應會促使地方群衆因受不了迫害而產生大規模的流動，然而這樣的情形並沒有在清代兩百多年的統治中出現。這似乎意謂著清代的地方衙役雖然有種種手段卑鄙殘忍的貪污與舞弊方法，但他們對地方的傷害仍有種種限制，要了解他們在地方的角色，仍須從其它方面加以探究。

四、衙役勢力的侷限性及其地位

清代地方衙役因制度的缺失形成一股勢力，並利用其職務漁肉鄉民，然而中國的政治與社會固有的特色，卻也成爲地方衙役勢力的一股反制力，使衙役勢力無法漫無限制的發展。從衙役所處的地位而言，因其介於官與民之間，上有長官，下有一般小民，而在其職務範圍內，其所必須接觸的人物除長官、平民外，尙有在中國傳統社會佔特殊地位的紳士階層。衙役與他們相互之間構成一種微妙的關係。（註三四）

衙役最容易侵凌的對象爲市井小民，從上一節的描述，衙役對此輩小民的侵害相當可怕，然而這些小民並非完全聽任衙役予取予求，一般百姓也有他們的生存之道，以減輕衙役侵擾的程度。如投身衙役即是他們禦侮的方法之一。掛名衙役之所以存在，乃因家有田產，懼怕衙役或其他強人所侵凌，或者在地方上受人欺凌，於是掛起衙役空名，藉以支持門戶，抵禦外侮。（註三五）小民對抗衙役的另一個方法則爲尋求紳士之庇護。由於紳士階層在清代社會中擁有不少特權，在法律上的地位與一般平民不同，如清律例規定，吏卒辱罵舉人比照罵六品以下長官律杖七十，而辱罵一般人僅笞十杖而已；（註三六）又有地方官員不得擅責生員等規定。（註三七）因紳士有此等之特權，故地方衙役不敢對此類人物騷擾，紳士甚至可憑藉他們在地方上的威望，干擾地方官的司法權。因此，一般無功名的普通人累及司法案件或衙役侵擾時，大多會央求紳士代爲出面解決。甚至誤蹈法網時，只要情節不大，即可透過紳士營救。此批紳士直接與地方官逭繫，不必經由衙役之手，苦主在繫獄期間雖不免受獄卒之勒索，豈不至受到凌虐。(註三八) 這是一般人對付衙役的方法，使衙役對地方人民的壓力有紓解的管道，而避免全面的崩潰。

就限制衙役的濫用權力而言，最直接而有效的限制莫過於知縣的管理，衙役之所以敢在外明目張膽的荼毒平民，最大的原因就是知縣之縱容。知縣對衙役約束管制的方法很多。如黃六鴻於蒞任之初，即不按慣例，別出新法，予衙役以措手不及。並在點卯之前事先暗中調查各衙役之背景及犯罪資料，點卯之時詳加詰問，令各衙役無所取巧，然後歷數各役之罪，按罪之輕重，予以懲罰，使各衙役知所警惕。(註三九) 亦有與衙役保持距離，接代衙役不假以顏色，公事外不與衙役多談，如袁守定者。(註四〇) 方大湜則認爲應明賞罰，尤其是賞，其云：「駕馭書役不外賞罰二字，罰原不難，所難者賞耳。差役勤勞者，本官宜賚以銀錢酒食」(註四一) 如衙役犯過則施以拷打，有三必打，「衙役捺延必打，仵作揑報傷痕必打，皂役行杖不如法必打。」(註四二) 還有開放官民彼此之間的溝通管道，以防範衙役濫權欺壓人民。曾任知縣，號稱「劉大鑼」的劉衡，制定鳴鑼規條，規定在捕役亂拿或無票妄拿、私押或詐贓時，准許人民鳴鑼喊稟。(註四三) 穆翰極力主張必須使衙役足以養家活口，因此差役公出應給與盤費，召解應給予路費，使其於食用之外，有餘資可以養家。(註四四) 以上只是地方官對衙役的態度，更開明者甚至將賞罰明定於章程之中。如何耿繩的比捕章程規定：「捕役名下如一月之內無報竊之案，記功一次，賞差一次；兩月之內無案，記功二次，再賞差二次；三月之內無案，記大功一次，賞差三次；半年之內無案，記大功二次，再賞差三次，仍賞銀五兩；一年之內無案，賞銀十兩，細布袍掛料二件，並賞給花紅，以示獎勵。」（註四五）劉衡稱：「差役承票逾期一日，記過一次，二日責十板，三日責二十板，四日以上定將該差枷責革役。……不許差役私押疑犯，倘疑犯已到，而延不稟審，逾兩時者責五板，逾一夜者責十板，一日一夜者責二十板，逾兩日枷責革役。」（註四六）以上都是偏重在對衙役的控制上著眼，另一方面則是加強地方官的才能，減低對書役等的依賴。如對於處於地方官身旁，可視為左右手，卻又如同衙役耳目的門丁，許多人都認為應該疏離，並建議選用老成壓衆之人為司閽，給予門房諭帖，非官差不許任意出入，茶房、門子等，非坐堂會客，不可令入宅門，以便防止書差以茶房與門子等為耳目，探知官幕言行，在外招搖撞騙。（註四七）甚者認為應予以廢除，以免其勾結蠹役為害。（註四八）而知縣也應努力學習土音，以免衙役代傳，從中舞弊。（註四九）由對外之控制至對內的加強自身的能力減少對衙役的依賴，都顯示清代的地方官對衙役防範的嚴密。

以上管理衙役之方法，累積係各人之經驗輛成有其實用性。就法之層面而言，對衙役權力之限制可謂極為嚴密。如從民官紳三方面對衙役的反制和限制而言，衙役能濫用權力的機會及範圍可能有相當的限制，然而就民和紳這方面而言，他們的反制是消極性的，只能在平民受到衙役侵擾，才由鄉紳出面調解，其作用只在減輕受害的程度而已。但是就知縣而言，他是抑制衙役濫權的最大力量，不僅有法律上的支持，在實際上也比較容易收效。當知縣能有效的控制衙役時，衙役便無法濫用其權力，當知縣無法控制其治下的衙役或與衙役沆瀣一氣時，民和紳所能發揮的反制作用可能都會減弱，當受害的程度超過社會的容忍度時，社會變亂於是發生。清政府爲防範此種情形的產生，特別規定縱容衙役擾民的知縣的罰則。(註五〇) 在此罰則下，會縱容衙役的知縣應有所限制。

除了以上所述對衙役權力的限制外，事實上衙役的權力尚有一先天性的限制。衙役可濫權者主要爲命、盜等案，而這些案件並不是時時發生的，此對衙役符票之取得自有妨礙，他們也就無法借此發揮。雖然三班頭役需要輪差，每次差期有五日，當差之時有涉喊稟驗傷各件皆由其辦理，稱爲坐承坐差。各衙役皆希望於其輪差期間案件越多越好，甚或謊報案件以便漁利。但是此種濫報可由地方官加以防止，如汪輝祖就令各當差頭役將喊稟驗傷統作初呈，五日之內如有初呈五張，以其三張歸值日，其二爲輪標，如只三張則以其二歸值日，其一爲輪標，如只二張一張則全歸值日，無則以其下之輪標貼補一張，(註五一) 限制對符票的取得。爲防止書役添差舞弊，差派衙役時在承差衙役之姓名上蓋官章，(註五二) 各類案件之關係人，如非必要，隨時開釋，並儘量少喚人證，因「少喚一人，即少累一人」。(註五三) 這些防止辦法，雖說不能完全遏止衙役的舞弊，至少亦收相當的約束力量。

綜上所論，清代的地方衙役雖然在地方上有其惡勢力，然而他們也受到環境的種種束縛，不可能無所限制的發展。他們所能濫用職權圖利的機會只有在執行上司所指派的職務之時，此種機會在先天及後天的種種限制之下，其傷害性大爲減低，尙不至危害清政府的統治。衙役本身雖然先天的具有許多惡質性格，一般人對衙役皆持貶斥的態度，視衙役爲「蠹役」、「毒瘤」，而衙役遇著可以取巧圖利的機會，他們也絕不會放過，但是在種種的批評和攻訐之下，我們也必需了解衙役在地方上的運作是有其限制，不可能對地方之安定造成太過嚴重的破壞。

五、結　論

一個政府的組織需要處理許多不同的事務，針對這些不同的事務性質而有不同的大小官員的設置，專司處理這些繁雜的事務。中央政府如此，地方政府亦如然。清代的州縣政府上有知縣，下有縣丞、典史等僚屬。然而這些官吏僅能處理政令的審核與發佈，偌大的轄區絕對無法由這一小群人所管理。實際上政令的執行尙需要有一批專供驅使奔走的人來負責，衙役正是負責此類工作的人。從政治組織的結構而言，缺少了這一批人，政治是無法順利的運作的。衙役是地方政治組織所不可或缺的成員。

衙役在地方政府中自有其必需存在的理由，然而在其選舉過程中的許多流弊卻讓衙役在地方上形成一股惡勢力。從衙役本身的素質、社會地位而言，無疑的衙役是受人鄙視的一群，所以會到衙門擔任衙役者，其目的不在自保即在獲利。在此種心態之下，衙役對一般百姓的侵擾逼索也就不可避免了。清代的許多官吏以其任官經驗，針對衙役制度的缺失，寫下許多衙役貪贓枉法的事實和控馭的辦法。如此大量對衙役惡行的描述和詬責，使得諸如「蠹役」、「衙蠹」等，成了衙役的惡名稱。在此一片對衙役的撻伐聲中，很容易讓人以爲衙役對地方的傷害已到令社會產生動盪不安的地步。事實上，從現存的資料如清代的律例、小說、劄記等，都可發現社會上存在種種限制衙役濫權的因素，如一般平民有反制衙役的管道、知縣對衙役的控制等，讓衙役得以濫權的範圍大幅減少，不至影響及清政府的統治，滿清得以維持兩百多年的統治便是最好的佐證。

【註釋】

註一　清稗類鈔，冊三九，胥吏類，稗八一，頁一六。

註二　「分發在官法戒錄檄」，清賀長齡編，皇朝經世文編，（台北，國風出版社，民國五二年七月重印），卷二四，頁二四。

註三　明朱東觀：禎朝詔疏，奏議，卷一，頁三七一—三八（明崇禎十六年刊本），引自繆全吉，明代胥吏，嘉新水泥文化基金會研究論文第一四八種，民國五八年。

註四　聶崇岐，「宋役法述」，見燕京學報，期三三（一九四七年十二月），頁二二五四。

註五　大清會典，（清光緒二十五年刊本），卷十二，頁三。

註六　清姚文枏，「今之牧令要務策」，見皇朝經世文續編，（台北，國風出版社，民國五三年六月重印），卷二一，頁六。黃六鴻，福惠全書，卷三，頁七。

註七　戴炎輝，清代臺灣之鄉治，（台北：聯經出版事業公司，民國六八年），頁六五一。

註八　徐炳憲，清代知縣職掌之研究，（台北，私立東吳大學學術著作獎助委員會，民國六三年七月），頁七七—七九。但據曾任清末州縣幕賓之陳天錫所述，差役僅分為皂、壯、快三班，門丁為主官個人之僕從，隨主官去留。見陳天錫，「清代不成文之幕賓門丁制度」，收於繆全吉，清代幕府人事制度，（台北，中國人事行政月刊社，民國六十年），附錄一。事實上，門丁似爲衙役之一種，而主官門房之司閽則爲地方官之長隨，見蔡申之，清代州縣故事，（香港，龍門書店，一九六八年二月初版），頁一。

註　九　清方大湜，平平言，（雲南釐金總局，光緒二十年刻本），卷四，頁三一。

註一〇　清徐棟輯，牧令書，（道光十八年刊），卷四，頁二九。

註一一　T'ung-tsu Ch'u, Local Government in China Under the Ch'ing, (Standford University Press, 1969), p60.

註一二　徐棟牧令書，卷二〇，頁四六；平平言，卷四，頁二九。

註一三　清朝文獻通考，（臺北，新興書局，民國五二年十月重印），卷二一，頁五〇四五。

註一四　清李綠園，歧路燈，（臺北，宏業書局，民國七二年八月出版），頁三一〇—三一二。

註一五　清吳趼人，二十年目睹之怪現狀，（臺北，爾雅出版社，民國七三年三月），頁二二五—二三一。

註一六　戴炎輝，清代臺灣之鄉治，頁六五三—六五四。

註一七　張惟赤，「訪懲衙蠹之法疏」，見皇朝經世文編，卷二四，頁五。

註一八　清胡仰山輯，大清律例會通新纂，（臺北，文海出版社，民國五十三年重印），卷五，頁二。

註一九　如總甲、地保皆須驗充，見戴炎輝前引書，頁六五四，頁六六九。

註二〇　方大湜，平平言，卷二，頁二四。

註二一　李國祁、周天生著，清代基層地方官人事嬗遞現象之量化分析，（師範大學歷史學報第二期，民國六二年二月），頁三一六。

註二二　田文鏡，「覆陳書役不必定額疏」，見皇朝經世文編，卷二四，頁四；清朝文獻通考，卷二三，頁五〇五四。

註二三　「凡正身衙役及額定貼寫幫差之外，有白役隨所差衙役嚇詐，未經查出之官，罰俸六月……」，見大清會典事例，卷九八，頁一一二。

註二四　「經承之外，必有貼寫，正役之外，每多白役」，「山東州縣差役，大縣多至一千餘名，小縣亦多至數百名，一省如此，他省可知」，同上註，卷九八，頁八，頁二五。

註二五　田翰墀，「敬陳清苑蠹役需索之害疏」，見皇朝經世文續編，卷二二，頁四。

註二六　有關衙役貪殘的情形尚有胡林翼、譚承祖等人提及，見皇朝經世文續編，卷二十二，吏政七。

註二七　方大湜，平平言，卷四，頁一四—一六。

註二八　劉衡，庸吏庸言，（雲南鳌金總局，光緒二十年刻本），卷上，頁七—八。

註二九　歧路燈，頁四五四。

註三〇　「王中……問了捕役班房，買了一條見面路」，同上註，頁五三八。

註三一　李伯元，文明小史，（南昌，江西人民出版社，一九八九年九月重印），頁五〇—五一。

註三二　庸吏庸言，卷上，頁一四。

註三三　方大湜，平平言，卷二，頁一五—一八。

註三四　有關清代紳士階層的特權與社會功能，請參閱Tung-tsu Ch'u, Local Goverment in China Under the Ch'ing, pp.32-70.

註三五　皇朝經世文編，卷二四，頁一一。

註三六　大清律例匯輯便覽，卷二九，頁二，引自 Tung-tsu Ch'u, Local Government in China Under the Ch'ing, p.35

註三七　清童璜等撰，欽定學政全書，卷三一，頁二。引自Tung－tsu Ch'u, Local Government in China Under the Ch'ing, p.36

註三八　見歧路燈，頁五三三—五四〇。

註三九　福惠全書，卷三，頁三一六。

註四〇　清袁守定，圖民錄，卷二，頁二三。

註四一　方大湜，平平言，卷二，頁二五。

註四二　方大湜，平平言，卷四，頁三一。

註四三　劉衡，庸吏庸言，卷上，頁五。

註四四　清穆翰，明刑管見錄，頁三。

註四五　「學治一得篇」，頁三九。引自徐炳憲，清代知縣職掌之研究，頁八六。

註四六　劉衡，庸吏庸言，卷上，頁一五。

註四七　蔡申之，清代州縣故事，頁二〇。

註四八　劉衙認爲不能信用門丁；方大湜則認爲門丁不可用。見庸吏庸言，卷二，頁一四，平平言，卷二，頁一五。

註四九　方大湜，平平言，卷二，頁六三。

註五〇　「凡正身衙役及額定貼寫幫差之外，有白役隨所差衙役詐嚇，未經查出之官，罰俸六月。若知係白役，於定數之外，濫留應役，發給牌票……（犯贓）十兩以上者革職。」見大淸會典事例，卷九八，頁一。

註五一　徐棟，牧令書，卷四，頁二九。

註五二　蔡申之，清代州縣故事，頁三六。

註五二　蔡申之，淸代州縣故事，頁三二。

第二屆「明清之際中國文化的轉變與延續研討會」議程

八十二年四月二十五日（星期日）
08:00～08:30　報到、領取資料（游藝館國際會議廳）
08:30～08:50　開幕式：劉校長兆漢、蔡院長信發
陳主任飛龍、張教授勝彥

一、文學組（游藝館國際會議廳）

時間	場次	主持人	報告人	論文題目	講評人
08:50–10:30	一	葉慶炳（台大・輔大）	陳飛龍（中央）	王思任的「諧謔」文學探析	簡宗梧（政大）
			蔣秋華（中研院）	晚明學者論戰國策	呂凱（政大）
10:30–10:50	茶敘				
10:50–12:35	二	羅宗濤（政大）	黃志民（政大）	赤子之心與神秀	葉慶炳（台大・輔大）
			林保淳（淡江）	「妒婦」與明清小說——一場男人與女人的戰爭	王國良（東吳）
			黃桂蘭（東南工專）	明末清初社會詩初探	洪讚（政大）
12:35–13:25	午餐、休息				
13:25–15:10	三	周何（考試院）	董忠司（新竹師院）	江永聲韻學對陳澧切韻考內外篇的影響	林平和（中央）
			黃復山（輔大）	文字學的世俗化——周亮工《字觸》述評	陳飛龍（中央）
			李德超（文化）	明清間中西文化交流對粵詩人之影響	謝海平（中正）
15:10–15:30	茶敘				
15:30–17:15	四	王熙元（師大）	張雙英（政大）	王夫之詩論體系試探	何寄澎（台大）
			林安梧（清大）	「正統論」的瓦解與重建—以王船山人性史哲學爲核心的理解與詮釋	曾春海（政大）
			阮廷瑜（輔大）	論《新刻新眉公考正國朝七子詩集註解》並述對東瀛詩學之影響	李威熊（彰化師大）

二、 史學組（小禮堂）

時間	場次	主持人	報告人	論文題目	講評人
08:50 ｜ 10:30	一	黃俊傑 （台大）	王成勉 （中興）	殉義與變節間的餘地 — 論洪承疇的降清	林麗月 （師大）
			吳振漢 （中央）	明清閩浙畬族的發展	劉素芬 （中研院）
10:30 ｜ 10:50	茶敘				
10:50 ｜ 12:30	二	閻沁恆 （政大）	查時傑 （台大）	利瑪竇與北京耶穌會公墓	段昌國 （空大）
			康文林 （賓州大學）	清末北京人口死亡之研究	溫振華 （師大）
12:30 ｜ 13:25	午餐、休息				
13:25 ｜ 15:10	三	陳三井 （中研院）	呂士朋 （東海）	明代制度文化對越南黎朝的影響	張哲郎 （政大）
			賴惠敏 （中研院）	清代皇族的封爵與任官研究	胡國台 （中研院）
15:10 ｜ 15:30	茶敘				
15:30 ｜ 17:15	四	呂士朋 （東海）	張勝彥 （中央）	清康熙時代台灣知縣制度之研究	黃秀政 （中興）
			古鴻廷 （東海） 王志宇 （文化）	清代州縣衙役制度初探	戴寶村 （中央）

註1：第一場論文宣讀二十分鐘，講評十五分鐘，討論十五分鐘。
註2：第二至四場論文宣讀十五分鐘，講評十分鐘，討論十分鐘。

17:15～17:25　閉幕式：蔡院長信發（游藝館國際會議廳）
17:30～　會餐、賦歸